놀라운 하나님의 음성

## 놀라운하나님의음성
Surprised by the Voice of God

초판 발행:1997년 7월 10일
2판 발행: 2007년 8월 30일
지은이: 잭 디어
옮긴이: 엄성옥
발행처: 도서출판 은성
등록: 1974년 12월 9일 제9-66호
ⓒ 2007년 도서출판 은성
주소:서울시 강동구 성내동 538-9
전화: 02-477-4404
팩스:02-477-4405
http://EunsungPub.co.kr

출판 및 판매에 관한 모든 권한은 본 출판사가 소유하고 있습니다. 출판사의 사전 서면 허락 없이 상업적인 목적으로 번역, 재제작, 인용, 촬영, 녹음 등을 할 수 없음을 알려드립니다.

Printed in Korea
ISBN 89-7236-176-3-33230

Originally published by Zondervan Publishing House in the U. S. A. under the title of *Surprised by the Voice of God* by Jack S. Deere.
Copyright ⓒ 1996 by Jack S. Deere
Grand Rapids, Michigan 49530

# Surprised by the Voice of God

## How God Speaks Today Through Prophecies, Dreams, and Visions

Written by Jack S. Deere
Translated by Sung-Ok Eum

# 놀라운 하나님의 음성

잭 디어 지음
엄성옥 옮김

# 차례

**감사의 글**
**출발**
   1. 놀라운 하나님의 음성 / 13
   2. 비현실적인 성경의 문제점 / 26

**성경과 역사 안에 있는 하나님의 음성**
   3. 예수와 하나님의 음성 / 41
   4. 신약시대 교회와 하나님의 음성 / 65
   5. 장로교 예언자들? / 87
   6. 초자연적인 것을 반대하는 음모 / 109

**성령의 언어**
   7. 하나님은 성경을 통해서 말씀하신다 / 133
   8. 하나님은 경험을 통해서 말씀하신다 / 158
   9. 하나님은 초자연적인 수단을 통해서 말씀하신다 / 182
   10. 하나님은 자연적인 수단을 통해서 말씀하신다 / 200

**성령의 언어를 배우는 것**
   11. 성령의 언어를 배우자 / 225
   12. 예언 사역을 촉진하라 / 252
   13. 하나님께서 가라사대… / 273

14. 예언자들이 빠지기 쉬운 함정 / 294

15. 꿈과 환상 / 314

## 하나님께서 나에게는 그런 방식으로 말씀하시지 않는 이유

16. 하나님은 멀리 계셔도 교만한 자를 아신다 / 339

17. 성경적 이신론자의 고백 / 363

18. 신학으로 말미암은 불신앙 / 392

19. 마술과 두려움을 통한 불신앙 / 423

## 누가 하나님의 음성을 듣는가?

20. 하나님의 음성을 듣는 사람들 / 451

21. 하나님의 음성 식별 / 473

## 말씀과 성령

22. 말씀의 능력과 성령의 능력 / 505

**주 / 529**

**참고문헌 / 547**

## 감사의 글

이 책이 출판될 수 있도록 도와준 존더반 출판사의 직원들에게 감사를 드린다. 내가 이사를 하고 새 교회에 부임하는 일 등으로 인해 어쩔 수 없이 집필이 지연되었음에도 불구하고 그들이 보여준 인내와 친절함에도 감사를 드린다. 특별히 스탠 건드리(Stan Gundry) 박사, 잭 쿠하첵(Jack Kuhatschek), 레이첼 보어즈(Rachel Boers) 등의 도움에 감사를 드리고 싶다.

그리고 내 원고를 읽고 귀중한 제안을 해준 사랑하는 친구들, 웨인 그루뎀(Wayne Grudem) 교수, 리드 그레프키(Reed Grafke), 더들리 홀(Dudley Hall), 샘 스톰즈(Sam Storms) 박사, 켄 가이어(Ken Gire), 존 휴즈 부부(John and Claire Hughes)에게도 감사드린다. 그리고 원고를 타이핑하는 일을 비롯하여 여러 가지로 도와준 친구 라라 갱그로프(Lara Gangloff)에게도 감사를 드린다.

나의 아내 리사는 내 원고 전체를 읽고 교정하고 귀중한 조언을 해주었다. 뿐만 아니라 이 책에 소개된 것들 중에 많은 것들은 그녀 자신이 경험한 것이기도 하다. 그녀의 기도, 통찰, 그리고 하나님의 음성을 듣는 능력 등은 이 책 및 나 자신의 삶을 풍성하게 해주었다. 나의 아들인 크레이그와 스코트, 딸 앨리제의 사랑과 기도에도 감사한다.

출발

# Chapter 1
# 놀라운 하나님의 음성

　내 앞에는 미국의 전형적인 이상형 청년인 로버트가 앉아 있었다. 그는 젊고 멋지고 똑똑하고 신령한 데다가 정장에 넥타이 차림을 하고 있었다. 그는 전도가 촉망되는 목회자 지망생으로서 신학교에서는 학과 대표였다. 그러나 아무도 몰랐지만 그는 무섭고 무자비한 악의 속박을 받고 있었다. 그는 자신의 어두움을 사람에게 털어놓으면 돌이킬 수 없이 파멸할 것이라고 생각해왔다.
　그래서 로버트는 몇 년 동안 종교적으로 위선적인 생활을 해왔다. 역설적인 사실은 그는 위선자가 되기를 원치 않았으며, 실제로 범죄하기를 원하지도 않았다는 점이다. 그는 어느 지도자에게도 자기의 죄를 고백한 적이 없었지만, 여러 해 동안 종교 교사들이 제공해준 모든 "영적 처방들"을 사용해 보았었다. 그러나 그것들은 전혀 효과가 없는 듯 했다. 그는 함정에 빠져 있었으며, 자신이 완전히 저주받아 소망이 없다고 느끼고 있었다.
　그런데 그는 놀랍게도 자기의 죄, 죄책감, 정죄, 소망 없음을 훌륭히 감추었다. 여러 해 동안 실천한 덕분에 그는 자기 영혼의 상태를 드러내지 않으면서 교회 예배와 기도회에 참여하는 법, 심지어 종교 의식들을 지휘하고 신학 논문을 쓰는 법까지도 터득하고 있었다. 그는 아무도 자신의 영적 상태를 알지 못할 것이라고 확신했다.

그러나 로버트의 생각은 옳지 않았다. 누군가 그 사실을 알고 계셨으며, 그럼에도 불구하고 로버트를 사랑하고 계셨다. 로버트가 이미 오랜 전에 그 사랑을 느끼는 능력을 상실했음에도 불구하고 그분은 여전히 로버트를 사랑하고 계셨다. 로버트의 유일한 희망은 그 사랑에 있었다. 즉 그의 희망은 갑자기 그의 어두움이 드러나며 주 예수 그리스도께서 그에게 주려 하시는 사랑이 드러나는 데 있었다. 구주의 자비 안에서 악은 무력해진다. 로버트는 무의식 중에 하나님의 아들의 무한한 자비 안에 놓여졌다. 우물가의 여인처럼, 그도 갑자기 하나님의 음성이 그에게 임한 것이다. 그 음성은 나에게도 임했다.

그날 오후에 나는 교수실 책상 앞에 앉아서 현대 신학교육의 문제점에 대해 생각하고 있었다. 그런데 문을 두드리는 소리가 들리더니, 로버트가 얼굴을 들이밀면서 시간을 좀 내달라고 요청했다.

나는 로버트의 히브리어 교수였는데, 로버트가 과제물 제출이 늦는 데 대해 양해를 구하려고 내 사무실에 온 적이 있었다. 그는 불필요한 핑계를 장황하게 늘어놓기 시작했다. 내 생각에 의하면, 학생들은 교수들이 과제물을 기간 안에 제출하라고 요구하지 않아도 충분히 압박감을 느끼고 있었다. 나는 이미 늦게 제출되는 과제물도 받아주기로 작정했기 때문에 그의 장황한 핑계는 불필요한 것이었다. 하지만 나는 인내심을 갖고 그의 불필요한 설명을 들어주었다.

나는 지금껏 전혀 경험해본 적이 일을 경험했다. 혹시 그러한 일을 경험한 적이 있다 해도, 전혀 기억할 수 없는 일이었다. 로버트의 말을 듣는 동안, 나는 어렴풋이 의식이 희미해지면서 로버트의 자리에서 커다란 대문자로 된 "포르노"라는 단어를 보았다. 나는 '도대체 나에게 무슨 일이 일어나고 있는 것일까? 이 학생은 결코 포르노에 빠질 학생이 아닌데. 말도 안되는 생각이야'라고 생각했다. 그러나 내가 불가능하다고 생각되는 일을 생각하게 된 이유는 무엇일까?

나는 일부 신자들이 "지식의 말씀"이라고 부르는 것을 소유하게 되었음을 깨달았다. 그것은 직관(直觀)이 아니라 하나님의 영이 나에게 주시는 로버트에 대한 지식이었다. 나는 로버트가 포르노에 빠져 있다고는 상상도 하지 않았었는데, 이제 나는 그가 포르노에 빠져 있음을 거의 확신하게 되었다.

그 당시 나는 여러 달 동안 보다 효과적으로 사역하기 위해서 사람들에 대한 초자연적인 지식을 달라고 하나님께 기도하고 있었다. 나는 예수님의 초자연적인 사역을 경험하기를 갈망하고 있었다. 그런데 마침내 그 일이 일어나기 시작한 것이다. 하나님은 내가 가르치는 학생의 죄에 대해 초자연적인 방식으로 말씀하고 계셨다.

내가 해야 할 일은 로버트로 하여금 죄를 고백하고 죄 사함을 받게 하는 것이었다. 그것은 간단한 일인 것 같았다. 그러나 만일 그것이 간단한 일이 아니라면 어떻게 해야 할 것인가? 만일 로버트가 포르노에 심취했었음을 부인하면 어떻게 할 것인가? 내가 로버트를 설득하는 일에 실패하여, 로버트가 화가 나서 교수실에서 뛰쳐나가 다른 학생들에게 "디어 교수 사무실에 가지 말아라. 그 교수는 포르노에 완전히 빠져 있어"라고 말할까 염려되었다. 또 로버트를 설득하는 데 실패한 일이 총장의 사무실에 알려지면 어떻게 할 것인가? 만일 총장이 나를 불러서 "당신은 우리 학교의 학생이 포르노에 심취해 있다고 추궁했다면서요?"라고 물으면 어떻게 할 것인가? 나는 어쩔 수 없이 그렇게 했다고 인정해야 할 것이다. 나는 총장이 "대체 어떤 근거로 당신은 그러한 비난을 했습니까?"라고 말하는 모습을 그려 보았다.

"환상을 보았습니다."

"뭐라고요?"

"일종의 환상을 보았습니다."

"환상을 보았다고요!"

그 당시 내가 속해 있던 사회에서는 환상을 보는 일이 유행하지 않았다. 그러나 환상을 본 것이 해임되거나 정신병 검사를 받아야 하는 근거가 될 수는 없었다. 이처럼 냉정하게 현실을 인식하면서, 새로 발견한 "지식의 말씀" 사역에 대한 나의 열심은 발산하기 시작했다.

그것이 모험을 할 만한 가치가 있는 일일까? 그것이 치욕을 감수할 만한 가치가 있는 일일까? 나는 아무 말도 하지 않기로 마음 먹었다. 그러나 나는 여러 달 동안 하나님께 나에게 이러한 방법으로 말씀해 달라고 기도해왔었다. 순간 대단히 올바른 생각이 떠올랐다. '만일 이것이 하나님께서 내게 주시는 말씀인데 내가 로버트에게 아무 말도 하지 않는다면, 하나님은 다시는 이런 식으로 나에게 말씀하시지 않을 것이다.' 어떻게 행동하든지 간에 나는 누군가의 기분을 상하게 만들 것 같았다. 과연 나는 누구의 기분을 상하게 할 것인가?

하나님인가, 사람인가? 직접 그처럼 난감한 상황에 처해 보지 않은 사람은 그것이 얼마나 어려운 선택인지 모를 것이다. 결국 나는 하나님께 순종하기로 했다.

로버트가 과제물 제출이 늦은 데 대해 설명하는 도중에 나는 "잠깐만, 학생은 최근에 어떤 문제로 갈등을 겪고 있지 않는가?"라고 물었다. 로버트는 자신만만하게 "전혀 그런 일이 없는데요. 왜 그런 질문을 하시죠?"라고 대답했다.

"별 다른 이유는 없다네. 하던 말을 계속 하게."

내가 하나님을 위해서, 그리고 나의 갓 태어난 것과 같은 "지식의 말씀" 사역을 위해 감행한 모험은 그 정도였다. 그런데 내가 로버트에게 아무 말도 하지 않기로 작정하자마자 그 환상이 다시 임했다. 이번에는 "포르노"라는 단어가 깜박거리기 시작했다. 내 말을 미친 소리라고 여기는 사람도 있을 것이다. 나는 혼자 생각하기 시작했다. 한편, 하나님께서 이 대면을 중요하게 여기고 계심을 나로 하여금 깨닫게 하려 하셨던 것 같다. 길은 하나뿐이었다.

나는 다시 로버트의 말을 가로 막고서 "학생에게 제거할 수 없는 죄책감이 없다고 확신하는가?"라고 물었다. 로버트는 이번에는 불쾌하게 여기는 것 같았다. "없습니다. 왜 이런 말씀을 하십니까? 왜 그런 질문을 하시는 거죠?"

나는 내가 왜 그런 질문을 하는지 나 자신도 확실히 모르겠다고 말하면서 사과를 했다. 나는 더 이상 말을 하지 않고 그의 말을 듣기만 하기로 결심했다. 그러나 또 그 단어가 떠올랐다! 나는 이것이 맥베드의 손에 묻은 핏방울처럼 고백하지 않는 한 사라지지 않을 것이라고 생각했다. 마침내 나는 '이것은 위험을 무릎쓰고서라도 해 볼 만한 일이야'라고 생각했다. 나는 로버트의 눈을 직시하면서 불쑥 "학생은 포르노에 빠져 있지 않은가?"라고 말했다.

로버트의 눈을 들여다보면서 나는 두 가지 사실을 알게 되었다. 첫째는 그가 포르노에 빠져 있다는 것이고, 둘째는 그가 그 사실을 부인하려 한다는 것이었다. 나는 이렇게 말했다. "학생이 말하기 전에 내가 한 마디 하겠네. 자네가 내 사무실에 들어온 이후로 하나님께서 자네가 포르노에 빠져 있다고 말씀하신다는 생각이 들었네. 그것이 사실이라고 해도, 나는 자네의 일을 아무에게도 말하지 않겠고, 또 그 일을 이유로 자네를 신학교에서 퇴학시키거나 교회에서 해임시키지 않을 걸세. 마지막으로, 나는 주님은 자네를 자유롭게 해 주시려고 나에게 이것을 말씀해 주신다고 생각한다네. 주님은 오늘 그 일을 하기를 원하신다네."

로버트는 충격을 받은 듯했다. 그는 시선을 다른 곳으로 돌리고 고개를 떨구었다. 그는 "교수님 말씀이 맞습니다"라고 고백했다.

"마지막으로 포르노 잡지를 산 게 언제인가?"

"지난 주입니다."

"언제부터 그런 일이 시작되었는가?"

"13살이나 14살 때부터입니다."

로버트는 십대 후반에 기독교인이 된 후에도 음란물을 보는 일을 그만둘 수 없었다고 말했다. 그는 사람들로부터 소외될 것이 두려워 그 사실을 아무에게도 말하지 못했다. 그는 자기 주변에서 이러한 죄를 범하는 사람이 자기뿐이라고 생각하고 있었다. 물론 그것은 잘못된 생각이었지만, 그는 그 사실을 몰랐다. 나는 그에게 그리스도의 자비와 용서에 대해 말해 주었다. 또 이러한 중독 증상들을 멸하시는 주님의 보혈의 능력에 대해서도 말해 주었다. 오랜만에 처음으로 성령께서 로버트의 마음에 희망을 불어넣어 주시기 시작했다.[1] 나는 로버트에게 다가가서 어깨에 손을 얹고 기도하기 시작했다. 내가 주님께 강력하게 임재해주실 것을 기도할 때에 로버트는 눈에 뜨이게 불안해 했다. 나는 손을 떼고서 "포르노 서적을 보는 것 이상의 죄를 감추고 있지 않는가?"라고 물었다.

로버트는 눈시울을 붉히면서 "정말 부끄럽습니다"라고 말했다. 그리고 한참 후에 그는 간신히 들을 정도의 낮은 소리로 차마 여기에 기록할 수 없는 일들을 고백하기 시작했다. 포르노 서적을 보는 것은 빙산의 일각에 불과했다. 로버트는 강력한 악의 세력에게 잡혀 있었다. 그는 여러 해 동안 자신의 의지력과 훈련에 의해서 이 악의 세력과 싸우려고 노력했지만, 계속 패배하고 있었다. 자세히 묘사하지는 않겠지만, 자기의 죄를 고백하고 기도를 한 후 내 사무실을 떠날 때에 로버트는 새 사람이 되어 있었다.

나는 그날 밤 도서관 앞에서 로버트를 보았다. 로버트는 달려와서 나를 얼싸 안았다. 그리고 "나는 새 사람이 되었습니다! 새 사람이 되었어요! 이제는 걱정이 없습니다. 앞으로 다시는 그러한 죄의 속박에 매이지 않겠어요!"라고 말했다.

그 후 여러 해 동안 나는 로버트를 만나지 못했지만, 신학교에서 재직하는 동안은 계속 그의 소식을 듣고 있었다. 그는 과거의 속박에서 해방되어 깨끗한 생활을 하고 있다.

내가 회심한 사건을 제외하고서는, 이것이 내가 초자연적인 방법으로 하나님의 음성을 들은 최초의 사례이다. 이러한 일이 나의 삶에서 일상적으로 발생하는 것은 아니지만, 놀랄 정도로 자주 발생한다. 나는 어떤 사람을 위해 예수님의 이름으로 사역할 때면, 그 음성이 나에게 말씀해 주실 것을 기대한다. 만일 내가 그 음성을 기다린다면, 그 음성을 인식하는 법을 부지런히 배운다면, 그리고 진실로 그 음성을 필요로 할 때면, 그분은 정규적으로, 그리고 놀라운 방법으로 말씀해 주신다는 것을 발견했다. 이제 나는 하나님의 음성을 철저하게 의지하게 되었으므로 그 음성 없이 기독교적 삶을 살려는 생각조차 하지 않는다.

우리가 하나님의 음성을 기대하고 그 음성을 필요로 할 때에는, 지극히 단순한 사역이라도 하나님으로부터 오는 초자연적인 의사전달의 계기가 될 수 있다. 몇 해 전에 내가 캘리포니아 주 애나하임에서 빈야드 단체의 스탭으로 일하고 있을 때, 어느 지도자들이 종종 악몽을 꾸곤 하는 론다라는 독신 여성을 나에게 데려 왔다. 론다는 석 달 동안 매일 밤 악몽을 꾸었다. 어떤 이유에서인지 론다 및 그 지도자들은 그 악몽의 기원이 마귀에게 있다고 생각했다. 그들은 나에게 그녀를 위해 기도해 달라고 요청했다.

나는 기도를 시작했는데, 그 때 "돈"(Don)이라는 이름이 마음에 떠올랐다. 나는 기도를 멈추고 "당신은 '돈'(Don)이라는 이름과 무슨 관계가 있습니까?"라고 물었다. 론다의 얼굴이 창백해졌고, 수치심을 느끼는 듯했다. 나는 "그 이름이 당신에게 무슨 의미를 가지고 있지 않지요? 그것도 나쁜 의미를 말입니다. 그것에 대해 말해 주겠어요?"라고 말했다. 그녀는 "말하고 싶지 않아요"라고 대답했다.

나는 하나님께서는 그녀의 악몽들이 돈이라는 사람과 관련되어 있다고 말씀하고 계신다고 생각한다고 말했다. 하나님께서는 악몽들이 사라지려면, 그녀가 어두움 속에 묻어두었던 모든 것을 빛으로 가져와야 한다고 지적하시는 듯했다. 론다가 용기를 내어 돈에 대해서 말하지 않는 한, 우리는 그녀를 위해 효과적으로 기도할 수 없었다. 나는 론다에게 용기가 생기면 즉시 그녀의 지도자들에게 돈이라는 사람에 대해서 말하라고 권면해 주었다. 론다가 원한다면, 나는 기꺼이 도와주려 했다. 우리는 작별 인사를 했고, 론다는 실망하고 부끄러움을 느끼면서 돌아갔다. 그러나 그녀의 악몽은 사라지지 않았다. 며칠 후, 그녀의 지도자들이 나에게 그녀가 고백할 준비가 되었다고 말했다.

론다가 나에게 해준 이야기는 다음과 같다. 석 달 전 론다의 여자 친구가 론다를 돈이라는 남자와 만나게 해주었다. 세 사람은 돈의 집에서 만나서 함께 술을 마시기 시작했는데, 결국 술에 취한 두 여자는 돈과 성 관계를 갖고 말았다. 론다는 다음날 정신을 차렸을 때 크게 수치심과 치욕감을 느꼈다. 그 다음날 밤부터 악몽이 시작되었다. 나중에 론다는 돈이 주술에 깊이 개입하고 있음을 알게 되었다. 돈은 론다를 성적으로 더럽혔을 뿐만 아니라 악령을 전해준 것이었다. 론다가 이 사실을 고백하고 회개했기 때문에 우리는 그녀를 위해서 기도해줄 수 있었는데, 그 즉시 악몽은 사라졌다.

어떤 사람들은 이러한 이야기들을 진기한 이야기라거나 약간 두려운 이야기로 생각할 것이다. 나 역시 그러한 반응을 보인 적이 있었다. 나에게 있어서 "정상적인" 기독교적 삶이란 올바른 교리를 믿으며 교회의 구제 사업에 참여하며 규칙적으로 성경을 읽고 기도하며 기회가 있을 때마다 증거함으로써 선한 사람이 되는 것을 의미했었다. 나는 성경 외에는 하나님으로부터의 진정한 계시가 있다고 믿지 않았고, 또 그런 것이 필요하다고 생각하지도 않았다. 나는 열심보다는 훈련을 통해서 기독교적 삶을 영위하려고 노력했다. 나는 성경공부나 기도가 내가 깊이 사랑하는 분과의 대화라는 특성이 아니라 하나의 종교적 의무라는 특성을 취하는 이유를 알 수 없었다.

그 시절을 돌아보면서, 이제 나는 성경의 많은 부분을 실제의 일로 믿지 않고 있었음을 깨닫는다. 나는 성경에 기록된 많은 경험들은 되풀이 될 수 없는 먼 과거의 일이라고 간주했고, 성경은 하나님에 관한 추상적인 진리들과 교리들의 책이라고 여겼었다. 나는 성경의 교리들 및 그 문학적인 아름다움은 사랑했지만, 성경에 등장하는 사람들의 경험에 실질적으로 참여하지는 못했던 것이다.

성경에 등장하는 사람들은 다양한 방법으로 하나님의 음성을 들었다. 하나님은 성경을 통해서 뿐만 아니라 우리가 들을 수 있는 음성, 꿈, 환상, 특별한 상황, 내적인 감동, 선지자, 천사 등을 통해서 말씀하셨다. 신약성서 시대에도 이러한 일들이 매우 빈번했으므로, 바울은 예언, 방언, 지혜의 말씀, 지식의 말씀, 영 분별하는 능력 등을 사용하는 것에 관해 고린도교회 교인들에게 상세하게 지시를 해야 했다(고전 12-14). 히브리서의 저자는 환대의 중요성을 강조하면서 손님을 대접하면서 "부지중에 천사들을 대접한 이들이 있었음"을 상기시킨다(히 13:2). 그는 천사들의 방문이 가능하다고 믿고 있었다.

나는 신학적인 천재가 아니었지만 성경을 읽고서 하나님께서 자기 백성에게 여러 가지 방법으로 말씀하셨음을 짐작할 수 있었다. 그러나 성경을 기록하신 후에는 하나님은 분명히 침묵하셨거나, 침묵하신 것처럼 보였다. 왜냐하면 내가 하나님의 말씀을 들을 수 있는 유일한 방법은 성경을 통해서였기 때문이다. 실질적인 차원에서 나는 마치 성령이 교회에게 분명치 않고 모호하고 일반적인 지도(指導)를 제공해주는 비인격적인 요인인 듯이 행동했다. 오늘날 많은 신자들도 이와 동일한 곤경에 처해 있다.

만일 내가 그러한 견해를 가지고 있을 때에 로버트가 내 사무실을 찾아왔다면, 그는 아무런 도움도 받지 못한 채 사무실을 떠나갔을 것이다. 론다의 경우도 마찬가지이다. 나는 기꺼이 론다의 악몽 퇴치를 위해 기도했겠지만, 하나님으로부터 "돈"이라는 이름을 듣지는 못했을 것이다. 로버트나 론다의 경우에, 하나님께서 말씀해주신 하나의 단어가 그들의 숨겨진 죄를 드러내어 자유케 해주는 열쇠였다. 로버트나 론다는 자기의 죄를 누구에게 털어놓을 수 있는 용기가 없었다. 수치심과 소외되는 데 대한 두려움이 그들의 심령을 압도하고 있었다. 그들은 예수님의 보혈의 능력에 대한 확신도 상실한 상태였다. 그러나 하나님께서 그들을 자유하게 해주기 위해서 초자연적인 방법으로 그들의 죄를 드러내셨음을 깨달았을 때, 성령께서는 그들의 심령에 소망을 불어넣어 주셨으며, 그들은 자기의 죄를 털어 놓을 용기를 얻었다. 우리는 "어두움에 감추인 것을 드러내시는"(고전 4:5) 하나님을 섬긴다. 예수께서 다시 오시면 엄청나게 큰 규모로 이 일을 행하실 것이다. 그러나 만일 우리가 들을 귀를 가지고 있다면, 지금도 그 분은 개인적으로 계시하시는 사역과 더불어 우리에게 임하신다.

성경의 하나님은 우리에게 다른 사람들의 죄만 아니라 그보다 더 많은 것을 계시해 주신다. 하나님은 많은 것에 대해서 말씀하신다. 그러나 때로 하나님께서 우리가 듣고자 하는 것 이상의 것을 말씀하시기 때문에 우리는 그 분의 음성을 듣지 못한다. 또 하나님의 말씀하시는 방법을 알지 못하기 때문에 우리는 하나님의 음성을 듣지 못한다. 그리고 때로 하나님의 음성을 가장한 다른 음성들이 혼동하게 만들기 때문에 우리는 하나님의 음성을 듣지 못하기도 한다.

우리에게 말하는 음성에는 하나님의 음성 외에도 세 가지 다른 음성이 있다. 즉 우리의 감정의 음성; 어두움의 음성, 즉 마귀와 그 귀신들의 음성; 그리고 가족이나 친구들이나 다른 사람들로부터 받는 압박 때문에 들리는 음성이 있다. 우리는 이 음성들을 하나님의 음성으로 착각하기도 한다. 이 때문에 "다른 음성이 아닌 하나님의 음성을 어떻게 식별하는가?"라는 중요한 질문이 제기된다.

이 책은 하나님의 음성, 그리고 그 음성을 듣는 방법에 대해 다룬 책이다. 비록 하나님의 음성을 듣기가 쉽지 않을 수도 있지만, 하나님의 음성을 듣는 일은 우리가 생각하는 것처럼 복잡한 일은 아니다.

이 책은 학문적인 책이 아니다. 나는 전문적인 신학자들을 위해 이 책을 저술한 것이 아니다. 나는 일상생활의 소음을 벗어나서 하나님의 음성을 들으려 하는 일반 신자들을 위한 실질적인 책을 저술하려고 노력했다. 동굴 안의 엘리야에게 들려온 작고 세미한 음성은 사람들이 생각하는 것보다 훨씬 강력한 음성이다. 그 음성은 우리가 전통에 얽매이거나 상황 때문에 쫓기지 않게 해준다. 그 음성은 성경을 이해하는 능력 이상의 것을 우리에게 주신다. 많은 신자들이 열심이나 능력이 결여된 채 영적 광야를 방황하고 있다. 하나님의 음성을 듣고 순종하는 사람들은 그 광야를 벗어나거나, 그 광야가 동산으로 변화되는 것을 볼 것이다.

누가 그 동산에서 어떤 아름다움이 나타날 것인지, 어떤 열매가 나올 것인지 알고 있겠는가?

# Chapter 2
# 비현실적인 성경의 문제점

나는 17살 때 중생하여, 정말로 거듭 났다. 하룻밤 사이에 반항적이고 무모하고 부도덕한 소년이 마음을 다하여 예수님을 찾기 시작하게 되었다. 나는 거듭 난 즉시 하나의 선한 습관을 채택했는데, 그것은 평생의 습관이 되었다. 그것은 규칙적으로 성경을 읽는 것이었다. 어떻게 된 일인지 기억할 수는 없지만 나는 또 하나의 습관, 나쁜 습관을 갖게 되었다. 즉 나는 성경에 기록된 사람들의 이야기를 읽으면서 그들의 경험이 나의 경험과 같다고 기대하지 않았다. 그들은 특별한 시대에 산 특별한 사람들이었다. 그들의 하나님 체험은 특별한 것이었고, 나의 체험은 그렇지 못했다. 나의 하나님 체험은 보다 규범적인 것이었다. 그래서 나는 내가 읽는 것의 많은 부분이 내 생활에서 재현되리라고는 기대하지 않으면서 성경을 읽고 암송했다. 누가 언제 이런 식으로 성경을 읽으라고 가르쳐 주었는지 알지 못한다.

그러나 내 친구 존 윔버(John Wimber)는 자기가 이런 식으로 성경을 읽도록 가르침을 받은 시기를 정확하게 기억한다. 그 당시 그의 나이는 29세였다. 존과 그의 아내 캐롤은 가정성경공부를 통해서 방금 그리스도를 영접한 상태였다. 그 때까지 존은 교회나 성경이나 경건한 사람들과는 거의 접촉하지 않고 살아왔었다. 그에게 있어서 기독교 신앙이란 완전히 새로운 경험이었지만, 그는 성경을 사랑하게 되었고 신약성서를 탐독하기 시작했다.

윔버 부부를 전도한 사람은 그들에게 교회에 나가야 한다고 말해 주었다. 다음 주일에 캐롤은 네 자녀를 데리고 그 가정으로서는 첫 예배에 참석할 준비를 했다. 그들은 경험이 없었음에도 불구하고 본능적으로 어떻게 해야 할지를 알았다. 그들은 아침에 늦게 일어나고 논쟁을 하여 화가 난 상태에서 차를 타고 교회로 갔다. 그들은 이미 무의식중에 미국의 교인 가정들이 주일 아침에 취하는 전형적인 형태에 빠진 것이다.

그들은 늦게 교회에 도착하여 뒤쪽에 앉았다. 교인들은 구식 선율의 찬송가를 몇 장 불렀다. 찬송 소리가 너무나 가락이 맞지 않아서 귀에 거슬렸다(윔버는 재능 있는 음악가이다). 목사님이 약 45분 동안 열심 없이 설교를 한 후에 예배는 끝났다. 교회 밖으로 나오자마자 존은 담배에 불을 붙였는데, 캐롤이 그를 저지하면서 "여기에서는 아무도 담배를 피우는 사람이 없어요. 교회에서는 담배를 피우면 안되는가 봐요"라고 나무랐다. 당시 골초였던 존은 아무도 담배를 피우지 않는 것을 이상하게 여겼다. 사실 교회에서 경험한 일 전체가 그에게는 생소한 것이었다. 그러나 그는 기독교인들은 교회에 가야 한다는 말을 들었기 때문에, 예배가 지루했지만 다음 주일에도 교회에 오기로 마음먹었다.

그리하여 윔버 부부는 교회에 다니게 되었고, 존은 열심히 성경을 읽었다. 교회와는 달리, 성경은 그의 흥미를 일으켰고, 그에게 희망과 갈망을 주었다. 성경은 존으로 하여금 무슨 일이든 하실 수 있는 하나님, 죽은 자들까지도 살리실 수 있는 하나님과 접촉하게 해주었다. 존은 주일날이면 가는 교회와 날마다 읽는 성경 사이의 중요한 차이점을 알게 되었다. 그가 볼 때에 성경은 정상적이고, 교회는 이상하게 보였다. 어느 주일 예배가 끝난 후에 장로 한 사람이 존을 새 신자라고 짐작하고서 그에게 다가와서 "형제여, 당신은 피로 씻음을 받았습니까?"라고 말했을 때에, 이러한 느낌은 더욱 강력해졌다. 존은 야릇한 표정을 지으면서 "언제 이곳에서 그 일을 하지요?"라고 되물었다.

결국 몇 주일 동안 기적의 책인 성경을 읽고 교회의 단조로운 예배에 참석해본 후, 존은 어느 평신도 지도자에게 가서 물었다. "우리는 언제 행동에 착수하게 됩니까?"

"무슨 행동 말입니까?"

존은 신약 성경을 펴서 복음서를 가리키면서 "여기에 있는 일 말입니다. 예수님께서 행하신 것과 같은 일, 즉 죽은 사람들을 일으키고 눈 먼 자와 중풍병자를 고치신 것과 같은 일 말입니다"라고 말했다. 그 지도자는 "이제는 그런 일은 행하지 않습니다"라고 대답했다.

"하지 않아요?"

"그렇습니다."

"그러면 어떤 일을 하지요"

"오늘 아침에 행한 것과 같은 일을 합니다."

"그것 때문에 내가 마약을 끊었단 말입니까?"

오늘날 하나님의 백성들의 경험이 성경에 기록된 백성들의 경험과 너무나 다르다는 것을 존은 믿을 수 없었다. 그러나 교회의 지도자들은 존이 실망에서 벗어나도록 도와줄 수 있었다. 그 열쇠는 너무 크게 기대하지 말라는 것이었다.

이처럼 존은 중생의 체험을 하고 나서 처음 몇 주간 동안에 성경을 읽으면서 의식적으로 성경의 경험들이 자기의 삶에서 재현 될 것을 기대하지 말라는 가르침을 받았다. 오늘날 많은 신자들도 동일한 방법으로 성경을 읽는다. 우리는 하나님의 말씀 안에 있는 모든 경험이 진정한 것이라고 믿지만, 그 경험들은 우리에게는 비현실적인 것이 되어 우리로 하여금 성경에서 읽은 것을 실제로 적용하는 일을 기대하지 않게 만든다.

## 우리도 유두고를 살릴 수 있을까?

신학교에 다닐 때에 나는 사도행전 20:7-12에 관한 논문을 써야 했다. 거기에는 유두고라는 청년이 바울이 설교하는 도중에 잠이 들어 삼층에서 떨어져 죽었다는 내용이 있었다. 바울은 내려가서 그 청년을 죽은 자들 가운데서 살려준 후에 설교를 계속했다. 나는 여러 주일 동안 이 본문을 연구하면서 신학적인 의미를 찾으려 했다. 나는 그 이야기의 세부 내용에 감추어져 있는 의미를 찾으려 했고, 누가가 사도행전에 그 이야기를 포함시킨 문학적/신학적 목적을 찾으려 했다. 그러나 나는 한 번도 이 이야기를 오늘날의 교회에 실제로 적용하는 것에 대해서는 생각하지 못했다. 나의 사고 방식으로 볼 때 성경에 기록된 사람들의 경험과 우리의 경험 사이에는 서로 화해할 수 없는 괴리가 있었다. 게다가 유두고를 살린 일이 오늘날 무슨 실질적인 관련이 있겠는가? 나는 여러 해가 지난 후에야 그것을 발견해냈다.

  1991년 11월, 나는 아틀란타에서 열린 초 교파 집회에서 강연을 하고 있었다. 내가 강연할 때에는 약 1,200명이 참석했다. 내 메시지의 주제는 하나님은 오늘날의 교회 안에서도 여전히 치유와 기적을 행하신다는 내용이었다. 내가 막 강연을 시작했을 때, 내 오른편으로 대략 일곱째 줄에 앉아 있던 클레멘트 험바드라는 노인이 바닥에 쓰러졌다. 누군가가 "그 사람은 죽은 것 같다"고 말했다. 만일 당신이 그 예배의 책임자였다면 기분이 어떠했겠는가?

  처음에 나는 너무나 놀라서 기절할 것 같았다. 만일 당신이 치유의 능력에 관한 메시지를 전파하려는데 누군가가 죽었다면 당신은 어떻게 하겠는가? 도대체 무슨 일이란 말인가? 주님은 치유하시는 능력을 생생하게 증명해 주려 하신 것일까? 아니면 오늘날도 하나님이 우리를 치유하실 수 있다는 개념에 도전하며 우리를 비난하기 위해서 마귀가 임한 것일까? 아니면 아나니아와 삽비라의 경우에서처럼 하나님의 심판이 임한 것일까(행 5장)? 어떤 경우였든지 간에, 그것은 설교자인 나로 하여금 근심하게 만들기에 충분했다. 충격이 가신 후에, 나는 그 곳에 모인 사람들에게 하나님께 이 사람을 일으켜 주실 것을 위해 기도해달라고 요청했다. 누군가가 사람을 부르러 갔다. 나는 그 노인에게로 다가갔는데, 그의 맥박은 거의 뛰지 않았고 벌써 피부가 창백해지고 있었다. 우리는 노인을 교회 뒤편에 있는 휴게실로 데려가서 긴 의자에 눕혔다. 우리 중 몇 사람이 그에게 손을 얹고 기도하기 시작했다. 의료보조원이 도착했을 때, 노인은 이미 숨을 쉬기 시작했을 뿐만 아니라 혼자서 일어설 수도 있었다. 그곳에 있었던 간호원을 포함한 몇 사람은 이 사람이 죽었다가 다시 살아났다고 확신했다.

나는 클레멘트 험바드가 그날 밤에 정말로 죽었던 것인지 알 수 없다. 어쨌든 내가 강단에 다시 섰을 때에 유두고의 이야기는 나에게 20년 전보다 훨씬 더 크게 연관이 있었다. 그날 밤 이전까지는 사도행전 20:7-12은 나의 경험 안에서는 비현실적인 성경의 일부분이었다. 그러나 이제 나는 하나님께서 유두고를 살리신 일은 우리 시대의 교회에게도 적용될 수 있음을 깨달았다.

## 영웅들도 우리와 똑같은 사람들이다

비현실적인 성경과 관련된 문제는 결코 새로운 문제가 아니다. 그것은 1세기의 교회에도 존재했던 문제였다. 야고보는 다음과 같이 기록했다.

> 너희 중에 병든 자가 있느냐 저는 교회의 장로들을 청할 것이요 그들은 주의 이름으로 기름을 바르며 위하여 기도할찌니라 믿음의 기도는 병든 자를 구원하리니 주께서 저를 일으키시리라 혹시 죄를 범하였을지라도 사하심을 얻으리라 이러므로 너희 죄를 서로 고하며 병 낫기를 위하여 서로 기도하라 의인의 간구는 역사하는 힘이 많으니라.(약 5:14-16)

야고보는 그 편지를 읽을 사람들 중 일부가 지니고 있는 의심을 느낄 수 있었다. 그들은 아마 다음과 같이 생각하고 있었을 것이다:

'야고보, 당신이 그렇게 말하는 것은 지극히 당연합니다. 당신은 주님의 형제이니까요. 당신 및 다른 사도들은 주님이 이런 일을 행하시는 것을 직접 목격했으며, 우리는 당신이 그러한 일들을 행했다는 것을 알고 있습니다. 그렇지만 어찌 우리가 다른 사람들을 위해 기도하여 동일한 기적들을 보게 될 것을 기대할 수 있습니까? 우리는 지극히 평범한 사람입니다. 이러한 일들은 특별한 사람들에만 일어나는 것입니다. 당신은 하나님께서 우리를 사용하여 기적을 행하실 것이라고 생각하지 않지요?' 이러한 반박에 대해서 야고보는 다음과 같은 방식으로 대답했다. 그는 독자들에게 하나님께서 그들을 사용하시어 병든 사람들을 고치실 것이라고 약속한 후에(약 5:14-16),[1] 구약 시대에 있었던 기적을 예로 들었다.

> 엘리야는 우리와 성정이 같은 사람이로되 저가 비 오지 않기를 간절히 기도한즉 삼 년 육 개월 동안 땅에 비가 아니 오고 다시 기도한즉 하늘이 비를 주고 땅이 열매를 내었느니라(약 5:17-18).

언뜻 보아서는 야고보의 추론은 그다지 설득력이 없는 듯하다. 왜냐하면 그는 구약 시대의 가장 초자연적인 선지자들 중 한 사람을 예로 들고 있기 때문이다. 우리는 비판자들이 "그렇지만 엘리야는 특별한 시대에 산 특별한 사람입니다"라고 말하는 소리를 들을 수 있다. 야고보가 말하고자 한 요점은 그와 정반대이다. 그는 "엘리야는 우리와 성정이 같은 사람이었다"고 말한다. 야고보가 의도한 것은 엘리야도 오늘날 우리의 삶에서 볼 수 있는 것과 동일한 불안정함과 모순을 지닌 사람이었다는 것이다. 엘리야는 하늘로부터 불이 내릴 것을 요청하고, 비가 내려 삼 년 육 개월 동안 계속된 가뭄이 그치게 해주실 것을 위해 기도한 후에, 두려워하여 이세벨 여왕에게서 도망쳤다(왕상 18:3). 그는 낙망하여 하나님께 죽기를 청했다. 후에 하나님께서는 엘리야의 기운을 회복하게 하시려고 오셨을 때, 엘리야가 하나님과 나눈 대화를 보면 그는 분명히 자기연민과 이기심으로 가득찬 사람이었다(왕상 10:10). 그렇기 때문에 엘리야가 훌륭한 본보기가 된다. 비록 엘리야는 우리와 똑같은 사람이었음에도 불구하고, 기적을 이루기 위해서 그의 기도들이 사용되었다.

야고보는 독자들에게 성경을 현실의 책으로서 읽고 믿으라고 격려한다. 특별한 시대에 살았던 특별한 인물이라고 생각함으로써 엘리야와 같은 사람의 경험들을 부적당한 것으로 간주해서는 안된다. 야고보의 말에 의하면, 이와 동일한 일들이 오늘 우리에게도 일어날 수 있다.

히브리서의 저자도 비슷한 방법으로 성경을 적용했다. 그는 "손님 대접하기를 잊지 말라"고 썼다(13:2). 그는 손님을 접대해야 하는 동기로서 "이로써 부지중에 천사들을 대접한 이들이 있었느니라"라고 말한다(13:2). 이와 동일한 일이 창세기 18장에서 아브라함에게 발생했다. 천사들의 방문은 아브라함에 시대에 멈춘 것이 아니다. 그 시대에 일어났던 일은 오늘날도 일어날 수 있다. 성경을 읽어 보라. 신약 성서를 기록한 저자들은 바로 이러한 정신에서 구약 성서를 사용했다. 그들만이 특별한 사람이거나 그 시대만 특별한 시대였던 것이 아니다. 하나님을 아는 사람은 모두 특별한 시대에 사는 특별한 사람이다.

## 성경을 읽어야 한다

많은 사람들은 성경에 등장하는 사람들의 경험에 따라서 성경을 읽기보다는 우리 자신의 경험에 비추어 성경을 읽는다. 만일 오늘날 특별한 방법으로 하나님의 음성을 듣지 못한다면, 우리는 하나님께서 더 이상 특별한 방법으로 말씀하시지 않는다고 가정하게 될 것이다. 우리가 오늘날 기적들을 보지 못한다면, 우리는 하나님께서는 이제 더 이상 기적을 행하시지 않는다고 가정하게 될 것이다. 그러나 성경에는 꿈, 환상, 기적 등 초자연적인 경험들이 가득하다. 진보적인 교인들은 이러한 일들이 발생했다는 사실을 부인한다. 그들은 이런 이야기들은 신화(神話)이므로 문자 그대로 이해해서는 안된다고, 그리고 그것들은 위대한 신학적인 진리들을 예증하기 위한 것이라고 말한다.

보수적인 교인들은 이런 식으로 성경을 읽는 사람을 보면 소스라치게 놀란다. 그들은 진보주의자들의 이성주의적인 불신앙에 대처하려 하지 않는다. 그들은 성경에 있는 모든 기적은 실제로 있었던 일이라고 확신한다. 그러나 성경을 오늘날의 경험에 적용하는 문제에 이르게 되면, 보수주의자들도 역시 진보주의자들과 동일한 불신앙으로 가득찬다. 많은 기독교인들은 성경을 하나님의 능력의 초자연적인 영역으로 인도해주는 안내자로 보지 않고 하나님에 관한 추상적인 진리를 담은 책으로 여긴다.

이처럼 성경을 초자연적인 것으로 간주하지 않으면서 성경을 읽는 데서 두 가지 안타까운 결과가 생겨난다. 첫째, 하나님의 초자연적인 능력을 거의 경험하지 못한다. 그 이유는 우리에게 기적을 달라고 기도하는 믿음이 없으며, 또 하나님께서 초자연적인 방법으로 우리에게 말씀하실 수 있다는 확신도 없기 때문이다. 우리에게 믿음이 부족한 이유는 무엇인가? 성경을 읽는 우리의 방법에 의하면 이러한 일들을 기대하지 않게 되기 때문이다. 그렇게 되면 우리는 훈련이 영성생활에 이르는 열쇠라고 믿는 도덕주의적 신앙에 머무르게 된다. 하나님으로부터 오는 조그마한 도움과 그러한 훈련을 겸비하게 되면 우리는 보다 선한 사람이 될 수 있다. 예를 들자면, 우리가 잠언을 공부하면서 자녀들을 양육하는 데 유익한 원칙들을 찾아 내려고 노력할 수는 있을 것이다. 그렇지만 동성애에 빠진 아들이나 마약을 사용하는 십대의 딸을 구해낼 수 있는 믿음을 가지고 기도하는 법을 배우지는 못할 것이다. 우리는 하나님께서 우리를 천국으로 데려가시는 것 외에는 그다지 많은 것들을 기대하지 않는데, 일반적으로 우리는 기대하는 만큼만 얻는다.

달라스 윌라드(Dallas Willard)는 성경을 초자연적인 것으로 보지 않는 데 따르는 두번째 결과를 다음과 같이 묘사했다:

> 성경에 등장하는 인물들의 경험을 우리 자신의 삶에 비추어 이해하지 않을 때 야기되는 또 하나의 문제는 성경 읽기를 완전히 중단하는 것이다. 혹은 우리는 실질적으로 성경이 우리에게 유익한 것을 발견하지 못하면서도 사람들이 그렇다고 말하기 때문에 마치 약을 삼키듯이 성경을 "복용한다."
>
> "성경을 믿는" 교회에서 신문이나 타임지를 읽을 때 느끼는 정도의 관심이나 지성이나 기쁨을 가지고 성경을 읽는 교인들은 극소수에 불과하다는 것은 공공연한 비밀이다. 경험에 비추어 볼 때, 이렇게 된 까닭은 주로 그들이 성경에 등장하는 인물들의

경험을 그들 자신의 경험에 의거하여 이해하는 법을 배우지 못했기 때문이다.[2]

나는 윌라드 교수의 견해에 동의한다. 나는 여러 해 동안 성경교회(Bible Church)에서 목회를 했었다. 그 당시 나는 오늘날 하나님께서는 성경을 통해서 외에 다른 신빙성 있는 방법으로 말씀하신다는 것을 믿지 않았으며, 또 기적이나 치유를 행하신다는 것도 믿지 않았다. 내가 교인들에게 권하는 우선적인 처방은 "날마다 성경을 읽으십시오"였다. 그 당시 내가 교인들로부터 가장 흔하게 듣는 고백은 "나는 성경을 읽지 않습니다"였다.

하나님이 자녀들의 일상 생활에 초자연적으로 개입하신다고 말하는 책을 날마다 읽으면서도 그러한 초자연적인 현상들이 우리의 현재의 경험에서 실질적으로 어떤 관련을 갖는지 깨닫지 못하기도 어렵다. 성경에서 초자연적인 요소들을 제거하면, 성경은 도덕주의적인 삶의 지도서가 되며, 하나님은 자기 백성을 돕기는 하지만 그다지 크게 돕지는 않는 멀리 계신 하나님이 된다.

성경은 신학적인 논문 이상의 책이다. 그것은 놀라운 일을 하시는 하나님과의 역동적인 만남으로 인도해주는 안내서이다. 성경은 우리로 하여금 하나님의 음성을 듣고 삶을 변화시키는 믿음을 가지고 그 음성에 응답할 수 있게 하기 위해서 우리에게 주어졌다. 그러나 사람들이 성경을 믿으면서도 그 음성을 듣지 못하는 일이 너무도 빈번하다.

## 우리는 바리새인처럼 행하고 있지 않은가?

바리새인들은 오늘날 교회에 다니는 대부분의 사람들보다 더 열심이 성경을 읽고 공부하고 암송했다. 그러나 모세나 구약 시대의 다른 영웅들과는 달리 그들은 하나님의 음성을 듣지 못했다. 예수님은 바리새인들은 아무 때에도 아버지의 음성을 듣지 못하였다고 말씀하셨다(요 5:37). 바리새인들은 오실 메시아를 기다린다고 주장했지만, 실제로는 구약성서에 나타난 것과 같은 초자연적인 현상들이 자기들의 생전에 나타날 것을 기대하지 않았다. 그들은 초자연적인 것들을 이론적으로는 믿었다. 즉 천사들의 존재 및 몸의 부활을 믿었다. 그러나 그들은 자신의 삶에서 초자연적인 일들이 일어날 것은 전혀 기대하지 않았다. 그들은 성경이 아닌 곳에서는 하나님의 음성을 들으려 하지 않았고, 성경 안에서 하나님의 음성을 듣지도 못했다.

여기에서 한 가지 유의해야 할 것이 있다. 바리새인들은 기독교인들이 아니었으므로 오늘날 우리 기독교인들이 그들과 같은 죄를 범할 가능성은 없다고 생각하는 실수를 범하지 말아야 한다. 기독교인들도 죄에 빠질 수 있다. 신약성서에서 바리새인들은 종교인들이 교만해질 때에 어떤 일이 발생하는지를 보여주는 탁월한 경고이다. 교만이라는 소음을 통할 때 가장 효과적으로 하나님의 음성에서 벗어난다. 그리고 신자들은 모두 종교적인 교만의 죄를 범할 가능성이 있다.

신약성경에는 하나님께서 오늘날도 성경이 아닌 다른 방법으로 말씀하신다는 것을 보여주는 많은 본보기들이 있다. 그것들은 예수님이나 사도들 및 다른 사람들의 삶에서 취한 본보기들이다. 자칫하면 이런 사람들은 특별한 시대에 산 특별한 사람들이라고 말함으로써 이러한 본보기들을 무시하기가 쉬운데, 그것은 성경을 읽는 대단히 비성경적인 방법이다. 보다 성경적인 방법은 예수님을 어떻게 살고 어떻게 사역해야 하는지를 보여주는 탁월한 본보기로 생각하는 것이다.

야고보가 엘리야에 대해 생각하라고 한 것처럼, 사도들은 우리처럼 열심으로 기도한 사람들이라고 생각하라. 히브리서 13:2에서 주장한 것처럼 천사들이 방문할 가능성을 염두에 두라. 광야에서 이스라엘 백성들에게 발생한 기적들과 심판에 대해서 "저희에게 당한 이런 일이 거울이 되고 또한 말세를 만난 우리의 경계로 기록하였느니라"(고전 10:11)고 한 바울의 말을 기억하라. 성경의 기적들은 현대 기독교인들에게 본보기가 되고 경고가 된다.

나는 살아오면서 많은 세월 동안 신약 시대의 기독교인보다는 바리새인들과 같은 방식으로 성경을 읽었다. 또 하나님을 믿는 일을 과소평가하는 잘못을 범해왔다. 그러나 이제 남은 생애 동안 내가 혹시 잘못을 범하는 일이 있다면, 그 잘못은 하나님을 믿는 일을 과대평가하는 일일 것이다. 그러나 전능하시고 전지하고 무소 부재하신 하나님을 지나치게 믿는 일이 어찌 가능할 것인가? 하나님께서는 "믿는 자에게는 능치 못할 일이 없느니라"(막 9:23)라고 말씀하셨다.

성경과 역사 안에서 들려오는
하나님의 음성

chapter 3
# 예수님과 하나님의 음성

유행가 가사처럼, 마이라 워팅거는 "자기의 운명과 사랑에 환멸을 느끼고 있었다." 그녀는 홀로 돈 한 푼 없이 1940년대의 텍사스 주의 여러 도시를 방랑하다가 마침내 나이 지긋한 노인을 돌보는 일을 맡았다. 보수는 매우 적었지만, 마이라는 최소한 먹고 잘 수 있는 장소를 확보하게 된 것이다.

마이라는 사람들로부터 거부당한 경험이 있었다. 그녀는 최근에 남편과 이혼했다. 남편은 부자였지만 마이라에게 한푼도 주지 않았다. 마이라의 부모는 그녀가 사춘기 때에 돌아가셨으므로, 그녀는 누구에게도 도움을 청할 수 없었다.

마이라는 자기를 고용한 노인이 잠자는 것을 보면서 자신의 삶이 이제 최저 수준을 벗어났다고 생각했다. 그러나 그것은 잘못된 생각이었다. 마귀는 그녀에게 새로운 고통을 줄 계획을 세웠다. 즉 그녀로 하여금 자살을 생각할 정도로 몰고 갈 고통을 주려 했다. 어느날 노인이 잠들고, 집 안에는 마이라와 노인의 아들만 있었다. 알코올 중독자인 그 아들은 전에도 마이라에게 성적인 유혹을 한 적이 있었다. 그 당시에는 마이라가 그를 발견하고 그의 행동을 분명히 거절했었지만, 이 날 그 남자는 절대로 물러서지 않으려 했다. 그 남자는 결국 그녀를 강간했다. 마이라의 짧지만 고달픈 인생에서 그날 오후에 당한 일만큼 수치스러운 일은 없었다. 마이라는 '하나님이 나를 미워하시는 것이 분명해. 그렇지 않다면 이런 일이 일어나게 내버려 두지 않았을 거야. 내가 어떻게 했길래 하나님이 그렇게 화가 나셨을까?' 라고 생각했다.

마이라는 자신이 처한 상황에 대해 여러 번 하나님께 말씀드렸지만 아무런 응답도 받지 못했다. 아마 마이라는 자신의 감동의 소용돌이 때문에, 또는 하나님과 진정으로 대화를 하지 않았기 때문에 하나님의 부드러운 위로와 약속을 듣지 못했을 것이다. 그러나 마이라는 그렇게 생각하지 않고, 하나님께서 자신을 버렸다고 결론지었다.

때로 사태가 극도로 악화될 때가 있다. 보통 강간을 당해서 임신하는 사람은 100명 중에 3명 이하이다. 그런데 마이라는 그 불행한 편에 속했다. 하나님께서는 그녀로 하여금 강간을 당한 데다가 임신까지 하게 하심으로써 또 하나의 시련을 더하시는 듯했다. 하나님은 그녀로 하여금 그 짐승 같은 주정뱅이의 아이를 갖게 하셨다.

설령 아이를 양육할 능력이 있었다 해도, 마이라는 이 아이를 낳을 생각은 전혀 없었다. 마이라는 강간을 당했지만, 그 남자나 하나님일지라도 그녀로 하여금 임신의 치욕까지 당하게 만들도록 내버려 두려 하지 않았다. 그것은 공평하지 못한 일이었다. 마이라는 그 끔찍한 오후에 벌어진 일로 말미암은 결과들을 감수할 필요가 없었다. 마이라는 그 아이를 유산시키기로 결심했다.

그러나 의사는 그녀의 생각대로 해주지 않았다. 마이라는 텍사스에서는 낙태수술을 받기가 어렵다는 것을 알았다. 그래서 의사나 간호원의 도움이 없이, 가능하다면 누구의 도움도 받지 않고서 아기를 유산시킬 수 있는 방법을 생각하기 시작했다.

이상이 1943년 봄 어느날 오후에 마이라가 병원에서 집으로 터벅터벅 걸어오면서 생각했던 것들이다. 자신이 겁탈 당했던 현관에 앉아 있을 때 마리아에게 새로운 생각이 떠올랐다. 그것은 자살이었다. 그런데 마이라가 자신의 고통을 가장 빨리 끝내줄 것처럼 보이는 자살에 대해 생각하는 순간, 그녀의 영혼 깊은 곳에서 기도하고 싶은 강한 욕망이 솟구쳐 올라왔다. 마이라는 하늘을 바라보면서 "주님, 나는 임신을 했습니다. 그런데 어떻게 해야 할지 모르겠어요"라고 소리쳤다. 그 때 마이라는 지금까지 들은 것 중에서 가장 분명한 음성을 들었다. 하나님은 마이라에게 "이 아이를 그대로 두어라. 그 아이는 세상에 기쁨을 줄 것이다"라고 말씀하셨다.

하나님께서 주신 이 간단한 말씀은 자살이나 낙태에 대한 생각을 완전히 몰아냈다. 천국의 말씀은 지옥의 음성이 결코 대적할 수 없는 능력을 소유한다. 이 음성을 듣는 순간, 파괴적인 생각들이 마이라에게서 떠나갔을 뿐만 아니라 하늘나라의 기쁨이 그녀의 영혼 안에 들어와서 낙심과 번민을 몰아냈다. 마이라는 하나님께서 자기에게 딸을 주실 텐데, 그 아이는 세상에 기쁨을 줄 것이라고 확신했다. 마이라는 그 아기의 이름을 "기쁨"이라고 부를 작정이었다.

1943년 10월 9일, 마이라는 텍사스 주 휴스턴에 있는 성 요셉 병원 자선 병동에서 아기를 낳았다. 그런데 마이라는 아이를 낳다가 거의 죽을 뻔 했고, 게다가 태어난 아기는 딸이 아니라 아들이었다. 그로부터 몇 년 동안 마이라와 어린 아들은 어렵게 살아갔다. 마이라는 아기를 맡아 기르는 집에 아들을 맡기고 떨어져 살았다.

그 후로도 아들은 세상에 기쁨을 가져다준다는 천상의 운명을 전혀 성취할 것 같지 않았다. 그 아이는 십대 초반에 기독교 신자가 되었지만 기독교 사역을 할 만한 희망은 전혀 없었다. 그 아이는 매우 소심했다.

마이라의 아들이 고등학교를 졸업하던 해 여름에 부흥회에 참석했는데, 부흥회의 마지막 밤에 자신에게 설교를 하라고 명하시는 하나님의 음성을 들었다. 다른 사람들은 아무도 확인해주지 않았지만 그것은 분명한 음성이었다. 사람들은 모두 이 청년에게는 공적인 목회 사역을 할 만한 능력이 없다는 것을 알고 있었다.

월요일에 마이라의 아들은 직장으로 출근했다. 그 공장에서 일하는 사람들은 대부분 교인이 아니었다. 그들이 나누는 대화는 온통 자기 부인이나 여자들에 대한 음담패설이나 좋지 못한 농담이었다. 전에는 그러한 대화가 전혀 거슬리지 않았는데, 이제 그 청년은 그러한 음담패설을 참을 수 없었다. 공원들이 일하면서 나누는 대화를 들을 때, 그리고 200명의 공원들이 모여 점심을 먹을 때, 마이라의 아들은 그들을 그리스도로부터 분리시키는 죄에 대한 분노, 그리고 그들을 불쌍히 여기는 마음으로 가득찼다. 그는 자기도 모르는 새에 갑자기 자리에서 일어나서 200명의 동료 공원들에게 "내 말을 들어 보세요"라고 소리쳤다. 사람들은 점심을 먹다 말고 놀라고 말없이 그를 바라보았다.

"저는 이곳에서 어른이 되는 법을 배우려고 애쓰는 어린 청년에 불과합니다. 그런데 여러분은 모두 나에게 더러운 말을 하는 법, 더럽게 사는 법만 가르쳐 주고 계십니다. 여러분, 나는 개에 대해서 말할 때에도 결코 여러분이 자기 부인들에 대해 말하는 것처럼 말하지 않을 겁니다. 그렇지만 하나님은 여러분을 사랑하십니다. 그리고 여러분을 위해서 예수님을 죽게 하셨습니다." 그 청년은 이렇게 첫 설교를 시작했다. 배관공, 단열 처리를 하는 사람, 기술자, 그리고 조수들이 모두 이 말을 듣고 어안이 벙벙해졌다. 청년이 설교를 계속함에 따라, 성령의 깨닫게 하심이 사람들에게 임했다. 청년이 설교를 멈추었을 때, 사람들은 한 마디도 하지 않았다. 그들은 고개를 숙인 채 작업장으로 돌아갔다. 그들은 이 공장에 신앙부흥이 방금 시작되었음을 깨닫지 못했다. 그로부터 몇 주일 동안, 청년은 자기보다 나이가 많은 직원들을 그리스도께로 인도하는 특권을 누렸다. 모든 사람들은 그가 복음 전도자의 사명을 받았다고 분명히 느꼈다. 그로부터 약 30년 후, 그 청년은 수백만 명의 사람들을 그리스도께 인도하여 구주로 믿게 만드는 책임을 수행하고 있었다. 그의 이름은 제임스 로비슨(James Robison)이다.

1943년 봄에 그의 모친 마이라는 "이 아이를 낳아라. 그 아이는 세상에 기쁨을 가져다 줄 것이다"라고 말씀하시는 하나님의 음성을 들었다. 강간을 당해서 잉태된 아기가 세상에 기쁨을 가져다 줄 것이라고 과연 누가 생각했겠는가? 너무나 소심해서 사람들 앞에서 말도 못하는 청년이 수백만 명의 사람들을 예수 그리스도께 인도하는 책임을 맡으리라고 상상이나 할 수 있었겠는가? 하나님께서 예레미야

3. 예수님과 하나님의 음성 45

에게 하신 말씀을 제임스 로비슨에게도 할 수 있을 것이다: "내가 너를 복중에 짓기 전에 너를 알았고 네가 태에서 나오기 전에 너를 구별하였고 너를 열방의 선지자로 세웠느니라"(렘 1:5).

제임스 및 그를 아는 사람들도 예레미야처럼 이 소명에 반박했었다: "주 여호와여 보소서 나는 아이라 말할 줄을 알지 못하나이다"(렘 1:6). 그러나 제임스는 능력이 있어서가 아니라 능력과는 상관없이 하나님의 지고한 목적을 위해서 부름을 받았다. 하늘에 계신 아버지께서는 아기를 죽이지 말라고 그 어머니에게 말씀하심으로써 그의 목숨을 구해 주셨었다. 그리고 때가 되자 사람의 노(怒)까지도 찬양하게 만드시는(시 76:10) 하나님께서는 제임스에게 거룩한 소명을 성취할 수 있는 능력을 주셨다.[1]

오늘날 많은 사람들은 태어나기도 전에 아기의 운명, 특히 마이라의 아기처럼 잉태된 아기의 운명에 대해서 하나님께서 분명하게 개인적으로 말씀하신다는 것을 이상하게 여길 것이다. 그러나 성경의 세계에서는 그것이 그리 특별한 일은 아니다. 특히 하나님의 나라에서 탁월한 역할을 하게 될 아기들에 대해서 하나님은 아기가 태어날 때나 태어나기 전에 아기의 운명에 대해 말씀하셨다.[2] 이것은 성경에서 가장 유명한 아기의 탄생의 경우에 해당된다. 마이라의 아들처럼, 이 아기도 "문제가 되는" 상황에서 발생했다. 하늘로부터 음성이 들려오지 않았다면, 아무도 이 아들이 아버지의 나라에서 행할 역할을 추측할 수 없었을 것이다.

## 예수님의 탄생과 하나님의 음성

하나님의 아들이 세상에 오실 때가 되었을 때, 사역을 끝마칠 때에 이른 늙은 제사장과 잉태할 수 없는 그의 아내가 세상에서 가장 위대한 방문이 이루어지는 데서 중요한 역할을 하리라고 누가 예견할 수 있었겠는가? 그렇기 때문에 하나님께서는 천사 가브리엘을 사가랴와 엘리사벳에게 보내셨다. 사가랴는 경건한 사람이었지만, 부지중에 메시아에 대해 종교 지도자들이 나타낸 반응의 상징이 되었다. 즉 종교 지도자들 역시 초자연적인 확실한 증거에도 불구하고 믿지 못했다.

늙은 여인이 아기를 잉태할 수 없을진대, 십대의 처녀가 남자의 도움이 없이 아들을 잉태하는 일은 어떻겠는가? 이것이 가브리엘의 메시지였다. 그러나 가장 믿기 어려운 부분은 가브리엘이 전한 생물학적인 불가능성이 아니었다. 가브리엘이 처녀 마리아에게 전한 말에는 영적으로 지극히 이상하고 어리석게 보이는 말이 포함되어 있었다. 즉 인간의 자궁이 세상을 구원하실 분을 위한 지상에서의 최초의 집이 될 것이라는 말이다. 바야흐로 하나님의 충만이 십대의 처녀의 자궁 안에 압축될 순간이었다. 하나님께서 자신을 그렇게 낮추실 것이라고 누가 상상할 수 있었겠는가? 그러나 마리아는 "대저 하나님의 말씀은 능치 못하심이 없느니라"는 가브리엘의 말을 믿었다(눅 1:37). 이 말은 장차 예수님의 사역의 표어가 되며, 신약 시대 교회의 표어가 될 말이었다.

그 외에도 예수의 탄생은 하나님의 음성에 대해 대단히 중요한 것을 가르쳐 준다.

### 예수님은 하나님의 계시에 의해서만 발견된다

하나님에게는 능치 못할 일이 없지만, 하나님께서 자기 아들을 세상에 보낼 것이라고는 아무도 짐작할 수 없었을 것이다. 성령께서 계시해 주시지 않았다면 아무도 아기 예수에게 가는 길을 발견하지 못했을 것이다. 사가랴는 천사 가브리엘이 말해 주었기 때문에 장차 일어날 일에 대해 알고 있었다. 마리아는 가브리엘이 알려 주었기 때문에 자기의 자궁이 하나님의 아들이 세상에서 거할 첫번째 집이 될 것을 알고 있었다. 엘리사벳이 성령으로 충만했던 것은 마리아가 주 예수를 잉태한 것을 깨닫기 위해서였다. 만일 꿈에 현몽을 받지 않았다면, 요셉은 마리아와 이혼했을 것이다. 목자들은 천사가 알려 주었기 때문에 아기에게 가는 길을 발견했고, 박사들은 별의 인도함을 받아서 아기가 태어난 곳에 도착했다. 시므온과 한나는 성령의 감동하심을 받았기 때문에 아기 예수를 알아보고 그의 사명에 대해 예언적인 말을 했다. 예수의 탄생 때에 부재한 것 중에 가장 놀라운 것은 통치 계층인 지식층의 부재이다. 그 시대의 성경 학자들은 예수님이 말 구유에서 탄생할 것이라고는 생각하지 않았다.[3]

하나님은 일찍이 모든 사람들이 볼 수 있는 모형을 마련하고 계셨다: 즉 초자연적이고 직접적인 계시가 없으면 아무도 예수님께 이르는 길을 발견하지 못한다는 것이다. 종교적 학문, 인간의 지성, 정치적 세력, 사회적 영향력 등은 모두 불완전한 인도자에 불과했다.

이러한 하나님의 모형은, 성경 지식도 예수님께 인도하기에는 불충분하다는 것을 보여준다. 구약 성경은 메시아 탄생을 둘러싼 주요한 사건들을 예언했다. 마태는 처녀에게서 메시아가 탄생하실 것을 이사야가 예언했음을 지적했다. 종교 지도자들은 메시아가 베들레헴에서 탄생하실 것을 미가가 예언했음을 알고 있었다. 구약 성경은 메시아가 박해를 받을 것을 분명히 한다. 마태는 독자들에게 구약 성경에서 모세의 시대에 이스라엘 백성이 애굽에서 불려 나왔듯이 메시아도 애굽에서 불려 나갈 것을 예언했다고 상기시켜준다.[4]

그러나 구약 성경은 어느 처녀가 언제 어디에서 메시아를 낳을 것인지에 대해서는 말하지 않았다. 초자연적인 인도하심이 없었다면 아무도 이러한 예언들이 어떻게 적용될 것인지 이해할 수 없었을 것이다. 서기관들은 메시아가 베들레헴에서 태어날 것을 알고 있었지만, 그 지식은 성령의 조명을 받지 않았기 때문에 결국 무가치한 것으로 증명되었다. 예수의 탄생을 둘러싼 성령의 계시 사역은, 우리가 메시아를 발견하고 알아보려면 철저히 하나님의 음성에 의존해야 한다는 것을 증명해 주었다. 예수님의 구유에 도착하려는 사람은 자신의 성경 지식보다 더 위대한 사물이나 사람의 인도함을 받아야 한다. 예수님의 탄생은 우리에게는 성경 지식이나 지성과는 상관없이 초자연적인 지도가 필요하다는 것을 가르쳐 준다.

### 하나님의 겸손

예수님의 탄생이 우리에게 가르쳐 주는 또 다른 중요한 교훈은 하나님이 얼마나 겸손한 분이신가에 대한 것이다. "높고 거룩한 곳"(사 57:15)에 거하시는 하나님께서 지상에서 거하실 최초의 집으로서 처녀의 자궁을 택하셨다. 그분은 마구간을 자기의 두번째 집으로 삼으셨다. 우리가 크리스마스 때에 보는 것처럼 멋지고 따뜻한 구유가 아니라 거름 냄새가 나는 1세기 팔레스틴의 더러운 마구간이었다. 세상의 빛께서 어두운 밤에 베들레헴에 오셨다. 하나님의 말씀께서 말 없는 아기가 되셨다. 희고 깨끗한 아마로 만든 하늘나라 군사의 옷을 입으셔야 할 분이 거친 강보에 싸이셨다. 생명의 떡이 되시는 분이 짐승의 먹이통 안에 누우셨다. 아무도 하나님에 대해 이러한 일을 예상하지 않았으며, 따라서 대부분의 사람들은 그 사실을 받아들이지 못했다. 우주의 창조주께서 그처럼 자기를 낮추시리라고는 아무도 상상하지 못했을 것이다.

하나님의 겸손은 우리에게 축복인 동시에 대단히 큰 문제가 된다. 하나님의 겸손 때문에 비천한 우리 인간이 하나님과 교제할 수 있으므로, 하나님의 겸손은 곧 축복이 된다. 또 하나님의 겸손 때문에 하나님께서 오셔서 우리로 하여금 그 분을 쉽게 거부할 수 있게 했기 때문에 그것은 문제가 된다.[5] 하나님께서 세상에 오셔서 구유 안에 누우실 것이거, 하나님께서 자기 아들이 사생아라는 스티그마를 가지고 태어나도록 하실 것이라고는 아무도 상상하지 못했을 것이다.[6] 하나님의 아들이 무력한 어린 아이로서 자기의 성전을 처음 방문하실 것이라고는 아무도 생각하지 않았을 것이다. 그날 두 사람을 제외하고는 모두가 장차 사람들을 대속할 어린 아기를 그냥 지나쳐 갔다 (눅 2:21-38).

교회는 종종 예수께서 세상에 탄생하신 방법의 타당성을 외면한다. 마태복음과 누가복음의 첫 두 장은 일년에 한번 성탄절 날에 우리를 따뜻하고 감정적으로 만들기 위해서 주어진 멋진 이야기가 아니다. 예수님의 탄생은 하나님의 특성에 관한 것, 그리고 하나님께서 타락한 피조 세상과 어떻게 관계를 맺으시는가를 보여준다. 세상을 위한 하나님의 지고한 목표가 마구간에서 태어나셨으며, 그분의 지고한 목표는 지금도 여전히 마구간에서 탄생하고 있다. 강간을 당해서 태어난 마이라의 어린 아들이 자라서 하나님을 사랑하며 수백만 명의 사람들을 예수님께서 인도할 것이라고 과연 누가 생각했겠는가? 만일 하나님의 음성을 듣지 못했다면, 마이라는 그 아기를 낙태시켰을 것이며, 우리의 운명을 결정하시는 분께서는 다른 여인의 아기를 선택하여 목적을 성취하셨을 것이다. 그러나 마리아가 하나님의 음성을 듣고 믿었던 것처럼, 마이라도 듣고 믿었다. 하나님의 겸손하심은 마리아를 놀라게 했듯이 마이라도 놀라게 했다.

하나님의 겸손하심은 우리도 놀라게 해야 한다. 하나님은 겸손하시므로 마구간이나 사생아라는 스티그마에 상관하지 않으신다. 당신은 하나님께서 비천하고 고통하는 자들을 선호하신다는 것에 관심을 기울인 적이 있는가(사 57:15; 66:2)? 하나님이 교만한 자를 거부하신다는 것에 관심을 기울인 적이 있는가(시 138:6; 벧전 5:5)? 겸손한 자들은 마구간의 비천함에 동참하지만, 교만한 자들은 그 근처에도 가려 하지 않을 것이다. 예수님의 탄생은, 겸손한 자들이 먼저 하나님의 음성을 듣게 될 것임을 가르쳐 준다. 절망적인 상황에 밀려 겸손해졌거나 관심을 기울여 겸손이라는 덕을 길렀거나 상관없이, 하나님의 음성을 듣는 데에는 겸손이라는 특성이 반드시 필요하다.

메시아의 탄생 및 인간 예수를 바라보면서, 우리는 동일한 주제들—초자연적인 계시의 필요성, 그리고 그 계시를 받기 위해서 필요한 겸손—이 다시 떠오르는 것을 발견하게 될 것이다.

## 예수님의 사역과 하나님의 음성

그 사람은 교회 맨 앞줄에 앉아서 나를 응시하고 있었다. 설교를 시작하고 나서 약 5분쯤 되었을 때에 나는 그 사람을 의식하게 되었다. 그 사람을 바라볼 때마다 그의 강력한 시선에 사로잡혔다. 얼굴 표정에서부터 몸짓에 이르기까지 이 나이 든 사람의 모든 것은 나에 대한 멸시와 경멸감을 나타내고 있었다. 나는 그쪽을 바라볼 때마다 그 사람이 나에게 "젊은이, 자네는 건방지게도 모든 것을 아는 체 하는군. 도대체 자신이 무슨 말을 하는지 알고 있는가?"라고 말하는 모습을 그려볼 수 있었다. 나는 그 사람이 아내 때문에 마지못해 예배에 참석한 불신자라고 확신했다. 아마 그 사람은 그날 밤에 예배를 방해하기 위해서 참석한 어느 주술단체의 회원이었을 수도 있다.

그날은 집회의 세번째 날이었고, 그때까지 집회는 순조로웠다. 일반적으로 나는 청중들 가운데 이런 사람이 있어도 개의치 않는다. 그렇지만 그날 밤에는 이 사람에게 나오는 나에 대한 증오심이 나에게 전달되었다. 약 30분 동안 그 사람으로부터 심통 맞은 시선을 받은 나는 약간 자포자기한 상태가 되었다. 나는 실제로 설교를 멈추고, 사람들 앞에서 그 사람에게 공개적으로 말을 해볼까 하는 생각도 해보았다. 나는 처음에는 화가 났지만 나중에는 정신이 혼란해졌다. 나는 그 사람이 앉은 쪽은 바라보지 않고 오른편에 있는 사람들만 바라보면서 설교를 마쳤다.

설교를 마친 후에 나는 사람들과 이야기를 하고 있었다. 곁눈질로 보니 그 사람이 나에게 다가오고 있었다. 나는 기뻤다. 주께서 그 사람을 내 수중에 넘겨 주신 것이라고 생각했다. 나는 돌아서서 그를 마주 보았다. 이제 예배 시간 내내 적대감을 가지고 나를 바라보았던 것을 되갚아 줄 기회를 갖게 된 것 같았다. 나도 모르는 사이에 나는 두 주먹을 불끈 쥐었다.

그 사람은 나에게서 약 1 미터 정도의 거리에 오더니 아까와 같이 역겨운 표정을 지었다. 그는 두 손을 불쑥 내밀어 내 오른 손을 잡았다. 그런데 그 사람은 내 손을 잡고 악수를 하는 것이었다. 그는 "목사님이 나에게 큰 축복이 되셨음을 말씀 드리고 싶습니다. 저는 어젯밤에 목사님께서 제안하신 대로 기도를 드렸습니다. 그랬더니 몇 달 만에 처음으로 평안하게 잠을 잤습니다. 목사님은 하나님께서 보내 주신 천사인 것 같습니다"라고 말했다.

나는 어리둥절해서 "당신이 오늘 예배 때에 메시지에 몰두하시는 모습을 보았습니다. 당신 자신에 대해서 말씀해 주시겠습니까?"라고 말했다.

그의 말에 의하면, 그의 아내는 여러 해 동안 남편이 기독교 신자가 되게 해달라고 기도했다고 한다. 일 년쯤 전에 주님은 그 기도에 응답하셔서 그는 거듭 났다. 그러나 기독교에 귀의한 후로 모든 것이 잘못되기 시작했다. 그와 아내는 심각한 경제적인 문제들, 건강 상의 문제들, 그 외에 여러 가지 재앙을 겪었다. 게다가 지난 몇 달 동안 그는 심각한 불면증에 시달렸다. 그가 회심한 직후에 사탄이 도전을 해 왔으므로 매우 극심하게 시달려왔던 것이다.

내가 그의 얼굴과 시선을 보면서 분노라고 느꼈던 것은 분노가 아니라 고통이었다. 나는 혼란과 고통을 적대감으로 오해했던 것이다. 나를 향한 사랑을 표현하는 얼굴을 보면서 그것을 적대감으로 해석했던 것이다. 게다가 나는 그러한 오해 때문에 하나님의 말씀을 선포하는 일에 방해를 받기까지 했었다.

그날 밤의 사건에는 아주 재미있는 사실이 있었다. 내 설교의 본문은 다음과 같았다:

> 여호와의 신 곧 지혜와 총명의 신이요 모략과 재능의 신이요 지식과 여호와를 경외하는 신이 그 위에 강림하시리니 그가 여호와를 경외함으로 즐거움을 삼을 것이며 그 눈에 보이는 대로 심판치 아니하며 귀에 들리는 대로 판단치 아니하며 공의로 빈핍한 자를 심판하여 정직으로 세상의 겸손한 자를 판단할 것이며 (사 11:2-4)

나는 예배에 참석한 모든 사람들에게 겉 모습으로 판단하는 것은 무척 잘못될 수 있으므로 눈에 보이는 것보다는 성령을 의지하라고 말하면서, 나 자신은 이 사람을 눈으로 판단한 것이다. 그날 밤 이후로 나는 하나님이 일종의 유머 감각을 가지고 계시며, 나 자신은 영적 장님의 상태에 깊이 빠질 수 있음을 확신하게 되었다.

만일 그날 밤 설교를 하는 도중에 한 번이라도 하나님께 이 사람의 분노나 고통의 원인이 무엇인지를 물어보았다면, 하나님께서는 내가 그 원인이 아니라는 사실을 보여 주셨을 것이다. 그러나 나는 그렇게 하지 않았다. 나는 내 눈으로 보는 것을 따랐으며, 이 사람이 그런 행동을 하는 원인을 알고 있다고 생각하고 있었다. 예수님의 사역 형태를 참작해보면, 이것은 결코 주님의 잘못이 아니었음을 알 수 있을 것이다.

## 하나님의 표준에 따르지 않음

위에서 말한 것처럼, 외모가 항상 사람들의 모든 것을 결정하는 것은 아니며, 우리의 본성적인 감각들이 우리를 속이는 일도 종종 있을 것이다. 그렇기 때문에 우리의 감각만 의지하지 말고 성령에 의해서 판단해야 한다.

예수님께서 야곱의 우물가에서 사마리아 여인과 만난 이야기는 예수님께서는 외모에 의해 판단하지 않고 성령에 의해서 판단하는 능력을 소유하고 계셨음을 보여준다(요 4:1). 다른 사람들은 사마리아 여인을 도덕적으로 부정한 과거를 지닌 여인으로 보았다. 그러나 예수님은 깊은 영적 목마름을 가진 여인으로 보셨다. 주님은 그 여인에게 그 갈증을 해소 시켜줄 생명의 물을 제공하셨지만, 그 여인은 주님이 어떤 분이신지 전혀 알지 못했기 때문에 그 말을 오해했다.

그 여인은 절실하게 목마름을 느끼고 있었지만, 부정한 과거는 이제 막 그녀가 손에 넣을 수 있게 된 생명의 물을 마시지 못하게 하는 장애물이 되었다. 생명의 물을 받으려면 먼저 과거를 청산해야만 했다. 예수께서는 "가서 네 남편을 불러 오라"고 말씀하셨다.

"나는 남편이 없나이다."

"네가 남편이 없다 하는 말이 옳도다. 네가 남편 다섯이 있었으나 지금 있는 자는 네 남편이 아니니 네 말이 참되도다."

"주여 내가 보니 선지자로소이다…"

그 이야기의 나머지 부분에 대해서는 여러분도 알고 있을 것이다.

예수님과의 만남을 통해서 완전히 변화된 그 여인은 많은 사마리아인들에게 가서 예수를 보고 믿으라고 증거했다.

이것은 예수님의 사역의 전형적인 본보기이다. 예수님은 눈으로 보거나 귀로 듣는 것에 의해서 판단하지 않으셨다. 예수님은 성령을 통하여 이 여인의 영적인 갈증, 이 여인에게 남편이 다섯이나 있었다는 것, 그리고 지금 여섯번째 남자와 함께 부도덕한 삶을 살고 있다는 것을 아셨다. 예수님은 성령을 통해서 이 여인을 하나님의 나라로 데려오는 데 필요한 조처를 아셨다.

## 예수님의 인성의 한계

어떤 사람들은 예수님의 생애에 발생한 그러한 사건들은 오늘날 우리의 사역이 어떠해야 하는지를 보여주는 적절한 본보기가 되지 못한다고 생각한다. 그런 사람들은 예수님은 하나님이셨으므로 전지(全智)하셨다고 예상해야 한다고 말한다. 물론 이것은 옳은 말이다. 예수님은 그 당시에도 하나님이셨고 지금도 하나님이시다. 예수님은 완전한 하나님이시면서 완전한 인간이셨다. 그분은 전지하시고, 전능하시고, 무소 부재하신 분이시다. 그러나 성경은 인간의 형체를 취하신 예수님께서는 이러한 신적 속성들을 제한적으로 사용하셨다고 가르쳐 준다(빌 2:6-11).[7]

예수님이 인간이 되셨다는 것의 의미는 이러하다. 그 분은 배고프고(마 4:2) 목마르고(요 19:28) 지치셨다(요 4:6). 그 분은 인간이셨으므로 한 번에 한 장소에만 거하실 수 있었다. 다른 어린이들과 마찬가지로 "예수는 지혜가 자라갔다"(눅 2:52). 예수님은 장성하여 사역하시면서 자연적인 방법을 통해서 배우셨다((요 4:3). 예수님은 자기가 재림할 시간이나 날을 알지 못하셨다(마 24:36). 예수님은 병을 고치기 위해서 자신의 능력을 사용하신 것이 아니라, "병을 고치는 주의 능력이 함께 할" 때까지 기다리셨다(눅 5:17). 또 사람들의 불신앙 때문에 치유 사역에 제한을 받은 일도 있었다(막 6:1-6; 마 13:58). 따라서 예수님은 완전한 하나님이셨음에도 불구하고 인성의 한계들을 받아들이셔서 자신의 신적 능력을 빌어 치유하거나 예언하거나 사역하시지 않으셨다.[8] 그러나 예수님은 능력으로 사역하셨다. 그렇다면 이 능력은 어디서 온 것이었을까?

## 예수님의 능력의 근원

성경은 예수님의 능력의 근원을 분명히 해준다. 그분의 초자연적인 능력은 성령으로부터 왔다. 성령은 예수님의 인성에 은혜와 지혜와 기적적인 능력들을 넣어 주셨다. 이사야는 메시아가 성령을 철저히 의지할 것을 예언했다(사 11:1-5; 42:1-4; 61:1-3). 예수님이 잉태되실 때에, 하나님의 아들에게 인간의 몸을 주신 분은 성령이었다(눅 1:35). 예수께서 세례를 받으실 때, 성령이 그에게 임하여 머물렀다(마 3:16; 요 1:32). 또 예수님은 시험을 받으실 때에, 성령의 능력을 받고 성령의 이끌림을 받아 사탄과 싸우셨다. 누가는 예수께서 "성령의 충만함을 입어 요단 강에서 돌아오사 광야에서 사십일 동안 성령에게 이끌리셨다"고 기록했다(눅 4:1).

그리스도의 공생애가 시작되었을 때, 누가와 예수님 자신은 예수님의 사역에 있어서 능력의 근원은 그의 신성이 아니라 성령에 의존

함이었음을 분명히 했다.

> 예수께서 성령의 권능으로 갈릴리에 돌아가시니 그 소문이 사방에 퍼졌고 친히 그 여러 회당에서 가르치시매 뭇사람에게 칭송을 받으시더라 예수께서 그 자라나신 곳 나사렛에 이르사 안식일에 자기 규례대로 회당에 들어가사 성경을 읽으려고 서시매 선지자 이사야의 글을 드리거늘 책을 펴서 이렇게 기록된 데를 찾으시니 곧 주의 성령이 내게 임하셨으니 이는 가난한 자에게 복음을 전하게 하시려고 내게 기름을 부으시고 나를 보내사 포로 된 자에게 자유를, 눈먼 자에게 다시 보게 함을 전파하며 눌린 자를 자유케 하고 주의 은혜의 해를 전파하게 하려 하심이라 하였더라 책을 덮어 그 맡은 자에게 주시고 앉으시니 회당에 있는 자들이 다 주목하여 보더라 이에 예수께서 저희에게 말씀하시되 이 글이 오늘날 너희 귀에 응하였느니라 하시니 (눅 4:14-21).

이와 동일한 증언이 예수님의 사역 중반에 다시 등장한다. 예수님은 자신이 "하나님의 성령을 힘 입어" 귀신들을 쫓아 내신다고 말씀하셨다(마 12:28). 마태는 언젠가 예수께서 사람들의 병을 다 고쳐 주셨으므로 많은 무리가 예수님을 따랐다고 말했다(마 12:15). 언뜻 보면, 마태가 예수님의 병 고치는 능력이 그의 신성에 기인하는 것으로 말한다고 여겨질 수도 있을 것이다. 그러나 조금 뒤에 마태는 이것이 이사야의 예언을 성취한 것이라고 말한다: "내가 내 성령을 줄 터이니"(마 12:18; 사 42:1 인용). 예수께서 부활하시고 승천하신 후에, 베드로는 예수님의 사역을 다음과 같이 요약했다: "하나님이 나사렛 예수에게 성령과 능력을 기름 붓듯 하셨으매 저가 두루 다니시며 착한 일을 행하시고 마귀에게 눌린 모든 자를 고치셨으니 이는 하나님이 함께 하셨음이라"(행 10:38).

그러므로 구약의 예언자들, 예수님 자신, 그리고 사도들은 예수님의 사역에 나타난 신적 능력을 그의 신성에 기인한 것이 아니라 그를 통한 성령의 사역으로 보았다. 이제 예수님의 사역 안에서의 성령의 역할 및 아버지로부터 온 신적 계시의 역할에 대해 자세히 살펴보기로 하자.

## 사역을 위한 신적 모형: 섬기기 위해서 하나님의 음성을 들음

예수님은 무슨 일을 행하거나 말씀하시기 전에는 언제나 아버지로부터 음성을 들었다. 예수님은 자신의 사역이 "아버지께서 행하시는 그것을 아들도 그와 같이 행하느니라"는 위대한 원칙에 따른다고 말씀하셨다(요 5:19). 이러한 생활 방식은 예수님에게서 시작된 것이 아니다. 그것은 하나님께서 항상 자기 종들을 위해 제시하시는 이상이다. 약 1,400년 전에 하나님은 모세를 산으로 데리고 가셔서 그에게 장막의 모형이 될 천상의 모형을 보여주셨다. 그리고 나서 모세에게 그가 본 모형에 따라서 세상 장막으로 지으라고 하셨다(출 25:9, 40; 행 7:44; 히 8:5). 세상에서 살면서 사역하는 가장 좋은 방법은 하늘에 있는 모형을 보고 그대로 모방하는 것이다. 모든 기도의 핵심은 "뜻이 하늘에서 이루어진 것 같이 땅에서도 이루어지이다"이다(마 6:10). 하나님께서 하늘로부터 자기의 뜻을 계시해주시지 않는 한, 우리는 세상에서 하나님의 뜻을 행할 수 없다. 하나님께서는 계시해주시고, 우리는 그것을 모방한다. 하나님이 주도하시고, 우리는 응답한다.

예수께서는 이러한 유형을 만들어 내신 것이 아니라, 그것을 누구도 상상할 수 없을 만큼 큰 규모로 성취하셨다. 모세는 하늘나라의 모형에 따라서 지상 장막을 만들었지만, 예수님은 신령한 성전인 교회를 만드셨는데, 그 교회는 결코 어두움의 세력의 지배를 받지 않을 것이다. 예수께서는 모든 삶과 사역을 위한 하나의 원리에 따라 그 일을 행하셨다. 즉 예수님은 아버지께서 행하시는 것을 본 그대로 행하셨다.

요한은 그의 복음서에서 이 주제를 거듭 강조했다. 인성 안에 계신 예수님은 자기의 뜻대로는 아무 일도 할 수 없으며 아버지께서 행하시는 것을 듣고 그대로 심판하신다고 주장하신다(요 5:30). 예수님의 가르침의 근원은 예수님 자신이 아니라 아버지에게 있다(요 7:16). 예수님은 오직 아버지의 말씀만을 하신다(요 8:28; 12:49-50; 14:10, 24). 간단히 말해서, 예수님은 아버지께서 명하시는 대로 행하신다(요 14:31). 예수님은 언제나 자신을 아버지와의 중단 없는 교제 안에서 명령을 받는 종으로 제시하신다. 예수님께서 행하시는 모든 일—심판하시고 가르치시고 말씀하시고 순종하심—은 그의 신성에서 비롯된 것이 아니라 제한이 없이 그에게 임하시는 성령에 의해서 행해진다(요 3:34).

성령도 이와 동일한 유형을 따른다. 예수님께서는 성령이 "자의로 말하지 않고 오직 듣는 것을 말하시며 장래 일을 너희에게 알리시리라"고 말씀하셨다(요 16:13). 비록 성령일지라도 하나님을 섬기기 위해서 하나님의 음성을 듣는 것이 신약 성서에서 제시된 모형이다.

우리도 이것을 삶을 위한 모형으로 삼아야 하지 않을까? 우리는 철저하게 하나님의 음성을 들어야 하지 않을까?

## 예수, 성령, 그리고 우리

하나님의 종들 중에서도 예수님은 정말 특이하신 분이시다. 그 분은 하나님이시기 때문에 특이하시다. 그 분은 하나님께 완전히 복종하시고 죄 없는 삶을 산 유일한 인간이시기 때문에 특이하시다. 그 분은 단순하게 다른 선지자들처럼 하나님의 나라를 선포한 것이 아니라 친히 그 나라를 이룩하셨기 때문에 특이한 분이시다. 그 나라에서 그 분의 권위는 특이하다: "하늘과 땅의 모든 권세를 내게 주셨으니"(마 28:18). 그 분은 특이하게 십자가 상에서 대속의 제물이 되셨고 대제사장의 직분을 행하신다. 그러나 지상 사역을 위한 능력의 근원에 있어서는 특이하지 않다. 도덕적인 삶을 살고 기적을 행하신 예수님의 능력은 성령의 능력에서 비롯된 것이다.

예수님은 그 전이나 후의 어떤 사람보다도 성령의 능력을 잘 이용하셨다. 예수님은 성령을 완전히 의지하여 죄 없는 삶을 사셨다. 누구도 그 놀라운 일을 모방할 수 없을 것이다. 이것은 예수님이 우리의 도덕적 모범이 되어서는 안된다는 것을 의미하는가? 물론 그렇지 않다. 그 분의 도덕적인 완전함이 그 분을 우리의 순결의 모범으로 삼는 것을 금하지 않았을진대, 그 분이 하나님의 음성을 듣고 기적을 행하기 위해서 성령의 능력을 사용한 것 때문에 그 분이 기적적인 일들을 위한 우리의 모범이 될 수 없겠는가?

예수님은 하나님의 음성에 귀를 기울였고, 그 다음에는 성령에 의해 힘을 얻어 말하고 행동했다. 그 분은 이 사역 방법을 사도들에게 전해 주시면서, 성령을 그들에게 보내어 능력을 주시겠다고 약속하셨다. 성령이 그들에게 말하고, 모든 것을 가르치고, 예수님께서 하신 말씀을 모두 기억나게 하시며, 예수를 증거하고, 진리로 인도하며 장래 일을 알려 주실 것이라고 약속하셨다(요 14:26; 15:26; 16:13). 그리하여 결국 사도들은 그들의 스승께서 행하셨던 것처럼 초자연적인 방법으로 하나님의 음성을 듣고 기적을 행했다. 예수님은 그들의 사역을 위한 모범이셨다.

그러나 예수님은 사도들만을 위한 모범이 아니라, 모든 기독교인들을 위한 모범이셨다. 스데반과 빌립은 예수님처럼 성령으로 충만했고(행 6:3, 5; 7:55), 그들도 역시 초자연적인 방법으로 하나님의 음성을 듣고 기적을 행했다(행 6:8, 10; 7:56; 8:6-7, 13, 26, 29, 39).

예수님, 사도들, 스데반, 빌립, 아가보 및 신약 성경의 예언자들, 그리고 고린도, 로마, 에베소, 데살로니가 등 신약 시대의 교회에서 카리스마적으로 은사를 받았던 신자들과 우리가 공통적으로 소유하고 있는 것은 무엇인가? 사도들의 말에 의하면, 우리가 그들과 공유하는 것은 그들에게 하나님의 음성을 듣고 기적을 행할 수 있는 초자연적인 능력을 준 것과 동일한 능력이다. 바울은 "그의 힘의 강력으로 역사하심을 따라 믿은 우리에게 베푸신 능력의 지극히 크심이 어떤 것을 너희로 알게 하시기를 구하노라 그 능력이 그리스도 안에서 역사하사 죽은 자들 가운데 다시 살리시고 하늘에서 자기의 오른 편에 앉히사"라고 기도했다(엡 1:19-20).

우리는 1세기에 예수님 및 그를 따르는 사람들에게 능력을 주셨던 동일한 성령을 소유하고 있다. 그렇다면 우리는 왜 그들을 기독교적 삶 안에서 무엇이 가능한지 보여주는 본보기로 삼지 않는가? 예수님은 여러 번 "믿는 자에게는 능치 못할 일이 없다"고 말씀하셨다(막 9:23; 마 21:21-22; 막 11:23). 믿으면 죽은 자도 살릴 수 있다(요 11:40).

휘튼 대학에서 신약성서 주석과 그리스어를 가르치고 있는 제럴드 호톤(Gerald Hawthorne) 박사는 예수님의 삶과 사역 안에서 성령과 관련된 모든 신약성경의 언급들을 연구해왔다. 그가 내린 결론은 참작할 가치가 있다.

> 예수님께 적용되는 것은 그의 추종자들에게도 적용된다: "아버지께서 나를 보내신 것 같이 나도 너희를 보내노라"(요 20:21). 예수께서 성령으로 충만하고 그에 의해 준비를 갖추셨던 것처럼, 예수님께 속한 자들도 성령으로 충만하고 성령에 의해 준비를 갖추었다(행 2:4). 아니면 최고한 잠재적으로는 그랬다(엡 5:18). 성령충만이 예수님으로 하여금 특별한 존재가 되고 특별한 행동을 하게 했듯이, 그를 믿는 사람들도 그렇다. 사도행전은 하나님이 기꺼이 성령의 감화에 굴복하는 사람들을 통해서 행하실 수 있는 일들의 본질을 보여주려는 의도를 지닌 책이다. 초대 교회의 신자들은 성령을 통해서 담대하고 확신을 갖고 권위 있게 전파할 수 있었고(행 2:14-41), 전에는 꿈도 꾸지 못했던 용기와 결단력과 힘을 가지고 위기에 대처하며 장애물을 극복했고(4:29-31), 박해와 고난을 즐거이 대면하며, 심지어 용서의 기도를 하면서 죽음을 받아들이기도 했고(5:40-41; 7:55-60), 병자를 치료하고 죽은 자들을 살리고(9:36-41; 28:8), 분쟁을 조정하고 평화를 가져오며(15:1-35), 가야 할 곳과 가지 말아야 할 곳, 행할 것과 행하지 말아야 할 것을 알았다(16:6-10; 21:10-11).

초대 시대의 기독교인들에게 적용되었던 것이 오늘날의 기독교인에게는 적용되지 않는다고 믿을 이유가 없다. 현대의 위기는 초대 시대의 위기만큼 크고, 세상의 고통이 그 때보다 감소되지도 않았으며, 우리의 힘과 지혜와 인내와 사랑에 대한 도전에 대처하기 위해서는 1세기의 신자들과 마찬가지로 인간적인 것을 초월하는 자원이 필요하다. 그리고 오늘날 예수님을 따르는 사람들도 과거의 추종자들과 마찬가지로 이 모든 일에 대처할 능력이 부족하다. 더욱이 사람들로 하여금 인간적인 한계들을 극복하고 불가능한 일들을 성취하게 하시려는 하나님의 계획은 여전히 존재하며 효력을 발휘하고 있다. 그 계획에는 사람들에게 성령을 충만하게 부어주며 초자연적인 능력으로 채워주는 것이 포함되어 있다.[10]

호톤 교수는, 예수님은 모든 영역에서 우리의 모범이 되셔야 한다고 결론짓는다. 이보다 더 좋은 모범을 생각할 수 없을 것이다. 하나님의 음성을 듣는 방법을 보여주는 데 있어서 예수님보다 더 좋은 본보기가 되는 사람은 없을 것이다.

만일 우리가 예수님과 사도들과 신약시대의 교회들을 하나님의 음성을 듣기 위한 본보기로 삼기를 거부한다면, 우리에게는 그의 음성을 들을 성경적인 본보기가 없게 된다. 그렇다면 하나님의 음성을 듣는 방법을 보여줄 것이라고 믿을 수 있는 사람은 과연 누구일까?

Chapter 4

# 신약시대 교회와 하나님의 음성

박해를 받아 죽을 정도로 매를 맞은 경험이 있는 선교사가 다른 도시로 가서 다른 사역을 시작했다. 그가 선교 현장에 뛰어든 지 17년 째 되던 해였다. 그가 이 도시에서 매우 효과적으로 예수를 증거했기 때문에 복음의 원수들은 서로 협력하여 그를 대적하면서 그를 매도하기 시작했다. 그는 이 일의 결과가 어떻게 될 것인지 알고 있었다. 곧 원수들은 그를 죽이려 하기 시작했다.

그는 폭도들이 자기를 거의 죽을 지경으로 만들었던 일을 생각해 보았다. 복음 때문에 매맞고 고문을 당했던 다른 시기에 대해서 생각했다. 또 사탄의 충동을 받은 군중들이 그를 해치기 직전에 도망쳐 나왔던 일도 생각해 보았다.

그의 사역을 잘 진행되고 있었다. 그 사실은 확실했다. 그를 반대하던 종교의 주요 지도자 한 사람도 이미 그리스도에게 귀의한 상태였다. 그러나 상황을 고려할 때, 우선 몸을 피하는 편이 지혜로울 것 같았다. 그는 과거에 치명적인 부상을 당했었는데, 고통이 무척 심했고 치료하는 데에도 무척 오랜 시간이 걸렸다. 그는 다시는 그러한 고통을 겪고 싶지 않았다. 그는 곧 피신할 것 같았다.

그날 밤 잠자리에 든 그에게, 주님이 환상 속에 나타나셔서 두려워하지 말라고 말씀하셨다. 사람들이 그를 공격하겠지만, 이번에는 아무도 그에게 해를 입히지 못할 것이라고 말씀하셨다. 예수님은 이 새 도시에는 복음에 응답할 사람들이 많다는 것을 분명히 보여 주셨다.

다음 날 아침 잠에서 깨어난 선교사는 새 힘과 용기를 얻었다. 그리고 실제로 예수님께서 말씀하신 대로 이루어졌다. 박해는 더 심해졌지만, 그는 해를 입지 않았다. 18개월 동안 많은 사람들이 그의 사역을 통해서 구원을 받았다. 만일 꿈에 환상을 보지 않았다면, 그 선교사는 그 도시를 떠났을 것이다. 혹시 떠나지 않고 머물러 있었다고 해도, 그는 불필요한 스트레스를 받고 자신의 안전에 대해 염려했을 것이다. 선교사는 이미 오래 전에 이러한 일을 예측할 수 있을 만큼 자신이 경건하거나 똑똑하지 못하다는 것을 깨달은 터였다. 그는 자신이 겉모양이나 환경에 속기 쉽다는 것을 알고 있었기 때문에 그는 성경 안에서 뿐만 아니라 꿈과 환상 안에서, 자기의 영 안에서, 그밖에 다른 방법으로 하나님의 음성을 듣고 의지했다. 그런 여러 가지 형태로 하나님의 음성을 들었고, 여러 번 그 음성에 의해 구함을 받았었다.

가끔 강의를 듣는 학생들이나 교인들에게서 이와 비슷한 이야기를 들을 때, 내 마음에서는 의심이 일곤 한다. 보통 나의 첫번째 질문은 "이 이야기는 증명될 수 있는 이야기인가?"이다. 이런 종류의 이야기들은 대체로 증명될 수 없을 것이다. 그래서 나는 간단히 그것들을 기독교적 삶과 관련이 없는 것으로 간주하곤 한다. 그러나 방금 언급한 이야기는 증명할 수 있는 이야기이다. 아마 이 노련한 선교사가 누군지 짐작하는 독자들도 있을 것이다. 이 선교사의 일생에서 발생한 이 특별한 일화는 사도행전 18:1-18에 기록되어 있다. 그는 다름 아닌 사도 바울이었다. 그리고 문제의 도시는 고린도였다. 꿈이나 환상이나, 그밖에 여러 가지 방법으로 하나님의 음성을 듣는 것이 신약 시대 기독교 신앙에서는 지극히 정상적인 일이었음을 믿게 하기 위해서, 나는 종종 이러한 이야기를 예로 들곤 한다.

그러나 어떤 사람들은 이것이 정상적인 기독교 신앙이 아니라고 반박한다. 그들은 이러한 종류의 계시적인 경험들은 아주 빈번하게 일어나는 것이 아니라 이따금씩 일어나므로 하나님의 음성을 듣는 중요한 방법으로 여길 수 없다고 주장한다. 나도 열린 마음으로 사도행전을 읽기 전까지는 그렇게 생각했었다. 사도행전은 초대 교회 시대에 기독교인이 된다는 것이 어떤 것이었는지를 이해하는 데 있어서 매우 중요한 책이다. 그 책은 예수님께서 십자가에 달려 죽으셨다가 부활하신 직후에 기독교인들이 어떻게 살았는지를 보여주는 이야기들로 구성되어 있다. 사도행전은 기독교적 삶을 어떻게 영위해야 하는지에 대한 이론을 다룬 책이 아니다. 그것은 1세기의 기독교인들이 실제로 어떻게 살았는지를 사실적으로 묘사해준다.

초대 교회 내에서 초자연적인 계시가 얼마나 빈번하게 주어졌는지를 알기 위해서 사도행전을 살펴 보기로 하자.

## 최초의 증인들의 준비 상태

사도행전 첫 머리에 부활하신 주님과 열 한 제자들은 감람산 위에 서 있었다. 예수님은 방금 그들에게 예루살렘에 머물면서 성령 세례를 기다리라고 말씀하셨었다. 그들의 첫번째 질문은 그들이 사도로서의 사명을 제대로 이해하지 못하고 있음을 나타낸다: "주께서 이스라엘 나라를 회복하심이 이 때니이까"(행 1:6). 주님은 "때와 기한은 아버지께서 자기의 권한에 두셨으니 너희의 알 바 아니라"고 책망하셨다(행 1:7). 마지막으로 사도들이 이와 비슷한 질문을 했을 때, 예수님은 자기의 재림과 세상의 마지막에 대해서 길게 강론하셨다(마 24:4). 이렇게 강론하시는 동안 예수님은 그들에게 "그 날과 그 때는 아무도 모르나니 하늘의 천사들도, 아들도 모르고 오직 아버지만 아시느니라"라고 분명히 말씀하셨다(마 24:36). 주님은 이미 그들의 질문이 한계를 벗어난 것이라고 말씀해 주셨지만, 그들은 다시 그 질문을 했다.

제자들에게 성령의 능력을 주시겠다고 약속하신 후에, 주님은 그들이 보는 앞에서 하늘로 올라가셨다. 제자들은 주님이 지시하신 대로 예루살렘으로 돌아가지 않고 감람산에 서서 하늘을 바라보고 있었다. 그 때 두 명의 천사가 그들에게 와서 "갈릴리 사람들아 어찌하여 서서 하늘을 쳐다 보느냐 너희 가운데서 하늘로 올리우신 이 예수는 하늘로 가심을 본 그대로 오시리라"(행 1:11)고 말했다.

이 장면이 어떤 의미를 함축하고 있는지 생각해 보라. 사도행전은 초자연적인 커뮤니케이션과 더불어 시작된다. 즉 부활하신 주님과 제자들에게 말하는 두 명의 천사들의 말로 시작된다. 교회사의 초두에서, 우리는 교회가 인간의 프로그램에 의해서가 아니라 초자연적인 계시에 의해서 세워질 것을 배우고 있다. 사도들도 교회를 위한 적절한 청사진을 만들 수 없었다. 3년 반 동안 가장 훌륭한 교사로부터 특별한 훈련을 받았음에도 불구하고, 사도행전 첫머리에서 그들은 세상을 대속하기 위한 스승의 계획을 거의 이해하지 못하고 있었던 것으로 드러난다. 그들은 하나님의 인도하심을 받아 예루살렘으로 가서 지혜와 능력이 주어지기를 기다렸다.

## 최초의 증인들에게 능력을 주심

사도행전 2장은 최초의 증인들에게 능력이 주어진 이야기를 제공한다. 그 장은 하나의 계시를 드러내는 것으로 시작한다: "홀연히 하늘로부터 급하고 강한 바람 같은 소리가 있어 저희 앉은 온 집에 가득하여"(행 2:2). 바람은 생명을 생산하는 성령의 능력을 나타내는 상징이다.[1] 하나님께서 첫 사람 아담의 몸에 생명을 불어넣어 주셨던 것처럼, 성령은 "홀연히" "하늘로부터" 임하여 어린 교회의 몸에 생명을 불어넣어 주었다. 성령은 하나님의 백성들이 오랫동안 계획하고 헌신한 데 대한 응답으로 오신 것이 아니다. 하나님께서 성령을 보내셨기 때문에 파괴할 수 없는 생명의 능력이 다락방 안을 가득 채웠다. 불의 혀란 "하나님의 큰 일들"을 선포할 영감되어진 예언적인 말을 나타낸다(행 2:11). 다락방에서 있었던 모든 초자연적인 현상들은 교회의 선포가 하늘에 의해서 신적으로 영감되어질 것을 지적했다.

바람 소리와 불 같은 혀를 보고서 120명의 신자들이 방금 성령 충만을 받은 장소로 엄청나게 많은 사람들이 몰려왔다. 무리 가운데 일부는 그 초자연적인 현상에 놀라기도 하고 의심하기도 했다. 즉 그들은 그 현상이 무엇을 의미하는지 이해하지 못했다(행 2:12). 어떤 사람들은 그 사건의 초자연적인 특성을 전혀 파악하지 못하고서 120명이 술에 취했다고 조롱했다(행 2:13).

베드로는 사람들의 혼동과 의심을 보았다. 그는 "열 한 사도와 같이 서서 소리를 높여" 무리에게 말했다(행 2:14). 베드로가 무리에게 선포한 것은 성령의 감화를 받은 예언적 선포였다.[2] 요엘서 2:28-32에 기록된 옛 예언의 성취가 방금 시작되었다. 베드로는 이 예언을 인용하면서 말을 시작했다:

> "하나님이 가라사대 말세에 내가 내 영으로 모든 육체에게 부어 주리니 너희의 자녀들은 예언할 것이요 너희의 젊은이들은 환상을 보고 너희의 늙은이들은 꿈을 꾸리라 그 때에 내가 내 영으로 내 남종과 여종들에게 부어 주리니 저희가 예언할 것이요 또 내가 위로 하늘에서는 기사와 아래로 땅에서는 징조를 베풀리니 곧 피와 불과 연기로다 주의 크고 영화로운 날이 이르기 전에 해가 변하여 어두워지고 달이 변하여 피가 되리라 누구든지 주의 이름을 부르는 자는 구원을 얻으리라"(행 2:17-21).

다시 말해서, 성령 강림으로 계시의 시대가 시작되었다. 각 세대별로 몇 명의 선지자들이 활동하는 것이 아니라, 이제 "너희의 자녀들은 예언할 것이다." 하나님의 사람들이 환상을 보고 꿈을 꾸는 것은 지극히 정상적인 일이었다. 성령의 계시 사역에는 경제적·성적인 제한이 없고 나이의 제한도 없다. 성령은 남종과 여종, 아들들과 딸들을 감동하시어 예언하게 하며 계시 현상들을 이해하게 하신다. 성령은 하나의 예언적 민족을 낳고 있었기 때문에 다양한 계시 현상들을 지니고 강력하게 임하실 것이다. 젊은 유대 처녀에게 임하시어 모든 선지자들의 지도자가 그 여인의 자궁에 잉태되게 하셨던 것처럼, 이제 성령은 120명에게 임하심으로써 예언적 교회가 탄생하실 수 있게 하셨다. 그 교회의 머리가 예언자들의 왕이시기 때문에 그 교회는 예언적이다.

교회의 예언적 탄생은 세상을 구속하시려는 하나님의 계획은 인간의 계획들에 의해서 구상되거나 시행될 수 없다는 사실을 나타내는 상징이다. 사도행전 1, 2장은 계시에 의해 탄생한 교회를 묘사하며, 초자연적인 계시가 없으면 교회는 결코 세상에서의 대속적 사명을 성취하지 못할 것을 가르쳐준다.

## 모형의 전개

어떤 기독교인들은 성부, 성자, 성령, 또는 천사들로부터의 직접적인 전언을 한번도 경험하지 못한 채 일생을 산다. 그런 사람들은 자신의 경험에 의하여 성경을 읽기 때문에 사도행전의 대단히 놀라운 특성들 중 하나를 쉽게 놓친다. 즉 하나님의 음성을 듣는 경험이 부족하기 때문에 하나님과 그의 종들 사이에 이루어진 신적이고 초자연적인 교통에 대한 누가의 강조를 그대로 지나친다. 그들은 사도행전에서 되풀이되는 초자연적인 계시가 지닌 함의들을 놓치거나 거부한다.

17장을 제외한 사도행전 전체에는 하나님께서 자의 종들에게 주시는 초자연적인 계시적 커뮤니케이션의 본보기, 또는 그에 대한 언

급이 포함되어 있다:

제1장. 예수님은 부활하신 후에 열 한 사도에게 나타나셨다(3-9절). 예수께서 승천하신 후에 천사들이 와서 열한 사도에게 지시했다(10-11절). 마지막으로 유다 대신에 맛디아가 사도로 선출되었다. 아마 하나님은 구약 시대에 하셨던 것처럼, 이 제비뽑기의 결정을 초자연적으로 인도하셨을 것이다.

제2장. 강한 바람과 불의 혀가 120명이 모여 기도하고 있는 방에 가득했고, 그들은 모두 방언을 했다(2-4절). 그 다음에 베드로가 요엘서 2:28-32의 예언 사역에 대한 약속을 인용하면서 영감된 설교를 했다.

제3장. 미문이라고 불리는 성전 문 앞에서 앉은뱅이를 고쳐준 일은 그리스도의 영광을 드러냈다(13절).

제4장. 베드로가 복음과 사도들의 사역을 변호한 것은 성령의 감화하심을 받은 설교의 예이며, 또한 누가복음 12:11-12과 21:12-15에 기록된 예수님 자신의 예언의 성취이기도 하다(8).

제5장. 베드로는 아나니아와 삽비라의 죽음을 예언했다(3). 천사가 사도들을 감독에서 풀려나게 해주었다(19-20절).

제6장. 스데반이 큰 기사와 표적을 행하고 성령으로 더불어 말하였기 때문에 아무도 그를 반박할 수 없었다(8, 10절).

제7장. 스데반이 임종할 때에 주 예수께서 친히 스데반에게 자신을 나타내셨으므로 스데반은 실제로 하나님의 아들이 아버지의 오른 편에 서 계심을 볼 수 있었다(55절).

제8장. 처음에는 하늘로부터 온 천사가 빌립에게 사역을 위한 지

시를 주었고(26절), 다음에는 성령께서 직접 말씀하시면서 또 지시를 내리셨다(29절). 마지막으로 성령께서 친히 빌립을 아소도로 데려갔다(39절).

제9장. 예수께서 다메섹 도상에서 사울에게 나타나셔서 그의 사명이 시작되게 하셨다(3-6절). 예수님은 사울을 돌보기 위해서 아나니아에게 말씀하시고 그를 섬기기 위해 보내셨다(10-16절).

제10장. 환상 중에 천사가 고넬료에게 나타나서 사람을 베드로에게 보내라고 말했다(4-6절). 한편 하나님께서는 비몽사몽 간에 베드로로 하여금 환상을 보게 하시고, 모든 음식이 깨끗하다고 말씀하셨다(10-16절). 성령께서 베드로에게 고넬료가 보낸 세 사람과 함께 가라고 말하셨다(19절). 베드로가 고넬료에게 설교할 때에, 성령이 고넬료 및 그 집안의 이방인들에게 임하셔서 그들 모두가 방언을 했다(46절).

제11장. 아가보가 가뭄이 들 것을 정확하게 예고했다(28절).

제12장. 천사가 감옥에 갇힌 베드로를 찾아와서 죽을 운명에서 구해 주었다(7-11절).

제13장. 성령께서 안디옥에 있는 교회에게 말씀하시면서, 바나바와 바울에게 각기 다른 사역을 맡기라고 말씀하신다(2절). 바울은 제1차 선교여행 도중에 박수 엘리마가 장님이 될 것이라고 예언했다(9-12절).

제14장. 바울이 루스드라에서 전도할 때, 청중들 중에 날 때부터 앉은뱅이가 있었다. 바울은 그를 바라보면서 초자연적으로 그 사람에게 치료될 수 있는 믿음이 있음을 알았다. 바울은 그에게 일어나라

고 말했고, 그 즉시 그는 온전하게 되었다(9-10절).

제15장. 성령은 예루살렘 공회에 있는 사도들과 장로들에게 이방인들에게 율법이라는 짐을 지우지 않는 것이 좋다고 말씀하셨다(28절).

제16장. 제2차 전도여행 때, 성령은 바울과 그의 동역자들이 아시아에서 복음을 전하는 것을 금하셨다(6절). 또 바울과 그의 동역자들이 비두니아에 들어가는 것을 허락하셨다(7절). 이 여행의 후반에 바울은 마케도니아로부터 사람이 와서 도와달라고 하는 환상을 보았다(9-10절). 이것은 주님이 바울의 전도 팀에게 주신 지시임이 증명되었다. 빌립보에서 주님은 특별히 루디아의 마음을 열어 바울이 전하는 복음을 믿게 하셨다(14절).

제18장. 주님은 밤에 환상 속에서 바울에게 아무도 그를 해치지 못할 것이며, 고린도에 주님의 사람들이 많다고 말씀하셨다(9-11절).

제19장. 에베소에서 바울이 안수한 열 두 신자들은 방언과 예언을 했다(6절).

제20장. 바울은 성령의 초자연적인 인도하심에 대해서 말하면서 성령께서 예루살렘으로 가라고 강권하셨다고 말했다(22절). 그는 성령께서 그의 앞에 고난이 기다리고 있다고 경고해 주셨음도 말했다(23절). 바울은 밀레도에서 에베소의 장로들에게 그들이 다시는 자기를 만나지 못할 것이라고 예언했다(25절).

제21장. 많은 신자들이 성령의 감동을 받아 바울에게 위험이 닥칠 것을 알고서 바울에게 예루살렘에 가지 말라고 간청했다(4절). 또 빌립의 네 딸은 예언자였다(9절). 아가보는 예루살렘의 유대인들이 바

울을 결박하여 이방인들에게 넘겨줄 것이라고 예언했다(10-11절).

제22장. 바울은 자신이 회심한 이야기, 그리고 주님이 다메섹 도상에서 나타나셨던 이야기를 다시 한다(6-16절). 또 회심한 후 처음으로 예루살렘을 방문했을 때에 비몽사몽 간에 주님이 예루살렘을 떠나라고 경고하시면서 그를 이방인들에게 보내시겠다고 말씀하시는 환상을 보았다(17-21절).

제23장. 바울이 예루살렘에서 감옥에 갇혀 있을 때에 주께서 나타나셔서 그가 예루살렘만 아니라 로마에서도 예수님을 증거할 것이라고 말씀하시면서 격려하셨다(11절).

제24장. 가이사랴에서 바울은 총독 벨릭스 앞에서 설교를 했는데, 그것은 성령의 감동하심으로 누가복음 12:11-12와 21:12-15이 성취된 것이었다(10-21절).

제25장. 바울은 가이사랴에서 벨릭스의 뒤를 이어 총독이 된 베스도에게 설교했는데, 그것 역시 24장의 설교와 같은 관점에서 이해되어야 한다. 즉 성령의 감동하심을 받아 행한 설교로서 누가복음 12:11-12와 21:12-15의 성취라고 보아야 한다(8-12절).

제26장. 아그립바 왕이 바울을 찾아왔을 때, 바울은 다메섹 도상에서 주님이 나타나신 것과 자신이 회심한 이야기를 한다(9-16절).

제27절. 바울은 자기를 로마로 호송하는 배가 파선할 것을 정확하게 예고했다(10절). 주의 천사가 밤에 그에게 나타나서 배가 파선하지만 그가 물에 빠져 죽지 않을 것이며 하나님께서 그와 함께 배에 탄 모든 사람을 살려 주실 것을 알려 주었다(21-16절).

제28절. 마지막 장에서, 하나님은 기적들을 통해서 초자연적으로

말씀하셨다. 첫번째 기적은 독사가 바울의 손을 물었으나 바울이 전혀 해를 당하지 않았을 때 발생했다(3-6절). 그 후에 멜리데 섬에서 바울이 모든 병자들을 고쳐주는 기적들이 이어졌다(7-9절).

## 초대 교회 내의 계시

사도행전은 계시에 의해서 살아간 교회를 묘사하고 있다. 성경 기자들이 계시에 대해 말하면서 의도한 것은 무엇인가? 그리고 왜 하나님의 계시 행위가 초대 교회에 그처럼 중요했는가?

신약 성경에서 "계시"는 하나님께서 알려주신 비밀을 언급한다. 하나님께서는 무엇을 "계시하실" 때, 우리가 알 수 없었던 것, 또는 알지 못했던 것을 자연적인 수단을 사용하여 보여주신다. 예를 들어 바울은 자기의 사도직을 변호하면서 다음과 같이 말한다:

> 십사 년 후에 내가 바나바와 함께 디도를 데리고 다시 예루살렘에 올라갔노니 **계시**를 인하여 올라가 내가 이방 가운데서 전파하는 복음을 저희에게 제출하되(갈 2:1-2).

바울은 "계시"라는 용어를 사용하면서 자신이 예루살렘에 가는 것이 좋다고 생각하거나 다른 사람들의 압력을 받았기 때문에 예루살렘에 간 것이 아니라고 말한다. 바울은 하나님께서 지시하셨기 때문에 갔다. 그 계시가 어떻게 임했는지에 대해서는 말하지 않는다. 그것은 독자들에게 중요한 것이 아니기 때문이다. 중요한 것은, 바울에게 지시하신 분이 주님이었음을 이해하는 데 있었다. 만일 주님이 계시하지 않으셨다면, 바울은 자신이 예루살렘에 가게 될 것을 알지 못했을 것이다.

바울은 하나님께서 일반 기독교인들에게 계시를 주실 것이라고 확신했다. 그는 빌립보 교인들에게 다음과 같이 편지를 썼다.

> 그러므로 누구든지 우리 온전히 이룬 자들은 이렇게 생각할찌니 만일 무슨 일에 너희가 달리 생각하면 하나님이 이것도 너희에게 **나타내시리라**(빌 3:15).

바울은 빌립보 교인들 중 일부가 장성함에 대해서 바울과 다른 태도를 가지고 있음을 알고 있다고 말한다. 그러나 그는 이로 인해 괴롭지 않았다. 그는 하나님께서 그들의 눈에서 가린 것을 제거하시며, 바울에게 계시해 주신 것과 동일한 진리를 그들에게도 알려 주실 것이라고 확신했다. 바울은 빌립보 교인들에게 자신의 견해를 강요하기 위해서 논리적인 논증을 하거나 사도로서 명령을 내릴 수도 있었을 것이다. 그러나 그는 이 일에 자신의 사도로서의 권위를 사용할 필요가 없다고 생각한 듯하다. 그는 하나님의 계시하시는 사역이 빌립보 교인들의 태도를 변화시켜 주실 것이라고 믿었다. 바울의 서신들과 사도행전은 기독교인들이 아무리 성숙해도 항상 하나님의 계시 사역을 필요로 한다는 것을 증명해준다.[3]

## 계시의 대리인

초대 교회에서 계시의 궁극적인 원천은 하나님 아버지셨다. 하나님은 성령을 부어 주신 분(행 2:17)이요 나사렛 예수에게 성령과 능력을 부어 주신 분이시다(행 10:38). 그러나 사도행전에서 하나님께서 자기의 종들에게 무엇인가를 계시해 주려 하실 때에 그 대리인은 성령, 예수, 또는 천사들이었다.

### 계시하시는 성령

성령은 개인에게 직접 말씀하시면서 어디로 가고 무엇을 해야 할지 말씀해 주시거나(행 8:29; 10:19-20), 또는 교회 전체에게 말씀하시면서 새로운 선교 사업을 어떻게 시작해야 하는지에 대해 말씀해 주신다(행 13:2). 전도대가 무의식적으로 하나님의 뜻에서 벗어나기 시작할 때에는 성령께서 방해하거나 금지하실 수도 있다(행 16:6-7). 어떤 경우에 성령은 어떤 사람에게 특정의 장소로 가라고 강요하기도 한다(행 20:22). 성령은 충실한 종이 자신이 맡은 일을 수행하는 데 동반될 고난에 대해서 미리 경고해 주시기도 한다(행 20:23).

성령은 설교를 감동하시거나 예수님에 대한 증거를 감동하신다. 앉은뱅이를 치료한 일에 대해 설명하기 위해서 종교 지도자들 앞에 서 선 베드로는 성령이 충만했다"(행 4:8). 성령 충만이란 개인을 통해서 말씀하시는 하나님의 능력이다.[4] 그러나 그것은 신자들 자신이 "성령을 통하여" 말하는 것을 지칭하기도 한다(행 11:28; 2:14). 성령의 인도하심은 대단히 극적이기 때문에, 성령은 초자연적으로 신자를 한 곳에서 다른 장소로 옮겨 놓기도 한다. 그 예는 빌립이다(행 8:39). 초대 교회의 지도자들은 성령에게 대단히 민감했으므로, 그들은 그의 인도하심을 "성령과 우리는…가한 줄 알았노니"라고 설명했다(행 15:28).

### 예수님은 계시하신다

예수님은 스데반이 돌에 맞아 죽을 때에 그에게 나타나셨고(행 7:55), 다메섹 도상에서 바울에게 나타나셨다. 바울의 경험은 초대 교회사의 기초가 되므로, 사도행전에서는 세 차례나 그것에 대해서 언급한다(9:3-6; 22:6-16; 26:9-16). 주님은 아나니아에게도 나타나셔서 바울에게 행할 사역에 대해 특별한 지시를 내리셨다(행 9:10). 우리는 바울이 사역하는 동안 예수님이 몇 번이나 바울에게 나타나셨는지 알지 못한다. 그러나 사도행전에는 바울이 회심한 후에 예수님이 바울에게 나타나신 기록이 세 번 있다. 이 경우에 예수님은 바울에게 명령을 하시거나, 위로하시거나, 격려해 주기 위해 나타나셨다(행 18:9-11; 22:17-21; 23:11). 나는 본 장을 예수님께서 바울에게 나타나셨던 최초의 사건, 사도행전 18:9-11에서 발생한 일을 묘사하는 것으로 시작했다. 나머지 두 번의 사건도 역시 교훈적이다.

바울은 자기가 회심한 후에 주님이 자기에게 처음으로 나타나신 일에 대해 기록했다:

> 후에 내가 예루살렘으로 돌아와서 성전에서 기도할 때에 비몽사몽간에 보매 주께서 내게 말씀하시되 속히 예루살렘에서 나가라 저희는 네가 내게 대하여 증거하는 말을 듣지 아니하리라 하시거늘 내가 말하기를 주여 내가 주 믿는 사람들을 가두고 또 각 회당에서 때리고 또 주의 증인 스데반의 피를 흘릴 적에 내가 곁에 서서 찬성하고 그 죽이는 사람들의 옷을 지킨 줄 저희도 아나이다 나더러 또 이르시되 떠나가라 내가 너를 멀리 이방인에게로 보내리라 하셨느니라.(행 22:17-21)

이 사건에서 주님은 세 가지 이유에서 바울에게 말씀하셨다. 첫째,

"저희는 네가 내게 대하여 증거하는 말을 듣지 아니하리라"는 경고를 통하여 그를 보호하시려는 것이었다. 둘째, "속히 예루살렘에서 나가라…내가 너를 멀리 보내리라"고 지시하기 위해서였다. 세번째는 긴 안목에서 바울의 사역을 정의해 주시기 위해서였다: "내가 너를 멀리 이방인에게로 보내리라." 바울이 볼 때에 처음에는 이것이 가능성 있는 최선의 계획인 것 같지 않았다. 예루살렘에 남아 있는 것이 더 의미가 있는 듯했다. 그는 유명한 인물이었고, 아무도 그의 성실함을 의심하지 않았으며, 그에게는 나무랄 데 없는 자격 요건들이 있었다. 그는 자신이 다른 유대인 지도자들에게 전도하는 믿을 만한 증인이 될 것이라고 확신했다. 그러나 그의 생각을 옳지 못했다. 만일 그가 예루살렘에 남아 있었다면, 아마 죽었을 것이다. 바울의 생애에서 발생한 이 일화는 이사야 55:8-9를 완전하게 증명해준다:

> 내 생각은 너희 생각과 다르며 내 길은 너희 길과 달라서 하늘이 "땅보다 높음 같이 내 길은 너희 길보다 높으며 내 생각은 너희 생각보다 높으니라."

예루살렘 내의 상황에 대해서 하나님은 바울과는 근본적으로 다른 관점을 가지고 계셨다. 또 하나님은 바울의 사역의 방법으로서 바울이 계획한 것과는 매우 다른 방법을 가지고 계셨다. 만일 하나님께서 말씀하시지 않았다면, 바울은 이 시점에서 그의 사역을 위한 하나님의 특별한 생각과 방법을 알지 못했을 것이다.

다메섹 도상에서의 회심 이후 예수께서 예루살렘에서 세 번째로 바울에게 나타나셨다. 산헤드린에서의 격렬한 논쟁 후, 로마군 천부장은 바울을 보호하기 위해서 구금했다. "그날 밤에 주께서 바울 곁에 서서 이르시되 담대하라 네가 예루살렘에서 나의 일을 증거한 것 같이 로마에서도 증거하여야 하리라"고 말씀하셨다(행 23:11). 이것은 시기적으로 적절한 격려였다. 왜냐하면 "날이 새매 유대인들이 당을 지어 맹세하되 바울을 죽이기 전에는 먹지도 아니하고 마시지도 아니하겠다"고 했기 때문이다(행 23:12). 주님이 이미 나타나셔서 그가 로마에서 그리스도를 증거할 것이라고 다짐하셨으므로, 바울은 유대인들의 음모에 대해 걱정할 필요가 없었다.

초대 교회 역사에서 계시의 주된 대리인에게 예수님이 계시된 또 다른 방법이 있다. 루디아는 "주께서 그 마음을 열어 바울의 말을 청종하게" 하셨으므로 거듭났다(행 16:14). 사도행전 뿐만 아니라 성경 전체는 결코 어떤 사람의 구원이 그 자신의 체계적인 학문 연구나 하나님 추구의 결과로 보지 않는다. 언제나 하나님께서 주도권을 쥐시고 사람의 마음을 열어 믿게 하신다.

### 천사들이 계시한다

천사들은 감옥 문을 열고 죄수를 풀어준 일로 유명하다(행 5:19-20; 12:7-11). 또 천사들은 특수한 명령을 가지고 주님의 종들에게 나타나곤 했다. 예를 들면 빌립(행 8:26)에게 나타났고, 고넬료(행 10:4-6)에게 나타났다. 바울이 로마로 항해할 때에 천사가 밤에 나타나서 "바울아 두려워 말라 네가 가이사 앞에 서야 하겠고 또 하나님께서 너와 함께 행선하는 자들을 다 네게 주셨다"고 말했다(행 27:24).

## 사도행전은 정상적인 기독교 신앙을 나타내는 책인가?

이 문제에 대한 분명한 성경적인 증거가 있다: 예수께서는 성경 안에서 아버지의 음성을 들으셨지만, 성경 밖에서도 들으셨다. 사도들과 1세기의 기독교인들도 역시 성경 안에서 및 성경 밖에서 하나님의 음성을 들었다. 사도행전에서 17장을 제외한 모든 장에서 기독교인들은 직접적이고 초자연적인 커뮤니케이션을 경험한다.

누가는 신약성경 기자들이 중요한 주제를 강조하기 위해 사용하는 일반적인 기법 중의 하나인 반복을 사용하면서,[5] 전능하시고 전지하신 하나님이 독창적인 여러 가지 방법으로 말씀하시지 않으신다면 자기의 글을 읽는 독자들이나 초대 교회가 계속 존속할 수 없을 것이라고 가르치고 있다.

이 사실에 놀랄 필요가 없다. 이것은 예수님께서 성령을 보낼 때에 발생하리라고 약속하셨던 현상 바로 그것이다. 예수님은 제자들에게 성령이 그들에게 모든 것을 가르치고 예수님의 말씀을 기억하게 해주고, 예수님에 대해서 증거해주며, 그들을 모든 진리 가운데로 인도해주며, 장래 일을 알게 해 주실 것이라고 약속하셨다.[6] 예수님의 말씀에 의하면, 가르침, 상기시킴, 증거함, 인도함, 보여줌 등은 모두 성령의 정상적인 기능이다. 따라서 성령은 베드로에게 다락방에서 발생한 바람과 불과 방언은 요엘이 이미 오래 전에 예언했던 것임을 가르쳐 주셨다.[7] 고넬료의 집에서 발생한 사건들에 대해 베드로가 혼란을 느끼고 있을 때, 성령은 전에 예수께서 하셨던 말을 상기시켜 줌으로써 그를 진리 가운데로 인도해 주었다.[8] 베드로가 산헤드린 앞에 섰을 때, 베드로는 성령 충만을 받아 예수님에 대해서 증언했다.[9] 베드로가 아나니아와 삽비라 앞에 섰을 때에 성령은 그들이 하나님께 거짓말하여 죽게 될 것을 보여 주었다.[10] 가르침, 기억나게 해줌, 증언, 인도함, 보여줌 등은 곧 장차 성령께서 행하실 일이라고 예수님께서 말씀하셨던 일이었다.

이러한 행위들은 사도들에게만 발생한 것이 아니다. 동일한 일이 스데반, 빌립, 아가보, 아나니아, 그리고 사도행전에서 이름이 밝혀지지 않은 여러 사람들의 삶에서도 발생했다.[11]

어떤 사람들은 사도행전을 과도적인 책이라고 간주함으로써 그 책의 증언을 무시하려 한다. 그렇다면 무엇으로의 변천을 나타내는 책인가? 보다 훌륭한 형태의 기독교 신앙으로의 변천인가? 그러한 신앙은 어디에 있는가? 아니면 하나님께서 성경 안에서만 말씀하시는 경험으로의 변천인가? 그러한 형태의 기독교 신앙은 발전적인 변천이 아니라 퇴행적인 변천, 즉 살아계신 하나님의 생생한 음성보다 성경책을 선호한 바리새 종교로의 퇴보이다(요 5:36-47). 예수님께서 예고하신 변천은 가르침, 상기시킴, 증거함, 인도함, 보여줌 등의 행위에 의해서 하나님의 백성을 놀라게 해줄 전지한 성령께서 계시해 주시는 세대로의 변천이었다. 그것이 바로 1세기 교회 안에서 성령이 행한 것이다.[12]

그러나 일부 기독교인들은 자기들의 경험에 근거하여 사도행전의 기독교는 정상적인 기독교적 경험이 아니라고 결론짓는다. 그렇다면, 잠시 사도행전이 비정상적인 기독교 신앙을 대변하고 있다고 인정하기로 하자. 그런 식으로 하자면, 사도 바울이 예수 그리스도께 헌신한 것도 비정상적인 것이라고 말할 수 있을 것이다. 우리가 만난 사람들 중에서 사도 바울처럼 "복음을 위하여 모든 것을 행한다"(고전 9:23), 또는 "이제는 내게 사는 것이 그리스도라"라고 말할 수 있었던 사람은 과연 몇 명이나 되는가? 나는 오늘날 교회 안에서는 이런 종류의 열심이 비정상적임을 발견하고 있다. 그러나 이 경우에 우리가 비정상적인 것들을 선택하는 편이 낫지 않을까?

만일 사도행전이 현재의 교회 상태와 비교해볼 때 비정상적인 기독교 신앙을 나타나고 있다면, 사도행전의 비정상적인 경험을 선택하는 편이 더 낫지 않을까? 하나님에 대한 우리의 경험에 만족하지 않고 항상 더 많은 그의 임재, 그의 음성, 그의 능력을 원하는 것이 성경적인 원리가 아닌가? 우리는 자신의 물질적 재산에 만족해야 한다(히 13:5). 그러나 결코 하나님에 대한 현재의 경험에 만족해서는 안된다. 감사는 하되 만족해서는 안된다. 현재의 경험에 만족한다는 것은 곧 라오디게아 교회처럼 미지근하고 자족하는 상태를 의미한다. 미지근한 신자들은 하나님의 현존을 상실할 위험이 있다(계 3:14-22). 정상적인 기독교적 경험은 서방 교회 안에 있는 것이 아니라 사도행전에 묘사되어 있다고 생각하는 것이 훨씬 더 안전하지 않을까? 그렇다면, 혹시 우리가 어떤 이유 때문에 그 목표를 달성하지 못한다 해도, 하나님께서 기꺼이 주시려 하는 것을 얻으려고 노력하지 않는다는 비난을 받지는 않을 것이다.

이 장을 마무리 하기 전에, 한 가지 위험에 대해 더 고찰해 보려 한다. 만일 사도행전이 비정상적인 기독교 신앙을 표현하고 있다고 말한다면, 우리는 무의식 중에 성경을 판단하는 죄를 짓는 셈이 된다.[13] 사도행전을 비정상적인 책이라고 말할 때, 우리는 사도행전에 기록된 신약시대 교회의 경험을 우리가 정상적이라고 간주하는 다른 것과 비교한다. 이 "다른 것"이 신약시대 교회의 또 다른 성경적 역사를 말하는 것일까? 그렇지 않다. 사도행전은 우리가 소유하고 있는 중에서 유일하게 영감되어지고 오류가 없는 교회사 책이다. 사도행전 이후에 저술된 모든 교회사 책들은 결코 사도행전과 동일한 신적 권위나 진리를 소유하지 못한다. 사도행전의 궁극적인 저자는 하나님이시기 때문에, 그 책은 초대 교회가 경험한 삶을 완전하게 증거한다. 그것은 또한 하나님 안에서의 삶에 대해 우리에게 가르쳐 주려는 목적을 지닌 증거의 책이기도 하다.

하나님의 음성이 모든 종류의 상황에서 모든 종류의 장애물을 꿰뚫고서 말하고 경고하고 지도하고 전달하고 감화하고 위로하고 예언하고 판단하는 창조적인 방법을 누가가 거듭 강조한 것을 고려할 때, 우리는 이러한 경험을 비정상적이라고 간주하는 데 있어서 신중해야 한다. 만일 우리가 이러한 일들을 경험하지 않고 있다면 하나님에 대한 우리의 경험은 신약시대 기독교인의 경험보다 더 비정상적인 것이 될 것이다.

내 말을 오해해선 안된다. 내가 말하고자 하는 것은 우리가 중단이 없이 천사들의 방문을 받고 음성을 듣는다는 것이 아니다. 사도들도 불명료함과 더불어 살면서 하나님의 침묵을 참고 견뎌야 했다. 야고보의 경우에서 보듯이 이따금 하나님은 사도가 시기적으로 적절치 못한 때에 죽게 하신다. 반면에 베드로를 구하기 위해서 천사를 보내신 적도 있다.[14] 앞으로도 항상 "여호와의 말씀이 희귀하여 이상이 흔히 보이지 않는" 때가 있을 것이다(삼상 3:1). 하늘나라라는 바다와 세상이라는 해안 사이에서 주권적으로 조수가 밀려오고 밀려 가는 것을 누가 부인할 수 있는가? 그러나 우리는 썰물에 만족하기보다는 밀물을 기다려야 하는 것이 아닐까?

만일 믿는 사람에게는 능치 못할 일이 없으며, 사도행전은 이러한 가능성들 중의 일부를 보여주고 있다면, 우리는 사도행전의 기독교를 목표로 삼아야 하지 않을까? 왜 사도행전이 기독교적 경험의 극치를 표현하고 있다고 생각해야 하는가? 역사적인 주님이 실제로 마지막 날을 위해서 가장 좋은 포도주를 남겨 두셨다면 어떻겠는가? 그 포도주를 마시고 싶지 않은가?

사도행전을 본받아야 할 모범으로 삼기 이전에, 나는 성경을 벗어난 곳에서는 한 번도 기적을 보거나 하나님의 음성을 들은 적이 없었다. 그러나 사도행전의 모범으로 삼은 후로, 나는 사도 시대에 보고된 것과 동일한 일들을 많이 경험했다. 나는 나보다 많은 경험을 한 믿을 만한 증인들을 알고 있다. 나는 사도행전이 정상적인 기독교 신앙을 표현한다고 믿는다. 그 신앙에 미치지 못하는 것은 저급한 신앙이다. 만일 우리가 하나님께 말씀하실 기회를 드린다면, 하나님이 사도행전에서 행하신 것과 동일한 사건들이 발생할 수 있다. 나는 어디선가 그렇게 하는 데에는 겨자씨만한 믿음이 있으면 된다는 글을 읽은 적이 있다.

Chapter 5

# 장로교 예언자들?

여러 해 전에 나는 캘리포니아 주 애너하임에서 빈야드 운동에 종사했었다. 어느 주일 저녁에 나는 어른 예배에 참석하지 않고 예언 사역을 하는 간사 한 사람을 데리고 10세에서 12세의 어린이들 집회에 참석했다. 교회 뒤편의 예배실에는 약 200여 명의 어린이들이 모여 있었다. 우리는 아이들을 자리에 앉게 한 후 알고 싶은 것이 있으면 질문하라고 했다. 성경에 대한 질문도 좋고 교회에 대한 질문도 좋고, 목사 생활이 어떤 것인지에 대한 질문도 좋고, 무엇이든지 질문해 보라고 했다. 나는 그날 밤에 하나님께 특별한 지시를 구하거나 기도하려는 생각은 전혀 하지 않았었다. 그들은 아이들이었기 때문이다. 아이들이 가장 필요로 한 것은 성경에 대한 지식이었으며, 나는 그러한 일을 잘 자질을 갖추고 있다고 확신하고 있었다. 솔직히 말하자면 나는 자격이 충분하다고 생각하고 있었다. 12살 짜리 어린 아이들의 질문에 대답하는 것이 뭐 그리 어렵겠는가?

첫 번째 어린이가 손을 들고서 "목사님, 하나님을 사랑하며 또 하나님을 따르려고 애쓰는 사람들에게 좋지 않은 일이 일어나는 이유는 무엇입니까?"라고 물었다.

　나는 속으로 '왜 선한 사람들에게 나쁜 일이 일어나는 걸까?' 라고 생각했다. 2천 년 동안 신학자들은 고난이라는 문제와 씨름해 왔지만, 아제까지 누구도 그 비밀을 해결하지 못하고 있다. 욥기에서도 하나님께서 욥에게 시련을 허락하신 궁극적인 이유를 말해주지 않는다. 나는 하나님은 로보트를 원하시는 것이 아니라 자유와 권위를 가진 친구들을 원하신다는 내용의 대답을 했다. 그렇지만 그 대답은 아이들에게 그다지 감동을 주지 못했다. 아이들은 약간 지루함을 느끼는 것 같았다. 이어 두번째 아이가 손을 들었다. "목사님, 왜 하나님은 마귀를 만드셨을까요?"

　'왜 하나님은 마귀를 만드셨을까?' 이번에도 나는 하나님은 로보트라 아니라 자유와 권위를 가진 친구들을 원하신다는 대답을 했다. 아이들은 더 싫증을 느끼는 듯했다. 이렇게 45분이 흘렀다. 나는 지옥에서 온 귀신이 아이들에게 2천 년 동안 해결하지 못한 신학적 문제들의 목록을 넘겨주고서 "애들아, 목사님에게 이것들을 질문해 보렴"이라고 말한 것이라고 생각하기 시작했다. 그래서 나는 신학적인 질문을 받고 답변하는 일을 그만두기로 작정했다. 나는 함께 참석한 예언의 은사를 받은 목사님을 바라보면서 "주님께서 당신에게 이 아이들에 대해 무엇인가를 보여주시지 않았던가요? 주님은 나에게는 아이들에 대해 그리 많은 것을 보여 주지 않았습니다"라고 말했다.

　그 목사님은 "보여 주셨습니다"라고 대답했다. 그는 앞줄에 앉아 있는 12살짜리 귀엽게 생긴 소녀를 가리키면서 "주님은 여기에 있는 이 어린 소녀에 대해서 무엇인가를 나에게 보여 주셨어요"라고 말했다. 그리고 예배실 중간에 앉아 있던 12살짜리 소년을 가리키면서 "저기 있는 소년에 대해서도 보여 주셨습니다"라고 말했다. 또 뒤편에 있던 주일학교 교사를 가리키면서 "뒤편에 있는 이 숙녀에 대해서도 보여 주셨습니다"라고 말했다.

그는 그 소녀를 바라보면서 "이름이 뭐지?"라고 물었다. "줄리에요." 줄리는 200명의 친구들 앞에서 누군가가 자기에게 예언의 말씀을 주는 것을 자신이 정말로 원하는지 확신이 없었다.

> "줄리, 잭 목사님이 말씀하시는 동안에, 나는 너에 대한 환상을 보았단다. 닷새 전 화요일 밤의 일을 생각해 보렴. 너는 네 방에 들어가서 문을 닫았어. 너는 울고 있었어. 너는 하늘을 쳐다보면서 '하나님, 당신은 정말로 나를 사랑하시나요? 정말로 나를 사랑하시는지 알고 싶어요' 라고 말했지. 줄리야, 그날 밤에 하나님은 너에게 아무 말씀도 하시지 않았었지? 그러나 하나님은 너를 사랑하신다는 것을 말해 주려고 오늘 밤에 나를 이곳에 보내셨단다. 하나님은 정말로 너를 사랑하신단다. 하나님은 네 주위에서 일어나고 있는 어려운 일들이 너의 잘못 때문이 아니라고 말해주라고 하셨단다. 앞으로 그 어려움을 변화시켜 주실 것인지에 대해서는 말해 주시지 않으셨지만, 그 어려움의 원인이 네가 아니라는 것을 네가 알기를 원하신단다."

그 다음에 목사님은 소년과 반사에 대해서 무엇인가를 말했다. 그가 맡은 순서가 끝난 후에, 나는 개인적으로 이야기를 하기 위해서 그 세 사람을 앞으로 불러냈다. 나는 두 가지 사실을 확실히 하려 했다. 하나는 그 사람들과 예언 사역 사이에 오해가 없었다는 것이고, 또 하나는 그날 밤에 말한 것이 모두 사실이라는 것이었다. 만일 이 사람들에게 준 메시지의 일부가 거짓이었다면, 그것을 깨끗이 털어 놓고 모든 오해를 불식시키려 했다.

나는 "줄리야, 화요일 밤에 너는 방에서 정말로 하나님이 정말로 너를 사랑하시는지 알려 달라고 기도했니?"라고 물었다.

"예."

"요즘 네 부모님들은 싸움을 하시니?"

"예."

"네 생각에 부모님들이 이혼하실 것 같니?"

"예."

"그것이 네 잘못이라고 생각하니?"

줄리는 미소를 띠고 나를 보면서 "이제는 그렇게 생각하지 않아요"라고 대답했다.

그날 밤 나는 교회에서 걸어 나오면서 '세상에서 이 사역을 반대할 사람은 없을 것이다. 왜 사람들은 교회에서 말씀하시는 주님의 음성을 들으려 하지 않을까' 라고 생각했다. 부모 중의 한 사람이 행한 일로 인해 죄의식을 느끼는 것이 어떤 것인지 나는 안다. 내가 12살 때에 아버지는 자살하셨다. 당시 12살이었던 나는 그 일을 이해할 수 없었다. 나는 아버지의 삶에서 마지막 몇 주 동안에 아버지를 보다 잘 대해 드리지 못한 데 대해 죄책감을 느꼈다. 그리고 만일 내가 더 착한 아들이었다면 아버지가 나를 버리고 떠나지 않았을 것이라고 생각하면서 성장했다. 그날 밤 교회에서 나오면서 나는 아버지, 그리고 나 자신의 죄책감에 대해서 생각하고 있었다.

그 다음에 나는 캘리포니아 주 애너하임에 사는 그 12살짜리 어린 소녀에 대해서 생각했다. 그 소녀는 나중에 30살이 되었을 때에 자신이 20년 동안 품고 있었던 죄책감을 제거하기 위해서 정신과 의사를 찾지 않을 것이다. 혹 소녀의 부모가 이혼하더라도, 그 소녀는 그것이 자신의 탓이라고 자책하지는 않을 것이다. 주님의 예언의 말씀이 소녀에게 임하여 죄책감에서 구해 주셨다. 그의 말씀은 하나님이 진정으로 소녀를 사랑하신다고 확신하게 해주셨다. 그 예언의 말씀은 그날 밤 200명이나 되는 소녀의 친구들로 하여금 교회에서 가르쳐준 하나님은 정말로 그들의 삶에 대한 모든 일을 알고 계시면서도 그들을 사랑하신다고 확신하게 해주었다.

## 논쟁

왜 어떤 사람들은 이러한 사역을 반대하는 것일까? 개중에는 줄리에 대해 묘사한 것과 같은 적극적인 예언 사역을 전혀 경험하지 못한 사람들이 있다. "예언자들"에 대한 그들의 경험은 완전히 부정적인 것이다. 오늘날 많은 사람들은 "예언자"라는 단어를 대할 때에 사교의 지도자들이나 협잡꾼을 연상한다.

또 어떤 사람들은 현대의 초자연적인 계시라는 사상은 성경에 새 책들을 추가하는 일로 이어질 것이라고 생각하기 때문에 그러한 생각에 반대한다. 그런 사람들은 누구에게도 그러한 종류의 권위를 주기를 원하지 않으며, 내 생각도 역시 그렇다. 그들은 예언자란 이사야나 예레미야나 오류가 없는 성경을 기록한 사도 바울 등을 닮은 사람이어야 한다고 여긴다. 그러나 그들은 오늘날 구약 시대 선지자들이나 신약 시대 사도들이 지녔던 권위를 가진 사람을 발견하지 못한다. 그러므로 그들은 예언과 예언자들 및 초자연적인 계시는 신약 시대의 마지막 사도가 사라짐과 더불어 종식되었다고 결론짓는다. 그들은 신빙성 있는 유일한 형태의 하나님으로부터의 커뮤니케이션은 성경이라고 믿는다.

주일날 밤 줄리가 앉아 있던 예배실에 들어갈 때, 나는 손에 성경을 들고 있었지만, 내 성경은 줄리가 상처를 받고 있다는 것, 또는 그 아이의 영혼이 자기 탓이 아닌 죄책감 때문에 괴로워하고 있다는 것을 말해주지 않았다. 그 아이의 표정이나 몸짓도 그날 밤에 그 아이가 느끼고 있던 고통을 나타내 주지 않았다. 하나님이 자기를 사랑하지 않는다고 느끼는 그 소녀의 생각을 나타내주는 표식은 그 아이의 주변 어디에도 나타나지 않았다. 그날 밤에 나는 나 자신의 성경 지식이 대단하다고 자부하고 있었기 때문에 하나님께 기도하거나 도움을 청하지 않았다. 내가 여러 해 동안 관찰한 결과에 의하면, 성경에 대해 충분한 지식을 가지고 있다고 생각하는 사람은 하나님의 지시를 구하지 않는 경향이 있다. 그런 사람은 자기가 필요로 하는 모든 지시를 자기의 성경 지식 안에 가지고 있다고 생각하므로 하나님께 구할 필요를 느끼지 않는다.

그날 밤에 하나님은 나의 막대한 지식을 사용하는 데에는 관심이 없으셨다. 실제로 하나님은 어린이들에게 나의 엄청난 성경 지식을 숨기실 뿐만 아니라 나의 지식에 대해 그릇된 인상을 그 아이들에게 주기로 작정하셨다. 나는 45분 동안 아이들에게 사역을 행한 후, 예언자에게 다음 사역을 맡기면서 내심 그가 실패하기를 기대했었다. 나와 함께 예배실에 들어갔던 "예언자"는 어린이들의 상처와 욕구를 공개했다. 그러나 우리 두 사람 사이에는 차이점이 있었다. 즉 그 예언자는 자신의 성경 지식을 크게 신뢰하지 않고서 하나님께 아이들을 위해 사역하는 방법을 보여달라고 요청했던 것이다. 하나님은 나에게 의논하시지 않고 그 예언자를 사용하기로 결심하셨다. 그러나 예언자의 지혜나 성경 지식을 사용하려 하신 것이 아니다. 나는 성경책을 한 권 가지고 있었고, 예언의 은사를 지닌 내 친구는 환상을 가지고 있었다.

줄리를 사랑하신다는 것을 말하기 위해서 하나님은 성경을 사용하실 수도 있었을 것이다. 하나님은 줄리의 잘못된 죄책감을 제거하지 위해서 성경을 사용하실 수도 있었을 것이다. 그러나 하나님은 그렇게 하지 않고, 환상을 사용하셨다. 하나님은 우리의 계획, 우리의 지성, 우리의 성경 지식 등은 무시하시고, 주권적으로 환상을 통하여 그 예배실에 자신의 임재를 가득 채우셨으며, 12살짜리 소녀의 마음에 하나님의 사랑을 채워 주셨다.

나는 지금도 다른 사람의 환상보다는 내 성경이 더 신뢰할 만하다고 믿는다. 만일 선택을 해야 한다면, 어떤 경우라도 환상이 지닌 어렴풋한 특성보다는 성경 본문의 확실성을 택할 것이다. 안타깝게도 지고하신 하나님을 섬길 때에 항상 우리가 선택을 해야 하는 것은 아니다. 때로 하나님께서 행하시는 방법에 맞추어 약간 조정을 해야 할 때가 있다. 하나님은 여러 가지 방법으로 말씀하시며, 하나님이 어떤 방법을 선택하시든지 간에 우리가 그 음성을 듣기를 기대하신다. 하나님의 음성을 들을 수 있는 방법이 많을수록, 그만큼 우리는 더 많은 음성을 들을 수 있을 것이다.

## 그러나 그는 예언자가 아니다

사람들이 볼 때에 줄리의 사건에서 가장 이해하기 어려운 사실은 그 환상이 종종 실수를 범하는 젊은 "예언자"를 통해서 임했다는 사실이다. 그 사람에 대해서 공정하려면, 나는 그 사람이 대부분의 경우에 옳게 행동한다는 것을 언급해야만 한다. 어떤 사람들은 이러한 주장을 조롱한다. 그들은 "대부분의 경우에만 옳은 성경책을 믿으려 합니까?"라고 묻는다. 그것은 성경이 주장하는 것에 의존할 것이다. 만일 성경이 절대적인 권위와 무류성을 주장하지만 대부분의 경우에만 옳은 것이었다면, 그 질문에 대한 대답은 "나는 그러한 성경책은 믿지 않을 것입니다"일 것이다.

반면에 나는 심각한 잘못들을 범하는 교사들, 목사들, 복음 전도자들, 그리고 친구들을 신뢰한다. 내가 신뢰하는 사람들 중에 항상 옳은 사람은 한 사람도 없고, 또 그렇게 주장하는 사람도 없다. 또 내가 알고 있는 성숙한 예언 사역자들은 아무도 그렇게 주장하지 않는다. 예언의 은사를 받은 위대한 사람들은 사람들에게 자기들이 행한 예언의 권위에만 의지하여 결정하지 말고 그 예언을 시험해 보라고 충고한다. 성경이 아닌 곳에서 주어지는 모든 예언은 성경의 권위에 종속된다.

어떤 사람들은 한 번 예언이 맞지 않으면 그 사람은 거짓 예언자가 된다고 생각한다. 그러나 성경은 단지 하나의 예언이 맞지 않았다고 해서 거짓 예언자라고 부르지는 않는다. 성경에서 거짓 예언자란 참 예언자들의 가르침과 예언을 반대하며 사람들로 하여금 하나님과 그 말씀에서 벗어나게 만들려 하는 사람들을 말한다.

지금 언급하고 있는 내 친구는 결코 이 범주에 속하지 않는다. 게다가 그가 줄리에 대해서 본 환상은 선한 결과를 낳았다. 그 환상은 줄리에게서 거짓된 죄책감을 제거하고 하나님을 향한 사랑을 다시 일으켜 주었다. 그것은 우리 모두를 하나님의 전지하심과 사랑에 대한 경외심으로 가득 채워 주었다. 마태복음 7:15에서 예수님은 거짓 선지자와 참 선지자를 구분하는 방법은 그 선지자의 사역의 결과를 살펴 보는 것이라고 말씀하신다. 거짓 선지자에게서는 나쁜 열매가 나오고, 참 선지자에게서는 좋은 열매가 나온다.[1]

사람들은 내 친구가 거짓 예언자가 아니라고 인정할 것이다. 그러나 우리는 그를 예언자라고 부를 수 없다. 그 까닭은, 그의 예언이 100퍼센트 정확한 것이 아니며, 신명기 18:15-22에 따르면 구약 시대의 예언자들은 100퍼센트 정확했기 때문이다. 나는 이것이 그 본문의 정확한 해석이라고 생각하지 않으며, 또 신약성경에서 신약시대의 예언자들의 비정경적인 예언(즉 하나님께서 완성된 책에 포함시키시지 않은 예언)들이 100퍼센트 정확했다고 가르친다고 믿지도 않는다.[2] 그러나 당분간 나는 예언이 100퍼센트 맞지 않은 사람은 예언자라고 부를 수 없다는 생각도 인정하려 한다. 그렇다면 그런 사람들을 무어라고 불러야 할까?

용어 사용이나 이론에 대한 논쟁은 밀어두고, 다음과 같은 사실에 대해 고찰해 보자: 오늘날 교회 안에는 예언의 은사를 받은 사람들이 실제로 존재하는가? 예언의 은사를 받은 사람들은 규칙적으로 장래 일을 예언하며, 우리의 마음의 비밀을 말하고, 정확한 느낌을 받고 꿈을 꾸며, 정확한 환상을 본다. 어떤 사람은 규칙적으로 기적을 행하기도 한다. 우리가 지혜롭게 그들의 사역의 가치를 인식하며 그들로부터 유익을 얻기만 한다면, 이런 사람들을 무엇이라고 부르든지 그리 문제가 되지 않는다.

신약 시대 교회가 출발한 이후로, 하나님은 각 세대의 신자들에게 항상 복음 전도자들과 목사들과 교사들, 아울러 예언의 은사를 받은 사역자들을 주신다.[3]

## 종교개혁 시대의 예언자

그러나 우리는 어떤 시대나 어떤 전통 안에서는 예언자들을 발견하리라고 기대하지 않는다. 이것은 종교개혁 시대의 개신교 전통을 언급하는 말이다. 종교개혁자들의 주된 관심사는 성경의 특별한 권위를 보존하는 것이었다. 그들이 외친 구호 중의 하나는 "오직 성경"(*Sola Scriptura*)이었다. 그들은 가톨릭 교회에서는 전통을 성서의 권위와 동등하게 만들고 있다고 보았기 때문에 가톨릭 교회를 공격했다. 종교개혁자들은 재세례파가 성서와 동등한 권위를 가졌다고 생각하는 신적으로 영감된 계시를 자기들의 것이라고 주장한다고 보았기 때문에 재세례파를 박해했다. 종교개혁자들은 가톨릭 전통과 재세례파 전통에서 주장하는 예언적 영감과 기적들을 거부했다. 그렇기 때문에 우리는 이 투쟁의 시기의 개혁주의 전통 안에서 예언의 은사를 받은 사람들이나 예언자들을 발견하리라고 기대하지 않을 것이다. 그러나 사실은 그렇지 않다. 개혁주의 역사와 신앙 중 비교적 짧은 시기를 살펴 보면, 놀라운 일이 우리를 기다리고 있을 것이다.

## 조지 위샤트

조지 위샤트(George Wishart, c. 1513-1546)는 스코틀랜드의 초기 종교개혁자들 중 한 사람이었고 존 낙스의 스승이었다. 그는 능력 있는 복음 전도자요 성경 교사였다. 낙스는 위샤트를 예언자라고 간주했다. 그렇다면 그는 어떤 종류의 예언자였는가?

> 그는 특이하게도 인문학 뿐만 아니라 경건한 지식에 있어서도 대단히 해박했다. 뿐만 아니라 그는 예언의 영의 조명을 분명하게 받았기 때문에 자기 자신에 대한 일 뿐만 아니라 어떤 도시나 내세의 일도 보았는데, 그는 그것을 비밀리에 말하지 않고 많은 청중들 앞에서 말했다…[4]

개신교 교리들, 예언적 능력, 그리고 대중들로부터의 인기 등으로 인해 위샤트는 성 앤드류의 성당의 대주교이자 추기경인 데이비드 비튼(David Beaton)의 미움을 샀다. 비튼 추기경은 종교개혁자들이 가톨릭 교회의 교리를 위협했기 때문이 아니라 그가 귀중하게 여기고 있었던 국제적인 정치적 동맹들을 위협한다고 보았기 때문에 개혁자들을 미워했다.[5]

던비에서 개최된 로마서에 관한 위샤트의 공개 강의에는 많은 사람들이 참석했으므로, 비튼은 지사에게 그 도시에서 위샤트가 다시는 설교하지 못하도록 압력을 가했다.[6] 그 지방의 지사였던 로버트 밀은 위샤트의 강의가 끝날 무렵 공개적으로 그 명령을 전달했다. 위샤트는 잠시 말없이 하늘을 바라보았다. 아무도 움직이지 않았다. 이윽고 위샤트는 이렇게 말했다:

> 하나님은 나의 증인이십니다. 나는 한 번도 여러분의 환난을 바

라지 않고 오직 여러분의 위로를 원했습니다…그러나 하나님의 말씀을 거부하고 그 사자들을 쫓아내는 것은 여러분을 환란에서 구하는 것이 아니라 환란 가운데로 밀어넣는 일입니다…내가 떠난 후에…만일 잠시 여러분이 형통한다면, 내가 진리의 영의 인도함을 받지 않은 것이고, 만일 예상치 못했던 환란이 여러분에게 임한다면, 이것이 그 원인임을 기억하고 회개하고 하나님을 의지하십시오. 하나님은 자비하십니다.[7]

위샤트는 그 마을을 떠나 다른 곳으로 갔다. 위샤트가 던비를 떠나고 나서 나흘 후에, 그곳에서는 심각한 전염병이 발생했다. 한 달 후에 그 전염병 소식이 스코틀랜드 서부에 있던 위샤트에게까지 전달되었다. 그는 즉시 고난 받는 사람들을 위로하기 위해서 던비로 돌아왔다. 그곳에 도착한 그는 동문(東門)에 서서 시편 107:20, "저가 그 말씀을 보내어 저희를 고치사 위경에서 건지시는도다"를 주제로 설교를 했다. 위샤트는 목숨을 걸고 병자들과 함께 있으면서 전염병이 진정될 때까지 병자들을 보살펴 주었다.

위샤트는 초자연적 계시 덕분에 두 차례나 목숨을 구했다. 또 1545년에는 해딩톤 마을이 심판을 받아 심각한 전염병이 창궐하게 되며, 이어 외국인들에게 정복될 것을 예언하기도 했다. 이 예언은 1548-19년에 이루어졌는데, 당시 영국인들이 그 마을을 파괴했다. 전염병이 얼마나 창궐했던지 죽은 사람들을 땅에 묻을 수 없을 정도였다.

앞서 위샤트는 자기의 목숨을 노린 비튼 추기경의 음모를 피해 피신하면서 비튼 추기경이 결국은 자신을 죽이는 데 성공할 것이라고 예언했었다. 때가 가까이 왔을 때, 하나님은 위샤트에게 그의 순교가 임박했음을 계시해 주셨다. 이 계시 덕분에 존 낙스는 목숨을 구했다. 위샤트가 해딩톤 마을을 떠날 때에 낙스는 자기도 함께 올미스톤으로 가게 해달라고 애원했다. 위샤트는 "한 번의 희생제사에는 하나의 제물로 족하다"고 말하면서 그의 청을 거절했다. 올미스톤에서 비튼 추기경은 위샤트를 체포했고, 일련의 정치적 음모와 부정한 재판을 거쳐 위샤트에게 이단이라는 죄를 씌워 화형 선고를 내렸다.

  1546년 3월 1일, 사람들이 위샤트의 감방에 와서 그의 목에 밧줄을 감고 두 손을 뒤로 묶고 몸에는 화약 주머니들을 매달았다. 그리고 나서 성 앤드류 사원에 있는 추기경의 저택 앞의 탑을 마주 보이는 곳에 특별히 만들어 놓은 사형대로 데리고 갔다. 탑 내부 창문가에는 추기경과 손님들이 처형 장면을 오락 삼아 볼 수 있도록 푹신한 쿠션들이 놓여 있었다. 형리가 위샤트를 장대에 묶을 때, 위샤트는 자기를 고발한 사람들을 위해 기도하면서 하나님께 그들의 용서를 구했다. 하나님은 "이리로 오라"고 응답하셨다. 형리가 가까이 오자 위샤트는 그의 뺨에 입을 맞추면서 "나는 당신을 용서합니다. 당신의 맡은 대로 일하십시오"라고 말했다. 형리는 돌아서서 불을 붙였다. 화약이 폭발했지만 위샤트는 아직 살아 있었다. 성의 수비대 대장이 이것을 보고서 죽어가는 위샤트에게 용기를 내라고 말했다. 위샤트는 "이 불길이 나의 몸을 태우지만, 내 영혼의 기세를 꺾지는 못했습니다"라고 말했다. 그리고 나서 그는 비튼 추기경에 대해 언급하면서 "높은 곳에서 교만하게 나를 내려다 보는 그 사람은 며칠 후면 지금과는 달리 치욕스럽게 그 성 안에 누울 것입니다"라고 말했다. 이것이 스코틀랜드 개혁교회의 스데반이요 신앙부흥과 중생의 선구자였던 조지 위샤트의 마지막 말이었다.

위샤트가 순교하고 나서 석 달이 못 된 1546년 5월 28일, 비튼 추기경은 순교자의 처형 장면을 바라보던 바로 그 저택에서 살해되었다. 위샤트의 마지막 예언이 성취된 것이다.

### 존 낙스

스코틀랜드의 위대한 종교개혁자 존 낙스(John Knox, 1514-72)는 위샤트를 예언자로 여겼을 뿐만 아니라, 낙스 자신도 예언의 능력을 가지고 있다고 생각했다. 많은 스코틀랜드인들 역시 낙스를 예언자로 믿었다. 성 앤드류 대학 신학교수인 제임스 멜빌의 권위 못지않게 "민족의 예언자요 사도"로서의 권위가 낙스에게 주어졌다.[8] 그의 전기 작가들은 낙스의 유명한 많은 예언들 중 하나를 인용한다. 낙스는 임종할 무렵 친구인 데이비드 린드세이와 제임스 로슨에게 윌리엄 커캘디(William Kirkaldy)에게 다녀오라고 요청했다. 낙스는 커캘디를 대단히 사랑했다. 커캘디는 스코틀랜드의 메리 여왕을 위해 영국 군대에 저항하여 에딘버러 성을 지키려 하고 있었다. 낙스는 이렇게 말했다:

> 부탁입니다. 내 대신 가서 하나님의 이름으로 말하십시오. 만일 그가 이미 걷기 시작한 악한 길을 떠나지 않는다면, 그 반석(에딘버러 성)이 그를 돕지 않을 것이며, 그가 신처럼 의지하고 있는 사람(메리 여왕의 국무장관이었던 레팅톤의 윌리엄 메이틀랜드)의 지혜도 도움이 되지 못할 것입니다. 그는 그 둥지에서 끌려나와 수치스럽게 성벽 밑으로 던져질 것이며, 그의 시체는 태양 앞에서 매달려 있을 것입니다. 하나님께서 나에게 그런 확신을 주셨습니다.[9]

린즈데이와 로슨은 그 메시지를 충실하게 전달했지만 커캘디는 낙스의 경고를 무시했다. 1573년 5월 29일, 커캘디는 그 성을 포기했다. 성문은 영국의 포격 때문에 떨어진 돌들로 완전히 막혔다. 낙스가 예언했던 것처럼, 커캘디는 치욕스럽게 밧줄에 묶여 성벽 아래로 내려졌다. 1573년 8월 3일 오후에 커캘디는 에딘버러의 마켓 크로스에서 교수형을 받았다. 그는 해를 등지고 동쪽을 향하고 있었지만, 죽기 전에 그의 몸이 반바퀴 돌아 서쪽을 향했다. 그리하여 그는 낙스가 예언한 것처럼 "태양 앞에서" 교수형을 당했다.[10]

## 존 웰쉬

존 웰쉬(John Welsh, c. 1570-1622)도 놀라운 예언의 능력을 나타낸 스코틀랜드의 종교 개혁자이다. 스코틀랜드의 유명한 개혁파 신학자인 사무엘 루터포드(Samuel Rutherford, 1600-1661)는 웰쉬를 가리켜 "예언적이고 사도적인 하나님의 사람"이라고 불렀다.[11] 웰쉬는 초기에 얼마 동안 방탕한 생활을 하다가 주께로 돌아왔으며, 존 낙스의 딸 엘리자베스와 결혼했다.

웰쉬는 특별하게 경건한 사람이었다. 그는 "7-8 시간 기도하지 않고 보낸 날은 잘못 보낸 날이라고 생각했다"고 한다.[12] 에이어(Ayr) 교회의 목사로 시무할 때, 그는 교회에서 기도하면서 밤을 새는 일이 빈번했다.[13] 웰쉬의 많은 예언 및 그것이 성취된 것에 대한 내용이 기록으로 남아 있다. 그는 많은 사람들의 성공, 축복, 소명 등에 대해서 정확하게 예언했다. 예를 들면, 커커드브라이트에서 시무할 때, 웰쉬는 부자 청년 로버트 글렌디닝에게 그가 장차 커커드브라이트에서 웰쉬의 뒤를 이어 사역을 하게 될 것이니 성경 공부를 시작하라고 말했다. 글렌디닝은 자신이 목회 사역에 관심을 가지고 있다는 암시를 전혀 하지 않았고, 또 웰쉬로 하여금 이러한 결론을 내리게 할 아무런 증거도 없었다. 그러나 그의 말대로 되었다.[14]

웰쉬는 개인들에게 임할 심판을 예언한 것으로 유명하다. 많은 경우, 그는 회개를 거부한 사람들에게 집이나 재산을 잃게 될 것이라고 예언했는데, 이는 그대로 이루어졌다.[15] 또 그는 여러 사람의 갑작스런 죽음에 대해서 예언했는데, 가장 극적인 것은 웰쉬가 추방되기 전에딘버러 성에 갇혀 있을 때 예언한 것이다.

어느날 저녁, 웰쉬는 식탁에 둘러앉아서 주님 및 주님의 말씀에 대해 말하고 있었다. 식탁에 앉은 모든 사람들은 웰쉬의 설교에서 감동을 받았지만 한 청년은 웰쉬를 비웃고 조롱했다. 웰쉬는 잠시 참다가 갑자기 설교를 멈추었다. 웰쉬는 슬픈 표정을 짓고서 식탁에 앉은 모든 사람들에게 말을 하지 말고 "주님이 그 조롱자에게 행하시는 일을 지켜 보라"고 말했다. 그 즉시 청년은 식탁에서 쓰러져 죽었다.[16]

에이어 시의 시민들은 웰쉬를 예언자로 여겼다. 스코틀랜드 전역에 전염병이 창궐했을 때에, 에이어 시는 그 재앙을 면했다. 시장은 방문객들 때문에 도시가 전염병에 감염되는 것을 방지하기 위해서 성문에 수비병들을 세웠다. 어느날 두 명의 옷감 장사가 성문에 도착했다. 두 사람 모두 말에 옷감을 잔뜩 싣고 있었다. 수비병들을 그 상인들을 들여 보내지 않으려 했다. 수비병들은 시장에게 도움을 청했고, 시장은 다시 웰쉬에게 도움을 청했다. 그들은 웰쉬에게 그 상인들을 들여 보내도 되느냐고 물었다. 웰쉬는 잠시 기도한 후에 시장에게 상인들을 돌려 보내라고 말했다. 전염병이 말에 싣고 있는 옷감 뭉치에 감염되어 있을까 염려했기 때문이다. 상인들은 그곳을 떠나서 약 이십 마일 떨어진 곳에 있는 컴녹으로 갔는데, 그곳에서는 그들을 받아들였고, 그들은 가져간 옷감을 팔았다.

웰쉬가 염려했던 대로 그 옷감들은 병균에 감염되어 있었으므로, 즉시 전염병이 발생했는데 얼마나 많은 사람들이 죽었던지 산 사람들이 죽은 자들을 묻어주기가 어려울 정도였다.[17] 웰쉬가 에딘버러 성에 갇힌 후에 에이어에 전염병이 발생했다. 사람들이 그에게 도움을 청했지만, 그는 성을 떠나도 좋다는 허락을 받지 못했다. 그래서 그는 사람들에게 그 도시에 사는 휴 케네디라는 경건한 사람을 찾아가라고 지시했다. 케네디가 그들을 위해 기도하면 하나님께서 그의 기도를 들어줄 것이라고 말했다. 그 직후에 휴 케네디는 그 도시에서 기도회를 인도했으며, 전염병은 그 기세를 잃기 시작했다.[18]

웰쉬의 생애에서 가장 유명한 사건은 에딘버러 성의 대장이요 오칠트리 경의 상속자인 경건한 청년이 웰쉬의 집에 머물고 있을 때에 발생했다. 그는 그곳에서 병이 들어 오랫동안 앓다가 죽었다. 웰쉬는 그를 대단히 사랑했으므로 크게 상심하여 시신 곁을 떠나려 하지 않았다. 12시간이 지난 후, 친구 몇 사람이 관을 가지고 와서 입관시키려 했다. 웰쉬는 그들에게 기다려 달라고 설득했다. 그는 시체 곁에서 24시간을 머물면서 기도하고 청년의 죽음을 애도했다. 사람들이 다시 입관하려 했지만, 웰쉬는 그렇게 하도록 하지 않았다. 청년이 죽은 지 36시간이 지나서 사람들이 다시 왔는데, 이번에는 웰쉬에게 화를 냈다. 웰쉬는 12시간만 더 기다려 달라고 간절히 부탁했다. 그러나 청년이 죽은 지 48시간이 지난 후에도 웰쉬는 시신을 내놓으려 하지 않았다.

이 지경에 이르자 웰쉬의 친구들은 이성을 잃었다. 그들은 그의 이상한 행동을 이해할 수 없었다. 아마 웰쉬는 청년이 정말로 죽은 것이 아니라 일종의 간질병이 발작한 것으로 생각하는 것 같았다. 그래서 친구들은 청년이 정말로 죽었다는 것을 증명해 보이기 위해서 의사들을 불러왔다. 의사들은 도구를 가지고 청년의 시신 여러 곳을 꼬집었고, 심지어 튼튼한 밧줄로 세게 머리를 조이기까지 했다. 그러나 시신의 몸 안에 있는 신경은 전혀 반응이 없었다. 의사들은 그가 죽었다고 선언했다. 마지막으로 웰쉬는 친구들과 의사들에게 한두 시간만 옆 방에 가서 있으라고 말했다.

웰쉬는 시체 옆에 꿇어 앉아서 온 힘을 다해서 하나님께 부르짖었다. 그 때 죽은 사람이 눈을 뜨더니 웰쉬에게 "선생님, 나는 내 머리와 두 발을 제외하고는 아주 건강합니다"라고 말했다. 그는 살아났고 오랜 질병은 완전히 나음을 받았다. 청년이 유일하게 고통을 느낀 부분은 의사들이 꼬집었던 다리, 그리고 밧줄로 묶었던 머리뿐이었다. 후일 이 청년은 아일랜드의 커다란 장원의 주인인 캐슬스튜어트 경이 되었다.[19]

위샤트, 낙스, 웰쉬 외에도 스코틀랜드의 개혁자들의 예언이 실현된 것에 대한 많은 기록이 있다.[20] 특히 스코틀랜드 장로교인들이 스튜어트 왕조의 박해를 받았던 1661년부터 1688년 사이에 많은 예언이 성취되었다.

### 로버트 브루스

로버트 브루스(Robert Bruce, 1554-1631)는 에딘버러의 지도적 성직자였고, 스코틀랜드 종교개혁은 대체로 그의 영향력 하에서 안정을 확보했다.[21] 그는 예언 사역 뿐만 아니라 다른 초자연적 능력으로도 유명했다. 그의 전기작가인 로버트 플레밍은 1671년에 기록하기를, 자신이 브루스의 초자연적인 경험을 다룬 검증된 이야기를 많이 가지고 있었지만 그것들이 너무나 기이하고 놀라운 것이었기 때문에 기록하지 않았다고 했다.[22] 그는 브루스에 대해 다음과 같이 말했다:

> 그는 엄청난 분량의 분별의 영을 소유한 사람이었다. 그는 장래에 이루어질 많은 일들을 예언했다. 그를 잘 알고 지낸 많은 건전하고 위엄있는 사람들이 그것을 나에게 증언해 주었다. 사람들은 회복될 가능성이 없는 정신병자들을 브루스에게 데려왔는데, 브루스는 기도하여 그들을 완전히 회복시켜 주었다…[23]

로버트 브루스는 정신병자와 간질병자들을 완전히 낫게 하는 치유 사역을 했다. 우리는 플레밍이 너무나 초자연적인 일이기 때문에 기록할 수 없다고 한 경험들이 어떤 것이었는지 알지 못한다. 그 당시 플레밍도 천사들의 방문, 하나님의 음성을 듣는 것, 어둠 속에서 밝은 빛이 나타난 것, 기도회에서 성령이 육체적으로 현현한 것, 및 오늘날 회의주의자들로서는 믿기 어려운 많은 것들에 대해서 언급했다.[24]

## 알렉산더 페덴

스코틀랜드 종교개혁자들 중에서 가장 예언적인 인물은 알렉산더 페덴(Alexander Peden, 1626-1686)이다. 그의 예언 사역은 대단히 뛰어났기 때문에 사람들은 그를 예언자 페덴이라고 불렀다.[25] 1682년에 페덴은 신심 깊은 존 브라운과 이사벨 와이어의 결혼식을 집례했다. 식이 끝난 후, 그는 이사벨에게 그녀가 훌륭한 남자와 결혼했지만 함께 사는 세월이 그리 길지는 못할 것이라고 말했다. 그는 이사벨에게 남편과 함께 지내는 기간을 소중히 여기며 남편이 참혹하게 죽을 때를 대비해서 수의를 마련해 두라고 충고했다.[26] 약 삼년 후인 1685년 4월 30일 밤, 페덴은 프리스트힐에 있는 브라운의 집에서 하룻밤을 보내고 새벽에 그곳을 떠났다. 사람들은 그가 떠나면서 '불쌍한 부인, 두려운 아침, 어둡고 안개 낀 아침"이라고 중얼거리는 소리를 들었다.[27] 페덴이 떠나고 나서 얼마 후, 클레버하우스의 존 그래험이 군인들을 이끌고 왔다. 그래험은 존 브라운에게 영국의 국왕이 아니라 그리스도가 교회의 머리라고 한 고백을 철회할 수 있는 기회를 주었지만, 브라운은 거절했다. 그래험은 "그렇다면 기도나 해두시오. 당신은 이제 곧 죽을 테니까 말이요"라고 말했다. 브라운은 기도하고 아내 이사벨을 보면서 말했다. "이제 곧 당신은 내가 스코틀랜드의 통치자와 맞서 우리 구세주를 위한 증인으로 하늘나라 법정에 서기 위해 소환되는 것을 볼 것입니다. 나와 작별하는 것을 기꺼이 받아들이겠지요?"

이사벨은 "진정으로 기꺼이 받아들이겠어요"라고 대답했다. 존은 아내를 포옹하고 작별 인사를 한 후에, 어린 아들에게 입을 맞추었다. 그리고 두살바기 딸 앞에서 무릎을 끓고 "사랑하는 내 딸아, 하나님을 네 인도자로 모시고 살면서, 엄마를 위로해 드리거라"라고 말했다. 그는 일어서서 마지막으로 하나님께 기도했다. "오 성령이여 당신을 찬양합니다. 나를 압제하는 자들이 내 귀에 두려움을 말을 하지만, 당신은 그보다 큰 위로를 내 마음에 주셨습니다." 클래버하우스의 그래험 대장은 브라운의 용감한 태도에 크게 노했다. 그는 여섯 명의 군인들에게 브라운을 그 자리에서 쏘라고 명령했다. 그러나 군인들은 명령을 거부한 채 움직이지 않았다. 화가 머리끝까지 치민 그래험은 권총을 꺼내서 브라운의 머리를 쏘았다.

그는 잔인하게 이사벨을 보면서 "부인, 지금은 남편에 대해서 어떻게 생각하십니까?"라고 물었다. 이사벨은 "나는 항상 그 분을 존경해왔지만 지금처럼 존경한 적은 없었어요"라고 대답했다.

이 사건은 오전 6시부터 7시 사이에 벌어졌는데, 당시 페덴은 약 11마일 정도 떨어진 곳에 있었다. 그는 친구인 존 무이르헤드의 집에 들어가서 가족들에게 함께 기도해줄 것을 청했다. 그는 "주님, 언제 브라운의 죽음에 대해 원수를 갚아 주시렵니까? 오, 브라운이 흘린 피를 귀중하게 여겨 주십시오"라고 기도했다. 그리고 그 가족들에게 자신이 본 환상을 이야기해 주었다:

> 클레버하우스가 오늘 아침에 프리스티힐에서 존 브라운을 죽였습니다. 그의 시체는 집 끝부분에 있고, 불쌍한 그의 부인은 시체 옆에 앉아 울고 있습니다. 아무도 그 부인을 위로해 주지 않습니다. 오늘 아침 해가 뜬 후에 나는 하늘에서 이상한 것을 보았습니다. 밝고 분명하고 빛나는 별이 하늘에서 떨어졌습니다. 실제로 분명하고 빛나는 별이 오늘 떨어졌습니다. 내가 알고 있는 사람

들 중에 가장 위대한 사람이 세상을 떠났습니다.[20]

한편 프리스트힐에서는 이사벨이 결혼식 날부터 이 순간을 위해 준비해 두었던 수의를 가져 와서 아픈 마음으로 남편에게 수의를 입혔다. 마음을 아팠지만 비통하지는 않았다. 아사벨은 결혼생활을 하면서 허비한 세월로 인해 슬퍼하지 않았고 또 하나님께 대해서 원한을 품지도 않았다. 심지어 남편의 생명을 거두어간 하나님의 원수들에 대해서도 앙심을 품지 않았다. 이 비극이 발생하기 3년 전에 늙은 독신 예언자를 통해서 하늘로부터 하나님의 말씀이 임하여 이사벨로 하여금 이 시간을 예비하게 했기 때문이다. 그녀의 마음은 산산조각이 났지만 비통함으로 산산조각이 난 것이 아니라 사랑으로 산산조각이 났다.

사람들이 "이제 우리는 완전한 성경을 소유하고 있는데 예언자들이 무슨 소용이 있습니까?"라고 물을 때면, 나는 이사벨이 이곳에 있어서 그 질문에 대답해 주기를 바란다.

chapter 6
# 초자연적인 일들을 대적하는 음모

이제껏 앞에서 언급된 인물들 및 그들의 초자연적인 경험에 대해서 들어보지 못한 이유는 무엇일까? 이러한 이야기들을 다룬 대부분의 책들이 이미 오래 전에 절판되어서 요즈음에는 구할 수 없기 때문이다. 또 신학이나 교회사에 대해 저술한 현대의 저자들이 초자연적인 것들을 반대한 데도 원인이 있다.

조지 위샤트의 경우를 생각해 보자. 그 시대의 사람들은 그를 예언자라고 부르며 그의 예언들 중 일부를 기록해 두었다. 존 호위(John Howie)는 1775년에 짤막한 위샤트의 전기를 저술하면서 존 낙스의 저술들 및 다른 전거들을 사용했는데, 그 중 일부는 위샤트와 같은 시대에 살았던 사람들이 저술한 것이었다. 1775년도 판 『스코틀랜드의 위인들』(Scots Worthies)이라는 저서에서 호위는 위샤트에 대해 "그는 놀라운 예언의 영을 소유한 인물이었다"라고 기록했다. 그로부터 71년 후인 1846년에 출판된 『스코틀랜드의 위인들』에서, 편집자는 호위의 원문을 바꾸어 "그는 지혜로운 통찰을 대단히 많이 소유한 인물이었다"라고 기록했다.[1] 지혜로운 통찰이란 무엇인가? 그것은 위샤트는 자신의 지혜 덕분에 사건들이 어떻게 되어갈 것인지 정확하게 추측할 수 있었다는 의미이다. 그것은 위샤트의 예언 능력은 하나님의 초자연적인 계시에서 온 것이 아니라 위샤트 자신의 지혜에서 비롯된 것이었음을 의미한다. 1846년도 판에 주(註)를 다는 작업을 한 윌리엄 맥긴은 "예언"이라는 용어 대신에 "지혜로운 통찰"이라고 표현한 것을 정당화하기 위해서 스코틀랜드 개혁자들이 예언의 본질을 오해했다고 진술했다. 맥긴은 예언은 더 이상 주어지지 않는다고 이해했다.[2] 다시 말해서, 그는 자신의 신학에 일치시키기 위해서 원문을 자유로이 바꾸어도 된다고 생각했던 것이다.

어떻게 일개 편집자가 자신의 믿음에 일치시키기 위해서 원문을 변조한 것을 정당화할 수 있는지 의아해 하는 사람들도 있을 것이다. 신학적인 편견의 힘은 대단히 강력하다. 맥긴은 편견 때문에 스코틀랜드 종교개혁자들의 예언 능력을 초자연적이 아닌 것으로 설명하려 했다. 그는 예언을 단순히 지혜로운 통찰이라고 지칭함으로써 개혁자들의 예언들을 교묘하게 설명하려 했다. 그러나 비튼 추기경이 갑자기 죽을 것을 예고한 위샤트의 예언을 훌륭한 추측으로 여길 수 있을까? 위샤트는 비튼이 위샤트의 처형 장면을 구경하던 바로 그 성 안에서 며칠 후에 수치스럽게 죽을 것이라고 예고했고, 그로부터 3개월이 못되어 비튼은 바로 그 성에서 살해되었다. 맥긴의 설명은 다음과 같다:

> 나는 이것이 우리의 위대한 인물들의 예고한 것, 소위 예언이라고 불려온 것 중에서 가장 신빙성 있는 본보기라고 생각한다. 그 말이 처형을 앞둔 순교자가 발언한 실제의 말이라고 생각한다

면, 그 말은 교만한 추기경이 며칠 후에 자기 저택에서 죽게 된다는 것 이상을 의미하지 않는다. 그리고 며칠이란 추기경의 남은 수명을 의미했을 것인데, 그 기간이 아무리 길다 해도 영원한 세상으로 가는 사람에게는 며칠밖에 안되는 것으로 여겨졌을 것이다. 그로부터 약 3달 후에 추기경은 살해되었고, 그 때 위샤트의 말은 그 사건을 예언한 것이라고 간주되었다. 나는 위샤트가 은밀하게 음모에 관여하거나 선동했다고 믿지는 않는다. 그러나 있을 것 같지도 않은 목적 때문에 그에게 예언의 영이 주어졌다고 생각하는 것보다는 이것이 더 개연성이 있다. 그것은 그가 죽으면서까지 수호한 진리를 확인하기 위한 일이 될 수 없다. 왜냐하면 그것은 그리스도와 사도들의 증언에 의해 이미 풍성하게 확인되었으며, 새로운 확인을 구하는 것은 곧 성경의 충분성을 의심하는 것이기 때문이다.[3]

맥긴은 이 예언을 교묘히 설명하기 위해서 단어들의 일반적인 의미를 바꾸어야만 했다. 위샤트는 비튼의 죽음에 대해서 세 가지를 예언했었:

1. 그는 수치스럽게 죽을 것이다.
2. 그는 처형장 앞에 있는 성 안에서 죽을 것이다.
3. 그는 며칠 후에 죽을 것이다.

맥긴의 견해에 의하면 여기에서 "며칠"은 실제로 며칠을 의미하는 것이 아니라 "비튼의 남은 수명"으로서 그 기간은 길어질 수도 있었다. 맥긴은 위샤트의 예언을 실제로 이루어진 훌륭한 추측으로 판단했다. 그러나 맥긴은 이렇게 생각하는 데 그치지 않고, 더 나아가서 하나님께서 예언의 영에 의해서 이 경건한 순교자에게 말씀하셨다고 믿는 것보다는 위샤트가 비튼을 암살하려는 음모에 관여했다고(이것은 위샤트가 추기경이 성 안에서 치욕스럽게 죽을 것을 미리 알 수 있었던 하나의 방법이 된다) 믿는 편이 더 쉽다고 주장했다. 여기에 음모가 있기는 하지만, 위샤트 편에 있는 것은 아니다.

맥긴은 왜 비튼의 죽음을 특별한 예언의 놀라운 성취라고 받아들일 수 없었을까? 왜 그는 경건한 순교자가 하나님의 음성을 들었다고 믿지 않고, 그가 자기의 적수를 살해했을 것이라고 믿었을까? 그것은 이런 식으로 하나님의 음성을 듣는 것은 성경의 충분성에 대한 맥긴의 이론에 어긋나기 때문이었다.

맥긴이 개혁자들의 예언 사역을 교묘하게 설명한 두번째 방법은 원래의 기사가 진실이 아니었다고 주장하는 것이었다. 알렉산더 페덴의 전기에는 정확한 예언들이 무척 많았으므로, 맥긴은 페덴의 전기 작가인 패트릭 워커의 신뢰성을 공격했다. 그러나 이 방법은 더 설득력이 없다.[4] 우리는 스코틀랜드의 개혁자들과 같은 시대에 살았거나 그들로부터 그리 멀지 않은 시대에 살았던 유명한 신학자들의 시선을 통해서 신뢰성이라는 문제를 자세히 살펴보려 한다.

우리가 초자연적인 사건들에 대해서 듣지 못하는 세번째 이유는 현대의 역사적 저술가들이 그러한 사건들을 무시하기 때문이다. 역사적 저술가들은 일반 독자들보다 원래의 기사들에 훨씬 더 많이 접한다. 그런데 원래의 기사들은 절판되었을 뿐만 아니라, 있다고 해도 특별한 도서관에서만 발견된다. 16, 17세기에 발생한 사건들을 찾아내기 위해서 이러한 자료들을 사용하는 저술가들은 종종 20세기의 경험이나 신학에 일치하지 않는 경험들을 무시하고, 자기들의 기호에 맞는 것만 기록에 포함시키기도 한다.

현대의 역사적 저술가들은 일반적으로 스코틀랜드 개혁자들의 초자연적인 경험보다는 그들의 교리, 경건, 희생에 더 관심을 갖는다. 그들은 스코틀랜드 개혁자들의 이야기를 재서술하면서 초자연적 요소는 생략했다. 이것은 스코틀랜드 종교개혁 자체에는 해당되지 않지만, 교회사의 모든 시대를 현대적으로 재서술하는 데서 나타나는 현상이다. 예를 들면, 나는 18세기의 인물인 조나단 에드워즈와 조지 휘필드의 삶에 대해 20세기에 기록한 몇 개의 기사를 읽은 적이 있다. 그런데 이 기사들은 이 인물들의 사역에서 나타난 기이한 물질적인 현상들의 범위에 대해서 전혀 암시하지 않는다. 아마 현대 저자들의 지각에는 이러한 일들이 거슬렸을 것이다. 이러한 선별적인 저술의 결과로 현대 독자들은 과거의 경건한 인물들의 삶에 있었던 초자연적인 요소들을 알지 못하고 있다.

우리가 과거에 활동한 기독교인들의 놀라운 예언 사역에 대해서 듣지 못하는 데에는 최소한 세 가지 원인이 있다. 첫째, 그들에 대해 기록한 원전(原典)을 확보하기가 어렵다. 둘째, 현대 저자들은 자신의 신학에 의거하여 원래의 사건들을 교묘하게 설명하거나 원전의 신뢰성을 부인하는 등 원문을 변조함으로써 이 부분의 역사를 교묘하게 설명한다. 마지막으로, 현대의 저자들은 초자연적인 사건들에 관심을 갖지 않기 때문에 그들이 저술하는 역사서에서는 초자연적인 사건들이 언급되지 않는다.

나는 매년 신학 대학원 학생들과 대화를 한다. 그들은 대학을 졸업한 후 원문을 읽기 시작한 후에야 비로소 스코틀랜드 종교개혁자들이나 윗필드, 에드워즈 등이 행한 기적적인 사건들을 대할 수 있었다고 말한다. 그 전까지는 그들이 얻은 모든 정보는 그러한 사건들에서 기적적인 요소들을 삭제한 현대 작가들의 것이었다.

초자연적인 요소들을 생략하는 현상은 오랫동안 지속되어 왔다. 50년 전에 C. S. 루이스는, 기적적인 것들을 배제하는 철학이나 신학을 소유한 사람의 마음은 어떤 기적으로도 변화시킬 수 없음을 증명했다.[5] 사람들은 기적을 우연한 사건이라고 부르거나 또는 단지 특별한 방법으로 작용하는 자연력에 불과하다고 말함으로써 교묘하게 설명하는 방법을 발견해낼 것이다. 또 지혜로운 통찰처럼 인간의 정신 안에 있는 어떤 잠재력에 기인하는 것이라고 주장할 가능성도 있다. 심지어 그 기사의 신뢰성 자체를 공격하면서, 그 사건이 실제로 발생한 것이 아니라 과장된 것이라고 말할 가능성도 있다. 기독교 회의론자들은 기독교가 아닌 타 종교에도 동일한 현상이 있음을 지적하거나, 또는 기적을 행하거나 그러한 예언을 실현한 것은 마귀라고 말할 것이다. 아니면 그러한 사건들이 아예 발생하지 않은 것으로 여겨 그 사건 자체를 무시할 수도 있다.

이러한 설명들은 결코 예언적인 스코틀랜드 개혁자들이 존재하지 않았다는 증명이 될 수는 없다. 그 시대의 역사가들과 신학자들이 이들 위대한 기독교인들에 대해서 발언한 말을 들어 보자.

## 17세기의 역사가들

### 로버트 플레밍

17세기초에 활동한 역사가 로버트 플레밍(Robert Fleming, 1630-

1694)은 페덴과 동시대의 목사이자 신학자였다. 1669년에 그는 『성서의 성취』(*The Fulfilling of the Scripture*)를 저술했는데, 그 책에는 스코틀랜드 종교개혁 시대에 발생한 기적들에 대한 이야기가 포함되어 있다. 이 책에서 그는 대담하게도 스코틀랜드 종교개혁 시대에 하나님께서 몇몇 종들에게 예언적·사도적 영을 부어 주셨는데, 그것은 신약 시대에 있었던 성령세례에 버금가는 일이었다고 주장한다.[6] 그는 왜 그런 말을 했을까? 우리는 그의 기사를 신뢰해야 하는가?

플레밍과 그 시대의 사람들은 많은 놀라운 사건들을 직접 목격한 사람들이므로 우리는 그들을 신뢰해야 한다. 플레밍의 영적 조상들 및 여러 증인들이 플레밍의 시대 이전에 발생한 기적들에 대한 기사들을 전해 주었거나, 아니면 그 사건들은 공적으로 기록된 일이었다.[7] 보통 이러한 증언들은 신빙성 있는 역사적 자료로 간주된다. 그것들은 누가가 예수의 사역에 대한 기사를 저술하기 위해 사용했던 것과 같은 종류의 자료이다(눅 1:1-4).

플레밍 역시 신뢰할 수 있는 인물로 간주되어야 한다. 왜냐하면 그는 쉽게 속는 사람이 아니었기 때문이다. 그는 예언적 계시와 기적들이 주님이 사용하는 일상적인 방법이라고는 생각하지 않았다. 그는 종교개혁 당시 스코틀랜드 교회가 전국에 퍼져 있는 어두움을 극복하기 위해서는 초자연적인 능력이 절실하게 필요했기 때문에 주께서 기적들을 사용하셨다고 생각했다. 그는 사람들이 구원되는 것을 보기보다 성령의 사역을 더 원하며 기적을 추구하는 사람들을 비판했다.[8]

플레밍은 "하나님을 위한 거짓말"을 하려는 것은 "무서운" 신학이라고 판단했기 때문에 이러한 사건들을 기록할 때에 신중을 기한 성실한 인물이다.[9] 그는 자신이 고의적으로 거짓을 기록하지는 않았으며, 각각의 사건을 조심스럽게 조사했으며, 또 자기처럼 세심하게 조사하는 사람이라면 누구라도 밝혀낼 수 있을 많은 기적 이야기들 중 일부만을 기록했다고 주장했다.[10] 그는 신빙성 있는 증인들이 들려준 것이라도 너무나 진기해서 사람들이 믿지 않을 것이라고 생각되는 것은 기록하지 않았다.[11]

이 이야기들을 믿을 수 있는 또 다른 이유는 예언이나 기적을 행한 사람들의 인격에 대해 의심의 여지가 없기 때문이다. 플레밍은 그들의 사역 안에 있는 초자연적인 요소가 전혀 성경에 어긋나지 않았음에 유의한다. 그들은 결코 사람들에게 자기의 계시를 믿으라고 강요하지 않았다. 그들은 조심스럽고 겸손하고 착실한 사람들이었고,[12] 그들 중 다수는 신앙 때문에 추방을 당하거나 감옥에 갇혔다. 많은 사람들은 무책임하거나 부정했기 때문이 아니라 장로교 신앙을 포기하지 않았기 때문에 고문을 당하고 사형을 당했다.

플레밍이 이러한 이야기들을 기록한 동기는 무엇이었으며, 그것을 어떻게 이용했는가? 우리는 그가 예언과 기적이 장로교 교리들을 증명해준다고 말해 주기를 기대할 수도 있을 것이다. 그러나 그는 그렇게 행하지 않았다. 그는 기적에 의해 증명되어야 하는 교리는 거짓 교리라고 확신했다. 그는 자신의 신앙을 증명하기 위해서 기적보다 더 높은 권위인 성경에 호소했다.[13] 그가 기적 이야기들을 기록한 동기는 하나님을 찬양하기 위한 것이었다.

우리는 우리 시대에 주님의 놀라운 역사들을 관찰하는 것, 즉 후손들에게 하나님의 위대하신 행위를 말해주기 위해서 부지런히 탐색하는 것을 근심스럽고 성가신 일이라고 판단한다…[14]

마지막으로, 우리는 플레밍이 신앙 때문에 감옥에 갇혔으며 사랑하는 조국 스코틀랜드에서 추방된 상태에서 사망했음을 기억해야 한다.[15] 이 모든 것을 참작해볼 때, 플레밍은 자기 시대에 실제로 발생한 일을 기록한 사람이므로 2, 3백년 후에 이러한 일들에 대해 기록한 사람들, 특히 초자연적인 것들에 대한 편견을 가지고 있는 사람들보다 훌륭한 권위자라고 볼 수 있다. 그러나 이러한 사건들을 증언한 사람으로서 신뢰할 수 있는 사람이 플레밍만은 아니었다.

## 사무엘 루터포드

사무엘 루터포드(Sameul Rutherford, 1600-1661)는 17세기 스코틀랜드 교회의 위대한 지도자요 신학자였다. 그는 유명한 웨스트민스터 의회에 참석한 스코틀랜드 사절들 중 한 사람이기도 했다. 그는 존 웨슬리 및 예언을 하는 스코틀랜드 장로교인들의 사역에 대해서 알고 있었다. 루터포드는 성경의 권위와 하나님께서 특정인들에게 주신 신적 계시 사이에 충돌이 있을 수 없다고 보았다.

> 말씀의 정경이 확정된 이후, 존 후스, 위클리프, 루터처럼 장차 일어날 일들을 예고했는데 실제로 그 말대로 이루어진 특별한 사람들에 대한 계시가 있다. 우리 스코틀랜드의 경우에 조지 위샤트는 비튼 추기경이 살아서 앤드류 성의 성문을 나오지 못할 것이며 또 치욕스럽게 죽어 자신이 하나님의 사람이 화형되는 모습을 지켜보던 창문 너머에서 교수형을 당할 것이라고 예언했

다. 낙스는 그랜지 경이 교수형을 당할 것을 예언했고, 데이빗슨의 예언은 그 나라의 많은 사람들에게 알려졌다. 영국에서도 많은 거룩한 설교자들이 이러한 일을 행했다…[16]

루터포드는 "정경이 확정된 이후"에도 계시가 계속되고 있다고 믿었다. 비록 그는 재세례파의 계시들을 반대하는 글을 쓰고 있었지만, 스코틀랜드 종교개혁자들 및 다른 개혁자들의 예언과 계시는 어려움 없이 받아들였다. 그가 이러한 예언적 계시들을 받아들이면서 제시한 이유들은 다음과 같다:

1. 그것들은 성경에 어긋나지 않는다.
2. 그것들은 경건한 사람들이 발언한 것이다.
3. 이러한 계시들을 받은 사람들은 자기의 예언이 성경의 권위와 동등한 권위를 갖는다고 주장하지 않았다.
4. 그들은 자기의 예언에 복종하라고 요구하지 않았다.[17]

루터포드나 플레밍과 같은 사람들은 쉽게 속는 사람이 아니었다. 그들은 경건한 사람이요 신학적으로 빈틈이 없는 사람들이었다. 그리고 그들이 기록한 사건들 중 일부는 실제로 그들이 생전에 발생한 사건이었다. 일반적으로 이러한 요소들이 역사적으로 신뢰할 만한 증인들을 만들어낸다.

이러한 스코틀랜드 개혁자들의 전기를 저술한 작가들은 자기들이 다루는 주제들이 100퍼센트 정확하다고 주장하지는 않지만, 그들 시대의 사람들은 그들을 예언자요 신탁이라고 불렀다. 오늘날 어떤 사람들은 이 개혁자들이 자기들의 권위를 성경 및 성경을 기록한 예언자들의 권위와 구분하기 위해서 "예언의 은사를 받았다"고 말하기도 한다. 나는 이제 막 예언의 은사를 활용하기 시작한 사람들에게는 "예언의 은사를 받았다"는 표현을 사용하며, 이미 성숙한 예언 사역을 확립한 사람들에게만 "예언자"라는 용어를 사용한다. 우리가 그들의 사역을 위한 공간을 마련해 두는 한 그들을 무엇이라고 부르든지 문제가 되지 않는다.

## 예언 능력에 대한 설명

루터포드, 플레밍, 그리고 그들과 같은 시대의 사람들은 위샤트, 낙스, 페덴 등의 기적 사역을 무엇이라고 설명했는가? 이 시대의 저술들의 일관된 주제는 "여호와의 비밀이 경외하는 자에게 있다"(시 25:14)는 것이었다. 이 모든 예언 사역자들은 주님께 대한 경외심으로 충만했다. 존 웰쉬는 여덟 시간 이상 기도하지 않은 날은 헛되이 보낸 날로 간주했다. 만일 우리가 매일 여덟 시간을 기도한다면 하나님께서 어떤 종류의 비밀들을 알려 주실까?

또 이 성인들 중 다수가 순교했다는 사실도 기억해야 한다. 그들은 성령으로 부음을 받기 위해서 사회적 지위를 포기했고, 면류관의 원수들인 일반 죄수들처럼 추격을 당했다. 만일 하나님의 음성을 듣지 못했다면 그들은 오랫동안 사역할 수 없었을 것이다. 당신은 하나님께서 하늘로부터 말씀하시지 않으면 실패할 수밖에 없는 처지에 놓인 적이 있는가? 당신은 하나님을 위해서 초자연적인 계시가 요구되는 일들을 감행하려 하는가?

스코틀랜드의 개혁자들은 1세기의 사도들 및 기독교인들과 많은 공통점을 가지고 있었다. 그들은 비슷한 경험을 했으며 유사한 박해를 받았다. 교회사에는 경건한 기독교인들이 박해를 받을 때에 발생한 초자연적인 일들에 대한 기록이 있다. 오늘날의 역사가들에 의하면, 경건, 박해 등이 이 시대에 성령이 초자연적으로 부어진 원인이라고 한다. 이것은 오늘날에도 적용된다.

몇 년 전에 나는 샌프란시스코에서 중국인 신자들의 모임을 주재했다. 나는 세계 각처에서 온 중국인 여덟 명과 함께 점심 식사를 하던 중, 통역을 통해서 내 왼편에 앉은 사람에게 어디서 왔느냐고 물었는데, 그의 대답은 나를 놀라게 했다. 그는 상해에서 왔다고 대답했던 것이다. 나는 그가 어떻게 중국 대륙에서 빠져 나와 우리 회의에 참석할 수 있었는지 알지 못했지만, 놀라운 몇 가지 사실을 알게 되었다. 그 사람은 중국에서 복음을 전파했다는 이유로 18년 동안 감옥에 갇혔다가 방금 석방되었는데, 다시 복음을 전파하기 시작했다는 것이다.

나는 중국 기독교인들의 삶에서 발생한 초자연적인 사건에 대해 읽은 이야기들을 그 사람에게 말해 주었다. 나는 중국에서 밀반출되어 나온 영화를 본 적이 있었는데, 그것은 이러한 사건들 중 일부에 대해 묘사한 영화였다. 나는 그 사람에게 중국 교회에서 발생한 기적들에 대해 개인적으로 아는 것이 있느냐고 물었다. 그는 웃으면서 중국의 모든 지하교회에서 기적이 발생하고 있다고 대답했다. 그는 박해가 가장 치열하고 경건한 사람들이 하나님의 도움을 필사적으로 갈망할 때에 기적들을 가장 많이 보았다고 했다.[18]

이 사실을 설명하기 위해서 코리 텐 붐(Corrie ten Boom)의 생애를 살펴보자. 코리는 나치에 의해 강제수용소에 수용된 네덜란드인 신자였다. 그녀가 저술한 책 『은신처』(*The Hiding Place*)와 『주님을 위한 방랑생활』(*Tramp for the Lord*)을 읽어보라.[19] 그 책들에는 초자연적인 환상, 예언, 기적 등에 대한 이야기가 가득하다. 여동생과 함께 감옥에 갇힌 코리는 간신히 조그만 액체 비타민 한 병을 입수했다. 그런데 놀랍게도 그 병 안에 든 비타민은 조금도 줄어들지 않았다. 코리는 다음과 같이 말했다:

> 조그만 병으로 하루에 여러 번 복용하는 것은 거의 불가능한 일이었다. 그런데 벳시 외에도 열두 명이 그것을 복용했다.
> 나는 본능적으로 그것을 감추어 두려 했다. 벳시의 몸이 점점 더 약해지고 있었기 때문이다. 그러나 다른 사람들 역시 병들어 있었다. 고열로 시달리며 고생하는 사람들을 모른 체 할 수 없었다. 나는 그것을 가장 몸이 약한 사람들을 위해 저장해 두려 했다. 그렇지만 그런 사람들은 곧 15, 20, 25명으로 늘었다.
> 그런데 내가 그 작은 병에서 비타민을 따를 때마다 마개 가장자리에 한 방울이 고였다. 도저히 있을 수 없는 일이었다. 나는 도대체 얼마나 남아 있는지 확인하려고 그 병을 빛에 비추어 보았지만, 병 색깔이 너무나 짙어서 안이 보이지 않았다.
> 벳시는 "성경에 아무리 사용해도 계속 해서 기름이 나온 병에 대한 이야기가 있다"고 말했다. 벳시는 그것을 열왕기에 있는 엘리야에게 방을 빌려준 사렙다의 가난한 과부의 이야기에 비유했다. "여호와께서 엘리야로 하신 말씀 같이 통의 가루가 다하지 아니하고 병의 기름이 없어지지 아니하니라."
> 성경에는 놀라운 일들이 많이 기록되어 있다. 수천 년 전에 그러한 일들이 가능했다고 믿는 것과, 그러한 일이 오늘 우리에게 발생하는 것은 별개의 일이다. 그러한 일이 날마다 계속되었기 때

문에 적은 무리의 놀란 구경꾼들은 둘러서서 비타민 방울이 떨어져 나오는 것을 지켜 보았다.[20]

그 작은 비타민 병에서는 계속 비타민이 흘러 나왔는데, 어느날 어떤 사람이 그들에게 커다란 비타민 병을 가져다 준 후로 그 병에서는 비타민이 흘러 나오지 않았다. 그들에게는 더 이상 그 작은 비타민 병이 필요하지 않았다.[21]

그 강제수용소에는 기적에 필요한 모든 요소가 구비되어 있었다. 즉 신앙 때문에 박해 받으며 하나님의 도움을 필사적으로 요청하는 경건한 사람들이 있었다. 하나님께서 그들에게 기적으로 응답하시는 것이 놀라운 일이었을까?

코리의 이야기를 우리는 어떻게 생각하는가? 그 이야기를 읽고 희망을 얻는가, 아니면 불편하게 생각하는가? 비타민이 계속 흘러 나온 것을 달리 설명할 수 있다고 생각하는가? 만일 그렇게 생각한다면 우리는 하나의 음모의 희생자가 되었다고 볼 수 있을 것이다.

서방 세계의 기독교인들은 이러한 이야기를 들으면, "우리 교회가 보다 많은 초자연적인 계시를 소유하지 못하는 이유는 무엇입니까?"라고 질문한다. 내 생각에 그것은 서방 교회는 코리 텐 붐과 같은 믿음을 가진 것이 아니라 라오디게아 교회의 믿음을 가졌기 때문이다. 우리는 분명히 스코틀랜드 개혁교회를 그리 닮지 않았다.

오늘날 아무도 미국 교회를 위협하거나 박해하지 않는다. 1972년에 미국에서 출판된 기도에 대한 연구 보고서를 보면, 당시 일반적인 미국 목사나 신학교 교수들의 삶에서 기도는 중요한 요인이 되지 못하고 있었다. 그 연구가 시작 되었을 당시, 대부분의 신학교에는 기도와 관련된 학과가 존재하지 않았다.[20] 25년 후, 일부 신학교에서 이러한 잘못을 바로잡으려는 시도를 했다. 그리하여 여러 신학교에서 영성생활과 기도에 대한 학과를 개설했다. 그러한 시도가 과연 도움이 되고 있는지는 의심스러우며, 도움이 되기를 바랄 뿐이다. 그러나 염려되는 것은 지금도 여전히 마음을 기르는 일보다는 정신의 계발만 강조되고 있다는 사실이다. 내가 전세계에서 초 교파적으로 모여 온 목사들에게서 들은 것 중에서 으뜸 되는 고백은 그들이 전혀 기도생활을 하지 않으며 정규적인 성서 묵상 시간을 갖지 않는다는 고백이다. 우리 자신이 하나님과 더불어 보내는 시간이 거의 없으면서 어떻게 하나님께서 우리에게 말씀해 주시기를 기대할 수 있겠는가?

문제는 "왜 오늘날 교회 안에서 보다 많은 초자연적 계시와 기적을 볼 수 없는가?"가 아니다. 오늘날 교회 안에 경건이 부족하고 무관심이 팽배한 것을 고려할 때, 문제는 "왜 오늘 교회 안에서 우리는 전혀 초자연적인 경험을 소유하지 못하는가?"이다.

## 현대의 예언 능력

내가 제시한 대부분의 예들은 하나의 짧은 시대와 짧은 범위의 교회로부터 취한 것이다. 나는 의도적으로 이러한 종류의 사역을 만들어낼 것이라고 기대되지 않는 시대와 전통에 대해 조사했다. 만일 사람들이 그것들에 대해 조사하는 데 관심을 가진다면, 교회사는 이러한 종류의 사건들로 가득찰 것이다. 교회사에서 오늘날의 정통 신앙을 기준으로 하여 의심스럽게 여겨지는 시대에는 지식의 말과 예언의 말이 주어지지 않았다. 의심 없는 확실한 신앙을 가졌으며 도저히 카리스마적이라고 볼 수 없는 보수적인 교회 지도자들도 예언적인 현상들을 경험하고 목격해왔다.

영국의 위대한 침례교 목사인 찰스 스펄전(Charles Spurgeon, 1834-92)을 예로 들어 보자. 언젠가 엑시터 홀(Exeter Hall)에서 설교하던 스펄전은 설교를 갑자기 중단하더니 한 청년을 가리키면서 "젊은이, 자네가 끼고 있는 장갑은 주인에게서 훔친 것이군"이라고 말했다. 나중에 그 청년은 스펄전에게 그 장갑은 훔친 것이며, 자기가 지은 죄에 대한 배상을 하고 싶다고 고백했다.[23] 또 한번은 스펄전은 설교 도중 주머니에 술병을 넣은 사람이 복도에 있다고 말했다. 술병을 넣고 있던 청년은 이 말을 듣고 크게 놀라 회심했다.[24]

스펄전의 예언 사역에 대해 스펄전 자신의 설명을 들어 보자:

> 한번은 교회에서 설교를 하는 도중에 나는 무리 중에 있는 한 사람을 가리키면서 "저기 앉아 있는 제화공은 주일날에도 가게를 여는군요. 지난 주일 아침에도 가게를 열었어요. 그날 그 사람은 9페니를 벌었는데 이익은 4페니였습니다. 그는 4페니 때문에 사탄에게 영혼을 판 셈입니다"라고 말했습니다. 어느 선교사가 순회를 하던 도중에 이 사람을 만났는데, 이 사람은 내 설교집을 읽고 있었습니다. 선교사는 "스펄전 목사님을 아십니까?"라고 물었습니다. 그 사람은 이렇게 대답했습니다 "예. 나에게는 그 분을 알 이유가 있습니다. 나는 그 분의 말씀을 들은 적이 있습니다. 나는 하나님의 은혜로 그 분의 설교를 듣고 예수 그리스도 안에서 새 사람이 되었습니다. 그 일이 어떻게 일어났는지 말씀드릴까요? 나는 음악당에 가서 중간쯤에 있는 좌석에 앉았습니다. 스펄전 목사님은 마치 나를 아는 듯이 바라보셨습니다. 그리고 설교 도중에 나를 가리키시면서 사람들에게 내가 제화공인데 주

일날에도 장사를 한다고 말씀하셨습니다. 실제로 나는 그렇게 행하고 있었습니다. 나는 그 말에는 신경을 쓰려 하지 않았습니다. 그런데 목사님은 내가 전 주일에 9페니를 벌었는데 이익은 4페니였다고 말했습니다. 그 분이 어떻게 그 사실을 아셨는지 모르겠어요. 그 때 불현듯 하나님께서 그 분을 통해서 내 영혼에게 말씀하시고 계시다는 생각이 들었습니다. 다음 주일날 나는 가게 문을 열지 않았습니다. 처음에는 혹시 그 분이 나에 대해서 다른 말씀을 하시지 않을까 염려되어 가서 그 분의 설교를 듣는 것이 두려웠습니다. 그러나 나는 교회에 갔고, 주님은 나를 만나 주시고 내 영혼을 구원해 주셨습니다."[25]

스펄전은 다음과 같은 논평을 덧붙였다.

이 외에도 내가 상대방에 대해서 전혀 알지 못하면서, 또는 내가 하는 말이 옳은 것인지 알지 못한 상태에서 오직 성령께서 그렇게 말하라고 감동하셨다는 믿음만 가지고 교회 안에 있는 사람을 지적한 경우가 12번쯤 있습니다. 그런데 내 말이 얼마나 놀라웠든지 그 사람들은 친구들에게 "내가 행한 모든 일을 말한 사람을 보러 갑시다. 그 사람은 분명히 하나님께서 내 영혼에게 보내주신 분일 것입니다. 그렇지 않다면 나에 대해 그렇게 정확하게 설명할 수 없었을 것입니다"라고 말했습니다. 뿐만 아니라 강단에서 설교하는 도중에 어떤 사람에 대한 생각이 나에게 계시된 경우도 많습니다. 이따금 정곡을 찔린 사람이 옆 사람을 팔꿈치로 찌르는 것을 보았습니다. 그들은 예배를 마치고 나가면서 "목사님은 우리가 문 앞에서 들어가면서 한 말을 정확하게 우리에게 하셨어"라고 말했다고 합니다.[26]

불완전하고 부족하기는 하지만, 역사적인 기록들 안에는 교회사의 모든 시대에 있었던 이러한 이야기들이 풍부하다. 여기에서 한 가지를 더 살펴 보아야 한다. 이 기록들 중 대부분은 교회의 지도자들의 삶이나 교회사에 등장하는 논쟁적인 인물들을 다루고 있다. 일반 신자들의 삶에서 발생한 초자연적인 현상들은 거의 기록되지 않았다. 오스 기네스(Os Quiness)의 글에서 인용하여 이것을 보여주는 현대판 예를 제시해 보려 한다.

> 한 번은 에섹스 대학에서 강의하던 중에 나는 이상하게 생긴 여자가 이상한 표정을 짓고 앞줄에 앉아 있는 것을 보았다. 전날 밤에 과격분자들이 강의를 방해했던 사건을 상기하면서, 나는 강의를 계속하면서 속으로 그녀가 말썽을 부리지 않게 해달라고 기도했다. 그 여자는 강의가 진행되는 동안 내내 조용했다. 강의를 마치자 마자 그 여자는 대단히 당황한 표정으로 나에게 와서 무슨 주문을 걸었기에 자기를 꼼짝 못하게 했느냐고 물었다. 그 여자는 자기가 영국 남부에 있는 심령술사들의 모임에 소속되어 있다는 것, 그리고 한 번도 가본 적이 없는 에섹스로 가서 집회를 방해하라는 영들의 명령을 받았다고 말했다. 그런데 이상하게도 내가 스위스에 돌아갔을 때, 그 지방에 사는 어떤 사람이 나에게 에섹스에서 있었던 일에 대해 질문을 했다. 어느날 아침에 그 여자는 기도하던 중에 집회실에서 한 여자가 강의를 방해하려고 하는 환상을 보았다. 그 여자를 위해 기도한 후, 그 여인은 집회실에서 아무 일도 일어나지 않았다고 확신했다. 그러나 그 여인은 자기가 본 환상과 같은 일이 실제로 있었는지 알고 싶었다. 성령의 능력으로 기도하는 기독교인 한 사람만 있어도 주술은 힘을 발휘하지 못한다.[27]

이러한 일은 일반적으로 우리가 생각하는 것보다 더 자주 발생한다. 우리 교회의 교인 한 사람은 한 주일에 한두 번 하나님의 음성을 들은 놀라운 경험을 나에게 말해준다. 우리 교회의 결혼 및 가정 문제 상담을 맡은 로빈 문징(Robin Munzing)은 복부에 통증을 느끼고 있었다. 의사들은 자궁내막염이라고 진단했다. 수술을 받았는데도 고통은 계속되었다. 1994년 12월, 로빈은 너무 고통이 심해서 주일 예배 도중에 병원으로 실려갔다. 그로부터 몇 달 동안 우리 교회 장로들은 여러 차례 로빈에게 기름을 바르며 기도해주었다. 그러나 기도하고 치료를 받아도 고통은 오히려 더 심해졌다.

1995년 3월 로빈은 부엌에서 설거지를 하고 있었다. 기도를 하거나 묵상을 하고 있지 않았는데, "너는 4-5개월 후에 임신하게 될 것이다"라는 분명한 문장이 뇌리에 떠올랐다. 로빈은 그것이 하나님께서 주시는 말씀이라는 것을 알았다. 로빈은 전에도 하나님의 음성을 들은 적이 있었다. 로빈은 뛸 듯이 기뻐했다. 로빈과 의사인 남편 댄은 이제까지 노력했지만 아기를 갖지 못하고 있었다.

로빈에게서 부엌에서 들은 음성에 대해서 들은 남편 역시 로빈만큼 기뻐했다. 이제 그녀의 고통도 사라질 것 같았다. 그러나 그렇지 않았다. 5월이 되었다. 왼편 복부의 아픔은 견딜 수 없을 정도가 되었다. 로빈은 자기의 왼쪽 난소가 고통의 원인이라고 확신했고, 주치의도 그것을 제거하는 데 동의했다.

댄과 주치의는 로빈이 얼마나 아기를 갖고 싶어 하는지, 그리고 왼쪽 난소를 제거하면 아기를 잉태할 가능성이 크게 감소된다는 것을 알고 있었기 때문에, 로빈에게 정말로 수술을 원하느냐고 물었다. 로빈은 "하나님은 4-5개월 후(7월이나 8월)에 내가 임신할 것이라고 말씀하셨어요. 그것이 하나님이 원하시는 일이라면, 난소가 하나거나 없거나 상관 없이 임신하게 하실 수 있습니다. 하나님은 내 병을 치료해 주시지 않았으며, 나는 고통을 참을 수 없어요. 난소는 없애야 해요. 하나님께서 내가 임신하도록 보살펴 주시겠지요"라고 대답했다.

5월에 수술을 받은 후 고통은 사라졌다. 검사를 해보니 로빈의 난소는 정말로 염증이 심했었다. 하나님께서 로빈에게 아기를 약속하시고 나서 넉 달 후인 7월에 로빈은 포도주를 마시지 말라는 경고를 "느꼈다." 로빈은 이렇게 생각했다. '아마 임신일 거야. 하나님께서는 4-5개월 후에 내가 임신할 것이라고 약속하셨는데, 지금이 넉 달째니까.' 로빈은 약국에 가서 임신 테스트용 약을 사서 시험해 보았다. 하나님께서 약속하신 대로 로빈은 임신에 성공했다.

나는 로빈에게 어떻게 그녀가 들은 음성을 하나님의 음성이라고 확신할 수 있었느냐고 물었는데, 로빈은 전에도 그 음성을 들은 적이 있다고 대답했다. 로빈의 오빠 론 앤드류즈는 두 번이나 암에 걸렸었다. 첫번째 걸렸을 때는 방사선 치료와 수술을 받았다. 두번째 걸렸을 때는 약물치료를 받았다. 1995년 1월, 금요일에 론은 금요일마다 받는 혈액검사를 받았는데, 결과가 좋지 않았다. 혈액의 세포 안에 암이 다시 존재하고 있었다. 론은 망연자실했다. 그는 다시 방사선 치료를 받거나 화학요법을 사용하는 일은 생각조차 하지 않으려 했다. 론은 그날 오후에 로빈에게 전화로 그 소식을 알려 주었다. 로빈이 통화를 마치고 수화기를 내려놓는데, 불현듯 뇌리에서 "이번 주말에 오빠는 완치될 것이다"라는 음성이 들여왔다. 로빈은 오빠에게 전화를 걸어서 하나님께서 하신 말씀을 전해 주었다.

론은 하나님께서 오늘날도 말씀하고 계시다고 믿는 신자였다. 그는 로빈의 말을 믿고 월요일에 다시 검사를 받으러 갔다. 검사 결과를 본 의사들은 무척 당황했다. 사흘 후에 다시 검사를 받았는데 론의 혈액에서는 암의 흔적이 발견되지 않았다. 주님의 말씀대로 주말을 넘기면서 암이 완치된 것이다.

로빈은 이와 비슷한 여러 가지 이야기를 했다. 로빈은 스스로를 예언자라거나 환상을 보는 사람이라고 주장하지 않으며, 다만 하나님에게 복종하며 아내와 어머니와 상담자로서의 역할을 수행하려고 노력하는 기독교인일 뿐이라고 말한다.

교회사에서 이러한 일이 일반 신자들 사이에서 얼마나 많이 발생했는지 알 길이 없다. 앞에서 말한 대로 스위스에 사는 여인은 실제로 하나님으로부터 환상을 받았다. 그러나 만일 그 여인이 오스키네스와 같은 유명한 저자를 알고 지내지 않았다면, 그녀가 경험한 일은 친구들만이 아는 데서 그쳤을 것이다. 수천 년 동안 기록되지는 않았지만 무척 많은 꿈과 환상과 느낌이 하나님의 백성들에게 주어졌을 것이다. 하나님께서는 줄리와 같은 사람들을 구원하여 정죄 받지 않고 마음 문을 열어 하나님의 사랑을 느끼게 하기 위해서 얼마나 많은 초자연적인 계시를 주셨을까? 만일 온 교회가 하나님으로부터의 커뮤니케이션을 깨닫고 환영한다면 얼마나 많은 사람들이 도움을 받을 수 있을까?

성령의 언어

chapter 7
# 하나님은 성경을 통해서 말씀하신다

모니카가 아들보다 더 사랑하는 사람은 예수 그리스도뿐이었다. 아들이 어렸을 때, 모니카는 아기에게 젖을 먹이면서 찬송가를 들려 주곤 했다. 모니카는 아기를 주님께 바쳤고, 그 아이가 하나님의 나라에 축복이 되게 해달라고 기도했다.

모니카의 믿음과 사랑은 그 도시의 모든 신자들이 알고 있었다. 장성한 모니카의 아들은 총명하기로 유명했다. 그러나 그는 매우 방탕했고 하나님을 대적했다. 그 청년은 수사학 교수가 되었다. 그는 항상 술에 취해 있고, 방탕했으며, 철학적 궤변을 사용하여 사람들을 유일하신 참 하나님에게서 떼어 놓으려 했다. 아무리 유식한 기독교인도 모니카의 아들을 상대할 수 없었다.

모니카는 여러 번 절망했지만 아들을 포기하지 않았다. 모니카는 아들의 구원을 위해 계속 기도했다. 아들이 19살이 되었을 때, 모니카는 꿈을 꾸었다. 꿈에서 모니카와 아들은 손을 잡고 천국을 걷고 있었다. 모니카는 하나님께서 방탕한 아들을 구원해 주실 것이라고 꿈을 통해서 말씀하신다는 것을 알았다. 꿈을 꾼 후 모니카는 힘을 얻어 더욱 열심히 기도했다. 일년이 흘렀고, 또 일년이 흘렀다. 또 일년이 흘렀다. 그러나 아들은 하나님께 가까이 가기는 커녕 오히려 더 멀어져 가는 듯했다. 그는 점점 더 총명하고 오만해졌으며, 전보다 더 자주 악한 일을 행했다.

어느 존경받는 지혜로운 교회 지도자가 종교 의식을 집전하기 위해서 모니카가 사는 도시에 왔다. 그 도시의 신자들은 모니카를 대단히 존경했기 때문에, 모니카는 어렵지 않게 그 지도자를 개인적으로 만날 수 있었다. 모니카는 자기가 아들을 위해 기도를 드리고 있다는 것, 그런데도 아들의 상태는 악화되었다는 것을 이야기했다. 모니카는 그에게 자기 아들을 만나서 권면해달라고 간청했지만 그는 거절했다. 그는 자신이 모니카의 아들을 회개시키기 위해서 아무리 노력해도 그의 마음이 더 완악해질 것을 알고 있었다.

모니카는 흐느끼면서 "어떻게 해야 내 아들이 구원받을 수 있을까요?"라고 물었다. 그 지혜로운 노인은 모니카의 눈물로 얼룩진 얼굴을 내려다 보면서 "부인, 눈물의 자식은 멸망하지 않습니다"라고 말했다. 그 지도자와의 만남은 거기서 끝났다.

전에 꿈을 꾸고 용기를 얻었던 모니카는 이번에는 이 말에 힘을 얻었다. 모니카는 다시 열심을 내어 자신이 할 수 있는 유일한 일, 기도를 계속했다.

모니카가 꿈을 꾼 후 9년이 흘렀다. 여전히 불신자였던 아들은 어느 정원에 앉아 있었다. 그 때 그는 어린 아이의 동요 소리로 "들고 읽으라, 들고 읽으라…"고 말하는 소리를 들었다. 처음에 그는 그 소리가 근처에서 놀고 있는 어린 아이들의 소리라고 생각했다. 그러나 그곳에는 아이들이 없었고, 또 그는 전에는 한 번도 이러한 동요를 들어본 적이 없었다. 그는 그 음성은 성경을 펴서 읽으라고 하시는 하늘로부터의 명령임을 감지했다. 모니카의 아들은 성경을 폈다. 그의 시선이 로마서 13:13-14에 머물렀다:

> 낮에와 같이 단정히 행하고 방탕과 술 취하지 말며 음란과 호색하지 말며 쟁투와 시기하지 말고 오직 주 예수 그리스도로 옷 입고 정욕을 위하여 육신의 일을 도모하지 말라.

그 아들의 마음은 기적적으로 변화되었다. 이제 그는 모니카의 방탕한 아들이라고 알려지지 않았다. 그는 이후 역사에서 성 어거스틴이라고 알려진다. 그는 기독교 역사에서 가장 위대한 신학자요 신앙의 수호자들 중 한 사람이었다.

어거스틴이 구원을 받고 나서 몇 년 후, 모니카는 "아들아, 나는 이제 이 세상에서 사는 것이 기쁘지 않구나. 내가 이 세상에서 아직도 해야 할 일이 있는지, 왜 이 세상에 존재해야 하는지 모르겠다. 나는 이 세상에서는 아무런 소망을 갖지 않고 있단다"라고 말했다. 모니카는 마음의 가장 큰 소원, 즉 아들의 구원을 이루었으므로 이 세상에서 더 이상 원하는 것이 없었다. 그로부터 9일 후에 모니카는 세상을 떠났다.[1]

## 성경의 능력

모니카가 절망하고 있을 때, 하나님은 꿈을 꾸게 하심으로써 모니카로 하여금 힘을 얻어 계속 기도할 수 있게 해주셨다. 또 다시 모니카가 낙망하고 있을 때, 하나님은 교회의 감독으로 하여금 모니카에게 예언적인 말을 하게 하셨다. 그리고 하나님께서 보시기에 때가 찼을 때, 하나님은 패역한 어거스틴에게 분명한 음성을 보내셔서 성경의 말씀을 통하여 그의 마음 문을 열게 하셨다. 4세기에도 하나님은 여전히 꿈, 예언적 말, 귀에 들리는 말, 성경 말씀 등을 통해서 말씀하셨다.

우리는 꿈이나 예언이나 귀에 들리는 음성이 있으면 기록된 하나님의 말씀은 필요하지 않을 것이라고 생각하고픈 유혹을 받을 수도 있다. 그러나 어거스틴의 경우에, 그 음성은 그로 하여금 로마서 13:13-14을 읽게 하려는 의도를 지닌 것이었으며, 그가 읽은 로마서의 말씀이 조명해 주어 그는 그리스도 안에서 새로 태어났다. 성령께서 조명해 주실 때에 성경은 말할 수 없이 큰 힘을 발휘한다. 그 빛은 아무리 그럴 듯한 사탄의 속임수라도 몰아낸다.

어거스틴 이후로 많은 사람들에게 하나님의 말씀의 능력이 임했다. 도로시는 절망하여 자살하려 했던 사람이다. 그녀는 부활주일에 자살하지 않을 구실을 발견하고픈 희망을 갖고 교회에 왔었다. 그날 설교는 누가복음 24장에 관한 것이었는데, 그 설교는 전혀 희망을 주지 못했다. 그날 밤 도로시는 거울 앞에 서서 고통과 절망으로 가득한 삶에 작별을 고하려 했다. 자살을 하려는 순간, 아침 설교의 본문 말씀이 마음에 떠올랐다: "그리스도가 이런 고난을 받고 자기의 영광에 들어가야 할 것이 아니냐"(눅 24:26). 바로 그것이었다. 먼저 고난을 받은 후에 영광에 들어가는 것이다. 만일 도로시가 자신의 손으로 고난을 종식시킨다면, 후일 영광을 얻지 못할 것이다. 그리스도께서 자기 영광에 들어가시기 전에 고난을 받으셨으니, 도로시도 그렇게 해야 할 것이다. 도로시는 먹으려던 약을 내려놓고 성경책을 들었다. 그 순간 하나님의 음성이 임했을 뿐만 아니라 그녀에게 자살을 하라고 요구하던 마귀의 음성은 완전히 사라졌다.

기록된 하나님의 말씀에는 이처럼 능력이 있으며, 우리의 삶에서 그 말씀을 그렇게 사용할 수 있다. 누구보다 아버지의 음성을 잘 들으셨던 예수께서는 "진실로 너희에게 이르노니 천지가 없어지기 전에는 율법의 일 점 일 획이라도 반드시 없어지지 아니하고 다 이루리라"고 말씀하셨다. 성경을 무시하는 사람은 인생을 살아가면서 친한 동료들에게 미혹과 재앙을 가져다 준다.

## 성경이 주는 유익

오늘날 성령께서 우리에게 예수님을 계시하시고 말씀하시는 가장 흔한 방법은 성경을 통한 것이다. 그것을 사도 바울보다 더 잘 표현한 사람은 없다:

> 모든 성경은 하나님의 감동으로 된 것으로 교훈과 책망과 바르게 함과 의로 교육하기에 유익하니 이는 하나님의 사람으로 온전케 하며 모든 선한 일을 행하기에 온전케 하려 함이니라(딤후 3:16-17).

엠마오 도상에서 예수님은 이 진리를 잘 설명하셨다(눅 24:13). 예수님이 돌아가신 후 제자들은 크게 낙심했다. 한 때 그들은 예수님이 이스라엘의 구속자라고 확신하기도 했지만, 지금은 확신을 완전히 상실한 상태였다(눅 24:21). 예수께서는 자기의 죽음과 부활에 대해 여러 번 예고하셨었다. 예수님은 제자들에게 자기가 사흘 만에 무덤에서 살아날 것이라고 말씀하셨었다(눅 9:22; 요 2:19). 그런데 그 사흘 째 되는 날 무덤이 비었다. 그들은 무덤에 찾아갔던 여인에게서 천사들이 예수님이 살아나셨다고 말해 주었다는 소식을 전해 듣기도 했다(눅 24:23). 이러한 긍정적인 표식에도 불구하고 제자들은 예수께서 살아나셨다고 확신하지 못했다.

예수께서 엠마오를 향해 가는 두 제자에게 나타나셨을 때, 제자들은 그 분을 알아보지 못했다. 예수님은 그들의 탄식하는 이야기를 들어주셨다. 그들이 빈 무덤에 대해 언급할 때 주님은 "미련하고 선지자들의 말한 모든 것을 마음에 더디 믿는 자들이여 그리스도가 이런 고난을 받고 자기의 영광에 들어가야 할 것이 아니냐"라고 말씀하셨다(눅 24:25-26). 여기에는 예수께서 부활하신 후 처음으로 행하신 것으로서 세상에서 가장 위대한 설교가 있다. 그 주제는 예수이고, 본문은 모세와 선지자이고, 청중은 단 두 사람이었다. 그 설교는 여러 시간 계속되었다. 예수께서 세상에서 행하신 가장 위대한 설교를 듣는 청중은 단 두 사람이었다.

왜 예수님은 제자들이 엠마오로 출발했을 때에 자신의 드러내시지 않으셨을까? 왜 그들을 성경에게로 이끌어 가시지 않으셨을까? 예수님은 교회사의 출발점에서 자신이 장차 주로 성경을 통해서 알려질 것이라고 말씀하신 것이다. 성경이 우리에게 주는 주된 유익은 예수를 우리에게 계시해준다는 점이다.

### 성경과 지도(指導)

사도행전을 보면, 사도들도 예수님과 마찬가지로 성경을 존중했다. 우리는 그들이 복음의 기본 진리들을 증명하기 위해서 성경을 사용했을 것이라고 기대하며, 실제로 그러하다. 예를 들어 바울은 하나님께서 죽은 자들 가운데서 예수를 다시 살리신 것을 증명하기 위해서 시편 2:7, 이사야 55:3, 시편 16:10을 사용했다(행 13:32).

하나님께서는 신학적인 진리를 가르치는 것 이상의 일을 행하시기 위해서 성경을 사용하셨다. 즉 자기 종들의 사역을 지도하기 위해서 성경을 사용하셨다. 성령께서는 자신이 유다의 배반으로 인해 공석이 된 사도직을 채울 다른 사도들 선발하기를 원한다는 것을 베드로에게 보여주기 위해서 시편 69:25과 109:8을 조명해 주셨다(행 1:15-22).

하나님께서는 초대교회의 삶에서 발생한 사건들과 여러 가지 상황을 설명하기 위해서도 성경을 사용하셨다. 오순절 날에 성령이 강한 바람과 불의 혀들을 임하게 하셨을 때, 많은 사람들은 다락방에 있던 120명이 술에 취했다고 생각했다. 그러나 하나님께서는 베드로의 정신을 계몽하시어 이 모든 현상이 요엘 2:28-32에 기록된 옛 예언 성취의 시작임을 깨닫게 해주셨다. 베드로는 군중들에게 오순절의 의미를 설명하기 위해서 요엘서 본문을 사용했다(행 2:14)

### 성경과 순종

예수님이나 사도들이 성경을 대하는 태도는 결코 혁신적인 것이 아니었다. 하나님의 사람들, 특히 하나님의 지도자들은 항상 기록된 하나님의 말씀의 권위와 능력을 존중했다. 모세가 사라지고 하나님의 백성들의 지도권이 여호수아에게 주어졌을 때, 하나님은 여호수아에게 일찍이 누구도 받은 적이 없는 특별한 약속을 하셨다. 하나님은 여호수아에게 "너의 평생에 너를 능히 당할 자 없으리니 내가 모세와 함께 있던 것 같이 너와 함께 있을 것임이라 내가 너를 떠나지 아니하며 버리지 아니하리니"라고 말씀하셨다(수 1:5).

이 약속을 받음으로써 여호수아는 실제로 세상의 지도자들이 거의 누리지 못한 성공과 보호를 보장받았다. 그러나 여호수아는 모세의 후계자가 되는 일에 대해 대단히 염려했다. 그렇기 때문에 여호와께서는 여호수아에게 사명을 맡기시는 동안 세 번이나 "강하게 하고 담대히 하라"고 경고하셨다(수 1:6, 7, 9). 누가 실제로 모세의 자리를 차지할 수 있을 것인가? 그리고 누가 그것을 원할 것인가? 모세에게는 재임 기간 내내 하나님을 거역한 백성을 인도하는 불가능한 과업이 주어졌었다(신 9:24). 그리고 모세 자신은 약속의 땅에 들어가는 것이 허락되지 않았다. 그런데 여호수아가 어떻게 그들을 약속의 땅으로 데리고 갈 것인가?

여호수아가 그 일을 성취한 비밀은 그의 지도 기법이나 그가 받은 훈련에서 발견되는 것이 아니라 1인칭 대명사 "나"에게서 발견된다. 하나님께서는 "내가 너와 함께 있을 것임이라 내가 너를 떠나지 아니하며 버리지 아니하리니"라고 말씀하셨다. 이 인칭대명사를 하나님께서 사용하실 때 이 대명사는 세상에서 가장 강력한 것이 된다. 하나님께서는 여호수아를 형통하게 해주시겠다고 약속하셨다. 그것은 하나님 편의 일이었다.

이제 인간의 편에서 볼 때, 하나님의 약속을 완전하게 누리기 위해서 여호수아에게는 주요한 책임을 져야 했다. 하나님은 여호수아에게 다음과 같이 말씀하셨다:

> 오직 너는 마음을 강하게 하고 극히 담대히 하여 나의 종 모세가 네게 명한 율법을 다 지켜 행하고 좌로나 우로나 치우치지 말라 그리하면 어디로 가든지 형통하리니 이 율법책을 네 입에서 떠나지 말게 하며 주야로 그것을 묵상하여 그 가운데 기록한 대로 다 지켜 행하라 그리하면 네 길이 평탄하게 될 것이라 네가 형통하리라.(수 1:7-8)

처음에는 밤낮으로 성경을 묵상하라는 이 명령은 그다지 이치에 맞지 않는 듯이 보였다. 여호수아는 살아 있는 어느 이스라엘 사람보다 더 율법을 잘 알고 있었다. 그는 아마 성경이 실제로 기록될 때에 여러 번 모세의 서기로 활동했을 것이다. 그는 40년 동안 하나님의 사람을 섬기면서 하나님의 말씀을 공부했다. 따라서 이제 성경을 대단히 잘 알게 되었으므로 그는 어느 정도 편히 지낼 수 있으리라고 생각되기도 한다. 그런데 이 단계에서 그가 왜 밤낮으로 성경을 묵상해야 한다는 말인가?

그 대답은 이러하다. "그 가운데 기록한 대로 다 지켜 행하라"고 요청하는 순종의 영역이 있다(수 1:8). 그러한 순종의 영역에 들어갈 사람은 밤낮으로 율법을 묵상하는 사람들뿐이다. 이 세상에서 여호와께서 주시려는 성공을 소유하게 될 사람은 밤낮으로 그의 거룩한 말씀을 묵상하는 사람들뿐이다. 하나님께서 자기 나라에서 각 사람에게 주시는 책임이 클수록 그만큼 그의 말씀을 묵상해야 할 필요성도 더 커진다.

### 성경과 안정성

내면 생활에서 진정한 안정을 성취할 수 있는 사람은 밤낮으로 여호와의 율법을 묵상하는 사람들뿐이다. 그렇게 행하는 사람은 "시냇가에 심은 나무가 시절을 좇아 과실을 맺으며 그 잎사귀가 마르지 아니함 같으니 그 행사가 다 형통하리로다"(시 1:3). 세상의 정욕과 탐욕과 유혹을 거부하는 사람은 그 마음에 하나님의 말씀을 소중히 간직하는 사람들이다(시 119:9-11). 하나님의 말씀을 사랑하는 사람들만이 시련을 당해도 끝까지 참고 견딘다. 시편 기자는 "주의 법이 나의 즐거움이 되지 아니하였더면 내가 내 고난 중에 멸망하였으리이다"라고 말했다(시 119:92). 그는 또 "주의 법을 사랑하는 자에게는 큰 평안이 있으니 저희에게 장애물이 없으리이다"라고 상기시켜 준다(시 119:165). 성령은 끊임없이 순전한 마음으로 하나님의 말씀을 묵상하는 사람에게 이 모든 유익 및 그보다 더한 것들을 주신다.

구약성경에서 다윗이 시편 19편에 기록한 것보다 더 훌륭하게 그것을 말한 사람은 없을 것이다. 다윗은 다음과 같이 기록했다:

> 여호와의 율법은 완전하여 영혼을 소성케 하고 여호와의 증거는 확실하여 우둔한 자로 지혜롭게 하며 여호와의 교훈은 정직하여 마음을 기쁘게 하고 여호와의 계명은 순결하여 눈을 밝게 하도다 여호와를 경외하는 도는 정결하여 영원까지 이르고 여호와의 규례는 확실하여 다 의로우니 금 곧 많은 정금보다 더 사모할 것이며 꿀과 송이꿀보다 더 달도다 또 주의 종이 이로 경계를 받고 이를 지킴으로 상이 크니이다(시 19:7-11).

성경만큼 훌륭한 책은 존재하지 않으며, 날마다 규칙적으로 성경을 묵상하는 것을 대신할 만한 일도 존재하지 않는다. 성령에게는 성경의 말씀에 의해서 우리의 심령을 씻어주고 살찌워주는 일이 맡겨져 있다.

## 성경이 효력을 발휘하지 않을 때

성경의 중요성을 부인하려는 기독교인을 발견하기는 쉽지 않지만, 자기를 씻어주고 양육시켜주며 범죄하지 않도록 지켜주고 인도해주며 하나님을 위한 열심으로 마음을 불태우게 해주는 성경의 능력을 경험하지 못하고 있다고 말하는 기독교인들이 종종 있다.

우리는 어거스틴과 같은 사람들은 성경 말씀을 통해서 정욕의 세력에서 구원 받아 거듭났지만, 성경으로부터 전혀 감화를 받지 않는 사람들도 있다. 그들의 심령은 그리스도로부터 분리되어 어두운 상태에 머물러 있다. 나는 성경을 읽었으나 여전히 정욕의 노예로 남아 있는 사람들과 대화를 한 적이 있다. 이것은 기록된 말씀이 우리를 씻어주며 깨끗하게 보존해준다(시 11:9, 11)는 주장이 종교적인 말에 불과하다는 의미인가?

「샘물과 같은 보혈은」이라는 찬송의 저자인 윌리엄 카우퍼(William Cowper, 1731-1800)를 예로 들어 보자. 카우퍼는 열심히 성경을 읽고 믿는 신자였다. 그가 지은 이 찬송은 그리스도의 보혈의 능력을 찬양한 찬송이다. 그러나 성경을 열심히 읽었음에도 불구하고, 그는 한번도 진정으로 성경이나 그의 찬송에서 찬양한 바 자기를 괴롭히는 생각들로부터의 자유를 경험하지 못했다. 그는 장성한 후

정신병이 거듭 발작하며 자살의 충동에 시달리곤 했다.[2]

하나님의 음성이 성경을 통해서 강력하게 임하여 내 친구 도로시를 자살을 촉구하는 음성에게서 구해준 것은 무엇이며, 유명한 찬송가 작가를 정신병의 구덩이에 몰아넣는 음성들을 잠재우지 않은 것은 어찌 된 영문인가? 절대적으로 성경의 능력과 의미를 필요로 하는 많은 사람들에게 그것들이 주어지지 않은 이유는 무엇일까?

### 적은 노력은 도움이 되지 않는다

나는 운동을 좋아했다. 나는 육체적으로 대단히 활동적이었기 때문에 한번도 식이요법에 관심을 가진 적이 없었다. 대학을 졸업한 후 신학교에 진학하고 결혼하여 가정 생활을 시작하면서 새로 많은 책임을 지게 되었으므로, 나의 운동량이 감소되고 신진대사도 저하되었다. 나는 몸무게와의 싸움을 시작했다. 여러 해 동안 여러 가지 식이요법을 적용한 결과 나는 몸무게를 수십 킬로그램이나 줄였다. 물론 식이요법을 그만두는 즉시 몸무게는 다시 증가되었다. 간혹 식이요법과 규칙적인 운동을 병행하여 좋은 결과를 얻기도 했지만 어느 것도 지속적으로 실시하지는 못했다.

약 2년 전, 나는 신속한 체중 감소를 약속하는 식이요법을 버리고 지방이 적은 음식을 먹기 시작했는데, 이제 나의 기호는 완전히 변화되었다. 나는 실제로 전에 즐겨 먹던 기름진 음식보다는 저지방 음식을 더 좋아한다. 나는 이제 식이요법을 하지 않으며 굶지도 않는다. 나는 언제나 적용할 수 있는 생활 방식을 발견한 것이다.

또 나는 친한 친구 베니와 함께 운동을 시작했다. 베니와 나는 일

주일에 3-5 차례 체육관에서 만나서 체중을 줄이기 위해 노력하며 에어로빅도 한다. 이렇게 노력한 결과 나의 현재의 건강 상태는 고등학교나 대학 시절보다 훨씬 더 좋다.

처음에 저지방 식사와 운동을 시작했을 때, 나는 외모나 건강에서 그다지 큰 변화를 느끼지 느끼지 못했다. 약 석 달 후에야 비로소 약간의 변화를 감지했다. 그러나 9개월 후에는 큰 변화가 일어났다.

나는 이 일을 통해서 중요한 교훈을 깨달았다. 한 번의 연습만으로 우리가 변화되지 않으며, 날마다 실천할 수 없는 식이요법도 도움을 주지 못한다. 여러 달 내지 여러 해 동안 계속 운동을 해야 건강이 극적으로 변화된다.

같은 말을 성경에 대해서도 할 수 있다. 성경을 조금 읽는 것은 실제로 우리를 변화시키지 못할 것이다. 여러 달, 또는 여러 해 동안 날마다 성경을 묵상해야만 변화될 수 있다. 성경을 읽는 것은 음식을 먹는 것과 같다.[3] 음식은 육체를 위한 연료가 된다. 그러나 운동을 하지 않으면 그것은 건강을 증진시키거나 치료하는 데 사용될 수 없다. 마찬가지로 성경은 영혼을 위한 연료이다. 운동을 하지 않으면 우리의 근육이 쇠퇴하듯이, 훈련을 하지 않으면 영혼은 쇠퇴하여 연약한 상태가 된다.

영적 건강을 위한 첫 단계는 날마다 올바른 연료를 취하는 것이다. 두번째 단계는 날마다 어렵고도 올바른 선택을 하기 위해서 그 연료를 사용하는 것이다. 여러 해 동안 성경을 읽는 데 그치지 않고 성경에 순종할 대에 그리스도를 닮은 성품이 형성된다. 자연계에서 손쉬운 해결책이 없듯이, 영적 영역에도 손쉬운 해결책은 존재하지 않는다.

## 중요한 것은 태도이다

어떤 코치든지 우리가 최상의 목적을 성취하려면 올바른 식이요법과 운동이 필요하다고 말할 것이다. 그러나 훌륭한 코치라면 운동 선수가 올바른 태도를 갖지 않는다면 식이요법과 운동을 병행해도 성공하지 못한다는 것을 안다. 매트 비욘디(Matt Biondi)의 이야기를 들어 보자:

> 미국인들은 1988년에 미국 올림픽 선수단의 수영 선수인 매트 비욘디에게 큰 희망을 걸었었다. 일부 스포츠 기자들은 1972년에 일곱 개의 금메달을 딴 영웅 마크 스피츠에 필적할 정도로 비욘디를 칭찬했다. 그러나 비욘디는 첫번째 출전한 200미터 자유형에서 가슴 아프게도 3위를 하고 말았다. 다음에 100미터 접영에 출전했는데, 비욘디는 마지막 몇 미터를 남겨두고 상대 선수에게 불과 몇 센티 미터 차이로 금메달을 놓치고 말았다.
>
> 스포츠 해설가들은 이 두 번의 패배가 다음 번 경기에서 비욘디의 사기에 영향을 줄 것이라고 예측했다. 그러나 비욘디는 실패를 딛고 일어나서 다섯 경기에서 금메달을 받았다. 전에 비욘디의 낙관적인 성품을 검사한 적이 있는 펜실바니아 대학의 심리학자 마틴 세릭먼은 비욘디가 좌절하지 않고 성공한 것에 놀라지 않았다. 세릭먼과 함께 실험한 수영 코치는 비욘디의 훌륭한 솜씨를 보여주기 위해 개최된 특별 경기가 진행되는 동안 비욘디에게 평소보다 경기를 잘 하지 못하고 있다고 말했다. 비욘디는 쉬었다가 다시 경기를 하자는 요청을 받았고, 비관적인 평가를 받았음에도 불구하고 그의 경기는 한층 더 훌륭해졌다. 그러

나 좋지 않은 평가를 받은 다른 선수들은 비관했으며, 다시 경기를 해본 결과 두번째 경기의 결과는 먼저 번보다 훨씬 좋지 못했다.[4]

비욘디의 낙관적인 태도 때문에 훌륭한 수영선수와 챔피언 사이의 차이점이 만들어진 것이다.

운동 선수들에게 있어서 어떤 태도를 취하느냐가 매우 중요하다. 그러나 성경과 관련하여, 우리가 어떤 태도를 취하느냐는 한층 더 중요하다. 하나님의 말씀을 믿지 않는다면, 우리는 그 말씀에서 유익을 얻을 수 없을 것이다(히 3:7-19). 만일 내 친구 도로시가 누가복음 24:26의 말씀을 믿지 않았다면, 그녀는 자살하려는 충동을 이기지 못했을 것이다. 하나님의 말씀을 신뢰하지도 않으면서 성경을 읽고 순종하려 하는 것은 성경의 능력을 도둑질하려는 태도이다.

우리는 성경을 믿고 신뢰해야 하며, 또 정당한 이유에서 성경을 읽어야 한다. 루이스(C. S. Lewis)는, 성경을 읽을 때에 중요한 것은 "하나의 주제에 대해 배우는 데 있는 것이 아니라 한 분에게 열중하는 데 있다"고 했다.[5] 다시 말해서 성경을 묵상하는 주된 목적은 그리스도를 만나고 그 음성을 듣고 그 분을 분명히 봄으로써 보다 열렬히 그 분을 사랑하게 되는 데 있어야 한다. 성경을 읽는 것은 "우리 안에 그리스도의 형상을 이루는"(갈 4:19) 과정에 도움을 주려는 것이다.

그릇된 태도는 성경 읽기를 무가치하게 만들거나 해롭게 만든다. 내가 이제까지 성경을 대하는 태도가 어디서 잘못 되었었는지, 그리고 왜 성경 읽기가 실제로 나에게 도움이 되지 못했는지에 대해 이야기하자면 다음과 같다. 내가 성경 묵상에서 그다지 유익을 얻지 못했던 이유는 기록된 하나님의 말씀을 신뢰하지 않았기 때문이 아니라, 옳지 않은 것을 신뢰했기 때문이었다.

### 우리의 이해력과 훈련을 신뢰하는 것은 옳지 못하다

과거에 나는 성경 해석의 원리를 파악하고 있으며 성경 원어에 대한 지식이 있고, 성경을 연구하는 데 충분한 교육을 받은 사람은 정확하게 성경을 이해하고 적용할 수 있을 것이라고 생각했었다. 간단히 말하자면, 나는 성경에서 유익을 얻기 위해서 지식과 훈련의 역할을 강조했었다. 그러나 그것은 잘못이었다. 내가 아는 한, 성경에서는 성경을 해석하는 열쇠로서 사람들의 이해력을 강조하지 않는다.

만일 우리가 "복 있는 사람은…오직 여호와의 율법을 즐거워하며 그 율법을 주야로 묵상하는 자로다"(시 1:1-2)를 암송하려 한다면, 훈련이 중요한 역할을 할 것이다. 그러나 이해력과 훈련을 겸비하고 있으면서도 성경으로부터 유익을 얻지 못할 수 있다.

어느날 예수님은 대부분의 세월을 성경 연구에 보내는 사람들(실제로 그들은 그 시대에 가장 훌륭한 성경해석자들이었다)을 보시고 이렇게 말씀하셨다:

> 너희는 아무 때에도 그 음성을 듣지 못하였고 그 형용을 보지 못하였으며 그 말씀이 너희 속에 거하지 아니하니 이는 그의 보내신 자를 믿지 아니함이니라 너희가 성경에서 영생을 얻는 줄 생각하고 성경을 상고하거니와 이 성령이 곧 내게 대하여 증거는 것이로다 그러나 너희가 영생을 얻기 위하여 내게 오기를 원하지 아니하는도다(요 5:37-10).

바리새인들의 지식이나 훈련으로는 성경의 능력을 얻지 못했다. 성경의 메시지는 영적으로 분별해야 한다. 사도 바울은 사도적 교리는 "사람의 지혜의 가르친 말로 아니하고 오직 성령의 가르치신 것"(고전 2:13)으로 임한다고 주장했다. 이러한 말은 인간의 지혜로만 이해하지 말고 영적으로 분별해야 한다(고전 2:14). 육욕, 교만, 속임, 불화를 일으킴 등의 태도는 말씀의 "밥"을 식별하는 능력을 잃게 만든다(고전 3:1-4).

오늘날 교인들이 성경 묵상을 거의 하지 않는 이유들 의 하나는, 교사들이 무의식 중에 성경공부를 할 때에 인간의 지혜와 훈련을 강조하도록 가르치기 때문이다. 이것은 많은 기독교인들에게 위협이 된다. 왜냐하면 그들은 자기들을 가르치는 교사들만큼 지혜와 훈련을 소유하지 못하고 있다고 느끼기 때문이다. 그들은 낙심하여 스스로의 묵상을 포기하며 교사들을 통해서 간접적으로 말씀을 대하려 한다. 열심히 성경공부를 하는 사람들의 경우에도 결국 그것은 만족을 주지 못하는 무미건조한 종교적 의무가 되고 만다. 그들이 자신의 지혜와 훈련을 의지하는 한 하나님의 성령이 그들의 눈을 열어 성경 안에 있는 기이한 일들을 보게 해주시지 않으므로, 그들은 성경을 지루하게 여기게 된다.

### 전통을 신뢰하는 것은 옳지 못한 태도이다

인간의 지혜나 훈련이 성경 이해의 열쇠가 되지 못하며, 전통 역시 열쇠가 되지 못한다. 베드로는 자신이 어떤 음식이 정결하고 어떤 음식이 부정한 것인지 안다고 확신했다. 그는 레위기 11:1-23, 신명기

14:3을 알고 있었는데, 거기서는 정결한 음식(즉 이스라엘 백성이 먹어도 좋다고 허락된 음식)과 부정한 음식(즉 이스라엘 백성이 먹지 말라고 금지된 음식)을 구분한다. 어느날 예수님은 베드로를 포함한 제자들과 이야기를 하시던 중에 "모든 식물은 깨끗하다"고 하셨다(막 7:19). 베드로는 이 말씀을 무심히 들었다.

몇 년 후 베드로는 지붕 위에서 기도하고 있다가 비몽사몽 간에 환상을 보았다. 그는 하늘로부터 큰 보자기가 내려오는 것을 보았다. 그 보자기 안에는 온갖 부정한 동물들이 들어 있었다. 베드로는 "일어나 잡아 먹으라"는 음성을 듣고서 "주여 그럴 수 없나이다 속되고 깨끗지 아니한 물건을 내가 언제든지 먹지 아니하였삽나이다"라고 대답했다. 두번째로 "하나님께서 깨끗게 하신 것을 네가 속되다 하지 말라"는 소리가 들렸다. 이런 일이 세 번 있은 후 그 보자기는 하늘로 올리워 갔다(행 10:13-16).

주님께서 친히 부정한 동물들을 잡아 먹으라고 말씀하셨지만, 베드로는 그것이 자기의 전통과 성경 해석에 어긋나기 때문에 그 말씀을 거역했다. 주님은 베드로의 관심을 끌기 위해서 이 환상을 세 번 되풀이 하셔야 했다.

물론 이 환상의 궁극적인 의미는 정결한 음식과 부정한 음식을 초월한다. 그것은 유대인 신자들이 부정하여 교회에 받아들일 수 없다고 간주하던 이방인들에게 교회를 개방하는 것과 관련된 것이었다. 이방인들이 부정한 음식을 먹었기 때문에 유대인 신자들은 이방인들과 함께 음식을 먹으려 하지 않았다. 이러한 태도는 전통적인 성경 해석의 뒷받침을 받았다. 하나님께서는 결국 베드로의 해석과 습관을 변화시키셨지만, 베드로로 하여금 자신의 편견에 대해서 의심을 품게 하기 위해서는 세 차례나 환상을 보여 주셔야 했다. 베드로의 성경 지식을 바로잡기 위해서 하나님의 성령께서 위와 같이 직접적으로 도전하셔야 했음을 감안해볼 때, 오늘 우리에게는 얼마나 많은 도전이 필요할까?

어떤 사람들은 과거에 베드로가 이 환상을 볼 때에는 구약성경만 있었지만 오늘 우리에게는 완전한 성경이 주어져 있으므로 이런 식의 교정(矯正) 작업이 필요치 않다고 주장할 것이다. 그러나 그 당시 베드로는 신약 성경의 계시를 소유하고 있었다. 베드로는 주님이 모든 식물이 깨끗하다고 선언하실 때에 그 자리에 있었지만, 그 말씀을 듣고서 자신의 잘못된 해석을 고치지 못했었던 것이다.

### 성경을 적용하는 우리 자신의 능력을 신뢰하는 것은 옳지 못하다

지금까지 나는 성경 해석에 대해서만 이야기했다. 그러나 적용의 영역 역시 중요하다. 하나님의 음성을 듣는 것에 대해 말할 때에 우리는 세 가지 분야를 다루게 된다. 첫째는 계시 자체이고, 둘째는 그 계시의 해석이고, 셋째는 그 해석의 적용이다. 거짓말을 하지 아니하시는 하나님(히 6:18)이 저자이므로 성경은 항상 참되다(딤후 3:16; 벧후 1:19-21). 그러나 어떤 사람의 해석은 참이 아닐 수 있으며, 비록 참된 해석이 잘못 적용될 수도 있다. 성령께서 우리에게 해석과 적용에 대해 말씀해 주셔야 한다.

구약성경에서는 살인죄에 대한 형벌은 사형이라고 말한다(창 9:6; 민 35:16). 간음죄에 대한 형벌 역시 사형이다(레 20:10). 다윗은 살인죄와 간음죄를 범했다(삼하 11장). 그렇다면 다윗은 죽어야 마땅했다. 서기관이나 전문적인 성경 해석가들은 그렇게 말했을 것이다. 여기에서는 계시(성경)를 쉽게 해석할 수 있다. 즉 살인자들과 간음한 사람들은 처형되어야 한다. 그러나 선지자 나단은 하나님께서 일반적인 방식으로 율법을 적용하시지 않고 다윗을 용서하실 것이라고 말했다(삼하 12:13). 이 경우에, 하나님의 뜻은 성경의 일반적인 적용에 어긋나며, 성경을 기록하신 분의 말씀에 귀를 기울여야만 성경이 어떻게 적용될 것인지 알 수 있었다. 이 때에 하나님은 서기관이 아니라 선지자를 통해서 자기의 적용을 계시하셨다. 다윗의 경우만큼 극적이지 못하지만, 신약성경에서 하나의 예를 취해 보자.

성경을 믿는 부모라면 누구나 "아비들아 너희 자녀를 노엽게 하지 말고…"(엡 6:4)라는 명령을 읽은 적이 있을 것이다. 그 명령은 성경의 명령이기 때문에 참이다. 해석도 어렵지 않다. 부모들은 자녀들을 노엽게 하지 말아야 한다. 왜냐하면 그렇게 함으로써 자녀들이 부모는 물론 하나님까지도 거역하게 될 수 있기 때문이다. 거기까지는 좋다. 가장 어려운 부분은 그것을 적용하는 데 있다.

나는 25년 동안 기독교인 부모들을 상담해오고 있다. 그 동안 관찰할 바에 의하면, 비판하는 말을 하거나 칭찬을 하지 않는 부모, 융통성 없이 양육하는 부모, 또는 현실성이 없는 기대를 함으로써 자녀들을 노엽게 하는 부모들은 자기가 자녀들을 노하게 하고 있다고 생각하지 못하는 경우가 종종 있다. 그들은 에베소서 6:4을 외워서 인용할 수는 있지만 자신이 그 말씀에 순종하지 않고 있다는 사실을 깨닫지 못한다. 그들은 자신이 실제로 자녀들로 하여금 거역하도록 장려하고 있음을 깨닫지 못한다.

이따금 내가 부모들에게 그들이 자녀들을 노엽게 하고 있다고 말해주려 하면, 그들은 방어적인 태도를 취하며 모욕을 받았다고 느낀다. 또 나의 분석을 정신적으로 받아들인 사람들도 집에 돌아가서는 같은 행동을 되풀이 한다. 그 이유는 무엇일까? 그것은 성경에서 자녀를 노엽게 하는 것에 대해 말한 것을 알지 못해서가 아니라, 성령께서 그 말씀을 적용하는 법을 조명하시는 것을 그들이 허락하지 않기 때문이다. 성경을 해석할 때에 성령의 조명이 필요하듯이, 그 말씀을 적용할 때에도 성령의 조명이 필요하다. 올바르게 해석했어도 그것을 정확하게 적용하지 못한다면 우리에게 도움이 되지 못할 것이다. 실제로 그런 일은 우리가 사랑하는 사람들에게 파괴적인 일이 될 수도 있다.[6]

에베소서 6:4을 적용하는 일의 복합성에 대해서 생각해보자. 우선, 부모들은 거짓된 마음을 가진 사람들이다(렘 17:9). 인간의 마음을 진정으로 이해하는 분은 하나님뿐이시다(렘 17:10). 종종 우리는 자신이 행동하는 동기(動機)가 무엇인지도 제대로 이해하지 못한다. 자신을 평가하는 데 있어서 완전히 맹목이 되지는 않는다 해도 완전하게 평가할 수 있는 사람은 하나도 없다. 사도 바울은 다음과 같이 말한다:

> 내가 자책할 아무 것도 깨닫지 못하나 그러나 이를 인하여 의롭다 함을 얻지 못하노라 다만 나를 판단하실 이는 주시니라 그러므로 때가 이르기 전 곧 주께서 오시기까지 아무 것도 판단치 말라 그가 어두움에 감추인 것들을 드러내고 마음의 뜻을 나타내시리니 그 때에 각 사람에게 하나님께로부터 칭찬이 있으리라

(고전 4:4-5).

부모의 마음에 관련된 사실은 자녀들의 마음에도 그대로 적용된다. 자녀가 행하는 거짓에 어리석음과 뒤섞여 있는 경우도 있다. "아이의 마음에는 미련한 것이 얽혔으나"(잠 22:15).

인간의 마음이 지닌 문제만 영향을 주는 것이 아니라, 복잡한 가족 관계나 자녀들 각자가 지닌 차이점도 에베소서 6:4을 적용하는 데 영향을 준다. 자녀들이 모두 똑같을 수는 없다. 어떤 일이 한 자녀에게는 필요하지만 다른 자녀를 노엽게 할 수도 있다. 친구의 가정에는 유익한 일이 우리 가정에는 재난이 될 수도 있다. 10살 자녀에게는 효력을 발휘하는 징계가 14살 자녀에게는 반발을 초래할 수도 있을 것이다. 우리 자신의 지혜만으로 성경을 적용하려는 것은 권장할 만한 일이 못된다.

그러나 감사하게도 다른 대안이 있는데, 그것에 대해서는 다음 장에서 다루려 한다. 우리가 올바른 태도를 가진다면, 성경을 해석하고 적용하는 일을 기꺼이 인도해 주시는 분이 계실 것이다.

## 성경을 소중히 함

성경의 능력을 경험하려면, 우리에게 올바른 태도 및 성경에 순종하려는 마음이 있어야 한다. 신자들의 삶에서 성경이 효력을 발휘하지 못하는 주된 이유는 그들이 성경을 읽지 않는 데 있다. 날마다 규칙적으로 시간을 정하여 성경을 묵상해 보라. 그러면 하나님의 음성을 듣고 주 예수님의 영광을 볼 수 있을 것이다. 그렇게 행할 때에, 우리는 하나님의 아들의 음성이 말할 수 없이 부드러우며 주 예수의 얼굴이 말할 수 없이 사랑스럽다는 것을 발견할 것이다(아 2:14).

규칙적으로 하나님의 음성 듣기를 원하는 사람은 기록된 하나님의 말씀에 아주 친밀해져야 한다.[7] 나는 30년 이상 하나님의 말씀을 마음 속에 소중히 품어 왔지만, 한 번도 성경 말씀을 읽고 묵상하고 암송하는 데 시간을 보낸 것을 후회하지 않았다. 만일 세월을 되돌려 다시 30년의 세월을 소유할 수 있다 해도, 나는 다른 기독교 서적을 읽기보다는 성경을 묵상하는 데 더 많은 시간을 보낼 것이다.

성령께서는 여러 번 나를 인도하기 위해서, 그리고 재앙에서 구원하기 위해서 내 마음에 성경 말씀을 깨우쳐 주셨다. 그 분은 나를 인도하여 다른 사람들을 섬기며 그들에게 상처를 주지 않으며 하나님의 아들과 그 백성들에 대한 사랑을 증진시키기 위해서 성령 말씀을 사용하곤 하셨다.

언젠가 예배가 끝날 무렵, 나는 나이가 든 부인이 자기보다 젊은 부인을 위해 드리는 기도에 귀를 기울였다. 나이 든 부인은 그날 밤 많은 사람들을 위해 기도한 약 100여 명에 달하는 우리 사역 팀의 일원이었다. 나는 주제넘게 참견하지 않으려고 멀리 떨어진 곳에 있었지만 두 여인의 대화를 들을 수 있었다. 나이 든 부인은 주님이 자기에게 젊은 부인의 성품에 대한 계시를 주셨다는 것을 젊은 부인에게 납득시키려고 하고 있었다. 그런데 젊은 여인은 계속해서 그 계시가 참이 아니라고 말했다. "계시"를 젊은 여인에게 강요하던 나이 든 부인은 기분이 상했다. 그것은 좋지 않은 상황이었다. 우리 사역 팀에 속한 부인은 예의의 기본 원리—개인적인 계시를 상대방에게 강요

7. 하나님은 성경을 통해 말씀하신다 155

해서는 안된다—를 범하고 있었던 것이다.

나는 그 부인의 태도를 시정해 주려 했지만, 그럴 경우 그 부인이 직면할 당황스러움을 최소화하기 위해서 두 여인의 만남이 끝날 때까지 기다렸다. 그 부인에게로 걸어가기 직전에, 나는 주님께 기도하면서 이 부인을 책망하는 데 대한 허락을 구했다. 내가 다음 걸음을 뗄 때, "상한 갈대를 꺾지 아니하며 꺼져가는 등불을 끄지 아니하시리라"(사 42:3)는 말씀이 내 마음에 임했다. 그 말씀은 예수님의 강림에 대한 예언으로서 내가 20년 전부터 암송하며 소중히 여겨온 말씀이었다. 그런데 지금 성령께서 이 말씀을 통해서 나에게 말씀하시는 것이다.

나는 주님이 이 여인을 "상한 갈대"와 "꺼져가는 등불"로 여기고 계시다는 것을 깨달았다. 담임 목사로부터 책망을 받은 것은 그 부인을 꺾고 끄는 일이 될 것이었다. 몇 초 전에만 해도 나는 이 부인 때문에 성이 났는데, 이제 주님의 시선으로 그 부인을 보니 불쌍히 여겨졌다. 주님은 그 날은 그 부인을 책망하기에 적합하지 않으니 다음에 다른 방식으로 그 부인의 잘못을 시정하라고 말씀하셨다. 20년 전에 내가 책상 앞에 앉아서 이사야 42:1-4을 암송하고 있을 때, 나는 하나님께서 그 구절을 사용하시어 나의 노함을 긍휼로 바꾸게 하실 것이라고는 생각하지도 못했었다.

그 때 성경이 실제로 나를 위해 효력을 발휘한 것이다. 그 때에는 지속적인 묵상, 순종하려는 소원, 하나님의 말씀에 대한 신뢰 등 필요한 모든 요소가 구비되어 있었다. 그러나 내가 아직 언급하지 않은 것이 있었는데, 그것은 하나님의 능력이 역사하도록 하는 열쇠가 된다. 그 열쇠에 대해 다루기 전에 하나님께서 우리에게 말씀하시는 다른 방법에 대해 고찰해 보아야 한다.

chapter 8
# 하나님은 경험을 통해서 말씀하신다

이런 이야기가 있다. 언젠가 홍수가 났는데, 어느 광신자가 자기 집 지붕에 올라가서 꼼짝도 하지 못하고 있었다. 그가 지붕 끝에 앉아 있는데, 구조대가 보트를 타고 와서 그에게 보트에 타라고 권했다. 그 사람은 "고맙지만 타지 않겠어요. 하나님이 나를 구해 주실 테니까요"라고 말했다. 밤이 되고 물은 더 불어났다. 그 사람은 굴뚝 꼭대기로 올라갔다. 생존자를 수색하던 헬리콥터가 그가 있는 굴뚝 주위를 선회하면서 스포트라이트를 비추었다. 구조대원이 "줄사다리를 잡으세요"라고 소리쳤다. 그 사람은 단호하게 "아니요. 하나님께서 나를 구해 주실 겁니다"라고 대답했다. 헬리콥터가 떠난 후, 그 사람은 굴뚝에서 떨어져 물에 빠져 죽고 말았다. 그 사람은 천국에 가서 주님에게 "궁핍한 자의 생명을 구원"(시 72:13)해 주시겠다는 약속을 지키지 않았다고 불평을 했다. 주님은 "대체 무슨 말을 하느냐? 나는 보트도 보내주고 헬리콥터도 보내 주었는데"라고 대답하셨다고 한다.

과거에 나도 그런 사람이었다. 나는 내가 처한 상황이나 경험은 하나님의 음성을 듣는 일과 전혀 관계가 없다고 생각했었다. 나는 하나님께서 내가 처해 있는 상황 안에서 나에게 말씀하시는 것이 아니라 성경 안에서 말씀하신다고 생각했다. 나는 경험에 의해서 사는 것이 아니라 성경에 의해서 산다고 말했다. 실제로 나는 "경험"이나 "느낌" 등의 용어를 천한 것으로 여겼다. 천박하고 게으르고 성경적으로 무식한 사람들만이 느낌이나 경험에 관심을 가질 뿐 성숙한 기독교인들은 성경에 의해서 살아간다고 생각했던 것이다.

어찌된 일인지 나는 하나님이 종종 우리의 경험 안에서 말씀하신다는 것, 즉 우리 삶의 상황과 사건을 통해서 말씀하신다고 성경에서 가르치고 있음을 깨닫지 못했었다. 하나님은 우리의 관심을 확보하고 우리를 바로 가르치시기 위해서 질병, 비극 등 시련을 사용하기도 하신다. 루이스는 "하나님은 우리의 즐거움 안에서 속삭이시며, 우리의 양심 안에서 말씀하시며, 우리의 고통 속에서 크게 외치신다"고 했다.[1] 실제로 우리의 삶에서 발생하는 모든 시련은 하나님께서 우리에게 말씀하시기 위한 유인(誘因)이 될 수 있다.

## 성령은 우리의 시련을 통해서 말씀하신다

때때로 우리가 범죄하거나 하나님께 중요한 것을 등한히 했기 때문에 시련이 임할 수도 있다. 예를 들어, 기원전 530년에 이스라엘 백성은 성전 재건을 중단했기 때문에 하나님의 저주 아래 있었다. 그들은 게을렀던 것이 아니었다. 그들은 자기들을 위한 훌륭한 집을 열심히 짓고 있었다. 처음에는 모든 것이 순조로웠다. 하나님께서는 그들이 하나님을 무시하고 있는 것을 마음에 두시지 않는 듯했다. 그러나 상황이 바뀌어, 그들이 열심히 노력할수록 소득은 줄어들었다(학 1:5-11). 하나님께서는 두 번이나 선지자 학개를 통해서 백성들에게 "너희는 자기의 소위를 살펴 볼지어다"라고 명령하셨다. 하나님은 이스라엘 백성의 환경을 통해서 그들에게 말씀하고 계셨다. 그들이 처한 상황은 그들이 하나님의 심판을 받고 있다고 말해 주고 있었지만, 그들은 귀를 기울이지 않았다.

성경 시대에는 하나님께서 백성들의 삶에서 발생하는 일상적인 사건들을 통해 말씀하시는 일이 빈번했다. 때때로 이러한 형태의 성령의 언어를 민감하게 받아들였지만, 그 말씀에 귀를 기울이기 않음으로써 심판이 오래 지속된 경우도 있었다. 마지막으로, 하나님은 학개와 같은 선지자를 보내어 백성들이 경험하고 있는 일을 해석해 주셨다.

말라기 시대에, 하나님의 백성들은 경제적인 재앙을 경험하고 있었다. 황충이 그들이 심은 곡식을 먹어치웠고, 그들이 투자하는 일들은 실패였다. 이처럼 가혹한 상황들은 하나님께서 백성들에게 주시는 메시지였다. 그들이 십일조를 바치지 않았기 때문에, 하나님은 그들의 경제적인 시도들을 보호해 주지 않으셨다(말 3:6-12).

요엘 선지자는 메뚜기 떼가 몰려오는 것을 보면서 하나님께서 메뚜기떼를 통해서 두 가지 말씀을 하고 계시다는 것을 깨달았다. 첫째, 그는 메뚜기떼의 공격은 하나님을 버리고 방탕하고 쾌락을 추구하는 백성들에게 임하는 하나님의 심판이라고 보았고(욜 1:5), 백성들의 지도자들에게 회개하라고 촉구했다(욜 1:13-14). 둘째, 그는 메뚜기떼의 습격에서 한층 더 무서운 메시지를 보았다. 즉 그는 메뚜기들은 마지막 날의 대격변적인 심판과 군대를 상징한다고 보았다(욜 2:1).

학개, 말라기, 요엘 등은 하나의 중요한 원리, 즉 하나님께서는 불쾌한 환경을 통해서 우리에게 말씀하시기도 한다는 것을 가르쳐 준다. 어떤 신자들은 한번도 자기가 처한 좋지 않은 환경에 대해서 하나님께 질문하지 않는다. 또 어떤 사람은 부정적인 사건들이 삶의 일부에 불과하다고 생각하고서, 시련을 당할 때에 냉철한 결심을 가지고 이를 갈면서 대면한다. 결과적으로 이런 사람은 하나님께서 곤경을 통해서 가르쳐 주려 하시는 것을 깨닫지 못한다.

우리 중에 어떤 사람들은 모든 부정적인 환경, 우리의 길에 놓인 장애물은 사탄이 개인적으로 우리의 일을 대적한 데 따른 결과라고 생각하는 듯하다. 이러한 생각을 가진 사람은 하나님의 음성을 들을 수 없다. 만일 하나님께서 우리에게 시련을 허락하심으로써 우리로 회개하게 하시거나 연단하려 하시는데, 우리가 그것을 사탄의 방해라고 생각한다면, 우리는 결코 하나님이 원하시는 회개나 변화를 추구하지 않을 것이다. 시련 속에서 하나님께서 우리에게 말씀하시는 것을 듣지 못하기 때문에, 우리의 삶에서 시련이 오래 지속된다.

## 성령은 평범한 사건을 통해서 말씀하신다

때때로 하나님은 시련이나 고난과는 전혀 관계가 없는 환경이나 사건을 통해서 말씀하기도 하신다. 예레미야는 토기장이가 일하는 모습을 보면서, 토기장이가 진흙으로 자기가 원하는 형태의 그릇을 만들 수 있듯이 하나님께서도 이스라엘 백성을 원하시는 대로 다루실 수 있다고 말씀하시는 하나님의 음성을 들었다(렘 18:1-6). 다른 예를 들어보면, 사무엘이 사울에게서 떠날 때, 사울은 사무엘의 옷을 붙잡아 찢었다. 사무엘은 사울에게 이 행동이 하나님이 주시는 메시지라고 말했다. 여호와께서는 사울에게서 왕국을 빼앗아 더 훌륭한 종에게 주셨다(삼상 15:27-28). 우리의 관심이 특별한 환경이나 사건에 끌리는 것을 발견할 때, 우리는 하나님께서 그것을 통해서 말씀하실 수도 있다는 가능성을 염두에 두어야 한다.

## 기름부음을 받은 관찰자들의 도움

지혜로운 사람은 일상생활의 사건을 통해서 하나님의 음성을 들을 수 있다. 구약성서의 지혜문학(잠언, 전도서, 욥기)을 저술한 사람들은 인간의 경험을 관찰하는 "기름부음을 받은 관찰자들"이었다. 그들은 하나님께서 일상생활의 일상적인 사건들 안에서 말씀하시는 것을 보았고, 자기들이 관찰한 것들을 토대로 하여 삶의 원리나 잠언으로 작성했다. 예를 들면, 아들이 성적으로 방탕함에 빠지지 않도록 가르치기를 원한 지혜로운 아버지는 "어리석은 자 중에 소년 중에 한 지혜 없는 자를 보았노라"는 말부터 시작한다(잠 7:7). 그 다음에 그는 청년이 죄에 빠지는 과정 및 그에 대해 치러야 할 대가에 대해서 묘사한다. 이 아버지는 "기름부음을 받은 관찰자"였다. 그는 자신이 눈여겨 본 것들을 말하는 데서부터 시작했다. 그는 자기의 경험을 토대로 하여, 사탄의 유혹하는 유형을 식별해 내고 자기 자녀들에게 경고해줄 수 있었다.

시편 37은 "지혜 시편"의 하나이다. 다윗은 "내가 어려서부터 늙기까지 의인이 버림을 당하거나 그 자손이 걸식함을 보지 못하였도다"
라고 기록했다(시 37:25). 기름부음을 받은 관찰자인 늙은 다윗은 항
상 진실로 의로운 사람들을 지탱해주고 있는 바 하나님에 대한 자신
의 거듭된 관찰이 신적인 원리임을 깨달았다. 성령께서 그의 경험을
통해서 되풀이 하여 말씀해 주신 결과, 그 원리는 성서로서 기록되었
다.

## 영혼의 창문

"나는 다윗도 아니고 성경을 기록하는 현인도 아니다. 나는 일상
생활 속에서 하나님의 손을 보기는 커녕 성경의 분명한 말조차 이해
하기 어려운 평범한 기독교인에 불과하다"고 말하는 사람도 있을 것
이다. 아무도 그에게 삶의 구조를 바라보는 법을 가르쳐 주지 않았을
것이다. 하나님은 날마다 우리 영혼이 어렴풋이나마 영원한 세계를
바라보며 하나님의 음성을 들을 수 있는 창문 역할을 하게 될 만남
을 제공하신다. 엘리자벳 배렛 브라우닝(Elizabeth Barrett
Brwoning)의 유명한 시를 상기해보자.

> 땅에는 천국이 가득하며
> 모든 떨기나무에는 하나님의 불이 붙어 있건만
> 그것을 보는 사람만이 신을 벗고
> 그 주위에 앉아서 쉬며 열매를 따는구나.

하나님의 음성은 우리가 경험하는 모든 일 속에서 울려 퍼지지만,
우리는 대체로 그 음성을 무시하고 인생사를 진행하도록 자기 자신

을 부지런히 훈련해왔다.

내가 좋아하는 작가 켄(Ken Gire)은 『영혼의 창문』(*Windows of the Soul*)[2]이라는 책을 저술했는데, 그 책은 일상의 평범한 삶의 경험들 안에서 하나님의 음성에 귀를 기울이는 방법에 대해서 가르친다. 그의 주제는 "우리가 바라 보는 곳에는 그림들이 있는데, 그것들은 실제로는 그림이 아니라 창문이다"[3]라는 것이다. 이 창문을 통해서 하나님을 보며 하나님의 음성을 들을 수 있다.

다윗도 아니고 잠언 기자도 아니어도 하나님의 음성을 들을 수 있다. 우리는 항상 경청하고 바라보는 태도를 가져야 한다. 우리가 하나님의 음성을 기대하지 않을 때, 그 음성은 우리가 감지하지 못한 상태로 흘러가 버린다. 우리가 고호의 그림을 감상하거나 주일날 오후에 어린 소년이 롤러하키를 하는 모습을 바라보고 있을 때 그 음성이 우리에게 임할 수도 있다. 켄은 시인의 우아함과 예언자의 열심을 가지고서 하나님께서 두 가지 경험 속에서 자신에게 말씀하신 일을 묘사했다. 일상생활의 평범한 사건 속에서 하나님의 음성을 듣는 일에 대해서 더 많이 배우려는 사람은 『영혼의 창문』을 읽어 보아야 한다.

## 성령은 기적을 통해서 말씀하신다

기적이란 하나의 특별한 사건으로서 그 사건 자체를 넘어서서 보다 위대한 일을 가리킨다. 이런 까닭에 기적은 표적이라고도 불린다. 예수께서는 갈릴리 가나의 혼인집에서 물을 포도주로 변화시키셨는데, 그것은 예수님이 자연의 과정들을 초월하시는 주이심을 드러낸 일이었다(요 2:11). 많은 사람들은 이 기적 안에서 맛없고 천박한 삶을 의미와 목적이 충만한 삶으로 변화시키시는 예수님의 능력을 본다. 어떤 사람들은 심지어 그것을 마지막 시대에 대한 메시지, 즉 하나님께서 마지막 때를 위해서 가장 좋은 포도주를 남겨 두셨다는 메시지라고 보기도 한다. 기적은 하나님의 성품, 그의 능력, 긍휼, 자비 등에 대해서도 말해준다.[4]

## 성령은 경험을 통해서 잘못된 상호관계와 태도를 고쳐주신다

사도들은 삶의 일상적인 사건 안에서 주님의 음성을 식별할 수 있었다. 그래서 그들은 담대하게 자기의 경험을 하나님의 음성에 대한 증거로 사용했다. 신약시대 교회에서 가장 논쟁적인 사건들 중의 하나는 이방인이었던 고넬료와 그의 가족들과 친구들의 구원이었다. 유대인 신자들은 이방인에 대해서 엄청난 편견을 가지고 있었기 때문에, 사도행전 10장에서는 이 이야기를 교회사의 중요한 전환점으로 기록하고 있다.

사도행전 11장에서 베드로는 이방인들의 구원이 진정한 것임을 유대인 신자들에게 증명해야 하는 어려운 과업에 직면해 있다. 유대인들은 이방인들에 대해 큰 적대감을 느끼고 있었기 때문에, 베드로가 이방인들의 구원에 대해 설명을 시작했을 때 그들은 베드로를 공격했다. 그들은 "네가 무할례자의 집에 들어가 함께 먹었다"고 비난했다(행 11:2-3). 하나님께서 이제 막 이방세계에 대해서 천국 문을 열어 놓으셨는데, 유대인 신자들은 베드로가 이방인들과 함께 식사를 했다는 것을 걱정했다.

우리는 적대적인 편견에 직면한 베드로가 성경을 가지고 증명을 시작할 것을 기대할 수도 있을 것이다. 그러나 베드로는 그렇게 하지 않았다. 그는 자신의 경험에 호소하는 데서부터 시작했다. 첫째, 그는 자신이 기도하는 중에 비몽사몽간에 환상을 보았다고 말했다(행 11:5). 둘째, 그는 환상의 내용, 자신이 들은 음성, 자신이 처음에는 그 음성에 순종하기를 거부했던 일 등에 대해 이야기했다(5-10절). 셋째, 그는 세 명의 방문객들과 함께 고넬료의 집으로 가라고 한 성령의 명령에 호소했다(11-12절). 넷째, 그는 고넬료가 자기를 찾아온 천사들에 대해 한 이야기를 했다(13-14절). 다섯째, 그는 오순절 날에 성령이 그들에게 임한 것과 동일한 방식으로 이방인들에게 성령이 임했음을 묘사했다(15절). 마지막으로, 베드로는 그들이 성령세례를 받을 것이라고 하신 예수님의 말씀에 호소했다(16절). 결론적으로 베드로는 "그런즉 하나님이 우리가 주 예수 그리스도를 믿을 때에 주신 것과 같은 선물을 저희에게도 주셨으니 내가 누구관대 하나님을 능히 막겠느냐"고 말했다(17절). 베드로의 결론적인 논거는 고넬료의 집에 있는 이방인들도 유대인 신자들이 오순절에 받은 것과 동일한 경험을 받는다는 것이었다. 이처럼 경험에의 동참에 호소함으로써 베드로는 유대인 신자들을 납득시킬 수 있었다(18절).

후일, 이방인 신자들도 율법을 지켜야 하는가의 문제로 교회가 분열될 위기에 처했다. 사도행전 15장은 사도들과 장로들이 이 문제를 해결하기 위해 취한 세 가지 조처를 기록하고 있다.

첫째, 베드로는 "하나님이 우리에게와 같이 저희에게도 성령을 주어"(8절) 이방인인 고넬료의 식구들을 받아들이셨음을 나타내셨던 사건에 호소했다. 베드로는 이 경험을 토대로 하여 이방인들은 율법을 지킬 필요가 없다고 추론했다(9-11절). 둘째, 바나바와 바울은 사람들에게 "하나님이 자기들로 말미암아 이방인 중에서 행하신 표적과 기사"에 대해 말했는데, 그것은 경험을 보고한 것이었다(12절). 셋째, 야고보는 이방인들이 하나님의 이름을 증거하리라고 예언한 아모스 9:11-12을 인용했다. 야고보는 성경이 베드로의 경험에 동의한다고 주장했다. 사도들의 결혼 경험과 성경은 교회의 장로들로 하여금 올바른 행동과정을 따르도록 납득시켰다. 그들은 경험 안에서, 그리고 성경 안에서 말씀하시는 하나님의 음성을 들었고, 어떤 사역이 진실로 하나님의 사역이라는 것을 증명하기 위해서 자기들의 경험을 사용했다.

두 가지 경우에, 하나님은 옳지 않은 성경 해석과 사람들을 향한 나쁜 태도를 고쳐주기 위해서 경험을 사용하셨다. 사도행전 10장에서는 베드로의 잘못을 고쳐주셨고, 11장에서는 예루살렘의 유대인 신자들을 고쳐주기 위해서 베드로의 경험을 사용하셨으며, 15장에서는 바울과 바나바의 경험 및 베드로의 이야기를 함께 사용하셨다.

## 우리가 경험을 두려워하는 것과 관련된 문제

사도들은 현대 기독교인들처럼 경험을 두려워하지 않았다. 바울은 예수님께서 자기를 불러 "보고 들은 것"(행 22:15) 및 "장차 나타날 일"(16:16)을 증거하게 하셨다고 분명히 밝혔다. 요한은 첫번째 편지를 시작하면서 "우리가 들은 바요 눈으로 본 바요 주목하고 우리 손으로 만진 바"에 대해서 기록한다고 주장했다(요일 1:1). 사도들은 경험에 호소하는 것이 자기들의 신뢰성을 강화시켜 준다고 생각했다. 그들은 결코 자기의 경험에 의해 뒷받침되지 않는 교리는 중요하게 여기지 않은 듯하다.

그러나 일부 성경을 믿는 신자들은 하나님께서 일상생활의 사건을 통해서 말씀하신다는 이야기를 들으면 흥분한다. 그들은 그러한 일이 사도들에게는 발생할 수 있다고 여기지만, 자기들에게는 발생하지 않는다고 생각한다. 어떤 사람들은 하나님은 성경을 통해서만 신빙성 있게 말씀하신다고 생각한다. 또 어떤 사람들은 자기의 일상생활의 경험이 성경에 의거하여 해석될 때에만 하나님은 일상생활의 경험 안에서 신빙성 있게 말씀하실 수 있다고 확신한다.

엄격히 말해서, 성경이 그들의 경험을 해석해주는 것이 아니다. 경험을 해석해 주는 것은 그들이 지닌 성경 지식이다. 성경 지식은 일상생활의 사건 안에서 하나님이 말씀하시는지를 식별하기 전에 반드시 거쳐야 할 여과기 역할을 한다. 이것은 성경 해석과 적용이 정확한 상황에만 적용된다. 예를 들어 어느 처녀가 목사님에게 믿지 않는 남자 친구와 결혼을 해도 되느냐고 묻는다고 가정해 보자. 그 처녀는 자기의 느낌, 그리고 자기와 동일한 일을 행하여 좋은 결과를 얻은 친구들의 경험의 증거를 가지고 있을 수도 있다. 그러나 목사는 희망을 갖고 있는 예비 신부의 느낌과 친구들의 경험은 하나님의 말씀에 어긋나는 것이라고 말해 주어야 한다(고후 6:14; 고전 7:39). 만일 그 처녀가 가는 길을 위해 주어진 하나님의 빛을 무시한다면, 그 처녀는 길을 잃고 방황하게 될 것이다(시 119:105).

### 좋지 못한 여과기

앞 장에서 지적한 바와 같이, 우리의 성경 해석과 적용이 옳지 못한 것일 수 있다. 이러한 상황에서는 우리의 느낌과 경험이 잘못된 여과기를 통과하게 될 것이다. 제대로 작용하지 않는 여과기는 두 가지 방법으로 우리에게 해를 끼칠 수 있다. 독(毒)을 걸러내지 못하고 통과시키거나, 또는 이미 우리 영혼 안에 들어와 있는 독을 중화시켜 줄 해독제를 통과시켜 주지 않을 것이다. 후자의 경우에, 우리의 옳지 않은 성경해석은 실제로 하나님께서 우리의 경험을 통해서 말씀하시는 것을 무시하게 만들 수도 있다. 우리가 성령의 검을 대적하기 위해서 믿음의 방패를 사용할 가능성도 있다. 우리가 그릇된 성경해석을 믿으면, 하나님의 말씀이 우리의 마음을 꿰뚫지 못한다.

또 다른 문제가 있다. 우리의 병든 마음(해석)을 정확하게 분석하고 그것을 고치기 위해 거쳐야 할 올바른 수술 과정을 알고 있지만 (적용) 실제로 수술을 해본 적이 없는(경험) 의사에게서 수술을 받는다고 상상해 보라. 진리를 제대로 해석하고 적용했지만 실제로 그것을 경험하지 못한 경우는 어떻게 되는가? 이런 것을 "이론적 지식"이라고 부른다. 대체로 경험과 분리된 지식은 도움이 되지 못한다. 이론적인 지식은 어떤 사람으로 하여금 대학에서 교수직을 취하게 만들 수는 있지만, 연애, 결혼, 가정 생활, 친구 관계 등 실생활에서 도움을 주지는 못할 것이다. 경험에 의해 검증되지 않는 지식은 불완전한 것이며, 그릇된 지식과 마찬가지로 좋지 않은 여과기일 수 밖에 없다.

### 어떻게 해서 나쁜 여과기를 갖게 되는가

종종 어떤 일을 해결하기 위한 열쇠는 그것을 파괴하는 방법을 발견하는 것인 경우가 있다. 나쁜 여과기를 분석하면서, 나쁜 해석과 적용이 우리의 해석 규칙들 안에 있는 결점에 기인할 수도 있다는 것을 깨닫는 일이 중요하다. 신학자들은 자기들의 해석 규칙들을 가리켜 성경해석학이라고 언급한다. 운동경기의 규칙들을 범하는 사람은 실격을 당한다. 올바른 성경해석 과정을 범하는 사람은 좋지 못한 해석을 얻게 될 것이다. 그러나 성경해석학은 대답의 일부에 불과하며, 때로 그것은 전혀 대답이 되지 못하는 경우도 있다. 때로 동일한 규칙들을 사용하는 사람들이 서로 다른 해석에 이르기도 한다.[5]

우리 문화가 발휘하는 눈에 보이지 않고 감지되지 않은 영향력 때문에 옳지 않은 해석들이 생겨날 수도 있다는 사실을 염두에 두어야 한다. 또는 우리 마음 속에 감추어진 것들, 예를 들면 두려움, 오만함, 분노 등 문화의 영향력보다 한층 더 감지할 수 없는 것들 때문에 좋지 못한 해석을 하기도 한다.

우리가 경험 안에서 하나님의 교정적인 음성을 듣지 못하기 때문에 잘못 해석하고 적용하기도 한다. 이것은 우리를 다시 이론적인 지식이라는 문제에게로 이끌어간다. 사람들은 이론적인 지식만 가지고 있다는 비난을 받기를 싫어하지만, 최소한 어떤 분야에서는 많은 사람들이 그렇게 행하고 있다. 내가 아는 목사님은 자기가 교인들에게 가르치고 있는 신학의 대부분이 그들의 일상생활과 관계가 없다는 어처구니 없는 사실을 발견했다. 그 목사님은 마치 교인들이 모두 목사나 신학 교수가 될 소명을 받은 듯이, 자기가 신학교에서 공부한 모든 것을 교인들에게 가르치고 있었다. 그는 자기의 잘못을 깨닫고서 새로운 교수 방법을 채택했다. 그는 알아야 할 필요가 있을 때만 신학을 가르치기로 했지만 결국 그는 이론적 지식을 전해 주는 데 그쳤다.

마지막으로, 우리가 성경에 대해 경험적인 지식보다는 이론적인 지식을 더 많이 획득하게 되는 또 다른 방법이 있다. 성경을 아는 것을 삶의 목표로 삼을 때, 우리는 경험보다 지식을 우위에 놓는다. 성경에 대해 많이 아는 것을 삶의 열쇠라 생각할 때, 경험보다 지식을 더 중요하게 여기게 된다. 성경의 진리들은 경험을 통해서만 완전히 알 수 있다.

우리는 겸손에 대해서 읽고 이론적 지식을 획득함으로써 겸손에 대한 성경적 진리를 경험하는 것이 아니다. 우리도 하나님의 아들이 자발적으로 자신의 고귀한 지위를 버리시고 종의 형태를 취하시면서(빌 2:5-11) 행하신 것처럼 행할 때, 우리는 실제로 겸손을 경험한다. 성경에 대한 지식 획득을 삶의 중요한 요소로 삼는 사람은 실제로 겸손을 경험하는 것보다는 겸손을 훌륭하게 설명하는 것에 더 관심을 가질 것이다. 바울은 이러한 위험에 대해 경고하면서 "지식은 교만하게 하며 사랑은 덕을 세운다"(고전 8:1)고 말했다.

강의를 듣는 것만으로 기술을 훌륭하게 배울 수 없다. 20대 초반에 나는 스키를 탔었다. 나는 훌륭한 스키 강사에게서 이론을 배우고 실제로 장기간 스키를 탔다. 내 친구 중 하나는 나보다 조금 늦게 스키를 시작했다. 우리는 우연히 콜로라도에 있는 휴양지에서 만나 스키에 대해서 토론을 시작했다. 당시 나는 스키를 시작한 지 4년이 되었고, 그 친구는 그 해에 시작한 상태였다. 나는 스키에 대한 그 친구의 해박한 지식에 크게 놀랐다. 친구는 스키에 대한 모든 것을 알고 있었고, 스키 장비와 기술에 대한 전문가들의 견해를 자유자재로 인용했다. 그 친구는 4년이나 스키를 탄 나보다 스키에 대한 지식을 네 배나 더 가지고 있는 것 같았다.

마침내 스키에 대한 이야기를 그만두고 실제로 산에 올라가서 스키를 타게 되었을 때, 나는 그 친구가 무서운 스키어라는 것을 발견했다. 그 친구는 한 번도 제대로 스키를 타고 내려오지 못했다. 친구는 초보자들이 타는 슬로프에 있었고, 나는 보다 잘 타는 사람들이 타는 곳을 사용했다. 친구는 스키에 대해서는 나보다 더 많이 알았지만, 스키 경험은 내가 훨씬 더 많았다. 당신이라면 어떤 사람에게서 스키를 배우겠는가? 스키에 대한 지식은 많지만 제대로 스키를 탈 줄 모르는 사람에게서 배우려는가, 아니면 실제로 스키를 탈 줄 아는 사람에게서 배우려는가?

물론 아무도 스키를 탈 줄 모르는 사람에게서 스키를 배우려 하지 않을 것이다. 그런데 교회 안에서 지식과 경험을 다룰 때에는 이와 동일한 어리석음이 감지되지 않거나 정상적인 것으로 간주된다. 나는 전세계의 청년들이 교회가 무력하다고 불평하는 것을 본다. 그러나 예수님만큼 능력 있는 분은 없다. 그분은 누구도 지루하게 만들지 아니하신다. 영적 실체들에 대한 우리의 감각이 너무나 마비되었기 때문에 우리가 실제로 경험하지 못한 채 성경적 진리를 전파하는 데 만족하고 있는 것이 아닐까? 우리는 앞으로 실천하지도 않을 것이며 실천할 수도 없는 진리들을 가르치고 있지는 않은가?

불신자들은 끊임없이 기독교인들의 위선, 그리고 기독교인들끼리 공적으로 서로 모질게 대하는 것 등을 조롱한다. 이러한 모진 태도는 교리를 행위보다 우위에 두는 데 따른 필연적인 결과가 아닌가? 교회가 예수님의 삶을 경험하는 데 더 관심을 갖는다면, 우리는 서로 상처를 주는 일과 불신자들을 실망시키는 일을 멈출 것이다.

### 삶의 열쇠요 두려움에 대한 해답이 되시는 분

독자들 중에는 내가 자기들을 주관주의의 실존적 바다 가운데로 데려가서 구명구인 성경을 빼앗은 것처럼 느끼는 사람도 있을 것이다. 그들은 우리가 성경을 내던져 버린다면 과연 무엇이 우리를 미혹되지 않도록 보호해줄 것인지 않고 싶어 한다. 나는 성경을 내던져 버리는 것을 옹호하고 있는 것이 아니다. 나 자신은 성경이 무오하고 확실한 하나님의 말씀이라고 생각하며, 성경을 찬양한다.

문제는 성경에 있는 것이 아니라, 성경에 대한 우리의 지식과 해석에 있다. 바리새인들은 성경공부를 많이 했지만, 실질적으로 자기들의 성경해석을 신뢰했을 뿐 하나님을 신뢰하지 않았다. 그렇기 때문에 그들은 무력했다.

우리의 성경해석이 우리에게 능력을 주는 것이 아니다. 오직 한 분만이 그 일을 하실 수 있다. 그러나 그 분은 우리에게 능력을 주시기 전에 먼저 우리의 지식을 믿지 말고 자기를 믿으라고 요구하신다. 이것은 때때로 우리가 전파하는 것과 우리의 일상적인 경험의 실체 사이에 틈이 존재하는 이유를 설명해준다. 주일날 아침에는 우리가 자신만만하게 "모든 지각에 뛰어난 하나님의 평강"(엡 4:7)을 전파하지만, 월요일에는 세상 사람들과 마찬가지로 정신신경과를 찾아가며 우울증 치료제를 사기 위해서 줄을 서는 것은 어찌된 일인가?[8] 아마 우리는 자신이 생각하는 것보다 훨씬 더 많이 바리새인을 닮았는지도 모른다.

## 진리의 성령

예수께서 바리새인들의 일상적인 사건에 참견하셨을 때, 그들은 주님을 배격하기 위해서 자기들의 성경 해석을 사용했다(요 5:39). 그 이유는 무엇이었을까? 주님의 행동 방식이 그들의 기대와 해석에 어긋났기 때문이며, 궁극적으로 그들의 마음이 악했기 때문이다.

사도행전 10장에 기록된 바 욥바에서 지붕 위에서 기도하던 베드로와 바리새인들을 비교해 보자. 베드로는 하나의 경험을 했다. 즉 그는 비몽사몽 간에 환상을 보고 음성을 들었다. 그 경험은 그가 가지고 있던 기본적인 성경해석과 일치하지 않는 것이었다. 그러나 베드로는 자기의 경험에 비추어 자신의 성경해석을 바로잡았다.

물론 그의 잘못된 해석을 바로잡아 준 주체는 그의 경험이 아니라 그의 경험을 통해서 그에게 말씀하신 진리의 성령이셨다. 아마 베드로도 바리새인들처럼 행동하기 쉬웠을 것이다. 그 환상과 음성이 전하는 메시지는 당시 모든 기독교인들이 진리라고 믿고 있는 성경해석에 어긋나는 것이었으므로, 그는 그 환상과 음성이 마귀에게서 온 것이라고 추론할 수도 있었을 것이다. 나중에 성령께서 그를 찾아와서 고넬료에게 천사가 찾아왔다고 말해준 방문객들과 함께 가라고 말씀하셨을 때, 베드로는 이 모든 것이 마귀의 간교한 덫이며 그 목적은 교회 안에 이단을 도입하여 교회를 연약하게 만들려는 것이라고 추측할 수도 있었을 것이다.

과연 무엇이 베드로를 바리새인들과 다르게 했을까? 베드로는 진리의 성령을 받았고, 바리새인들을 받지 못했기 때문이다. 3년 반 동안 예수님은 육체적으로 사도들과 함께 거하시면서 그들을 가르치시고 보호해 주셨다. 예수님은 승천하신 후에 성령을 보내어 자신이 사도들과 함께 세상에 계실 때에 하셨던 일을 하게 하셨다. 이제 성령이 그들의 보혜사가 되셨다(요 14:16). 예수님은 이 보혜사를 진리의 성령이라고 부르셨는데, 그 이유는 그가 다음과 같은 다섯 가지 사역을 행할 것이기 때문이었다:

1. "너희에게 모든 것을 가르치시고"(요 14:26)
2. "내가 너희에게 말한 모든 것을 생각나게 하시고"(요 14:26)
3. "나를 증거하실 것이요"(요 15:26)
4. "너희를 모든 진리 가운데로 인도하시리니"(요 16:13)
5. "장래 일을 너희에게 알리시리라"(요 16:13)

베드로는 자기를 가르쳐주고, 생각나게 해주시고, 인도해 주시고, 증거해 주시고, 과거와 현재와 미래에 관한 진리를 말씀해주실 분을 소유하고 있었으므로 바리새인들보다 훨씬 더 유리했다. 바리새인들은 자기들의 성경해석만 가지고 있었다. 당신이라면 어느 편을 선택하려는가?

앞 장에서 나는 지속적으로 성경을 묵상하며 거기에 순종하기를 원하는 것에 대해서보다는 성경의 의미와 능력에 대해 이야기할 것이 더 많다고 말했었다. 성경의 능력을 드러내 주는 열쇠는 한 분이시다. 구약성경 기자들은 이것을 알고 있었다. 그들은 성경을 해석하는 자신의 능력을 신뢰하지 않고 그들에게 성경을 가르쳐 주시는 하나님의 능력을 신뢰했다. 시편 기자는 "내 눈을 열어서 주의 법의 기이한 것을 보게 하소서"라고 기도했다(시 119:18). 그는 이 시편에서 여러 번 여호와께 말씀을 가르쳐 달라고, 말씀을 이해하게 해달라고, 또는 말씀을 따르도록 도와달라고 요청했다.[7] 그는 하나님의 성령의 가르치시고 능력 주시는 사역이 없으면, 자신이 결코 말씀을 이해하거나 따를 수 없을 것을 알고 있었다.

신약성경 기자들도 구약성경 기자들과 같이 느꼈다. 바울은 디모데에게 "내 말하는 것을 생각하라 주께서 범사에 네게 총명을 주시리라"고 말했다(딤후 2:7). 성경을 이해하고 적용하기 위한 첫번째 조건은 생각하고, 고찰하고, 묵상하는 것이다. 두번째 조건은 자신의 어리석음을 인정하고 겸손하게 하나님께 나아와 성경을 이해하고 적용할 수 있는 지혜를 구하는 것이다. 이런 식으로 지혜를 구하는 사람들은 결코 거절당하지 않을 것이다(잠 2:1-10; 약 1:5-8).

사도들은 경험에 의해서 성경을 이해하도록 도와주실 성령이 얼마나 필요한지 깨닫고 있었다. 삼년 반 동안 예수님과 함께 다니면서 가르침과 책망을 받았음에도 불구하고, 그들은 여전히 예수님께서 그들의 눈 앞에서 성경을 성취하고 계심을 이해하지 못했다. 예수께서 나귀를 타고 예루살렘에 입성하신 것은 스가랴 9:9, "시온의 딸아 크게 기뻐할지어다 보라 네 왕이 네게 임하나니 그는 공의로우며 구원을 베풀며 겸손하여서 나귀를 타나니 나귀의 작은 것 곧 나귀새끼니라"를 성취한 것이었다.

그날 사도들 모두가 예수님과 함께 있었다. 그들은 무리가 예수님을 이스라엘의 왕이라고 부르면서 예수님을 찬양하면서 메시아에 관한 성경 본문을 외치는 것을 보았다(요 12:13-14). 그러나 사도 요한은 "제자들은 처음에 이 일을 깨닫지 못하였다가 예수께서 영광을 얻으신 후에야 이것이 예수께 대하여 기록된 것임과 사람들이 예수께 이같이 한 것인 줄 생각났더라"고 말했다(요 12:16). 그들의 성경 지식으로는 성경의 예언을 충분히 이해할 수 없었으며, 말씀을 설명해주실 분이 필요했다. 그렇기 때문에 사도들은 결코 성경을 해석하는 자신의 능력이나 경험을 신뢰하지 않았다. 그들은 성경과 자기들의 경험을 해석해주실 진리의 성령을 신뢰했다.

우리 안에서 진리의 성령의 사역이 작용한다면, 우리는 일상적인 사건들을 통해서 말씀하시는 하나님에 대해서 걱정할 필요가 없다. 그 분은 성경 안에서, 그리고 신약 시대의 신자들이 처한 환경 안에서 말씀하셨다. 그들은 어떤 식으로 임하건 간에 하나님이 주시는 소식을 환영했다. 신약 시대의 지도자들은 자기들의 경험과 성경을 이용하여 모든 진리 가운데로 인도해 주시기 위해서 보혜사 성령이 보냄을 받았다는 것을 알고 있었기 때문에, 교회 생활과 관련하여 중요한 결정을 할 때면, 성경과 자기들의 경험 안에서 말씀하시는 하나님께 귀를 기울였다.

보혜사가 사도들의 경험 안에 항상 현존하고 계셨으므로, 그들은 예루살렘 공회의 결정에 대한 견해를 거리낌 없이 표현했다. 그들은 "성령과 우리는 이 요긴한 것들 외에 아무 짐도 너희에게 지우지 아니하는 것이 가할 줄 알았노니…"(행 15:28). "성령과 우리는…가한 줄 알았다"라는 표현을 오늘날 어떤 사람들은 대단히 이상하게 여길 것이다. 성령은 오늘 우리에게는 1세기의 교회만큼 가까이 계시지 않는 것인가? 오늘날 성령은 1세기에 행하셨던 것처럼 많은 것을 전해 주시지 않는가?

오해하지 말기를 바란다. 내 말은 성경보다 우리의 경험을 더 고귀한 진리의 표준으로 삼아야 한다는 말이 아니다. 또 경험과 성경이 우리를 위한 동등한 표준이 된다는 말도 아니다(앞에서 말했던 바비 기독교인과 결혼하려 한 처녀의 예를 상기해 보라). 성경의 말씀들은 우리의 절대적인 유일한 표준으로 머물러 있어야 한다. 그러나 성령은 종종 성경과 일치하는 방법을 사용하여 우리의 경험을 통해서 말하며, 때로는 우리의 잘못된 해석들을 바로잡기 위해서 도전적인 방법을 사용하시기도 한다. 성령은 결코 경험을 통해서 말씀하시지 않는다고 말하는 사람들은 성령께서 성경 안에서 거듭 이렇게 행하시는 방법을 중시하지 않는 사람들이다.

## 자각 훈련

자각(自覺)이라는 훈련에 전념하면, 우리는 지극히 세속적인 경험 안에서 하나님의 음성을 듣기 시작할 것이다. 앞에서 언급한 적이 있는 작가 켄(Ken Gire)은 하나님께서 그리스도의 삶에 관한 책을 저술하라고 인도하시는 것을 느꼈다. 그 책의 제목은 『구주와 함께 하는 친밀한 순간들』(Intimate Moments With the Savior)이다.[8] 그 책을 저술하기 위한 아이디어가 떠올랐을 때, 그는 서재에 있는 책들을

훑어 보았다. 켄은 다음과 같이 말한다:

무엇부터 쓰기 시작해야 할 것인지를 생각하면서, 나는 신학 서적들이 꽂혀 있는 서가를 보았다. 거기서 나는 한 가지 사실을 발견했다. 그것은 내가 그리스도의 삶에 대한 책보다 그리스어 문법에 대한 책을 더 많이 소장하고 있다는 사실이었다.

나에게 그토록 많은 것을 주신 분이 나의 삶에서 그처럼 조그만 서가만을 차지하고 있음을 깨달으니 죄스러웠다. 나는 내 마음의 조용한 법정에 선 피고가 되었다. 갑자기 내 삶에 증거하기 위해 소환되어 증인석에 선 피고였다. 심문이 시작되었다.

'나는 이제까지 신학교에서 무엇을 했는가?' '나는 인생을 사는 법을 배우지 않았는가? 아니면 단지 내 은사를 사용하는 법만 배웠는가?'

'지난 세월 동안 나는 무엇을 추구해 왔는가? 구세주를 추구해 왔는가, 아니면 하나의 기술만을 추구해왔는가?'

'만일 우리가 그토록 오랫동안 추구해온 것에 대한 진리, 완전한 진리가 알려진다면, 우리에게, 그대와 나에게 평결이 내려질 것인데, 그 근거는 무엇인가?'

'나는 반 고호의 여동생이 책을 읽은 방식처럼, 내 활동을 자극해줄 힘을 빌리기 위해서 성경을 읽지는 않았는가?'

'내 삶을 성공적인 삶으로 만들어줄 원리들을 찾아내기 위해서 성경을 읽은 것은 아닌가?'

'내 삶을 보다 안전하게 해줄 약속들을 찾기 위해서 성경을 읽은 것은 아닌가?'

'나 자신의 신앙에 확실성을 부여하기 위해서, 또는 그것을 훌륭하게 방어해줄 증거 본문을 찾기 위해서 성경을 읽은 것은 아닌가?'

'설교하는 것이 내 직업이기 때문에 설교 자료를 찾기 위해서 성경을 읽은 것은 아닌가?'

'어떤 이유에서 든 힘을 얻기 위해서 성경을 읽지는 않았는가?'
'고호처럼 성경을 저술한 사람들을 찾아내기 위해서 성경을 읽은 것은 아닌가?'

이 경험으로 말미암아 켄은 하나님의 크신 자비, 즉 그의 심령이 영적으로 가난하며 하나님을 섬기기에 부적합하다는 계시를 받았다. 그것은 크신 자비였다. 왜냐하면 그의 영적 가난이 계시되면서 하나님에 대해 더 많은 것을 구하는 영적 갈증이 임했기 때문이다. 켄은 이렇게 말했다. "그 후로 성경에 대한 나의 견해는 변화되었다. 그 때 나는 성경이 나를 찾고 계시며 나에게 손을 내밀고 계신 분을 계시하신다는 것을 깨달았다. 나와의 개인적인 관계가 아니라 친밀한 관계를 원하시는 분을 계시해주고 있었다. 이제 나는 성경을 읽을 때에는 탐색적인 태도를 가지고 읽는다."[10] 서가를 둘러보다가 하나님의 음성을 듣는 심오한 경험을 하게 되고, 그로 인해 마음속 은밀한 곳에 있던 교만과 냉담함이 녹아버릴 것을 누가 생각했겠는가?

얼마 전, 나는 러닝 머신 위에서 달리면서 헤드폰으로 음악을 듣고 있었다. 나는 바하나 베토벤의 음악이 아니고, 현대 기독교 음악도 아닌 유행가를 듣고 있었다. 사랑의 노래가 흘러나왔는데, 그 노래의 가사를 통해서 하나님의 음성이 들려왔다. 예리한 확신이 내 마음을 열어주었기 때문에 나는 그 음성이 하나님의 음성인 것을 알았다. 이제까지 나는 사랑하는 아내에 대해 무감각하고 고맙게 여기지 않았었다. 그러나 리사는 그것에 대해 아무 말도 하지 않았다. 아마 그녀는 그 사실을 눈치채지 못했거나 무시하기로 했을 것이다. 나는 그 노래를 듣기 전까지는 그것을 깨닫지 못했었다. 그런데 그 노래를 들을 때에 내 죄가 적나라하게 드러났으므로 나는 부끄움을 느꼈을 뿐만 아니라 겸손히 회개했다(요 16:8). 어떤 죄를 회개했는지 구체적으로 말하지는 않겠다. 내가 말할 수 있는 것은, 그 가사는 유행가 가사였지만, 그 메시지는 천국의 것이며 나를 위한 메시지였다는 것이다. 그것은 나를 감동하여 내 삶을 하나님의 말씀과 조화하게 할 뿐만 아니라 내 아내와도 조화를 이루게 해 주었다.

chapter 9
# 하나님은 초자연적인 수단을 통해서 말씀하신다

프랜시스 쉐퍼(Fransis Schaeffer)는 사역 초기에 조그만 위기에 직면했었다. 그의 가족들은 잠시 임시 거처가 필요했는데, 수중에는 돈이 거의 없었다. 그들에게는 주님으로부터 임하는 "조그만 기적"이 필요했다. 프랜시스는 이 문제를 놓고 기도하면서 "주님, 우리가 어디에서 살 수 있을지 보여 주십시오"라고 요구했다. 기도에 대한 응답으로 그는 즉시 하나의 음성을 들었다. 그것은 상상 속의 음성이 아니고, 다른 사람의 음성도 아니었다. 그곳에는 프랜시스 외에 다른 사람은 없었다. 그 음성은 "해리슨 삼촌의 집"이라고 말했다.

그 응답은 분명했지만 무의미한 대답이었다. 해리슨 삼촌은 이제까지 쉐퍼 가족에게 아무 것도 준 적이 없었으므로 그들은 삼촌이 그들에게 집을 제공할 가능성은 전혀 없다고 생각했다. 그러나 프랜시스에게 들린 음성은 너무나 놀랍고 직접적이었기 때문에 프랜시스는 그 음성에 복종해야 한다고 느꼈다. 그는 삼촌에게 내년에 집을 어떻게 하실 것이냐고 묻는 내용의 편지를 보냈다. 삼촌의 답장을 받은 프랜시스는 크게 놀랐다. 삼촌은 내년에는 형과 함께 살 작정이므로 프랜시스에게 1년 동안 그냥 와서 살라고 제안했다. 프랜시스 쉐퍼는 이것이 하나님께서 분명한 음성으로 그에게 두번째로 말씀하신 것이라고 말한다.[1]

프랜시스 쉐퍼와 그의 아내 에디스 쉐퍼는 20세기의 가장 신뢰할 만한 기독교 작가이며 지도자이다. 나는 그가 하나님의 음성을 들었다는 것을 조금도 의심하지 않는다. 그렇지만 왜 하나님은 그에게 분명히 들리는 음성으로 말씀하셨을까? 왜 삼촌의 집에 대한 어떤 느낌을 주는 것으로 그치지 않으셨을까? 성령은 동일한 사상을 전하기 위해서 꿈이나 환상을 사용하실 수도 있었을 것이다. 왜 그분은 어떤 사람에게는 꿈을 통해서 말씀하시고, 또 어떤 사람에게는 분명한 음성으로 말씀하실까?

## 분명한 음성

고대 이스라엘 백성은 비인격적인 신들의 세계에 살았다. 이스라엘 백성들은 빈번하게 피조물, 태양, 별, 달, 우상 등을 숭배했다. 하나님께서는 이스라엘 백성을 통일된 민족으로 만드셔서 한 국가를 형성하시고 헌법과 국토를 주실 때에, 분명한 음성으로 그들에게 말씀하셨다. 이스라엘 백성들을 하나님의 분명한 음성을 들었기 때문에 자기들이 피조물의 일부가 아니라 모든 피조물 위에 계시는 인격적인 하나님을 섬긴다는 것(신 4:15-20), 그리고 자기들의 하나님은 이방 신들과는 다른 특별한 신(신 4:35)이라는 것을 깨달았다. 그들은 하나님의 음성을 들었기 때문에 자기들이 모든 민족들보다 특별한 민족이라는 것을 알았다(33절).

분명한 음성을 듣는 것은 즐거운 경험은 아니었다. 그것은 이스라엘 백성들을 두려워하게 만들었다. 하나님은 이스라엘 백성들의 내면에 경건한 두려움을 주입하심으로써 그들로 하여금 범죄하지 못하게 하려 하셨다(출 20:18-20; 신 4:36; 5:23-29).

이것은 분명한 하나님의 음성에 대한 중요한 사실을 깨우쳐 준다: 즉 계시가 분명할수록 해야 할 일은 더 어렵다. 하나님의 명령을 지키는 것이 이스라엘 민족이 직면하게 될 가장 어려운 과업이기 때문에, 하나님은 이스라엘 백성에게 분명히 귀에 들리는 음성으로 십계명을 주셨다. 우리는 하나님께서 분명한 음성으로 말씀하실 때, 지옥의 세력들이 그 음성에 도전하기 위해 일어날 것이라고 확신할 수 있다. 하나님께서 분명하게 말씀하시는 것은, 우리가 장차 어려운 일을 경험하게 될 것이며, 따라서 하나님께서 말씀하셨던 것을 절대적으로 확신해야 한다는 것을 의미한다. 실제로 분명한 음성은 연속적인 시련을 참고 견딜 힘을 준다.

어떤 사람들은 구약 시대의 선지자들이 하나님의 분명한 음성을 듣는 것은 정상적인 일이었다고 생각한다. 그러나 선지자들을 위한 정상적인 커뮤니케이션의 형태는 꿈, 환상, 수수께끼 등이었다. 예를 들어, 미리암과 아론이 동생 모세의 권위에 도전했을 때, 하나님은 구름 기둥을 타고 강림하셔서 말씀하셨다. "내 말을 들으라 너희 중에 선지자가 있으면 나 여호와가 이상으로 나를 그에게 알리기도 하고 꿈으로 그와 말하기도 하거니와 내 종 모세와는 그렇지 아니하니 그는 나의 온 집에 충성됨이라 그와는 내가 대면하여 명백히 말하고 은밀한 말로 아니하며 그는 또 여호와의 형상을 보겠거늘 너희가 어찌하여 내 종 모세 비방하기를 두려워 아니하느냐"(민 12:6-8). 하나님께서는 자신이 탁월한 지도적 위치로 들어올려준 사람들에게 분명한 음성으로 규칙적으로 말씀하시는 유일한 분이심을 분명히 하셨다(출 19:9).

신약성경에서 분명히 들려오는 음성은 하나의 위격, 즉 주 예수 그리스도가 된다. 그러나 아버지께서는 여전히 하늘로부터 귀에 들리도록 예수에게 말씀하신다. 하나님은 아들이 세례를 받으실 때(마 3:17), 변화산에서(마 17:5), 그리고 십자가에 달리시기 직전에(요 12:27-33) 분명한 음성으로 말씀하셨다.

예수님 외에 다른 사람들도 분명한 음성을 들었다. 하나님은 바울이 아직 그리스도의 원수였을 때에 다메섹 도상에서 그에게 말씀하셨다(행 9:1-9). 함께 여행하던 동료들은 그 음성을 들었지만 이해하지 못했다(행 9:7; 22:9). 아나니아는 환상 중에 바울에게 가서 도와주라는 음성을 들었다(행 9:10-16). 베드로는 비몽사몽간에 음성을 들었는데, 그 음성은 그로 하여금 이방인들이 교회에 들어오는 것을 이해할 수 있게 해주었다. 요한은 주의 날에 성령 안에서 음성을 들었으며, 그리하여 마지막날의 계시들을 털어놓기 시작했다(계 1:10).

이 모든 경험들 안에는 공통점들이 있다. 첫째, 교회사나 성인들의 삶의 전환점에서 분명한 음성이 임한다. 예를 들면, 예수님의 공생애의 출발점, 십자가에서 돌아가시기 전, 최초로 이방인이 회심할 때, 마지막 날에 대한 계시가 주어질 때 분명한 음성이 들려왔다. 둘째, 행해야 할 사역을 받아들이기 어렵거나 믿기 어려울 때, 또는 착수해야 할 과업이 너무나 어렵기 때문에 참고 그 과업을 완수하기 위해서 분명한 음성으로 확신을 주어야 할 필요가 있을 때에 분명한 음성이 들려왔다. 이스라엘 백성이 분명하게 하나님의 음성을 듣지 않았다면 율법을 받아들였을까? 분명한 음성을 듣지 않고서도 아나니아가 교회를 박해했던 사람을 도우러 갔을까? 아마 그럴 수도 있을 것이다. 그러나 자비하신 하나님은 그렇게 행할 것을 요구하지 않으셨다.

바로 그 요소, 즉 하나님의 자비는 이러한 경험들을 묶어주는 세번째 공통점이다. 하나님께서 분명하게 말씀하실 때마다 하나님의 자비가 나타나며, 그의 아들은 존귀를 받으신다. 예수님이 세례를 받으실 때, 변화산에서, 그리고 십자가에 달리시기 전에 들려온 분명한 음성은 모두 자비의 행위였고, 바울과 이방인들이 회심한 것 및 요한에게 마지막들의 계시가 주어진 것도 자비의 행위였다.

하나님은 지금도 분명한 음성으로 말씀하시는가? 하나님은 지금도 불가능한 일을 맡기시는가? 지금도 교회사 및 교회사를 구성하는 성인들 개개인의 삶 안에 극적인 전환점이 남아 있는가? 지금도 하나님은 연약한 사람들에게 자비를 나타내시는가?

그렇다. 하나님은 지금도 분명한 음성으로 말씀하신다. 나 자신은 한 번도 그 음성을 들은 적이 없지만, 내가 알고 있는 사람들 중에 그런 경험을 한 사람들이 있다. 그들은 자기의 경험을 공개적으로 말하려 하지 않기 때문에 그들의 이름을 공개하지는 않겠다. 그러나 하나님께서 분명하게 말씀하시는 것은 극히 드문 일이므로, 나는 하나님의 음성을 듣는 것이 자신의 일상생활의 일부라고 주장하는 사람, 또는 자기의 권위나 다른 사람들에 대한 통제력을 강화하기 위해서 하나님의 음성을 들었다고 말하는 사람들의 주장을 신뢰하지 않는다.

마지막으로, 누가는 하나님의 분명한 음성에 대해서 다른 복음서 기자들이 다루지 않은 한 가지 특성을 추가했다. 그는 예수님이 세례 받으실 때에 하늘로부터 음성이 들렸는데, 그 때 예수님은 기도하고 계셨다고 기록했다(눅 9:28-29). 성전에서 비몽사몽 간에 하나님의 음성을 들었을 때에 바울은 기도하고 있었으며(행 22:17-21), 베드로 역시 하나님의 음성을 들었을 때 기도하고 있었다(행 10:9-16). 아마 하나님의 음성을 분명하게 듣는 특권을 받은 사람들은 하나님과의 교통에 큰 관심을 가진 사람일 것이다.

프랜시스 쉐퍼는 기도하는 중에 하나님의 자비하신 음성을 들었다. 그것은 그들의 삶에서 하나의 전환점이었다. 후일 에디스는 그 분명한 음성 때문에 그들은 아주 어려운 시기를 견뎌낼 수 있었다고 말하곤 했다.[2]

## 홀로 들을 수 있는 음성

사무엘이 어렸을 때, 그의 어머니 한나는 그를 제사장 엘리에게 맡겼다. 사무엘은 여호와의 집 안에 있는 엘리의 방 가까이에 있는 방에서 잠을 잤다. 어느날 밤 사무엘이 잠이 들었는데 "사무엘아, 사무엘아"라는 음성이 들렸다. 그 음성이 너무나 컸기 때문에 사무엘은 옆방에서 엘리가 부르는 것이라고 생각하고서 엘리의 방으로 갔다. 그러나 엘리는 "내가 부르지 아니하였으니 다시 누우라"고 말했다. 이런 일이 두 번 거듭 되었다. 마침내, 엘리는 사태를 파악했다. 그는 이제는 하나님의 음성을 듣지 못하지만, 과거에 하나님의 음성을 듣곤 하던 시기를 기억했다. 그는 사무엘에게 다음에 그 음성을 들으면 "여호와여 말씀하옵소서 주의 종이 듣겠나이다"라고 대답하라고 가르쳐 주었다. 네번째로 여호와께서 사무엘을 부르셨을 때, 사무엘은 엘리가 가르쳐준 대로 대답했다. 그 때 여호와께서는 엘리의 집에 임할 심판의 메시지를 사무엘에게 주셨다.[3]

이 이야기는 하나님께서 당신에게만 들리는 음성으로 말씀하실 수 있다는 사실을 가르쳐 준다. 사무엘을 부른 음성은 매우 컸기 때문에 사무엘은 그것이 옆방에 있는 엘리의 음성이라고 생각했다. 그러나 엘리는 전혀 그 소리를 듣지 못했다. 사무엘은 다른 사람은 듣지 못한 소리를 들었다.

이 이야기에서 흥미로운 것은 여호와의 음성이 어린 소년에게 들렸다는 것이다. 나는 아주 어렸을 때에 초자연적인 경험을 하기 시작한 예언의 은사를 받은 사람들과 이야기해 본 적이 있다. 선지가 요엘의 말에 의하면, 마지막 날에는 이런 일이 더욱 빈번해질 것이다. 요엘은 자녀들이 예언하게 될 때를 예견했다(욜 2:28; 행 2:17).

이 이야기에서 또 하나 흥미로운 특징은 하나님의 음성과의 초자연적인 만남을 경험하면서 그것을 깨닫지 못할 수도 있다는 것을 보여준다는 것이다. 저자는 "여호와의 말씀이 아직 그에게 나타나지 아니했기" 때문에 사무엘이 여호와의 음성을 깨닫지 못했다고 말한다(삼상 3:7). 이 때 엘리의 가르침은 사무엘에게 대단히 큰 도움이 되었다. 주님의 초자연적인 음성을 깨닫는 방법을 배울 때에, 우리는 다른 사람의 경험을 통해서 유익을 얻을 수 있다.

## 분명한 내면적 음성

구약성경에서는 종종 왕이나 백성들의 장로들이 여호와의 특별한 말씀을 듣기 위해서 선지자들에게 가곤 한다. 어느날 이스라엘의 장로들이 에스겔 앞에 앉아서 여호와께서 주시는 예언의 말씀을 기다리고 있었다. 성경은 이렇게 말한다.

> 여호와의 말씀이 내게 임하여 가라사대 인자야 이 사람들이 자기 우상을 마음에 들이며 죄악의 거치는 것을 자기 앞에 두었으니 그들이 내게 묻기를 내가 조금인들 용납하랴 그런즉 너는 그들에게 말하여 이르라 나 주 여호와가 말하노라…(겔 14:2-4)

에스겔은 자기 앞에 앉아 있는 장로들에게 "여호와의 말씀이 내게 임하여"라고 말했다. 에스겔이 실제로 경험하고 있었던 것은 무엇인가? 장로들이 듣지 못한 것을 고려할 때, 그것은 분명히 귀에 들리는 음성은 아니었다. 또 에스겔이 귀로 그 음성을 들은 것인지도 의심스럽다. 가장 그럴 듯한 것은 하나님께서 그에게 내면적으로 말씀하고 계시다는 것이다. 하나님의 말씀이 그의 정신 안에서 완전한 문장들을 형성하고 있었으며, 그의 마음은 하나님의 감정들을 느끼고 있었다. 이것은 기계적인 명령이 아니었다. 하나님이 에스겔 자신의 생각과 언어를 사용하여 말씀하고 계셨다.

에스겔의 말은 그 자신의 인격과 표현 방식을 반영하고 있지만, 에스겔은 이 생각이 자신의 생각과는 다른 것임을 알고 있었다. 그것은 에스겔의 권위를 초월하는 권위를 가진 것이었다. 그렇기 때문에 그는 "여호와의 말씀이 내게 임하여"라고 말했다. 하나님께서 완전한 문장으로 우리의 정신 안에서 말씀하실 때, 그 문장에 사용된 어휘는 우리 자신의 것이지만 그 음성이 권위 있게 임하기 때문에 우리는 그 문장들이 하나님에게서 온 것임을 깨달을 수 있다.[4]

이것은 성경 안에 여러 가지 문체가 있는 이유를 설명해준다. 하나님께서는 진리를 전하기 위해서 성경 기자들에게 "내면적으로" 말씀하실 때, 성경 기자들 자신의 인격과 표현 방식을 사용하셨다. 이런 일은 에스겔서에서 살펴본 바와 같이 구약성경에서도 발생하고 신약성경에서도 발생한다. 사도 바울은 성령의 은사라는 주제에 관한 교훈을 마치면서 고린도 교회의 일부 교인들이 그의 의견에 동의하지 않을 것을 알았다. 그는 그들에게 "만일 누구든지 자기를 선지자나 혹 신령한 자로 생각하거든 내가 너희에게 편지한 것이 주의 명령인 줄 알라"고 편지를 했다(고전 14:37). 바울은 자기가 고린도 교인들에게 첫번째 편지할 때에 단지 충고를 쓴 것이 아니라 성경(즉 하나님의 생각 자체)을 기록하고 있다는 사실을 의식하고 있었다. 그러나 이 생각은 요한이나 베드로의 문체, 구약 시대의 이사야나 예레미야와 같은 선지자들의 문체와는 매우 다른 문체로 표현되었다.

몇 년 전에 나는 16세 소년의 어머니와 상담을 했다. 이 어머니는 자기 아들에게는 사역의 삶을 살라는 소명이 있다는 것을 알고 있었다. 모니카가 어거스틴을 위해서 기도했던 것 같이, 이 여인도 아들이 태어나기 전부터 아들을 위해서 기도했었다. 그러나 16살이 된 소년은 주님을 배반하고 어머니의 마음을 아프게 했다.

어느날 그 부인은 자동차를 운전하면서 울면서 마음을 주님께 쏟아놓았다. 그 부인은 아들에 관해 주셨던 예언의 말씀들, 그리고 하나님께서 아들에 대해서 그녀의 마음에 말씀해 주셨던 보증들과 약속들을 주님께 말씀드렸다. 그 때 그 부인의 마음 속에서 음성이 들려왔다. 그 음성은 "나의 때는 지혜로운 때이다"라고 말했다.

그 부인은 이 음성이 주님의 음성이라는 것을 알았다. 그것은 그 부인이 만들어낸 것이 아니고, 그 부인 자신의 생각도 아니었다. 그 부인은 정반대의 생각을 해왔었다. 그녀는 하나님께서 시기를 택하시는 일에 대해 불평하고 있었으며, 지금이 아들을 주님께 복종시켜 성령의 열매를 나타낼 때라고 생각하고 있었다. 그런데 "나의 때는 지혜로운 때이다"라는 문장이 권위를 가지고 임하여 그 부인의 고민을 몰아내고 커다란 위안을 주었다. 마치 주님이 그 부인에게 이렇게 말씀하시는 것 같았다: "너는 그림 전체를 보지 못하고 있지만, 나는 너의 아들의 인생을 처음부터 끝까지 보고 있단다. 나는 그 아이를 위한 계획을 알고 있으며, 그 계획은 결코 저지되지 않을 것이다. 나는 그의 인생의 모든 것, 심지어 그가 나를 거역한 경험들까지도 활용하여 그 아이를 유익한 종으로 만들 작정이다. 그러니 나를 믿어라. 나의 때는 지혜로운 때란다."

모니카가 아들 어거스틴에 대해서 꾼 꿈이 희망을 주었듯이, 이 말씀도 그 부인에게 아들을 위해 부지런히 기도하려는 희망을 주었다. 우리가 기도로 하나님께 마음을 쏟아놓을 때에 하나님께서 이러한 방식으로 말씀하셔도 놀라지 말라.

하나님께서 내면적인 분명한 음성을 통해서 얼마나 자주 말씀하실까? 나보다 더 많은 예언의 은사를 받은 사람들은 나보다 더 자주 이러한 경험을 했을 것이다. 나는 지난 10년 동안 이렇게 완전한 음성으로 말씀하시는 일을 15-20 차례 경험했다. 매번 그 음성들은 중요한 것이었고 삶을 변화시키는 것이었다.[5]

## 천사들의 음성

25년 전에, 교회는 천사들의 사역에 그다지 관심을 갖지 않은 듯이 보였었다. 천사들은 역사적인 관심사, 또는 학문 연구의 관심사로만 다루어졌었다. 천사들이 교회의 실질적 사역에서 중요한 역할을 한다고 생각하는 교인들은 거의 없었다. 그러나 오늘날은 상황은 크게 변화되었다. 천사들과의 만남에 대한 이야기가 무척 많다. 최근에 기독교 출판사와 일반 출판사에서 천사들이 세상을 방문한 것에 대한 믿기 어려운 이야기들을 출판했다.[6]

이처럼 천사들의 사역에 새로이 관심을 갖게 된 것은 반가운 일이다. 왜냐하면 그것은 천사들에 대한 신약성서의 가르침과 일치하기 때문이다. 히브리서 기자는 "손님 대접하기를 잊지 말라 이로써 부지중에 천사들을 대접한 이들이 있었느니라"(히 13:2)라고 경고했다. 다시 말해서, 그 시대에는 천사들의 방문이 생생하게 이루어졌었다. 히브리서 기자의 말을 따르자면, 낯선 사람들을 대접하지 않는다면, 우리는 천사의 사역의 축복을 놓치게 될 수도 있다.

히브리서 기자는 천사들이 "부리는 영으로서 구원 얻을 후사들을 위하여 섬기라고 보내심"을 받는다고 기록했다(히 1:14). 천사들은 기독교인들을 섬기는 종이므로, 때때로 하나님께서 자신의 심오하고도 초자연적인 보살핌에 대해 감사하게 하시려고 우리로 하여금 천사를 보게 하시는 일에 놀라서는 안된다. 예수님의 지상 생활 동안에 이런 일이 있었다. 천사들의 사역은 예수님의 탄생 때, 시험을 받으실 때, 부활하실 때, 그리고 승천하실 때에 두드러지게 나타났다.[7] 하나님의 아들께서 천사들의 사역으로부터 유익을 얻으셨음을 고려할 때, 우리는 얼마나 더 많은 유익을 얻을 수 있을까?

많은 사람들은 우리 모두에게 수호천사가 있다고 믿는다. 그들은 예수께서 "삼가 이 소자 중에 하나도 업신여기지 말라 너희에게 말하노니 저희 천사들이 하늘에서 하늘에 계신 내 아버지의 얼굴을 항상 뵈옵느니라"(마 18:10)라고 하신 말씀을 전거로 삼는다.

천사들은 종과 수호자 역할을 할 뿐만 아니라, 하나님의 초자연적 계시의 대리인 역할도 한다. 초대 교회 시대에 천사들은 감옥을 부수는 일을 했었다(행 5:19; 12:7). 천사들은 하나님의 종들에게 초자연적인 계시와 안내를 해주었다. 빌립은 천사로부터 에디오피아의 내시에게 복음을 전하라는 명령을 받았다(행 8:26). 최초의 이방인 신자인 고넬료는 회심하기 전에 천사의 방문을 받아 해야 할 일에 대한 가르침을 받았다(행 10:3). 바울 및 함께 배에 탄 사람들이 바다에서 죽을 위험에 처했을 때, 하나님은 천사들 보내어 그들이 구원받을 것이라는 예언적 계시를 주셨다(행 27:23-26). 가장 위대한 예언서인 계시록은 천사를 통해서 요한에게 전해졌다(계 1:1).

마지막으로, 천사들은 성도들의 복수를 해주고, 하나님의 원수들을 처형해주는 역할을 한다(행 12:23). 우리가 알 수 있는 바, 성경은 교회 생활에서 천사에게 탁월한 역할을 배정한다.

사람들은 다른 사람들이 어떻게 생각할런지 염려되어 천사를 만난 이야기들을 털어놓지 않는다. 목회 사역 초기에 우리 교회의 여신도 한 사람이 나에게 다음과 같은 이야기를 해주었다. 그 신도나 우리 교회는 전혀 은사주의가 아니었다. 실제로 우리 교회는 성령의 은사를 대적하는 분명한 편견을 가지고 있었다. 그 부인은 사람들이 미쳤다고 생각할까 봐 아무에게도 이 이야기를 하지 않았었다.

그 부인은 자기가 사는 도시의 고속도로를 차를 몰고 가던 중에 갑자기 몸이 아팠다. 부인은 자신이 자동차를 제대로 운전하지 못하여 사고가 나지 않을까 걱정했다. 그런데 그 때 부인은 검은 가죽 잠바를 입은 잘 생긴 청년이 길가에서 자동차를 얻어 타려고 애쓰고 있는 것을 보았다. 부인은 자동차를 세우고 그 청년을 태워주었다. 부인은 "미안하지만, 내가 몹시 아픈데, 혹시 운전할 줄 안다면, 나를 마을 서쪽에 있는 병원에 데려다 주시지 않겠어요? 그 다음에는 가시고 싶은 데로 가실 수 있게 조처해 드릴께요"라고 말했다. 청년은 부인의 말에 동의하고 대신 운전하여 부인을 병원에 데려다 주었다. 청년은 부인을 부축하여 병원으로 데리고 갔고, 간호원은 즉시 부인을 진찰실로 데리고 갔다. 몇 분 후에 부인은 그 청년에게 고맙다는 인사를 하지 않았고, 또 청년의 목적지에 갈 수 있도록 조처해 주겠다는 약속을 지키지 않았음을 깨달았다. 부인은 다시 로비로 가서 접수하는 사람에게 그 청년이 어디로 갔느냐고 물어보았다. 그 사람은 "어떤 청년 말이죠?"라고 물었다.

"나를 여기로 데리고 들어온 청년 말입니다."

"아무도 부인을 이곳에 데리고 들어오지 않았는데요. 부인 혼자서 들어와서 이 카운터에 열쇠를 놓으셨습니다."

그 부인은 자기가 정말로 큰 병이 들었다고 생각했다. 그 모든 일이 환각이었다고 생각한 것이다.

일 년쯤 뒤 성탄절 무렵에 그 부인은 쇼핑센터에서 쇼핑을 하고 문을 닫을 무렵 그곳에서 나왔다. 그녀는 지하 주차장의 한쪽 구석에 차를 주차에 놓았는데, 그녀의 자동차 바로 앞, 그리고 통로 옆은 시멘트벽이었고, 자동차의 왼쪽은 비어 있었다.

그 부인이 주차장에 들어가서 자동차가 있는 곳으로 가기 시작했을 때, 주차장은 비어 있었다. 그 때 부인은 자기의 오른편 어두운 곳에서 발자국 소리를 들었다. 고개를 돌려 보니 한 사람이 자기를 향해 걸어오고 있었다. 부인은 뛰기 시작했고, 그 사람도 뛰었다. 부인은 뛰면서 지갑 속에 손을 넣어 열쇠를 찾았다. 자동차 앞에 도착했지만 문을 열기 전에 그 사람에게 붙잡힐 것 같았다. 부인은 정면으로 그 사람을 바라보았다. 그런데 그 사람은 부인에게서 약 10미터 떨어진 곳에서 갑자기 두려움에 질린 표정으로 멈추어 섰다. 그리고는 돌아서서 주차장에서 달려 나갔다. 부인은 자동차가 있는 곳을 보았다. 시멘트 벽과 그녀의 자동차 사이에는 일년 전 고속도로에서 태워 주었던 청년이 서 있었다. 청년은 그때와 똑같이 검은 가죽 잠바를 입고 미소를 지으며 그녀를 바라보았다. 그녀는 자기를 공격하려는 사람이 가버렸는지 어깨 너머로 확인한 후, 청년에게 고맙다는 인사를 하려고 앞을 보니 청년은 이미 사라지고 없었다. 그 부인은 자동차 주변을 살펴 보았다. 시멘트 벽에는 출입문이 없었고, 자동차 밑에도 청년은 없었다. 청년은 사라진 것이다. 부인은 비로소 천사가 자기를 찾아왔다고 깨달았다. 이번에도 천사가 그녀를 살려준 것이다.

앨러바마 대학 축구팀 수석 코치인 스탤링즈(Gene Stallings)의 이야기를 해 보자. 스탤링즈는 코치로서 대단한 경력을 소유하고 있다. 그는 이제까지 텍사스 A & M 팀의 수석 코치, 톰 랜드리가 활약하던 때에 달라스 카우보이 팀의 보조 코치, 피닉스 카디날 팀의 수석 코치로 활동했었다. 그러나 그에게 있어서 가장 중요한 만남은 경기장에서 있었던 것이 아니라 어린 아들 자니의 침실에서 있었다.

자니는 태어나면서부터 다운 증후군을 앓았다. 다운 증후군을 앓는 자녀를 둔 부모가 아니면 이러한 아이들이 직면하는 많은 문제들을 다루는 데 따르는 정신적 고통과 혼란을 상상할 수도 없을 것이다. 자니가 아주 어렸을 때의 일이다. 어느날 밤 스탤링즈는 아들의 방에서 무슨 소리를 들었다.

> 나는 즉시 자니에게 문제가 있는지 알아보려고 자니의 방문을 열었는데, 놀랍게도 침대에 아기가 하나가 아니라 둘이 앉아 있었다. 아기들은 자기들만 아는 놀이를 하면서 깔깔 대고 웃고 있었다. 한 아기가 나를 향해 돌아앉더니 꿰뚫어 보는 듯한 시선으로 내 눈을 들여다 보고서는 갑자기 사라졌다.
>
> 나는 지금도 하나님께서 앞으로 내가 견뎌야 할 세월에 대비하여 격려해 주기 위해서 순간적으로 자니의 수호천사를 나에게 보여주신 것이라고 믿고 있다.

그 후 스탤링즈는 다운 증후군을 앓는 자녀들 둔 가족들을 위로하고 격려하는 사역을 하고 있다.

교회사에는 이러한 이야기들이 많이 기록되어 있다. 오늘날 천사들을 만났다는 이야기가 크게 증가하고 있다. 이것은 오늘날 교회 안에서 천사들에 대한 이야기가 과거보다 잘 받아들여지는 데서 기인하거나, 또는 천사들과의 만남이 실제로 증가하고 있기 때문일 것이다. 예수께서는 천사들이 마지막 때에 뛰어난 역할을 하게 될 것이라고 가르치셨다(마 13:39; 24:31; 25:31). 사도 바울도 역시 동일하게 가르쳤다(살전 1:7). 마지막 때에 대해 기록한 책인 계시록에서는 여덟 번이나 천사를 언급하고 있다.

분명한 사실은 다음과 같다: 우리가 말세에 근접하고 있거나 주 예수의 재림이 임박했거나 상관없이, 우리는 "손님 대접하기를 잊지 말아야 한다. 그렇게 함으로써 부지중에 천사들을 대접한 사람들이 있었기 때문이다."

## 초자연적 음성을 감춤

이제까지 하나님께서 자녀들에게 말씀하시는 초자연적인 방법 중에서 가장 명백한 방법, 즉 귀에 들리는 분명한 음성, 우리 자신에게만 들이는 음성, 내면적으로 들려오는 음성, 그리고 천사의 음성 등에 대해 살펴보았다. 어떤 사람들은 이러한 음성을 오해한다는 것을 불가능한 일일 것이라고 생각하겠지만, 실상은 그렇지 않다. 어떤 사람들은 천사들을 알아보지 못했다(히 13:2). 사무엘은 하나님의 음성을 엘리의 음성이라고 생각했었다.

가장 교훈적인 본보기는 예수님의 생애에서 찾아 볼 수 있다. 예수님이 십자가에 달리시기 전전에 하나님은 증인들이 있는 곳에서 아들에게 분명한 음성으로 말씀하셨다. 당시 예수님은 사람들에게 말씀하고 계셨다.

> 지금 내 마음이 민망하니 무슨 말을 하리요 아버지여 나를 구원하여 이 때를 면하게 하여 주옵소서 그러나 내가 이를 위하여 이 때에 왔나이다 아버지여 아버지의 이름을 영광스럽게 하옵소서 하시니 이에 하늘에서 소리가 나서 가로되 내가 이미 영광스럽게 하였고 또 다시 영광스럽게 하리라 하신대 곁에 서서 들은 무리는 우뢰가 울었다고도 하며 또 어떤 이들은 천사가 저에게 말하였다고도 하니 예수께서 대답하여 가사라대 이 소리가 난 것은 나를 위한 것이 아니요 너희를 위한 것이니라 이제 이 세상의 심판이 이르렀으니 이 세상 임금이 쫓겨나리라 내가 땅에서 들리면 모든 사람을 내게로 이끌겠노라 하시니 이렇게 말씀하심은 자기가 어떠한 죽음으로 죽을 것을 보이심이러라(요 12:27-33).

그 음성은 예수님께 영광을 가져왔다. 주님은 기도하셨고, 아버지는 많은 사람들 앞에서 공개적으로 분명한 음성으로 대답하셨다. 스스로 이런 경험을 했다고 주장할 수 있는 사람이 얼마나 될까?

예수님은 그 음성이 주어진 것은 예수님 자신을 위한 것이 아니라 그곳에 있는 사람들을 위한 것이라고 말씀하셨다. "계시가 분명할수록 맡겨지는 일은 더 어렵다"는 원리를 기억하고 있는가? 예수님은 인간 쓰레기들에게 해당되는 사형 방법인 십자가 처형을 눈 앞에 두고 계셨다. 사람들이 예수님을 메시아라고 믿기 어려운 상황이었다. 그렇기 때문에 하나님께서는 하나님의 영광이 예수님에게 머물러 있다는 것, 모든 사람들과는 달리 예수님이 하나님의 특별한 사랑을 받고 있다는 것을 보여 주기 위해서 많은 사람들을 증인으로 삼아 분명한 음성으로 예수님에게 말씀하신 것이다. 이것은 하나님의 자비였다. 그 음성은 분명히 귀에 들리는 음성이었다. 하나님은 더듬거리지 않고 분명하게 말씀하셨다. 그것은 모든 상황이 예수님의 메시아 되심을 증거하기에 불리하게 진행되고 있을 때에 예수님이 하나님의 아들이심을 사람들로 하여금 믿게 하시기 위해서였다.

요한은 아주 기이한 일을 기록했다. 그는 그곳에 있던 사람들 중 일부는 하나님의 분명한 음성을 이해하지 못했다고 말한다. 실제로 어떤 사람들은 그 음성을 듣지 못했다. 그들은 그 음성을 들은 사람들에게 "당신이 잘못 들었어요. 그것은 우뢰였어요"라고 말했다. 하나님께서 그들을 위해서 분명하게 귀에 들리도록 말씀하셨지만, 그들은 그것을 우뢰소리로 들은 것이다. 이것은 시내 산에서 말씀하셨던 음성과는 다른 음성이었다.

아들의 강림과 더불어 하나님의 분명한 음성의 어조는 바뀌었다. 이제는 일정한 조건이 충족되어야만 그 음성을 이해할 수 있다. 어떤 사람들은 그 음성을 듣고, 다른 사람들은 그 음성을 듣지 못한 이유는 무엇일까? 이 신비에 대한 해답은, 분명한 음성으로 말씀하시거나, 성경의 정확한 표현으로 말씀하시거나, 또는 신비한 꿈을 통해서 말씀하시는 성령의 언어를 이해하는 열쇠가 된다. 우리에게 임한 성령의 언어가 어떤 형태든지 상관없이, 그 언어가 나타내는 의미를 푸는 열쇠는 항상 동일하다. 우리가 그 열쇠를 사용하려 하기 전에, 먼저 하나님의 음성이 취하는 다른 형태들에 대해 살펴 보아야 한다.

어느날 예수님께서 우리에게 분명한 음성으로 말씀하실는지도 모른다. 만일 그렇게 하신다면, 우리는 그 음성을 알아들을 수 있을까? 그저 우뢰 소리를 듣는 데 그치는 것은 아닐까?

chapter 10
# 하나님은 자연적 수단을 통해서 말씀하신다

　　내가 처음 목회를 시작했을 때의 일이다. 어느 주일 아침, 나는 그날 내가 전하려는 설교에 대한 열심으로 가득하여 교회로 갔다. 설교는 주님의 만찬의 의미에 관한 것이었다. 나는 그 설교가 전 교인들에게 거룩한 경험이 될 것이라고 확신하고 있었다. 그 당시 나는 집사들로 하여금 성찬식 집례를 돕게 했다. 우리 교회에서는 항상 설교 전에 성찬식을 거행했었는데, 그날 나는 먼저 나의 놀라운 메시지를 전파한 후에 성찬식을 행하기로 작정했다. 그렇게 하면 그 주제에 관한 나의 심오한 지혜를 얻은 교인들에게 성찬이 훨씬 의미 있게 될 것 같았다.

　　나는 예배를 시작하기 직전에 성찬식 책임을 맡은 집사를 찾아서 설교를 한 후에 성찬식을 하려는 나의 계획에 대해 말해 주었다. 그 집사는 다른 집사들이 설교 전에 성찬식을 도우려고 준비를 하고 있기 때문에 내 계획대로 할 수 없다고 설명했다. 나는 그 집사에게 성찬식을 맡은 모든 집사들에게 내 계획을 전달하고 그 집사의 계획을 변경해줄 것을 요청했다. 설교를 마친 후에 교인들이 성찬을 받으면 훨씬 더 큰 유익을 얻을 것이라고 세심하게 설명해 주었다.

그런데 일이 커졌다. 우리는 서로 언성을 높이기 시작했고, 이윽고 주먹을 불끈 쥐기에 이르렀다. 주일 아침에 우리는 성만찬 문제를 두고서 교회 사무실에서 얼굴을 붉히고 공격 자세를 취하고 물리적 공격을 취할 찰나에 있었다. 다행히 장로 두 사람이 우리가 언쟁하는 소리를 듣고 사무실에 들어와서 우리를 중재했다. 그들 덕분에 우리는 진정할 수 있었다. 우리는 상투적인 사과를 하고 악수를 했지만, 나는 그 집사에게 무척 화가 나 있었다. 어쨌든 성찬식은 설교를 마친 후에 거행했다. 그러나 그 날 설교는 그다지 훌륭하지 못했고 설교 후에 거행한 성찬식 역시 마찬가지였다. 이제까지 주일날 마음에 증오심을 품은 채 그리스도의 사랑과 희생에 대한 설교를 한 것은 그 때뿐일 것이다.

주일날 오후에도 나는 그 집사에 대한 분노에 사로잡혀 있었다. 물론 나는 그것을 분노라고 생각하지 않았다. 나는 자신이 교회의 영적 건강을 위한 의분과 염려를 느끼고 있다고 생각했다. 나는 그 사람은 집사의 자격이 없으며, 그런 사람을 지도자의 자리에 그대로 두면 교회에 큰 피해를 입힐 것이라고 생각했다. 그러면서 나 자신의 성격 역시 해로울 수도 있다고는 생각하지 않았다. 나는 되도록 신속하게 교회를 위해 조처를 내려야 한다고 생각했다.

나는 이 집사를 제거할 계획을 구상했다. 솔직히 말하자면, 나는 그 집사에게서 맡은 직책을 빼앗는 것을 원한 것이 아니라, 그 집사가 교회를 떠나기를 원했다. 앞으로 취할 나의 행동이 그 집사를 용서하는 행동인 것처럼 보이기 위해서는 사려깊게 행동해야 한다는 것을 알고 있었기 때문에, 나는 복수심을 감추면서도 그 사람을 해임할 수 있는 계획을 세웠다.

화요일 아침이었다. 나는 신학교에서 시편 강의를 하기 위해서 포트 워스를 떠나 30번 도로를 타고 달라스를 향해 운전하고 있었다. 그날 강의에는 "사랑"이라는 히브리어의 의미를 다루는 내용이 있었다. 나는 절대 확실하다고 생각되는 계획을 세워 놓았기 때문에 기분이 좋았고 화도 어느 정도 가라앉은 상태였다. 나는 카세트에 내가 좋아하는 예배 음악 테잎을 넣고 아름다운 테너 음성으로 노래한 시편을 듣고 있었다.

달라스와 포트워스 중간쯤 왔을 때, 30번 도로가 내 시야에서 사라지고 내 앞에 우리 교회의 성소가 나타났다. 그 환상은 너무나 사실적이었다. 마치 내가 단상 뒤 성소에 서서 제단을 내려다 보고 있는 듯했다. 차 안에서 듣고 있던 예배 음악이 성소 안에 울려 퍼지고 있었다. 교회에는 교인들은 하나도 없고 하나님의 임재로 충만했다. 그 때 나는 성소 앞 제단 앞에 한 사람이 무릎을 꿇고 있는 것을 보았다. 그 사람은 하늘을 바라보고 있었는데, 두 뺨으로 눈물이 흘러 내리고 있었다. 그의 얼굴에서는 황금빛 광채가 빛났다. 그는 분명히 하나님을 사랑하는 사람이었고 하나님을 예배하고 있었다. 또 하나님도 그 사람을 크게 사랑하신다는 것이 분명했다. 그 때 그 사람이 살짝 고개를 돌렸기 때문에 나는 그 사람의 얼굴을 볼 수 있었다. 그는 내가 위험하다고 생각한 바로 그 집사였다.[7]

하나님은 주일날 이후로 내가 미워하고 있던 집사의 마음을 보여 주신 것이다. 나는 눈물을 흘렸다. 그리고 크게 부끄러웠다. 하나님께서 사랑하시는 사람을 내가 어찌 미워할 수 있다는 말인가? 나의 하나님을 그처럼 사랑하고 예배하는 사람을 제거할 음모를 세웠다는 것이 너무나 부끄러웠다. 그 때 환상은 사라지고 다시 30번 도로가 나타났다. 환상이 사리진 후에도 내 뺨에서는 여전히 눈물이 흐르고 있었다. 나는 하나님께 아무 말도 하지 않았지만 마음으로는 이미 회개했다. 나는 하나님께서 형제의 마음과 나의 죄악됨을 보여주신 데 대해 감사를 드렸다. 나는 속히 집에 돌아가서 화해하려 했다. 이제 나는 형식적인 사과가 아니라 진심의 사과를 할 수 있게 된 것이다. 그 환상 덕분에 우리는 화해를 했다.

하나님께서 나의 죄를 깨닫게 하시려고 성경을 사용하시지 않은 것이 이상하게 보일 수도 있을 것이다. 물론 형제 사랑이라는 주제를 다룬 성경 본문이 많으며, 게다가 나는 신학교 교수였다. 그러나 때때로 성경을 아는 것이 회개하는 데 장애물이 되기도 한다. 성경지식은 교만의 근원이 될 수 있으며, 우리는 죄를 정당화하기 위해서 성경 지식을 사용할 수도 있다. 내가 바로 그 사례였다. 나는 이미 가증스러운 나의 행동 계획을 정당화하기 위해서 많은 성경 본문을 모아 놓았었다. 때로 전문적인 성경 해석자의 완악한 마음은 장갑차보다 더 단단하다. 분노로 인해 내 마음은 "죄의 유혹으로 강퍅해졌다"(히 3:13). 그리고 나는 성경 지식을 사용하여 마음을 더욱 강퍅하게 만들었다. 그렇기 때문에 하나님께서는 내가 해치고 싶어한 사람의 마음을 환상으로 보여주신 것이다.

환상은 나를 회개하게 만들고 죄에서 구원해 주었다. 그것은 아주 단순한 일이었다. 환상이 그런 기능을 할 수 있으므로, 나는 환상을 보며 그것을 이해할 수 있기를 원한다. 환상은 성령께서 정규적으로 말씀하실 때 사용하는 언어들 중 하나이다.[1]

성령의 언어에는 구원하는 능력이 있다. 우리가 그 언어를 많이 이해할수록 그만큼 더 많은 구원의 능력을 경험할 것이다. 만일 우리가 진정으로 죄악되고 해로운 삶에서 구원받기를 원한다면, 성경 안에서, 우리의 환경 안에서, 환상 속에서, 느낌 속에서, 그밖에 여러 가지 발언 속에서 하나님의 음성 듣는 법을 배워야 한다.

## 꿈, 환상, 몽환

우리가 잠든 동안에 꾸는 꿈(dream)은 생각과 감정이 동반되는 심상들로 이루어진다. 심상들은 일관성 있는 이야기를 말해 주기도 하고, 때로는 아무 의미가 없는 듯이 보이기도 한다. 환상(vision)이란 우리가 깨어 있는 동안에 보는 꿈이다.[2] 몽환(trance)이란 우리가 깨어 있는 동안에 발생하는 일종의 환상적인 상태이다. 몽환 상태에 있는 사람들은 육체의 기능을 상실하는 것은 물론이요 주위 환경도 의식하지 못한다. 환상이나 몽환 속에서 분명한 음성을 들을 수도 있다.[3]

성경 시대에 하나님은 보통 꿈, 환상, 몽환 등을 통해서 말씀하셨다. 환상과 꿈의 부재는 하나님을 거역하던 시대에 하나님의 심판을 보여주는 상징이었다(애 2:7; 미 3:6-7; 삼상 3:1). 구약성경에서 꿈과 환상은 주로 선지자들에게 주어졌다. 그것들은 하나님께서 예언자들에게 말씀하시는 정상적인 방법이었다. "너희 중에 선지자가 있으면 나 여호와가 이상으로 나를 그에게 알리기도 하고 꿈으로 그와 말하기도 하거니와"(민 12:6).

신약성경에서는 모든 교회가 정상적으로 성령 강림, 꿈, 환상, 그밖에 다른 예언적 경험을 했다(행 2:17-18). 이러한 환상적 경험들의 본질에 대해서는 나중에 자세히 살펴 보겠지만, 지금은 그것들이 하나님께서 자녀들에게 말씀하시는 일상적인 방법이라는 것을 지적하는 것으로 만족하려 한다.

꿈은 하나님과 교통하는 성경적 수단이지만, 어떤 사람들은 꿈의 가치를 의심하기도 한다. 하나님께서 의심을 어떻게 없애 주셨는지 켄의 이야기를 들어 보자. 그것은 우리를 위한 하나님의 사랑에 대해서 내가 들어본 중에 가장 감동적인 이야기이다:

나는 그날 밤에 내 영혼에게 속삭여진 꿈만큼 친밀한 교제는 없을 것이라고 생각한다. 그렇지만 과거에 나는 그렇게 생각하지는 않았다. 왜냐하면 여러 해 동안 내가 꾼 꿈들은 대부분 나의 잠재의식 안에 있던 두려움이나 소원들의 표현이었기 때문이다. 예를 들면, 교실에 있는데 갑자기 속옷만 입고 있다는 것을 알아차린다거나, 방에 있는데 강도가 옷장에 숨어 있었기 때문에 아래층에 있는 부모님을 큰 소리로 부르지만 소리는 나오지 않는다거나, 강도가 덮치려 하기 때문에 침대에서 뛰어내리려고 해도 몸이 움직여지지 않는다거나, 강도가 가까이 왔기 때문에 이불 속에 들어가서 더 크게 소리를 치지만 소리가 나오지 않는 것 등을 들 수 있다.

과거에 나는 꿈 속에서 하나님이 말씀하셨다고 말하는 사람들을 손금을 보는 사람들과 같은 범주로 분류했었다. 가장 좋게 보는 경우는 그들을 의심했고, 가장 나쁘게 보는 경우는 유령 같이 여겼다. 만일 내가 파티나 다른 장소에서 어떤 사람에 의해서 궁지에 몰린다면, 나는 내 잔의 술을 벌컥 벌컥 마셔 버린 후에 가장 가까이에 있는 술을 가지러 갈 것이다. 나는 꿈을 꾸는 사람들도 이와 같다고 생각했었다.

그런데 내 아내가 그런 꿈을 꾸었다. 아내는 꿈속에서 큰 체육관 안에 있었다. 10미터 높이의 체육관 천장의 창문을 통해서 햇빛이 들어오고 있었다. 아내는 알지는 못하지만 안다고 생각되는 청년과 함께 바닥에 앉아 있었다. 두 사람은 수백 명의 아름다운 무희들이 아름다운 옷을 입고 춤을 추는 모습을 보고 있었다. 그것은 아내가 이제까지 본 중에서 가장 아름다운 춤이었다. 비록 아내가 직접 몸을 움직이고 있지는 않았지만 내면적으로 그 춤에 완전히 사로잡혀서 자신이 그 춤의 일부가 된 듯이, 마치 그 춤과 완전히 동화된 듯했다. 아내는 그 춤의 완전히 몰두해 있었기 때문에 결코 싫증을 느끼지 않을 것 같았다. 청년이 일어서더니 체육관 한복판으로 걸어나갔다. 그러자 무희들 모두가 그에게 절을 한 후에 한쪽으로 물러갔다. 청년은 "이제 저 여인이 춤을 추게 하시오"라고 말했다. 아내는 그가 자기에 대해 말하고 있다는 것을 알았다.

아내는 일어나서 청년이 서 있는 곳으로 걸어갔다. 그의 곁에 섰을 때, 아내는 자신이 더러운 연습복과 해진 각반을 걸치고 있음을 알았다. 그러나 아내의 걱정은 한 순간에 사라졌다. 청년은 한쪽으로 물러나 앉아서 구경을 하고, 아내는 춤을 추기 시작했다. 아내는 왼쪽 다리를 높이 들고서 몸을 반대편으로 돌리고서 춤을 추면서 체육관

끝으로 나아갔다. 아내는 한쪽 끝에 도착하면 한족 발을 높이 들고서 다른 쪽 발을 중심으로 회전하여 다시 반대편을 향해 춤을 추었다.

아내는 춤을 다 춘 후에 다시 청년의 옆에 앉았다. 청년은 체육관 복판으로 걸어가서 발레리나들에게 "저 여인이 얼마나 아름답게 춤을 추는지 보았지요. 그녀는 한 번도 춤 연습을 한 적이 없는데도 아름답게 춤을 추었습니다. 나는 그녀의 춤을 사랑합니다"라고 말했다.

어린 주디가 체육관을 떠나자, 발레리나들은 제자리를 잡고 발레를 계속했다. 청년은 주디를 한쪽으로 데리고 가서 아름다운 집의 사진이 가득한 앨범을 보여 주었다. 방들은 훌륭한 것들로 가득차 있었다. 그녀가 그것을 보고 놀라자, 청년은 "이 집은 내 집입니다. 나는 당신이 그곳에 살면서 나를 위해 춤을 추어 주기를 원합니다"라고 말했다.

꿈에서 깨어난 주디는 그것이 무슨 꿈인지 이해할 수 없었다. 꿈은 매우 생생하게 기억이 났지만, 무슨 의미인지 애매했다. 그녀는 하나님께서 과거에 꿈을 통해서 사람들에게 말씀하셨다는 것을 알고 있었다. 신약 성경과 구약 성경에는 그러한 이야기들이 가득했다. 그렇지만 하나님께서 실제로 그렇게 행하시는지 알지 못했다.

아내는 꿈에 대해서는 거의 생각하지 않은 채 옷을 입고 아이들을 학교에 데려다 주었다. 아침에 늘 하는 일을 마친 후 차를 몰고 집으로 돌아오는 데 그 꿈이 생생하게 기억났다. 자신이 춤을 추는 모습을 지켜 보던 중 아내는 오래 전에 잊었던 일들이 생각났다. 그것은 아내가 어렸을 때의 기억들이었다.

어렸을 때, 주디는 설거지 차례가 되면 싱크대 앞에서 빈둥거리며 시간을 보내곤 했다. 주디는 접시 하나를 세제를 탄 물에 넣고 비누 방울을 불면서 한참 동안 다른 생각을 한 후에 접시를 씻고, 물장난을 하면서 다른 생각을 하고 나서 그 접시를 헹구곤 했었다. 어떤 때는 저녁 내내 설거지를 마칠 때까지 이런 식으로 시간을 보냈다. 그러나 주위에 사람이 없을 때면, 어린 주디는 그릇들은 내버려 둔 채 춤을 추면서 부엌에서 거실까지를 왔다 갔다 했었다. 한쪽 끝에 도착하면 한 쪽 발을 높이 들고 다른 발에 중심을 두고서 회전한 후에 다른 쪽으로 춤을 추면서 나아갔었다. 이 생각을 하면서, 아내는 눈물을 흘렸다. 당시 어린 주디는 마음 속에 많은 슬픔을 가지고 있었지만 그것을 겉으로 드러내지 않았고, 아무에게도 자기의 꿈이나 마음의 아픔에 대해 이야기 하지 않았었다.

이윽고 아내는 모든 것을 분명히 알 수 있었다. 꿈에서 본 청년은 예수님이었다. 그녀가 성장기에 마음 속에 아픔을 간직한 채 거실에서 춤을 추는 모습을 예수님께서 지켜 보고 계셨던 것이다. 예수님은 주디가 발레리나가 되려는 꿈을 가지고 있다는 것을 알고 계셨다. 또 주디가 발레 교습을 받지 못하고 있다는 것도 알고 계셨다. 또 대학을 중퇴하고 취직을 해야 했던 것도 아셨다. 주디가 내적으로 느끼는 부당함이라는 감정도 알고 계셨다. 즉 주디는 자신이 결코 특별하지 못하다고, 자기의 인생은 중요하지 않다고, 다른 사람들은 성경을 가르칠 수 있지만 자기는 가르칠 수 없다고, 다른 사람들에게는 좋은 일이 일어나지만 자기에게는 일어나지 않는다고, 다른 사람들은 삶에 관심을 갖지만 자기는 그렇지 못하다고 느끼고 있었다.

그러나 예수님은 주디를 원하셨다. 모든 발레리나들 중에서 주디를 선발하여 자기를 위해 춤을 추게 하셨고, 자기 집에 초청하셨다. 주디가 발레 교습을 받지 못한 것이나 다른 발레리나들처럼 좋은 무용복을 입고 있지 않다는 것은 문제가 되지 않았다. 주디는 발레리나의 마음을 가지고 있었고, 춤을 사랑했다. 중요한 것은 바로 그 점이었다.

주디는 나에게 전화를 걸어 꿈 이야기를 했다. 내가 어떤 반응을 나타낼지 알지 못했지만, 너무나 아름다운 꿈이었고 깊은 감명을 주었기 때문에 나에게 말하고 싶었던 것이다.

주디의 말을 듣고 나서 나는 "그래, 당신은 발레 교습을 받고 싶다는 말이오?"라고 말했다. 아내는 "이것은 발레에 대한 꿈이 아니라, 내가 어렸을 때 예수님께서 그곳에 계셨다고 말해 주시는 꿈이어요. 아무도 나를 보지 않았지만 예수님은 나를 보고 계셨어요. 그 꿈은 예수님께서 나에게 만족하고 계시다는 것, 나의 신앙을 기뻐하신다는 것을 가르쳐 준다고 생각해요. 주님은 내가 그 분과 더 친밀한 관계를 갖도록 초청하고 계시는 것 같아요"라고 말했다.

전화를 하면서 나는 그 꿈이 아내에게 얼마나 큰 의미를 주었는지를 알 수 있었다. 아내는 아주 흥분해 있었다. 그렇기 때문에 나는 조금이라도 회의적인 말을 하지 않으려고 노력했다. 전화를 끊은 후에 나는 잠시 그 일에 대해서 생각했다. 그것은 나에게는 너무나 생소한 일이었다. 주디는 세상에서 내가 가장 존경하고 신뢰하는 사람이었다. 주디는 결코 과장하거나 극단으로 치우치는 사람이 아니고, 감정적인 사람도 아니었다. 그런데도 주디는 눈물을 흘리면서 꿈 이야기를 한 것이다.

나는 집에 돌아가기 전에 하나님께 아내를 이해할 수 있도록 도와 달라고 기도했다. 만일 그것이 정말로 하나님의 음성이라면 그것을 억압하지 않고, 만일 그것이 하나님의 음성이 아니라면 그것을 장려하지 않을 생각이었다. 이런 생각을 하면서 집으로 차를 몰다가 책을 사려고 구세군에서 운영하는 중고품 할인상점 앞에 멈추었다. 나는 일주일에 한두 번 그 상점에 들리곤 했었다. 책을 둘러보던 중, 나는 『너무나 사실적인 꿈』(A Dream So Real)라는 제목의 책을 보게 되었다. 나는 '참 기이한 우연이군'이라고 생각하면서 그 책을 서가에서 꺼내어 펴 보았다. 내가 펼친 곳의 한쪽 페이지에는 어린 소녀의 사진이 실려 있고 반대쪽 페이지에는 한 편의 시가 실려 있었다. 소녀는 마치 춤을 추려는 듯 다리를 들고 있었다. 그 시의 제목은 "꿈꾸는 무희"이었다.

이것이 내 기도에 대한 응답이었을까? 그렇게 빨리 응답이 임한 것일까? 하나님께서 중고품 가게에서 나를 만나셔서 '그 꿈은 사실이다. 그것은 나였다. 그것은 내 음성이었다'라고 말씀하시는 것이었을까? 나는 그 책을 샀다. 집에 도착한 나는 주디에게 내가 전화를 끊은 후에 무슨 기도를 했는지 말해주고 그 시를 읽어 주었다. 아내는 다시 눈물을 흘렸다. 다음과 같은 구절을 읽을 때에는 더욱 흐느꼈다:

그 때에
어두운 곳에서 나아오라.
춤을 추면서 용감하게 꿈 속으로 들어가라.
꿈이 없으면
그대는 바람도 불지 않는 방랑의 길을 걷게 되리

사흘 동안 주디는 울었다. 때때로 아주 침착해지기도 했지만, 대체로 감정이 억제할 수 없이 격앙되어 있었다. 사흘이 지나자, 주디는 눈물을 그쳤다. 그리고 기적적으로 주디의 과거의 상처는 치유되었다. 그 상처는 그 후 결코 재발되지 않았다.

하나님께서 무슨 일을 하셨는지 이해하는가? 하나님께서는 내 아내의 어린 시절의 기억 중에서 아내가 소중히 여기는 심상을 하나 뽑아내셨다. 그리고 어느날 밤에 그것을 아내에게 속삭여주신 것이다. 그 심상은 말로 표현할 수 없는 곳에서 아내에게 접촉했고, 그 접촉 덕분에 아내의 아픈 과거의 기억이 치유된 것이다.

아내의 꿈 속으로 보다 깊이 들어가 보자. 당신은 창문을 보는가? 당신은 하나님께서 말씀하시는 방법으로 계시된 하나님을 보는가? 하나님은 주디가 신학교에 가서 하나님께서 자기 백성에게 처음으로 말씀하시면서 사용하신 언어인 히브리어를 배우는 것을 요구하지 않으셨다. 오히려 하나님께서 주디의 언어를 배우셨다.

하나님은 주디의 마음의 언어를 배우셨다. 하나님은 주디가 어렸을 때부터 그것을 배워오신 것이다. 그것은 하나님께서 당신이나 나에게 말씀하실 때에 사용하시는 언어와는 다른 언어이다. 그것이 얼마나 엄청난 일인지 이해할 수 있는가?[4)]

성경에 등장하는 사람들은 하나님이 주시는 꿈이 얼마나 능력있는 꿈인지 알고 있었다. 아마 주디의 꿈은 잊기를 잘하는 우리가 꿈 속에서 작용하는 치유하시는 하나님의 솜씨를 상기하는 데 도움을 줄 것이다.

## 단편적인 문장과 낱개의 단어들

때로 주님은 그 시점에서는 이해할 수 없는 문장의 일부나 한 개의 단어만 가지고 우리의 정신에 침입하심으로써 말씀하시기도 한다. 이런 일이 발생할 때에 우리의 뇌리에 떠오르는 단편적인 문장이나 단어는 우리의 정신 안에서 생겨난 것이 아닌 듯이 보인다. 비록 그것을 우리의 정신 안에서 인식하기는 하지만, 그것은 정신 안에서 생겨난 것이 아니라 외부로부터 침입한 것이다. 우리가 그것의 "생소한" 특성을 인식하기 때문에, 또는 그것이 전혀 의미가 없는 듯이 보이기 때문에 우리는 그것에 관심을 갖는다.

언젠가 나는 대단히 곤란한 처지에 놓여 어떻게 해야 할지 알지 못한 적이 있었다. 나는 하나님께서 나에게 한 무리의 지도자들과 맞서라고 부르고 계심을 느꼈다. 처음에 나는 그 생각을 떨쳐 버렸다. 나는 초청을 받지도 않은 지도자들의 모임에 가서 그들을 맞서는 것은 교만한 일이라고 생각했다. 동시에 나는 그 생각이 정말로 하나님으로부터 온 것일지 알고 싶었다. 나는 그것이 내 마음 안에 있는 "사나이다운" 욕망에서 비롯된 것일 수도 있음을 알 수 있었다. 나는 하나님께 순종하기를 원했지만, 나의 오만함이나 불순한 욕망 때문에 다른 사람을 해치는 것은 원치 않았다.

당시 아내가 나와 함께 있었으므로, 나는 아내에게 그 문제에 대해서 의견을 물었다. 아내도 내가 어떻게 해야 할지 분명한 의견을 주지 못했다. 그래서 나는 침대 옆에 무릎을 꿇고서 "주님, 만일 이 생각이 정말로 당신께서 보내신 것이라면, 진정으로 내가 이 지도자들과 맞서는 것을 원하신다면, 나에게 표적을 주셔야 합니다. 그렇지 않으면 나는 그곳에 갈 수가 없습니다"라고 기도했다.

　10초가 안되어 전화벨이 울렸다. 나와 같은 호텔에 묵고 있던 친구의 전화였다. 그는 "잭, 이것이 무슨 의미인지는 모르겠네. 몇 분 전에 나는 기도를 하고 있었다네. 자네나 리사를 위한 기도는 아니었지. 그런데 기도하는 동안에 성경 중 다음과 같은 부분이 떠올랐어. 그 부분에 무슨 말씀이 있는지도 모르겠지만, 하나님께서 나에게 말씀하신 것이라고 확신한다네. 나는 자네에게 전화를 걸어 그것이 자네를 위한 성경이라고 말해 주어야 한다는 느낌을 받았다네"라고 말했다.

　친구가 나에게 말해준 성경구절은 예언적인 것에 관한 것이었다. 석 달 전에 사적인 모임에서 어느 예언적 인물이 나에게 그 부분에 대해서 말하면서 "당신은 이곳에 기록된 일들을 행하게 될 것입니다"라고 말한 일이 있었다. 나는 아무에게도, 심지어 아내에게도 그 경험이나 그 성경 말씀에 대해서 말하지 않고 마음에 감추어 두고 있었다. 그런데 나는 표적을 달라고 요청했고 하나님은 확실한 표적을 나에게 주신 것이다. 하나님은 오직 두 개의 단어, 즉 그 성경책의 이름과 장을 말씀하셨다. 내 친구는 이것이 무슨 의미인지, 그리고 그 부분에 무슨 내용이 기록되어 있는지 알지 못했지만, 그것이 분명히 하나님께서 말씀하셨다는 것은 분명히 알았다.

　살아가면서 내가 하나님의 음성을 들어야 할 필요가 있는 상황에 처했을 때에 나에게 이런 종류의 경험이 임한다. 때때로 회의 때나 예배 도중에 나는 어떤 사람을 바라보면서 그 사람에 대한 한두 단어를 듣는 일이 있다. 하나님께서는 우리가 하나님의 음성을 들어야 할 필요가 있을 때마다 그런 방식으로 말씀하신다. 만일 우리가 하나님의 음성을 들을 필요가 없다고 생각하거나, 우리의 성경 지식만으로도 충분하다고 생각하거나, 우리의 사역 기술만으로도 능히 난국을 타개할 수 있다고 생각한다면, 아마 우리는 이런 식으로 하나님의 음성을 듣지 못할 것이다.

## 막연한 느낌

흔히 성령은 마음속에 떠오르는 느낌을 통해서 말씀하신다. 여기서 느낌이란 우리의 감정, 육체적 감각, 또는 우리의 정신에 미치는 성령의 영향력을 말한다. 이것은 성령께서 우리의 정신 안에서 만들어 내는 완전한 문장이나 단어와는 다른 것이다. 느낌에는 정확한 문장이나 단어들과는 달리 정확함이 결여되어 있다. 초자연적이고 계시적인 느낌은 이성적인 증거나 논리적인 추론의 뒷받침이 없이 직접적인 지식을 전달한다는 점에서 직관과 흡사하다. 그러나 본질적으로 성령으로부터 오는 느낌은 직관과는 다르다. 신적인 느낌은 성령으로부터 오는 것이며, 직관은 우리의 인간적인 영 안에서 생겨나는 것이다.

사람들은 어떤 사람에 대해서 자기가 초자연적인 느낌을 받고 있는 것처럼 보이기 위해서 "냉정한 독심술"이라는 기법을 사용한다. 예를 들면, 어느 "예언자"는 어느 부인의 옷에 묻은 동물의 털을 유의해 보고서 그 부인에게 "주님은 당신이 동물을 사랑하신다는 것을 나에게 보여 주십니다"라고 말한다. 그는 계속하여 다른 단서들을 찾기 위해서 그 부인에게서 다른 정보를 얻어낼 수 있는 말을 하면서 그 부인의 외모나 몸짓을 관찰할 것이다. 만일 그 부인이 잘 속아 넘어가는 사람이거나, 하나님께서 이 "예언자"를 통해서 자기에게 말씀하고 계시다고 믿으려 한다면, 그 "예언자"는 쉽게 그 부인을 속일 수 있을 것이다. 전문적인 도박꾼들은 태도나 몸짓에 나타나는 표식을 잘 읽는다.

성령으로부터 오는 느낌은 상대방의 태도나 몸짓을 읽고 관찰하는 것과는 다르다. 느낌은 우리의 관찰이나 논리적인 추론과 반드시 연관되지 않아도 된다. 때때로 성령으로부터 오는 느낌은 우리의 정신이 믿고 있거나 우리의 감각이 말해주는 것과 반대되는 지식을 전달하기도 한다.

미국 교회의 주도적 예언 사역자인 폴 카인(Paul Cain)이 어느 유명 인사의 집을 방문한 적이 있었다. 그 부인은 아주 건강한 듯이 보였다. 그러나 폴은 그 부인의 담낭에 문제가 있다는 느낌을 받았다. 폴에게서 그 말을 들은 부인은 폴이 오해했다고 말하면서 자기의 건강이 아주 좋다고 말했다. 그러나 얼마 후에 그 부인은 담낭 수술을 받았다. 이 지식은 폴 가인의 관찰력이나 논리적 추론에서 온 것이 아니었다. 그것은 폴의 자연적 감각들과 반대되는 것으로서 성령으로부터 주어진 느낌이었다.

내가 가르칠 때나 설교를 할 때에 이런 종류의 일이 종종 발생한다. 최근에 나는 독일 칼스루헤 교외에서 개최된 집회에서 약 1,200명에게 말씀을 전한 적이 있다. 청중을 훑어보던 중, 나는 왼편에 약 50명이 앉은 부분을 응시하게 되었다. 나는 그 중 한 사람이 자살을 생각하고 있다는 느낌을 받았다. 나는 손가락으로 그쪽을 가리키면서

"그쪽에 앉은 사람 중 한 사람이 자살을 생각하고 계시군요. 앞으로 나오시면 당신을 위해서 기도해 드리겠습니다"라고 말했다. 흰옷을 입은 부인이 일어나서 앞으로 나왔다. 나는 손으로 그쪽을 가리킬 때에 직접 그 부인을 가리키고 있었다는 것을 알지 못했었다.

이러한 느낌은 설교할 때나 집회를 인도할 때가 아니라도 아무때라도 발생할 수 있다. 몇 년 전에 크리스티 그리어라는 젊은 여인이 교회에 나오기 시작했을 때, 아내와 나는 그녀를 돕고 있었다. 우리가 크리스티와 그녀의 남편 칼과 두 차례 정도 대화를 나눈 후, 크리스티는 자기가 읽고 있는 책에 대해서 질문하고 싶은데 우리 집을 방문해도 좋으냐고 물었다. 크리스티는 미소를 지으면서 가벼운 마음으로 우리 집에 들어섰다. 그러나 갑자기 나는 그녀에 대한 두 가지 사실을 알게 되었다. 한 가지는 크리스티가 울기 직전의 상태라는 것, 그리고 또 한 가지는 크리스티는 크리스천이 아니었으며 이제 거듭 나려 한다는 것이었다. 크리스티가 우리 집에 들어오기 전에 나는 그녀가 크리스천이라고 생각하고 있었으며, 그녀가 도착했을 때의 태도에는 전혀 눈물을 흘릴 것이라는 단서가 없었다.

잠시 정중한 대화를 나눈 후에 나는 크리스티에게 "왜 울고 싶습니까?"라고 물었다. 크리스티는 "나도 모르겠어요. 아주 이상한 일입니다. 목사님 댁에 들어선 후로 계속 울고 싶어요. 그런데 그걸 어떻게 아셨습니까?"라고 대답했다.

"지금 주님은 당신에 대한 것을 나에게 보여주고 계십니다."

"그러면 목사님은 내가 왜 울고 싶은지 그 이유를 아십니까?"

"그래요. 당신은 이제 거듭 나려 하고 있습니다."

"거듭 난다는 것은 무슨 의미입니까?"

크리스티는 우리집 거실에서 우리 부부와 함께 대화를 하는 동안 거듭 났다. 만일 주님이 주신 그 느낌이 없었다면, 나는 크리스티의 구원에 대해서 그녀에게 말을 걸려는 생각조차 하지 못했을 것이다.

세월이 흐르는 동안 나는 우리의 일상생활에서 일어나는 일이나 목회 사역을 인도해주는 신적 느낌들을 의지하게 되었다. 내 경우에, 그러한 느낌들은 갈수록 더 빈번하고 특수한 것이 되었으며, 심지어 한번도 만난 적이 없는 사람의 이름을 알거나, 하나님께서 치유나 접촉을 원하시는 조건도 알게 되었다. 나는 동일한 일이 다음과 같은 많은 크리스천에게도 발생하고 있다는 것을 관찰했다.

1. 하나님께서 느낌을 통해서 말씀하실 것이라고 믿는 사람들
2. 이러한 느낌들이 하나님과 그의 백성들에게 유익을 주기를 원하는 사람들
3. 규칙적으로 하나님께서 말씀해 주시기를 기도하는 사람들
4. 느낌이 임했을 때에, 사람들이 어리석게 여길 위험이 있어도 그 느낌에 입각하여 행동하는 사람들.

느낌을 통해서 하나님의 음성을 듣는 것이 성령의 언어가 지닌 성경적인 측면이다. 느헤미야는 하나님께서 느낌에 의해서 자기를 인도하셨음을 이야기했다: "내 하나님이 내 마음을 감동하사 귀인들과 민장과 백성을 모아 그 계보대로 계수하게 하신 고로"(느 7:5). 느헤미야는 귀에 들리는 음성을 들은 것이 아니다. 그는 마음 속에서 백성들을 계수하라는 영향력을 느꼈다. 그는 자기 마음에 임한 그 느

낌이 자신의 느낌이 아니라 하나님으로부터 온 것임을 분별할 수 있었다.

때때로 어떤 느낌은 기적으로 이어질 수도 있다. 바울이 루스드라에서 전도할 때, 청중 중에 날 때부터 앉은뱅이가 있었다. 바울은 그 사람에게 "구원 받을 만한 믿음이 있는 것을 보고"(행 14:9) 그 사람에게 일어서라고 명령했고, 그 사람은 즉시 치유되었다. 어떤 사람에게 믿음이 있는 것을 어떻게 볼 수 있는가? 물론 문자적으로 믿음을 볼 수는 없다. 이 맥락에서 "보다"라는 단어는 바울이 그 사람에 대한 영적 감각 또는 느낌을 가지고 있었다는 의미이다.[5] 하나님은 느낌을 통해서 바울에게 이 사람의 심령에 대한 직접적인 지식을 주셨다.

느낌을 묘사하는 또 다른 방법은 예수님이 계신 곳의 지붕을 뚫고 아래로 내려진 중풍병자의 이야기에서 발견할 수 있다. 예수님께서 그 사람의 죄가 사함을 받았다고 말씀하셨을 때, "어떤 서기관들이 거기 앉아서 마음에 의논하기를 이 사람이 어찌 이렇게 말하는가 참람하도다 오직 하나님 한 분 외에는 누가 능히 죄를 사하겠느냐"고 했다(막 2:6-7). 그들은 한 마디도 소리를 내어 말하지 않았으나 마음 속으로는 예수님에 대해 크게 분개하고 있었다. 마가는 마치 자신이 그 장면을 목격한 듯이 이 이야기를 기록했다. 그는 "저희가 속으로 이렇게 의논하는 줄을 예수께서 곧 중심에 아시고…"(막 2:8). 종종 하나님이 주시는 느낌은 이처럼 우리의 마음 속에서 즉각적으로 알게 된다. 그것은 논리적인 추론이나 개인적인 관찰을 통해서 임하는 지식이 아니다. 우리는 불현듯이 자신이 안다는 것을 알게 된다.

나는 하나님께서 항상 느낌을 통해서 우리에게 말씀하시지만 많은 신자들은 자기에게 임하는 느낌을 무시하도록 훈련되어 있다고 생각한다. 우리는 그것들을 우리의 감정들과 제휴시키며, 감정은 나쁜 것이며, 신뢰할 수 없는 것이라고 가르침을 받았다. 논리적이고 분석적인 사람들은 강하다. 감정에 관심을 두는 사람들은 약하다. 서방의 합리주의 전통은 오랫동안 정신을 무시하는 지식의 도전을 받아왔다. 알아야 할 가치가 있는 모든 것은 우리의 지성을 통과해야만 한다고 우리의 교만한 지성은 말한다. 때로 하나님은 우리에게서 지성에 대한 신뢰를 제거하신 후에야 우리와 대화를 하실 수 있다.

하나님은 우리를 감정과 정신과 육체를 가진 존재로 지으셨다. 하나님은 이 세가지 통로 모두를 통해서 우리와 이야기하실 수 있으며 또 그렇게 하신다. 우리가 어떻게 사용하느냐에 따라서 이 세 가지는 축복의 원천이 될 수도 있고, 저주의 원천이 될 수도 있다. 만일 우리가 자신의 감정이나 정신이나 육신에게 귀를 기울이며 하나님의 명령에 어긋나는 그것들의 자극을 따른다면, 그것들은 반역의 도구가 될 것이다. 그러나 우리가 자신의 감정과 정신과 육신 안에서 하나님의 음성을 분별하는 법을 배운다면, 우리는 보다 훌륭한 그리스도의 종이 될 것이다.

## 인간 사자(使者)

하나님께서 사람들을 통해서 우리에게 말씀하실 수도 있다는 것에 대해서는 말할 필요도 없을 것이다. 기독교인들은 교사, 설교자, 예언 사역자들을 통해서 하나님의 음성을 듣는 데 익숙해져 있다. 물론 이것은 교사나 설교자나 예언 사역자들의 말이 모두 하나님으로부터 온 것이라는 의미는 아니다. 바울은 예언의 메시지들을 평가해야 한다고 말했다(고전 14:29). 교사들은 "부분적으로 알고" 예언자들은 "부분적으로 예언한다"(고전 13:9). 우리 중에 실수가 없는 사람은 한 사람도 없다.

우리가 특별한 방법으로 하나님에 의해 사용되는 전문적인 사역자일 필요는 없다. 내 친구 피터 로드의 말에 의하면, 그는 종종 집에 있으면서 부인의 말을 들으면 간단히 얻을 수 있는 진리를 배우기 위해서 수백 마일을 여행하고 많은 비용을 들여가면서 집회에 참석하곤 했다고 한다. 우리가 들으려고만 한다면, 하나님께서는 우리의 가족이나 친구나 친지를 통해서 우리에게 말씀하실 것이다.

얼마 전에 나는 성공한 유명한 목사님과 함께 식사를 했다. 그 목사님은 자기 이야기를 해주었다. 그가 첫번째 목회한 교회는 교인이 60명 밖에 되지 않았었다. 그런데 지금 그분은 12,000명이 모이는 교회의 담임 목사이다. 60명이 모이는 교회에서 12,000명이 모이는 교회로의 변화. 얼마나 큰 경험인가! 그 분의 사역에서 가장 좋지 않았던 시기는 처음 교회가 60명에서 300명으로 증가하던 기간이었다고 한다. 당시 그 교회의 교역자는 그 목사님뿐이었다. 그 분은 마치 유리집에 사는 것 같았다. 교인들 모두가 목사님의 일을 손바닥 들여다 보듯이 알고 있었으며, 목사님이 행하는 행동은 항상 누군가의 기분을 상하게 했다. 목사님의 가장 친한 친구도 그에게서 등을 돌렸었다. 그 당시에 그 목사님이 300명 교인에게서 받은 비판이 지금 12,000명 교인들로부터 받은 비판보다 더 많았다.

교인이 60명에서 300명으로 증가하는 동안에, 이 목사님 개인의 가장 큰 문제는 앙심이었다. 그는 자신이 매 주일 분노심에서 설교를 하면서 적은 양떼를 몰아치고 있다는 것을 알았다. 어느 주일 아침에 그는 자기에게 적대적인 교인들을 정죄하는 불 같은 메시지를 가지고 교회에 갔다. 그런데 그가 강단에 올라가려 할 때, "한번만 더 하면 너는 쫓겨날 것이다"라는 음성이 그의 머리를 스쳐갔다. 그는 준비해간 원고는 강단 밑에 밀어넣고 모두를 위한 하나님의 사랑에 대해 즉흥적으로 메시지를 전했다. 그 경험을 통해서 그는 자기의 사역에서 무엇보다 앙심을 가장 두려워하게 되었다고 나에게 말해 주었다. 그 일로 말미암아 그는 극적으로 변화되었다.

내가 이 목사님을 만났을 때, 그 분은 내가 맡고 있는 교회의 상황에 대해서는 전혀 알지 못하고 있었다. 나는 10년 동안 큰 교회에서 목회를 하다가 최근에 약 300명 정도 모이는 작은 교회의 목사로 부임해온 상태였다. 그 목사님이 자기가 품었던 앙심에 대해서 하는 한 마디 한 마디는 마치 수술용 칼로 내 마음의 단단한 층들을 도려내는 것 같았다. 당시 나도 그 목사님과 똑같은 전철을 밟고 있었던 것이다. 나는 계속되는 싸움 때문에 교회에서 설교하는 데서 전혀 기쁨을 느끼지 못했고, 교인들을 무시하는 태도로 말하고 있었다. 이 목사님은 그 사실을 알지 못한 채 예언적으로 나에게 말하고 있었다. 하나님께서 그의 말을 조명하고 계셨고, 그 말은 나의 죄를 깨닫게 해주었다. 다른 사람이 들었다면 그것을 성공담이라고 생각했겠지만, 나는 하나님의 성령께서 나에게 "한번만 더 그렇게 행하면, 너는 쫓겨날 것이다"라고 말씀하시는 음성을 들었다. 나는 그 목사님이 말한 "쫓겨날 것이다"라는 말의 의미를 정확하게 알려 하지 않은 채 회개했다.

지금까지 성령께서 말씀하시는 여러 가지 방법을 간단히 요약하려 했다. 이 요약이 철저한 것이라고는 할 수 없다. 나는 타는 떨기나무, 또는 성경의 기록에서 발견되는 많은 초자연적이고 계시적인 현상들에 대해서 언급하지 못한 채, 성경에서 가장 빈번하게 나타나는 듯이 여겨지는 성령의 언어, 또는 내가 개인적으로 경험했거나 내가 신뢰할 수 있다고 생각하는 증인들이 경험한 측면들에 대해서만 논의했다.

하나님께서 말씀하시는 방법을 알지 못한다면, 우리는 하나님의 음성을 이해할 수 없을 것이다. 그러나 하나님께서 말씀하시는 방법을 아는 것이 곧 하나님께서 우리에게 말씀해주실 것을 보장하거나 또는 하나님께서 우리에게 말씀하실 때 우리가 그 음성을 식별할 것이라는 보증이 되지는 않는다. 하나의 느낌이 하나님으로부터 온 것인지는 어떻게 알 수 있을까? 어떻게 해야 교회 안에서 예언 사역이 성장할 수 있을까? 마귀가 자기의 음성으로 우리를 유혹하지 못하도록 하려면 어떤 위험을 피해야 할까? 우리는 하나님으로부터 온 꿈을 어떻게 해석하는가? 다른 사람들이 하는 예언적인 말에 어느 정도의 권위를 부여해야 할까? 이러한 질문들에 대해서 이 책의 다음 부분에서 답변하려 한다.

# 성령의 언어를 배우자

chapter 11
# 성령의 언어를 배우자

얼마 전에 나는 몬태나 주 양궁 챔피언 팀(Tim)에게서 궁술에 대한 강의를 들었다. 그는 내가 몇 개의 활을 쏘는 것을 지켜 본 후에 나의 활 쏘는 자세 몇 가지를 바로잡아 주었다. 팀은 "제대로 조준했을 때의 느낌이 어떤지 배우셔야 해요"라고 말했다. 팀은 나를 과녁에서 3미터 정도의 거리에 세우더니 활 시위를 당기고 눈을 감으라고 했다. 그리고는 "시위를 놓고 싶을 때 놓으세요"라고 말했다. 그는 화살이 과녁의 어디에 맞는 것에는 관심을 두지 않았다. 그 훈련의 목적은 올바른 자세로 화살을 쏘았을 때의 느낌을 배우는 데 있었다. 부드럽지 못한 동작으로 활시위를 놓는다면, 화살은 결코 과녁의 중심을 맞추지 못할 것이다.

나는 두 눈을 감고 첫번째 화살을 쏘았다. 팀은 "또 쏘세요"라고 말했고, 나는 또 쏘았다. 팀은 아무 말도 하지 않았다. 나는 세번째 화살을 쏘았고, 팀은 "그게 바로 훌륭한 조준이라는 겁니다"라고 말했다. 나는 네번째, 다섯번째, 여섯번째 화살을 쏘았지만, 팀은 아무 말도 하지 않았다. 일곱째 화살을 쏘았을 때, 팀은 "잘 했어요"라고 말했다. 나는 약간 자만심이 생겼다. 나는 여덟번째 활을 쏜 후에 팀이 무어라고 평가하는지 알려고 팀을 바라보았다. 그런데 팀은 평가해 주지 않고 "훌륭하게 쏘셨다고 생각하십니까?"라고 물었다. 나는 그렇다고 대답하고 싶었다. 그러나 그것이 잘 쏜 것인지 아닌지 알고 있는 챔피언 앞에 서 있다고 생각하니 망설여졌다. 팀은 다시 한번 "잘 쏘셨다고 생각하세요?"라고 물었다. 그 다음에 팀은 구약 예언자의 엄격함과 같은 시선으로 나를 직시하면서 "자기 자신을 속이지 마세요. 자신이 먼저 진실을 말하지 않는다면, 당신은 결코 훌륭한 사수가 될 수 없습니다. 절대로 초보자의 수준 이상으로 발전할 수 없을 겁니다. 훌륭한 사수가 되고 싶다면, 먼저 당신이 자신을 비판하는 최초의 가장 훌륭한 비평가가 되어야 해요. 그리고 그저 화살을 많이 쏘는 것으로 훌륭한 사수가 될 수 있다고 생각하지 마세요. 화살을 쏠 때마다 현실적으로 그것을 평가하지 않는다면 동일한 잘못을 거듭하게 될 것입니다."

그 말을 듣는 순간 하나의 영적 유비가 내 마음을 장악했고, 나는 잠시 양궁 학습을 망각했다. 교인들 중에는 자신에게 거짓말을 하고 또 서로 거짓말을 하기 때문에 영적으로 발전하지 못하는 사람들이 있다. 우리의 개인적인 삶이나 교회의 삶이 신약성경에 기록된 것과 전혀 비슷하지 않은데도 우리는 스스로 신약성경의 교회를 가지고 있으며 신약성경의 교인이라고 말한다. 세월이 흐른다고 해서 우리가 자동적으로 성장하는 것이 아니다. 우리 중에는 오랫동안 교외에 다녔지만 초보자의 수준을 벗어나지 못한 채 영적으로 동일한 실수를 되풀이하는 사람들이 있다. 우리는 신약성경의 경험보다 훨씬 저급한 기독교적 경험에 만족했을 뿐만 아니라 자신의 열등한 경험을 정당화하기 위해서 신학을 발달시키기도 했다. 우리의 영적 경험을 신약성경에 비추어 사실적으로 평가하지 않는다면, 우리는 하나님의 나라에서 결코 진보하지 못할 것이다.

우리 자신의 영적 빈곤과 무력함을 깨달을 때에 비로소 성장이 시작된다. 나에게도 나의 경험이 다른 사람들의 경험보다 우월하다고 생각하여 하나님과 동행하는 나의 걸음이나 우리 교회의 성령의 능력에 대한 경험을 사실대로 평가하는 일의 문턱에 서지도 못한 시기가 있었다. 그러나 자비로운 하나님께서는 나의 영적인 자세가 얼마나 나쁜 것인지를 보여 주셨다. 그리고 신약성경의 교회의 형태가 어떤 것인지 느끼게 하시려고 팀이 행했던 것처럼 나를 과녁 가까이 데리고 가서 나의 옛 편견에 대해서 눈을 감게 하셨다. 자세한 내용은 다음과 같다.

## 왜 교회가 분열하는가

나는 개척할 때 도와주었던 교회에서 목회를 하고 있었다. 그 교회에는 나 외에도 두 명의 목사님과 4명의 장로가 있었다. 우리는 교회 예배는 병자를 위한 기도로 시작하여 보다 현대적인 형태의 예배로 옮겨갔다. 일부 교인들은 이러한 변화를 환영했지만, 다른 교인들은 다소 동요했다. 아무도 진정으로 병자를 위한 기도나 현대적인 형태의 예배에 반대하지 않았다. 그러나 우리가 완전히 은사주의에 빠지지 않을까 염려하는 사람들이 있었다. 결국 전선이 그어지고 양 진영이 나누어졌다. 목사들과 장로들도 나누어졌다. 반은 성령의 은사를 추구하기를 원했고, 나머지 반은 그것을 저지하려 했다. 양측은 각기 자기의 주장을 뒷받침하기 위해서 성경을 인용했다. 그러나 어떤 성경 구절로도 그들의 주장을 바꿀 수는 없었다. 그들은 각기 자신의 편견들을 강화시켰을 뿐이다. 서로 상대방의 동기들을 비판하기 시작하면서 갈등은 심화되었다. 우리는 서로 상대방의 성품을 공격했다. 상대방을 거짓말쟁이라고 말하기는 쉬웠다. 사태는 혼란스러워졌다.

어느날 목사들과 장로들은 탁자에 둘러 앉아서 우리 교회의 싸움에 대해서 토론했다. 마침내 우리가 교회의 분열을 향해 나아가고 있다는 것을 깨달았다. 우리 중에 고의로 교회 분열을 꾀하는 사람은 한 사람도 없었지만 모두 본능적으로 교회를 분열시키는 방법을 알고 있는 듯했다. 우리는 정말로 교회의 분열을 원치 않았다. 처음 싸움이 시작되었을 때만 해도 우리는 정말 좋은 친구들이었다. 우리 중에는 20년 동안 사귀어온 사람들도 있었다. 나는 그들이 태어날 때에 그곳에 있었고, 그들은 내가 태어날 때에 그곳에 있었다. 그들은 나의 가장 좋은 친구들이었다. 나는 주님이 재림하실 때까지 그 교회에서 그들과 함께 봉사할 계획을 세웠었다.

우리 모두 마음 속 깊은 곳에서는 서로에 대해 이런 식으로 느끼고 있었다. 우리는 그저 함께 교회에 다니는 정도의 사이가 아니었다. 우리는 공동의 이상을 가지고 함께 교회를 개척한 친구들이었다. 그런데 이제 우리는 분열의 위기에 처한 것이다.

우리는 서로의 얼굴을 보면서 분열의 위기에 처했다는 것을 인정했고, 그것을 막을 수 있는 방법이 무엇이냐고 서로에게 물었다. 마침내 누군가가 "내가 그 방법을 압니다. 기도합시다"라고 말했다. 나는 '우리가 정말로 그렇게 좋지 않은 지경에 이르렀다는 말인가?' 라고 생각했다. 그 때까지 나는 우리의 갈등에 관한 하나님의 의견을 진지하게 묻는 일만 빼놓고는, 논쟁을 하고 위협을 하고 조종을 하고 성경을 인용하는 등 여러 가지 일을 했었다. 나는 자신이 옳다고 생각했기 때문에 한번도 하나님의 뜻을 묻지 않았던 것이다.

그 싸움에서 해방되고 나서 여러 해가 흐른 지금에서야 나는 나의 오만하고 독선적인 행동 때문에 그 갈등이 야기되었다는 것을 알 수 있다. 그러나 그 당시에 나는 자신의 죄는 보지 못하고 나를 제외한 다른 사람들의 잘못만을 보았다. 하나님께서 상대방이 잘못되었다는 것을 보여 주실 것이라고 생각했기 때문에 나는 기도하자는 의견이 좋은 의견이라고 여겼다. 그 시절 나는 대단히 미숙했었다. 나는 기도하는 것이 얼마나 위험한 것인지, 또는 이 기도회가 어떤 결과로 이어질지 알지 못했다.

## 기도회도 위험을 초래할 수 있다

얼마 동안 논의한 끝에 우리는 목사 세 사람이 하루 동안 기도하고, 다음날 장로들이 합류하여 종일 기도하기로 결정했다. 이 기도회는 내가 평생 잊지 못할 기도회가 될 것이었다.

첫날 아침, 우리는 아름다운 목장에 가서 시냇가 나무 그늘 아래 앉았다. 한 시간 정도 기도한 후에 우리 중 한 사람이 "하나님, 이 싸움이 악화되어 우리 교회가 지도에서 사라지지 않게 해 주십시오"라고 간구했다. 그렇게 기도하는 순간 내 마음 속에서 '그렇게 되면 무엇이 좋지 않을까?' 라는 음성이 스쳐 지나갔다.

참으로 무서운 질문이었다. 나는 그 질문이 하나님으로부터 왔다는 것을 알았지만, 기분이 좋지 않았다. 나는 그 질문이 너무 무례하다고 생각했다. 그 때 나는 모든 것을 아시는 전지하신 하나님은 정보를 얻기 위해서 질문을 하시는 것이 아니라는 것을 깨달았다. 하나님께서 동산에서 아담에게 "네가 어디 있느냐?"라고 물으실 때에, 하나님은 어떤 설명을 구하신 것이 아니었다. 이 질문은 바로 나에게 해당되는 것이었다. 우리 교회가 지도에서 완전히 사라지게 되면 무엇이 좋지 않을까? 나는 다른 두 목사님이 기도를 마칠 때까지 기다렸다가 그들에게 질문할 여유가 없었다.

나는 기도 시간이 끝나자 마자 "우리 교회가 지도에서 완전히 없어지면 무엇이 가장 좋지 않을까요?"라고 물었다. 그들은 믿지 못하겠다는 표정으로 나를 빤히 바라보았다.

한 목사님이 "글쎄요. 아마 많은 사람들이 다치겠지요"라고 대답했다. 나는 "나도 그렇게 생각합니다. 그렇지만 결국 그들은 다른 교회로 가게 될 것이며 상처를 극복하게 되겠지요. 내가 묻는 것은, 만일 우리 교회가 더 이상 존재하기 않게 된다면 이 도시에서 하나님의 나라가 무엇을 잃게 될 것인가 하는 점입니다"라고 말했다.

우리는 그 문제에 대해서 잠시 생각했다. 하나님의 나라에서 중요한 것이 무엇인가? 하나님의 나라가 임했을 때에 신약성경에서는 무슨 일이 일어났었는가?

우리 모두는 하나님 나라 사역의 중요한 측면은 복음전도라는 데 동의했다. 그 당시 우리 교회는 주일이면 400-500명의 교인이 예배에 참석했다. 우리는 지난 18개월 동안 우리 교회의 사역을 통해서 몇 사람을 그리스도께 인도했는지 스스로에게 물었다. 우리는 겨우 4명의 이름을 떠올릴 수 있었는데, 그 사람들은 모두 교회의 지도층에서 인도한 사람들이 아니었다. 그들은 우연히 하나님의 나라에 떨어져 들어왔다가 우리 교회에 정착한 듯했다. 우리는 만일 우리 교회가 존재하지 않게 된다 해도 우리 도시에서의 복음 전도에는 큰 손실이 없을 것이라고 결론을 내렸다.

다음에 우리는 지난 18개월 동안 우리 교회의 사역을 통해서 육체의 질병이 나은 사람이 몇이나 되는지 자문해 보았다. 신약성경에서 치유는 중요한 것이었다. 그것은 하나님 나라 도래의 표적이었다. 주님은 교회의 장로들에게 병자들의 병 낫기를 위해 기도하라고 명령하셨다(약 5:14-16). 우리 교회에서는 병자들을 위해 기도를 시작했지만, 당시 우리의 기도를 통해서 나음을 받은 사람들은 많지 않았다. 우리는 만일 우리 교회가 없어져도 우리 도시에서 성령의 치유 사역은 큰 손실을 입지 않을 것이라고 결론을 내렸다.

그 다음에 우리는 우리 교회의 사역 때문에 정규적으로 정신과 진료를 받지 않게 되거나 우울증 치료제를 복용하지 않게 된 사람이 얼마나 되는지 자문해 보았다. 이 분야에 해당되는 사람은 한 사람도 없었다. 오히려 우울증 치료제를 복용하기 시작한 사람을 몇 열거할 수 있었다.

우리는 결혼생활의 파탄을 막아준 사례는 셀 수 없었지만, 오히려 그 반대의 경우를 몇 가지 셀 수 있었다.

다음으로 마약 중독, 알코올 중독, 성 도착 등에 대해서 생각해 보왔다. 우리는 개인 상담을 통해서 이러한 죄와 더불어 싸우고 있는 교인들을 알고 있었지만, 이러한 죄에서 확실하게 구원된 사람을 기억할 수 없었다.

우리는 만일 우리 교회가 없어져도 선교 현장에서 귀국해야 할 선교사가 없다는 것, 그리고 우리 도시 내의 가난한 자들을 위한 사회복지 프로그램에 큰 손실도 초래하지 않을 것임을 깨달았다.

우리는 우리 교회가 없어도 우리 도시에 있는 하나님의 나라는 복음 전파, 육체와 정신과 감정과 결혼생활 등의 치유, 빈민 구제, 해외 선교사들을 지원하는 일 등에서 큰 손실을 당하지 않는다고 결론 내릴 수 밖에 없었다.

우리는 서로 쳐다보면서 "이제 어떻게 해야 할까요?"라고 물었다. 한 사람이 "우리는 이 도시에서 가장 훌륭한 성경 교사들입니다"라고 말했다. 그 당시 우리는 그렇게 믿고 있었다. 우리는 그것이 얼마나 오만한 생각인지, 그렇게 주장하는 것이 얼마나 어리석은 일인지 깨닫지 못하고 있었다. 우리가 어찌 가장 훌륭한 성경 교사들이라고 주장할 수 있단 말인가?

우리는 자신이 가장 훌륭하다고 생각하면서도, 우리의 사역에 무엇인가 엄청나게 잘못되었다는 것을 깨달았다. 우리는 사람들에게 무엇을 가르치고 있었던가? 우리는 복음을 전하는 법을 가르친 것이 아니었다. 사람들의 몸과 영과 혼을 치유하는 법을 가르치지도 않았다. 여러 중독 상태에서 빠져 나오는 법을 가르친 것도 아니고, 가난한 사람들을 보살피는 법을 가르친 것도 아니었다. 해외선교에 활기차게 참여하는 법을 가르치지도 않았다. 비록 우리가 이러한 사역들 중 일부를 지원했다는 표식을 가지고 있었을런지 모르나, 우리가 기여한 부분은 너무나 미미한 것이기 때문에 하나님의 나라에서는 실질적으로 아무런 영향도 이루어내지 못했다. 그렇다면 우리는 무엇 때문에 성경을 가르친 것일까?

나는 두 동료 목사를 바라보면서 말했다. "여러분도 아시다시피, 봉급을 지불하지 않으면 나는 이 교회에 가지 않을 작정입니다." 두 목사들도 "우리 생각도 그렇습니다. 우리도 이 교회가 싫어졌습니다"라고 말했다. 역설적인 사실은 이 교회를 개척할 때에 내가 주요한 역할을 했었다는 것이다. 나는 내가 원하는 모습의 교회, 즉 성경을 가르치는 장소로 만들었는데, 이제 그 교회를 좋아하지 않으며, 나머지 두 목사들도 교회를 좋아하지 않게 된 것이다.

그날 밤 늦게 장로들이 도착했다. 그들은 "주님이 말씀해 주셨습니까?"라고 물었다. 우리는 "그렇습니다"라고 대답했다.

"무엇이라고 말씀하셨습니까?"

"주님은 여러분이 우리에게 봉급을 지불하지 않으면 우리가 교회에 가지 않을 것임을 보여주셨습니다."

"무어라고요? 세 분 목사님들께서는 도대체 무슨 일을 하고 계셨습니까?"

"기도했지요."

기도하는 것도 위험할 수 있다. 때때로 주님은 우리로 하여금 사역의 효과를 사실적으로 평가하게 해 주실 것이다. 그날 아침 나는 시냇가에 있는 나무 그늘에 앉아서 내가 세운 교회가 신약성경의 교회보다는 컨트리 클럽과 더 많은 공통점을 가지고 있다는 것을 깨달았다.[1] 나는 신약성경의 교회와는 아주 다른 교회를 만드는 일을 도운 것이다. 우리 세 목사들은 사역의 기쁨을 잃었다. 지금 우리가 그 교회에 가는 것은 의무감에서, 그리고 봉급을 받기 때문이었다. 그것은 교회에 가는 그리 좋은 이유가 아니었다.

## 오늘날 교회에 가는 이유

우리는 왜 교회에 가는가? 위에서 내가 말했던 것을 기억하라. 우리가 자신의 수행이나 동기를 정직하게 평가하지 않는 한, 우리는 결코 성장하지 못할 것이다. 우리는 무엇 때문에 매 주일 교회에 가는가? 어떤 사람들은 의무감에서 교회에 간다. 어떤 사람들은 주일 아침의 일과이기 때문에 교회에 간다. 즉 가족들이 항상 교회에 가곤 하기 때문에 교회에 간다. 어떤 사람들은 사업 상의 목적으로 교회에 간다. 왜냐하면 교회에 가면 공동체 내서 좋은 인상을 심는데 도움이 되기 때문이다. 어떤 사람들은 매 주일 가운을 입고 똑같이 예배를 인도하는 목사님을 스테인드 글래스를 통해서 들어온 햇빛이 조명해줄 때의 느낌이 좋아서 교회에 간다. 이런 사람들은 종종 어느 주일의 예배가 특별히 아름다웠다는 논평을 한다. 어떤 사람들은 친구 때문에 교회에 가며, 교회는 그들의 사회생활의 중심지가 된다. 오락 삼아 교회에 가는 사람도 있고, 교훈을 받기 위해서 교회에 가는 사람도 있고, 훌륭한 강사의 말을 듣기 위해서 교회에 가는 사람도 있고, 성경을 배우기 위해서 교회에 가는 사람도 있다. 또 배우자의 마음에 들기 위해서 교회에 가는 사람도 있고, 배우자를 찾기 위해서 교회에 가는 사람도 있다. 또 어떤 사람들은 배우자에게서 탈출하기 위해서 교회에 간다. 나는 30년 이상 목회를 하면서 오늘날 사람들이 교회에 가는 이유는 사람들마다 다르다는 것을 알게 되었다.

## 신약 시대의 교회 생활

신약시대에는 교회에 다니는 것이 지금보다 훨씬 더 어려웠다. 교회에 다니려면 재산, 가족, 심지어 생명까지도 대가로 내놓아야 했다. 오늘날도 세계의 어느 지역의 신자들은 이와 동일한 상황에 처해 있다. 그런데도 왜 그들을 위험을 무릅쓰고 교회에 다녔을까?

첫째, 그들은 예수님의 말씀을 듣고 그 분으로부터 치유를 받은 사람들이었다(눅 5:15; 6:18). 과거에 나는 성경을 배우기 위해서 교회에 갔지만, 후에는 성경을 가르치기 위해서 교회에 갔다. 나는 내가 시무하는 교회를 "성경 교회"(Bible church)라고 부른다. 사람들이 처음에 예수님을 만나기 위해서 교회에 왔던 시절과는 참으로 달라졌다.

둘째, 그들은 함께 하나님을 예배하기 위해서 교회에 갔다. 물론, 다른 곳에서 혼자서도 하나님을 예배할 수 있다. 그러나 하나님의 백성들이 하나님에 대한 무제한한 사랑을 표현하기 위해 집단적으로 모일 때에 신령한 힘이 발생한다. 간단히 표현하자면, 우리가 진심으로 하나님께 감사하고 찬양할 때 우리는 하나님의 임재 속에 들어간다(시 100:1-5). 함께 예배할 때에 하나님은 분명하게 임재하시므로 신약 시대의 기독교인들은 그 경험에 참여하기 위해 목숨까지도 내놓으려 했다.

셋째, 그들은 하나님의 사역을 행할 준비를 갖추기 위해서 함께 모

였다. 바울은 이렇게 말했다:

> 그가 혹은 사도로, 혹은 선지자로, 혹은 복음 전하는 자로, 혹은 목사와 교사로 주셨으니 이는 성도를 온전케 하며 봉사의 일을 하게 하며 그리스도의 몸을 세우려 하심이라 우리가 다 하나님의 아들을 믿는 것과 아는 일에 하나가 되어 온전한 사람을 이루어 그리스도의 장성한 분량이 충만한 데까지 이르리니(엡 4:11-13).

주님은 단순히 사역의 일을 행하게 하시기 위해서 사도들이나 선지자나 복음전도자나 목사나 교사들을 보내신 것이 아니다. 그들의 맡은 주된 책임은 성도를 온전케 하며 봉사의 일을 하게 하는 것이었다. 이것이 그리스도의 몸이 세워지는 주된 방법이다. 소수의 사람들만이 사역의 일을 행하는 한 그리스도의 몸은 무기력하며 지상명령을 성취할 수 없을 것이다. 신약성경에 제시된 이 사역 모델은 예수님께서 제정하신 것이다. 만일 혼자서 모든 사역을 행할 능력을 갖춘 사람이 있다면, 그 분은 주 예수님일 것이다. 그러나 예수님은 혼자서 사역하신 것이 아니라 열두 사도들을 훈련시키셨으며, 사도들 역시 다른 사람들을 훈련했다.

넷째, 사람들은 힘을 얻기 위해서, 즉 그리스도 안에서 덕을 세우기 위해서 교회에 갔다. 성령의 은사와 교회 안에서 그 은사를 사용하는 것에 대한 논의의 결론에서, 바울은 "그런즉 형제들아 어찌할꼬 너희가 모일 때에 각각 찬송시도 있으며 가르치는 말씀도 있나니 모든 것을 덕을 세우기 위하여 하라"고 했다(고전 14:26).

덕을 세우는 일이 한 사람의 사역을 통해서 이루어질 수 있다는 의미인가? 절대로 그렇지 않다. 바울은 모든 사람들이 다른 사람들의 덕을 세우는 데 기여할 것을 교회에 가져 와야 한다고 말했다. 그러면 우리는 무엇을 가져갈 수 있을까? 바울의 목록에는 다섯 가지, 즉 찬송시, 가르치는 말씀, 계시, 방언, 통역 등 다섯 가지만 들어 있다. 나는 이 목록이 절대적인 것이 아니며 단순히 우리가 그리스도 안에 있는 우리의 형제 자매들의 덕을 세우기 위해서 교회에 가져올 수 있는 것을 간단하게 예시한 것이라고 생각한다. 신약시대의 교회 예배는 결코 개인적인 것이 아니었다.

만일 우리가 신약 시대에 살았다면, 교회에 갈 마음의 준비를 하고, 예배할 마음의 준비를 하고, 사역을 위해 준비를 갖추기를 기대하며, 다른 사람들의 덕을 세워주는 데 쓰임을 받기 위해서 은사를 주시기를 하나님께 요청해야 한다. 이것이 신약 시대의 교회 생활이었다.

신약 시대 교회는 하나님께서 임재하시는 처소일 뿐만 아니라 성령의 언어를 배우는 학습의 중심지이기도 했다. 사람들은 교회 안에서 하나님을 예배하는 데 그치는 것이 아니라 그 분의 음성을 들을 준비를 갖추었고, 하나님의 음성을 들은 후에는 다른 사람들에게 덕을 세워줄 수 있는 무엇인가를 줄 수 있었다.

그날 시냇가에 앉아 있을 때에 하나님께서 내게 하신 질문은 교회 생활에 대한 나의 견해를 영구적으로 변화시켰다. 그날 이후로 나는 바울이 권면한 방식으로 교회 생활을 하려 했다. 나는 나와 동일하게 느끼는 사람들을 찾아내려 했다. 우리는 주님을 만나고 그 분의 음성을 듣고 치유함을 받으며 그 분을 예배하며 사역의 준비를 갖추며 다른 사람들의 덕을 세워줄 은사들을 받기 위해서 함께 모이곤 했다.

## 성령의 언어를 배우자

내가 방금 묘사한 것과 같은 교회의 일부가 되는 데에 한 가지 장애물이 있었다. 그것은 내가 하나님의 음성을 듣지 못했다는 것이었다. 고린도전서 14:26에 수록된 목록 중에서 내가 할 수 있는 것은 말씀을 가르치는 것 뿐이었다. 나는 성경을 가르치는 교육을 받았지만 계시나 방언이나 통역하는 일에 대해서는 전혀 아는 것이 없었다. 또 그밖의 초자연적인 은사들, 예를 들면 지혜의 말씀, 지식의 말씀, 믿음의 은사, 치유나 기적의 은사, 또는 영 분별하는 은사 등이 어떻게 기능하는지도 알지 못했다(고전 12:8-10). 나에게는 꿈이나 환상에 대한 지식도 없었다. 이것들은 모두 신약 시대의 교회에서 중요한 것들이었다. 그것들이 없으면 어떤 교회도—아무리 훌륭한 음악가나 은사를 받은 연사라도—진실로 신약성서의 교회와 같은 교회라고 주장할 수 없을 것이다.

성령의 언어 중에서 내가 이해할 수 있는 유일한 부분은 기록된 성경 본문뿐이었다. 당시 나는 나의 지식 중에서 세월이 흐르는 동안 여러 교사들이 전해준 전통적인 해석에 불과한 것은 얼마나 되며, 또 성령의 조명에서 온 것은 얼마나 되는지 알고 싶었다.

성령의 언어를 학습하는 과정을 시작하면서, 나는 마치 부모님의 언어를 배우려 하는 어린 아이처럼 느꼈다. 나에게는 세 가지 일이 진행되고 있었다. 첫째, 나는 자신의 영적 빈곤을 예리하게 느꼈다. 당시 나는 자신이 하나님의 음성을 제대로 들을 수 없음을 철저히 느끼고 있었다. 둘째, 나는 하나님께서는 성경에서 말씀하시면서 사용하셨던 모든 방법으로 말씀하고 계시다는 것을 믿게 되었다. 셋째, 만일 내가 신약성경에 묘사된 것과 같은 교회 생활을 경험하려 한다면, 보다 개인적인 방법으로 하나님께서 나에게 말씀하셔야 한다는 것을 알게 되었다.

## 외국어는 어렸을 때 배우자

나는 성령의 언어를 배우는 과정이 외국어를 배우는 과정과 비슷하다는 것을 알게 되었다.

1984년에 나는 신학교에서 안식년을 받아 가족들과 함께 1년 동안 독일 남부에 가서 지냈다. 나는 독일어 문장은 아주 천천히 읽을 수 있었지만, 일상 회화는 할 수 없었다. 나는 독일어 회화를 배우기 위해서 학교에 입학했다. 나의 목표는 독일어 문장을 보다 빨리 읽을 수 있도록 독일어로 생각할 수 있게 되는 것이었다.

당시 우리 자녀들은 3살, 5살, 7살이었다. 우리는 아이들을 독일어를 사용하는 학교에 입학시켰다. 그 아이들은 한 번도 독일어 교육을 받은 적이 없었다. 그러나 나는 많은 언어 교육을 받았고 여러 개의 언어를 공부한 적이 있었으며, 이제 대단히 엄격한 독일어 교육을 받게 되었다.

1년이 지났을 때, 우리 자녀들은 실제로 독일인처럼 독일어를 구사했다. 그 아이들의 독일어에는 미국적인 억양이 전혀 없었다. 그러나 나는 독일 어느 지방에 가서도 독일어로 회화를 할 수는 있었지만, 나의 독일어는 영어권 사람들 나름의 억양이 그대로 나타났다.

나와 독일어로 대화를 나누는 사람은 곧 내가 미국인이라는 것을 알아챘다. 나는 우리 아이들보다 독일어 문법이나 어휘는 훨씬 더 많이 알고 있었지만, 실제로 독일어 회화는 우리 아이들이 훨씬 더 잘했다. 언어를 배우는 데 가장 좋은 시기는 유아기라는 것은 전 세계의 모든 어학 교사들이 잘 알고 있는 사실이다. 그 이유는 무엇일까?

우선, 나의 자녀들에게는 독일어를 배워야 할 훌륭한 동기가 부여되어 있었다. 그 아이들의 삶에서 가장 귀중한 일은 다른 아이들과 함께 노는 것이었다. 그러기 위해서는 그 아이들은 독일어를 배워야 했다. 독일어는 그들의 주된 목표를 성취하는 수단이었다. 성령의 언어를 학습하는 데 있어서도 동기부여라는 요인이 중요하다. 나는 성령께서 신약성경에서 말씀하신 방법으로 말씀하시는 것을 듣는 방법을 배우지 못한다면 신약성경에서의 성령의 사역을 완전히 경험할 수 없을 것이라고 확신하게 되었다.

젊은 사람들이 새로운 언어를 배우는 데 도움을 주는 두번째 요인은 그들의 모국어 발음 형태가 어른들의 경우만큼 고정되어 있지 않다는 것이다. 예를 들어 독일어 문장의 어순은 영어 문장의 어순과 매우 다르다. 독일어 문장의 주어, 동사, 직접 목적어 등의 순서는 영어 문장에서의 순서와 완전히 다르다. 영어를 사용하면서 살아온 우리는 한 문장에서 주어의 위치와 동사의 위치가 어떻게 되어야 하는지 알고 있다. 그러나 3살, 5살, 7살이었던 나의 자녀들은 어순에 차이점이 있다는 것을 알아차릴 만큼 영어에 젖어 있지 않았다. 집에서 영어를 사용할 때에는 주어 다음에 곧바로 동사를 사용했지만 아이들이 운동장에서 놀면서 독일어를 사용할 때에는 동사가 문장의 마지막에 사용되기도 했다. 모두가 아이들이 처한 환경에 따라서 두 가지 방법 모두가 자연스러운 것이었다.

마찬가지로 여러 해 동안 하나님께서 우리에게 말씀하시는 유일한 방법은 성경을 통한 것이라고 믿어온 사람들이 꿈이나 느낌 등의 언어를 배우려면 많은 어려움을 겪는다. 그런 사람들은 하나님께서 성경이 아닌 다른 방법으로 말씀하신다는 것을 부자연스럽게 여긴다.

어린 아이들이 어른보다 외국어를 더 잘 배우는 세 번째 요인은 아이들의 성대는 어른들처럼 굳어지지 않았다는 것이다. 우리 아이들은 성대가 아주 유연했기 때문에 영어에는 없는 독일어의 연구개음이나 모음 구분을 쉽게 발음할 수 있었다. 성령의 언어를 배울 때에도 우리 중에는 자신의 교리와 전통에 젖어 있기 때문에 이제까지 항상 하나님의 음성을 들을 때 사용되었던 방법이 아닌 다른 방법으로 하나님의 음성을 듣기 어렵게 되는 부분이 있다.

## 시련과 시행착오

시련이나 시행 착오가 없이는 외국어를 배울 수 없다. 외국에 파견된 선교사들이 제일 먼저 해야 할 일은 열심히 그 나라의 언어를 배우는 것이다. 흥미로운 사실은 학문적으로 가장 뛰어난 선교사가 선교지의 언어를 가장 먼저 배우거나 가장 잘 배우는 것은 아니라는 점이다. 종종 학문 지향적인 선교사들은 문법을 공부하면서 많은 시간을 보낸다. 그는 문법을 완전하게 알아야 말할 때에 실수를 범하지 않을 것이라고 생각한다. 반면에 학구적이 아닌 사람들은 자원하여

식료품을 사러 하거나 심부름을 간다. 그들은 원주민들과 직접 대화를 통해서 문법적인 잘못을 바로 잡는다.

성령의 언어를 배우는 일에서도 마찬가지이다. 시련과 실패를 감수하려는 사람은 하나님으로부터 오는 느낌이나 자신의 영혼에서 생겨난 느낌을 능숙하게 알 수 있게 될 것이다. 이것이 바로 나의 자녀들은 나보다 더 독일어를 더 잘 배운 이유이다. 나는 독일어를 공부하면서 시간을 보냈지만, 그 아이들은 실습하면서 시간을 보냈다. 나는 학문에 뛰어들었지만, 그 아이들은 삶의 현장에 뛰어들었다. 나는 안전하게 책을 통해서 독일어를 배운 반면, 그 아이들은 시련과 시행착오를 통해서 독일어를 배운 것이다.

대단한 예언의 은사를 가진 내 친구 릭 조이너(Rick Joyner)는 모닝 스타 출판사의 대표로 있으며, 현재 매주 금요일 밤에 모이는 "성령의 학교"(School of Spirit)를 인도하고 있다. 새롭고 효과적인 방법으로 하나님의 음성을 듣는 방법을 배우기 위해서 매주 수백 마일 떨어진 곳에 살고 있는 사람들이 이 집회에 참석한다. 릭은 시련과 시행착오라는 방법이 그 사람들에게 부끄러운 실패의 순간도 주지만 재미있는 순간도 주곤 했다고 말했다. 그는 "우리는 성공을 통해서 뿐만 아니라 실패를 통해서도 많은 것을 배우고 있다는 것을 자네는 아는가?"라고 말했다.

이 점에 관해서 어떤 사람은 "외국어를 배울 때에는 시련과 시행착오를 해도 괜찮지만, 당신에게 하나님께서 무엇인가를 말씀하셨다고 어떤 사람에게 말할 때에 시행착오를 하는 것은 큰 문제가 됩니다"라고 말할 것이다. 나도 그 점에는 동의한다. 어떤 사람에게 "하나님께서 …라고 말씀하셨습니다"라고 말하는 것은 대단히 중대한 일이다. 그러나 모든 기독교인들은 그 일을 하고 있다. 우리는 성경을 인용하고 다른 사람에게 그것을 해석하거나 적용할 때마다 그 사람에게 하나님께서 무엇인가를 말씀하셨다고 말한다. 그런데 우리의 해석이나 적용이 하나님께서 말씀하신 것과는 전혀 다른 것일 수도 있다. 즉 우리 자신의 해석이나 적용에 불과한 것일 수도 있다. 또 우리의 해석이나 적용은 올바른 것이라고 해도 시기적으로 적합치 않을 수도 있다. 하나님께서는 우리가 민첩하게 듣기를 원하시는데, 우리는 민첩하게 말하는 경우도 있을 것이다. 우리의 교리적 주장과는 상관없이, 다른 사람들의 삶을 통제하거나 지도하기 위해서 우리의 믿음을 사용하는 데에는 항상 유혹이 있다. 우리는 항상 우리 자신을 위해 하나님의 음성을 듣기보다는 다른 사람들을 위해 하나님의 음성을 들으려는 유혹을 받는다.

## 우리를 당황하게 하는 요인

"아이의 마음에는 어리석은 것이 얽혔으나"(잠 22:15). 부모들은 이 유명한 성경 말씀의 진리를 잘 알고 있다. 그러나 언어 학습에서는 아이의 어리석음이 긍정적인 효과를 발휘할 수 있다. 아이들은 어리석기 때문에 자연스럽게 모험을 한다. 아이들은 실패하는 것이나 어리석게 여겨지는 것을 두려워하지 않기 때문에 무슨 일이라도 시도하려 한다. 내 자녀들은 독일어를 배우기 시작했을 때, 많은 문법적인 오류를 범했지만 부끄러워하지 않았다. 그 아이들은 나에 비해서 훨씬 제약을 받지 않았다. 나는 어리석게 여겨지는 것을 두려워했기 때문에 실제로 독일사람들과의 대화를 회피했다. 그러나 독일어 회화를 배우기 위해서 나에게 정말로 필요했던 것은 독일인과의 대화였다.

실패나 수치에 대한 두려움은 불안, 소심, 또는 교만의 표현으로서 성령의 언어를 배우는 데 가장 큰 장애물이 된다. 시련이나 시행착오를 거치지 않고서는 인간의 언어도 배울 수 없고 성령의 언어도 배울 수 없다. 그런데 안타깝게도 실수는 우리를 어리석은 듯이 보이게 만든다. 설상가상으로 실수는 우리로 하여금 어리석은 자라는 느낌을 갖게 한다. 그러나 하나님은 세상의 어리석고 멸시받는 것들을 사용하여 지혜롭고 교만한 자들을 부끄럽게 하신다(고전 1:16-27). 하나님의 음성을 능숙하게 듣고자 하는 사람은 여러 번 어리석게 보이거나 어리석다고 느끼는 과정을 거쳐야 한다.

### 풀쌔기에게 안전한 환경

나는 목장의 나무 그늘에 다른 두 목사님과 함께 앉아 있으면서, 어린아이처럼 행동하며 성령이 말씀하시는 것을 듣는 법을 배우기 위해서 필요하다면 어떤 어려운 일도 감수하기로 결심했다. 그 당시 나는 앞으로 어떤 수치와 어려움을 당하게 될 것인지 전혀 예측하지 못하고 있었다. 나는 수치를 감수하려 하는 몇 사람을 발견했다. 우리는 수요일 밤마다 모임을 가졌는데, 참석한 사람은 대략 40명 정도였다. 우리의 주된 목표는 하나님을 예배하고 하나님의 음성을 듣고 사역을 위한 자질을 갖추며 다른 사람들의 덕을 세워주는 데 있었다. 우리 중에 은사주의자는 한 사람도 없었다. 대부분은 은사주의에 반대 입장을 취했다. 우리는 30-40분 동안 예배를 보고 찬송가와 복음 성가를 불렀다. 그리고 나서 모인 사람들 중 한 사람이 잠시 가르쳤고, 그 다음에 고개를 숙이고 하나님의 음성을 구하는 기도를 드렸다.

우리는 이렇게 예배를 보면서 고린도전서 14:26에 기록된 것을 경험하려 했다. 우리는 하나님께서 계시, 지식의 말씀, 지혜의 말씀, 방언, 통역, 치유, 교훈, 그리고 그곳에 참석한 사람의 덕을 세워주는 데 도움이 될 모든 것을 주시기를 바랬다. 실제로 그런 일이 발생하기 시작했다. 사람들은 참된 계시를 받기 시작했고, 하나님께서 어떤 사람들을 고쳐주셨다. 또 어떤 사람들은 구원을 받았다. 사람들은 점점 더 하나님께 가까이 갔다. 몇 주일이 지난 후, 참석자는 100명이 되었고, 우리의 작은 모임은 점점 더 커졌다.

이윽고 우리의 수요일 밤 집회에 능력이 있다는 말이 퍼졌고, 어떤 사람들은 집회에 참석하기 위해서가 아니라 탐색해 보려고 찾아오기도 했다. 어느날 밤 내가 강의하는 신학교의 학생들 몇 명이 늦게 참석하여 뒷줄에 앉았다. 그들은 자기들을 가르치는 교수가 이상한 은사 집회에 관련되어 있다는 소문을 듣고서 직접 확인하려고 온 것이었다. 나는 강의실에서는 지극히 정상적이고 답답한 듯이 보였었기 때문에 그들은 내가 그러한 예배에 참여하고 있다는 사실을 믿지 않으려 했다.

집회는 순조롭게 진행되었고, 마침내 하나님께서 말씀하시기를 기다리는 순서가 되었다. 침묵 속에 몇 분 동안 기다린 후에 나는 모인 사람들에게 혹시 주님으로부터 음성을 들은 사람이 있느냐고 물었다. 사람들 중에서 제일 괴팍한 부인이 손을 들었다. 나는 속으로 '하나님, 하필이면 저 부인입니까?' 라고 말했다. 내가 이 부인을 "괴팍하다"고 하는 것은 무례하다는 의미가 아니다. 그러나 어느 교회, 어느 집단에나 괴팍스러운 사람들이 있는 법이다. 그들은 무엇인가 새로운 일이 시작될 때면 우선적으로 그 일을 시험해 보려 한다. 그렇게 해도 그들에게는 아무 손해가 없다. 아무도 그들에게 함께 점심을 먹으러 가자고 요청하지 않는다. 사람들은 그들의 행동을 점잖게 인내해준다(아마 하나님께서 그들을 긍휼히 여기시며 그들을 치유하시고 먼저 그들에게 말씀하시는 것도 같은 이유에서 일 것이다). 이 부인이 손을 들었을 때 나는 이 부인에 대해 자비심을 느낀 것이 아니라 두려움을 느꼈다. 그렇지만 그 부인을 무시할 수도 없었다. 손은 든 사람은 그 부인뿐이었다.

나는 "말씀해 보세요"라고 말했다. 그 부인은 "저는 방금 환상을 보았습니다"라고 말했다. 환상이라니? 도대체 왜 환상이라는 단어를 사용한단 말인가? 신학생들의 얼굴에 놀란 표정이 나타났다. 나는 "무슨 환상을 보셨습니까?"라고 물었다.

> "나는 환상에서 자주색 풀쐐기가 하수도 속을 기어가는 모습을 보았습니다. 그 벌레는 네 개의 작은 자갈을 먹었다가 다시 뱉었습니다. 목사님, 이 환상은 무엇을 의미합니까?"

그 환상은 무엇을 의미하는가? 처음에 나는 '부인, 그것은 당신이 괴팍스럽다는 것을 의미합니다' 라고 생각했다. 나의 두번째 생각은 '그것은 하나님께서 나를 미워하신다는 것을 의미한다. 오늘 내가 정말로 옳지 않은 행동을 했음이 분명하다' 는 것이었다. 신학생들은 그 "환상"을 비웃는 표정으로 서로를 바라보았다. 잠시 나는 그 풀쐐기는 신학생이고 자갈돌들은 신학생들이라고 생각하고 싶은 유혹을 받았다. 나는 내심 그들이 토해 내쳐지거나 최소한 우리 집회에서 쫓겨 나가기를 원했다. 그 때 나는 그 집회 안에서 이상한 이분법을 발견해 냈다.

한편에서는 신학생들이 자기들의 표현과 몸짓을 통해서 그것은 참된 환상이 아니라고 말하라고 간절히 요청하고 있었다. 그들이 "이 사람들을 미혹하지 마십시오"라고 말하는 소리가 들려오는 듯 했다. 반면에 나머지 참석자들은 긴장으로 가득차 있는 듯이 보였다. 그들은 미혹된 것이 아니었다. 아무도 그 환상이 주님으로부터 온 것이라고 생각하지 않았다. 그들은 그처럼 괴팍한 질문을 한 데 대해 그 부인이 어떤 벌을 받는지 보려고 기다리고 있었다.

나는 학생들을 보았다. 사람들을 보았다. 그리고 그 괴팍한 부인도 보았다. "주님은 당신이 본 것에 대한 해석을 주시지 않으십니다. 혹시 해석을 받는 분이 계실지 잠시 기다려 본 후에 다시 부인의 환상에 대해 살펴 보기로 합시다"라고 말했다. 학생들은 화가 난 것 같았다. 그들의 표정을 볼 때 "우리 교수님은 정말로 이상해지셨군. 그 부인의 이야기가 정말 환상인 듯이 다루고 계시잖아"라고 말하는 듯했다. 사실 나는 그렇게 생각하고 있지 않았다. 나는 그저 그 부인을 진정한 인격체로 대해 주고 있었을 뿐이다. 그러나 흥미롭게도 이 일은 다른 참석자들의 마음을 편하게 해주었다. 사방에서 사람들이 자기가 받은 느낌이나 환상을 시험해 보기 위해서 손을 들었다. 그들은 자기들이 잘못을 범해도 벌을 받지 않을 것을 알게 된 것이다. 안전하고 사랑스러운 환경에 처해 있을 때에 성령의 언어를 훨씬 쉽게 배울 수 있다.

### 성령이 말씀하시는 곳에 존재하는 것

앞에서 말했듯이, 나는 미국에 살 때에 여러 해 동안 독일어 문법을 배우고 어휘를 암기하고 독일어 원서를 읽으면서 독일어 공부를 했다. 그 다음에 나는 대부분의 사람들이 독일어만 사용하는 독일의 작은 마을로 이사했다. 그리고 몇 달 동안에 내가 그곳에서 배운 것이 과거에 미국에서 배운 것보다 더 많았다. 나는 독일어를 사용하는 사람들이 있는 곳에 거주하는 것이 독일어를 배우는 지름길이라는 것을 깨달았다.

성령의 언어로 말하고 그 언어를 이해하는 사람들 주위에 거하는 것이 환상이나 꿈이나 느낌이나 성경을 해석하는 법을 배우는 데 있어서 매우 도움이 된다. 언어를 배우는 데 탁월한 능력을 가진 사람이 있듯이, 다양한 형태의 하나님의 음성을 듣는 탁월한 은사를 가진 사람들이 있다. 예를 들면 요셉과 다니엘은 꿈을 해석하는 은사를 가진 사람들이다. 사도 바울은 특별히 성경을 해석하며 성경 밖에 있는 계시적 현상들을 이해하는 은사를 가지고 있었다. 안디옥 교회는 성령의 언어가 말해지고 이해된 장소였다(행 13:2). 이러한 환경에 있는 사람들은 성령이 말씀하시지 않거나 하나의 지방어로만 말해지는 장소에 있는 사람들보다 더 빨리 성장한다.

### 성경은 차림표이다

일반적으로 외래어를 배울 때에 제일 먼저 배우는 것은 그 나라의 음식 차림표이다. 음식을 주문하는 것은 삶에 기본적으로 필요한 일이다. 그와 흡사하게 성경은 성령 및 그의 언어에 관한 차림표이다. 성경은 성령께서 우리에게 말씀하시는 여러 가지 방법에 대해서 말해줄 뿐만 아니라, 우리가 살기 위해서 반드시 먹어야 할 것에 대해서도 말해준다. 또 영적인 독(毒)에 대해서도 경고해준다. 의도적으로 성경을 회피하는 사람은 지속적으로 확실하게 하나님의 음성을 들을 수 없다.

그러나 부지런히 성경공부에 전념하는데도 영적으로 영양실조에 걸린 사람들이 있다. 이것은 사람들이 성경 공부 자체를 목적으로 삼는 환경에서 종종 발생한다. 그들은 세밀하게 차림표를 살펴보았기 때문에 자세한 내용을 말해줄 수 있는 사람들과 같다. 그것이 언제 처음 기록되었는지, 세월이 흐르는 동안 어떻게 변화되었는지, 각각의 음식이 어떻게 조리되어 어떻게 제공되는지, 어떤 음식이 먼저 제공되는지, 심지어 요리사가 그러한 순서로 차림표를 작성한 이유까지도 말해줄 수 있다. 아마 그들은 차림표를 설명하는 것을 주된 목표로 삼는 학교에 가기도 할 것이다. 그러한 학교를 졸업한 후에 차림표를 설명하는 데 가장 능숙한 사람들은 가장 큰 규모의 "차림표 클럽"을 만들 수 있을 것인데, 그곳에는 차림표에 대한 새롭고 감동적인 설명을 듣기 위해서 많은 사람들이 정규적으로 모여들 것이다. 그러나 차림표에 대한 설명을 듣거나 직접 차림표를 연구한다고 해서 사람이 튼튼해지는 것은 아니다. 차림표를 보고서 음식을 주문해서 먹는 사람들만이 튼튼해진다. 차림표를 식사 자체와 혼동해서는 안 된다.

예수 그리스도는 천국의 떡이시다. 만일 우리가 성경공부를 통해서 예수 그리스도를 경험하지 못한다면, 우리는 영적 영양실조가 될 것이다. 성경은 우리의 삶의 모든 면에서 하나님을 경험하도록 인도해 주려는 목적을 가진 차림표이다. 만일 성경공부 자체를 목표로 삼는다면, 우리는 결국 부지런히 성경을 공부했지만 그리스도에게 나오지 못한 바리새인들처럼 되고 말 것이다(요 5:39-40). 그들은 규칙적이고 종교적으로 차림표를 공부했지만 음식을 주문하지도 않고 맛을 보지도 않았다. 그것은 비극이며 아이러니이다. 차림표를 그처럼 가까이 하면서도 음식과는 그렇게 멀리 떨어져 있었던 것이다.

### 시간이라는 요인

하나의 언어를 즉각적으로 배우는 사람은 없다. 언어를 배우려면 오랜 시간을 두고 끊임없이 사용해야만 한다. 성령의 언어를 배우는 것도 마찬가지이다. 하나님의 음성을 듣는 데 숙달된 사람들은 끊임없이 하나님의 말씀에 귀를 기울이는 훈련을 한 사람들이다(히 5:14 참조). 만일 우리가 항상 마음을 열어 하나님의 교정(矯正)을 받아들이려 하며, 자신이 처한 일에 대해서 하나님의 의견을 고 대답을 듣는 습관을 발달시킨다면, 시간이 흐르면서 우리는 하나님의 음성을 듣는 데 숙달될 것이다. 시간을 갖고 인내하라.

우리가 진정으로 성령의 언어를 배우려는 소원을 가지고 있다면, 그것은 곧 하나님의 자비가 우리에게 임했다는 표식이라고 볼 수 있다. 하나님은 우리 마음에 소원을 주셨으며, 성령의 언어를 배우는 모든 시련을 통해서 그의 자비가 우리와 함께 할 것이다. C. S. 루이스는 우리에게 걸으려는 뜻만 있다면, 하나님은 우리가 비틀거리는 것도 기뻐하신다고 했다.[2] 그것이 사실이라면, 만일 우리에게 하나님의 음성을 들으려는 마음만 있다면, 하나님은 우리의 잘못까지도 기뻐하실 것이다.

chapter 12

# 예언 사역을 촉진하라

몇 년 전에 폴 카인과 나는 캔자스 시의 메트로 빈야드 크리스천 펠로우쉽에서 주최한 집회에 참석했었다. 폴은 메시지를 전하고 나서 청중 중 여섯 명에게 예언을 해주었다. 그 다음에 폴은 나를 직시하면서 "잭 목사님, 일어서 주시겠습니까?"라고 요청했다.

나는 자리에서 일어섰다. 폴은 이렇게 말했다. "오늘 오후에 나는 목사님의 어머니에 대한 환상을 보았습니다. 그분의 이름은 완다 진이었습니다. 나는 그 분이 잃어버린 보석(jewel)을 찾으려고 절벽(cliff)에 서 있는 것을 보았습니다. 그것은 목사님의 아버지의 이름이 쥬얼 클리포드(Jewel Clifford)라는 뜻입니다. 그 다음에 나는 목사님의 부친을 보았습니다. 그 분은 천국에서 주 예수님의 얼굴을 보고 계셨습니다. 주님은 목사님의 부친이 세상을 떠나시기 얼마 전에 아브라함처럼 주님을 믿었고, 주님이 그분을 의롭다고 인정하셨음을 보여 주셨습니다."

나는 어안이 벙벙했다. 그 당시 나의 어머니의 실제 이름을 아는 사람은 아무도 없었다. 어머니는 완다라는 이름을 싫어하셨기 때문에 진이라는 이름만 사용하셨었다. 그것은 우리 가족의 일급 비밀이었다. 또 나의 부친도 쥬얼 클리프도라는 이름을 사용하지 않으셨다. 사람들은 그 분을 잭이라고 불렀다. 나는 폴에게 나의 부모님의 이름이 진과 잭이라고 말한 적도 없고, 더구나 완다 진이나 주얼 클리포드라는 이름을 알려준 일이 없었다. 나는 폴이 주님이 주신 초자연적인 계시에 의해서 그 이름을 알았다는 것을 깨달았다.[1] 누구라도 천국에서 내 아버지를 보았다고 말할 수는 있었을 것이다. 그러나 내 부모님의 실제 이름을 나에게 말해 주심으로써 내 부친이 천국에 계시다는 것에 대한 초자연적인 계시를 확인해주실 수 있는 분은 주님뿐이었다.

나의 부친은 내가 12살 때에 자살하셨고, 5년 후에 나는 기독교인이 되었다. 그 후 나는 아버지가 천국에 계실지 지옥에 계실지 항상 궁금했다. 나는 여러 번 모든 증거를 종합하여 평가해 보기도 했다. 부정적인 측면에서 보면, 우리 가정은 교인 가정이 아니었고, 아버지는 자살을 하셨다. 긍정적인 측면에서 보면, 나의 아버지는 성경을 가지고 계시면서 읽으셨으며, 나는 아버지가 소리를 내어 기도하시는 것을 여러 번 보았었다. 어떤 날은 부정적인 증거들을 모두 검토하고 나서 아버지가 지옥에 계시다는 결론을 내렸고, 어떤 날은 긍정적으로 아버지가 천국에 계시다고 생각하기도 했다. 이런 식으로 여러 해를 지내다가 결국 나는 그 일을 생각하지 않게 되었다. 그런데 이제 나는 아버지가 자살을 하셨던 당시의 연세인 40세를 넘겼는데, 자비하신 주님은 아버지가 천국에 계시다는 것을 나에게 계시해 주신 것이다.

다음날 나는 호텔에서 폴을 데리고 나와 어느 목사님과 함께 점심 식사를 했다. 나는 폴에게 주님이 이 때를 택하셔서 나에게 아버지에 대한 계시를 주신 이유에 대해서 물었다. 나는 과거에는 아버지에 대해서 주님께 질문을 했었지만, 여러 해 전에 이미 그 일을 기억에서 지워버렸었다. 내가 아는 한, 나는 더 이상 그 문제로 고민하지 않았다. 나는 주님이 이러한 계시를 나에게 주신 이유를 폴에게 보여 주셨는지 알고 싶었다.

폴은, 기독교인이 된 후로 나는 스스로 인식하는 것 이상으로 아버지의 영원한 운명에 대한 문제로 고민했었다고 말해 주었다. 내가 회심하고 나서 얼마 후에 아버지의 죽음 및 그 분이 지옥에서 영원히 계셔야 할지도 모른다는 가능성 때문에 내 마음에서 슬픔이 뿌리를 내리고 자라나기 시작했고, 그 때문에 나는 다른 사람들을 가혹하게 대했다는 것이다. 따라서 그 계시는 그 가혹함을 제거하는 일을 도우려는 목적을 가진 것이었다.

나는 가혹함을 제거하기 위해서 기도해오고 있었다. 나는 주님에게 사람들을 향한 사랑과 온유함을 달라고 기도해 왔었다. 요즈음 나는 내가 원하는 만큼 온유하지는 못하지만 과거처럼 가혹하지도 않다. 나는 아버지의 영원한 운명에 대한 성령의 예언적 말씀이 내 마음을 부드럽게 해주는 중요한 요인이 되었음을 알고 있다.

이와 같은 예언 사역이 교회에서 간단히 일어나지는 않을 것이다. 전도와 가르침의 은사와 마찬가지로 예언도 계발되어야 하고 적절하게 집행되어야 한다. 다음은 내가 성경과 경험에 비추어 예언 사역을 촉진하는 데 도움이 된다고 생각하는 몇 가지 지침이다.

## 예언자는 어떤 사람인가?

### 예언자는 장래를 분별한다

이사야는 예언자를 이스라엘의 "눈"이라고 언급했다(사 29:10). 다른 사람들이 정규적으로 보지 못하는 것을 예언자는 성령을 통해서 정규적으로 볼 수 있다.[2] 물론 가장 위대한 예언자는 그리스도이시다. 그리스도는 지상에서 사역하시는 동안 눈으로 보는 것이나 귀로 들은 것에 의해서 판단하지 않으셨다. 그 분은 성령의 분별을 가지고서 판단하셨다(사 11:2-4).

예언자들은 장래를 볼 수 있다. 그들은 장래의 심판과 축복을 예고할 수 있다. 그들은 민족들의 흥망성쇠를 앞질러 묘사할 수 있다. 또 그들은 잃어버린 당나귀를 찾을 수 있는 장소를 말해주는 것처럼 실질적인 일도 행할 수 있다(삼상 9:20). 그들은 우리 마음의 비밀을 말해 주므로, 그들이 우리를 위한 하나님의 장래의 계획을 선포할 때에 우리는 그들을 믿는다(삼상 9:19; 10:1-9).

### 예언자는 현재를 분별한다

예언자들은 주님이 현재 우위에 두고 계시는 일들을 분별하는 능력을 가지고 있다. 때로 이것은 "직언"(直言)이라고 언급되기도 한다. 흔한 형태의 직언은 현재의 죄를 지적하는 것이다. 어느 사회에서나 사람들은 불평할 많은 죄들을 발견할 것이다. 사회개혁가들에게는 언제나 대적해야 할 많은 죄들이 있다. 참된 예언자의 특징이 되는 점은 주님의 감동하심에 의해서 어느 시기에 주님이 변화시키고자 하시는 상태에 대해서 말한다는 것이다.

특정 사회에 많은 잘못된 일이 있듯이, 우리 각 사람의 삶에도 많은 잘못된 일들이 있다. 주님은 이 모든 잘못을 단번에 바로잡으시는 것이 아니다. 만일 주님이 단번에 우리의 모든 죄와 미숙함을 보여 주신다면, 우리는 좌절하여 변화하려는 희망을 포기할 것이다. 종종 주님은 자신이 변화시키려는 것을 예언자들에게 보여주신다.

직언이라고 해서 언제나 우리의 죄를 공표하는 것을 의미하는 것은 아니다. 사도 바울은 주님을 기쁘시게 하는 것이 무엇인지를 알아내라고 명령한다(엡 5:10). 때로 주님은 우리의 삶과 관련하여 하나님께서 현재 우위에 두시는 것이나 하나님의 계획 등을 예언자에게 보여 주기도 하신다. 몇 년 전에 나는 꿈에서 책을 저술했는데 주님을 그 책을 특별한 목적으로 사용하셨다. 그 당시 나는 바삐 협회 사역과 목회 사역을 하고 있었고, 몇 년을 할애하여 책을 저술하려는 계획도 없었다. 나는 그 꿈을 문자 그대로 해석해야 할 것인지 확신이 서지 않았다. 꿈을 꾸고 나서 얼마 후에, 폴 카인이 나에게 전화를 걸었다. 그는 그날 오후에 나에 대한 환상을 보았다고 했다. 그는 자기의 환상을 해석하기를, 주님은 내가 책을 저술하는 일을 우선 순위에 두기를 원하신다고 했다. 폴은 내 꿈에 대해서는 아무 것도 알지 못하고 있었다. 그러나 내가 꾼 꿈과 폴의 환상에도 불구하고 나는 책을 저술할 시간을 낼 수 없었다. 이윽고 우리의 삶의 모든 일이 변화되었으므로 나는 책의 저술에 착수할 수 있게 되었다. 변화가 임했을 때에 우리는 왜 그 변화가 임하는지 이유를 알고 있었기 때문에 당황하지 않았다. 내 꿈과 폴의 예언적 환상이 우리 삶을 위한 주님의 우선 순위를 바꾸시리라는 것을 우리에게 보여 주었기 때문이다.

## 누구나 예언할 수 있을까?

구약성서에는 비교적 소수의 예언자들이 있었고, 예언자 외에 다른 사람들은 거의 예언을 하지 않았다. 신약성경에서는 성령 강림이 모든 것을 변화시켰다. 베드로는 오순절 날이 요엘 2:28-32의 성취의 시작이라고 주장했다. 예언자 요엘의 말에 귀를 기울여 보자:

> 하나님이 가라사대 말세에 내가 내 영으로 모든 육체에게 부어 주리니 너희의 자녀들은 예언할 것이요 너희의 젊은이들은 환상을 보고 너희의 늙은이들은 꿈을 꾸리라 그 때에 내가 내 영으로 내 남종과 여종들에게 부어 주리니 저희가 예언할 것이요(행 2:17-18).

성령 강림과 더불어 어떤 의미에서 모든 신자들이 예언을 할 수 있게 되었다. 남녀노소, 경제적 지위에 상관 없이 교회 내의 모든 사람들이 예언하고 꿈을 꾸고 환상을 볼 것이다. 신약성경 안에 있는 모든 사람들이 언젠가는 예언을 하거나 꿈을 꾸거나 환상을 볼 수 있을 것이다. 신약성경 안에서 모든 사람들은 복음을 전도하거나 가르칠 수 있을 것이다. 그러나 이것은 신약성경 안에 있는 모든 사람이 예언자가 되거나 복음전도자가 되거나 교사가 될 것이라는 의미가 아니다. 이러한 행동을 지속적으로 훌륭하게 행하는 사람들만이 예언자나 교사나 복음전도자라고 불릴 수 있을 것이다.

예언 사역을 행하는 사람들이라고 해서 모두 탁월한 사역자가 되지는 못할 것이다. 은사들마다 그 강도가 다르며, 사역들마다 권위에 차이가 있다. 바울은 이에 대해서 "우리에게 주신 은혜대로 받은 은사가 각각 다르니 혹 예언이면 믿음의 분수대로 할 것이니라"고 기록했다(롬 12:6). 예수님도 달란트의 비유에서 같은 것을 가르치셨다. 그 비유에서 하나님은 한 사람에게는 다섯 달란트를, 다른 사람에게는 두 달란트를, 그리고 또 다른 사람에게는 한 달란트를 주셨다(마 25:14-30). 어떤 복음전도자들의 사역은 매년 주일학교의 한 학급에만 제한되는 데 반해, 어떤 복음전도자들은 국제적인 사역을 한다. 같은 사실이 예언 사역에도 적용된다.

## 겉모양만으로 판단하지 않는 이유

만일 누가 효과적인 교사인지를 인식하지 못한다면, 교회들은 효과적으로 가르치는 사역을 행할 수 없을 것이다. 예언 사역도 마찬가지이다. 만일 우리가 겉모양을 보고서 예언 사역을 판단하는 실수를 범한다면, 우리는 결코 예언자들을 알아보지 못할 것이다. 어떤 예언자들은 대단히 평범한 겉모양을 취한다. 30세가 될 때까지 공개적으로 주목할 만한 일을 전혀 하지 않은 목수의 아들 예수님을 들 수 있다. 그러나 그다지 평범하지 않은 예언자들도 있다. 그들은 보잘 것 없는 공적인 연설가이거나 무식한 사람이거나, 심지어 약간 이상한 사람일 수도 있다. 낙심한 사람일 수도 있고(예레미야), 좋지 못한 태도를 가진 사람일 수도 있고(요나), 변덕스러울 수도 있고(엘리야), 신비적일 수도 있고(에스겔), 오랫동안 벌거벗고 다니는 성향을 가진 사람일 수도 있고(이사야), 창녀와 결혼한 사람일 수도 있고(호세아), 나귀에게 말을 할 수도 있고(발람), 바다 짐승에 의해서 여행할 수도 있고(요나), 환난을 벗어나기 위해서 거짓말을 할 수도 있고(아브라함), 채식주의자일 수도 있고(다니엘), 특별한 옷을 입을 수도 있고(세례 요한), 하나님께 대해 화를 내고 그분에게 응답하기를 거부할 수도 있고(요나), 하나님과 논쟁할 수도 있고(하박국), 이상한 음식을 먹는 습관을 가지고 있을 수도 있다(세례 요한). 간단히 말해서, 겉모양을 보고서 예언자를 판단해서는 안된다. 만일 겉모양으로 판단한다면, 우리는 예언 사역의 축복을 놓치게 될 것이다.

예언자들은 때로 이상한 겉모습을 취하고 오는 것 외에도, 기이한 사역 방법을 취하기도 한다. 예언 사역을 행하기 전에 음악을 들어야 하는 예언자도 있다(엘리사, 왕하 3:15). 내가 아는 사람들 중에는 손을 흔들거나 안수 기도를 해야만 비로소 무엇인가를 보는 사람들이 있다. 어떤 예언자들은 이상한 상징을 사용하기도 한다. 엘리사는 여호아하스 왕에게 몇 개의 화살로 땅바닥을 치라고 말했다. 여호아하스는 세 번 땅을 치고 그만두었다. 엘리사는 여호아하스에게 노하여 "왕이 오륙 번을 칠 것이니이다 그리하였더면 왕이 아람을 진멸하도록 쳤으리이다 그런즉 이제는 왕이 아람을 세 번만 치리이다"라고 말했다(왕하 13:19). 엘리사가 사용한 상징적 어휘를 여호아하스가 어떻게 분별했겠는가? 예레미야가 베 띠를 사서 땅에 묻어 두었다가 썩어서 쓸데 없게 된 후에 다시 꺼낸 것은 무엇을 의미하는가? 그것은 이스라엘의 멸망과 유다의 멸망을 상징하는 것이었다(렘 13:1-11). 그러나 종교인들은 예레미야가 이기적이고 부정적인 사람이라고 생각했다. 그러나 이사야가 3년 동안 벌거벗고 지낸 것(사 20:2-3)이나 호세아가 창녀와 결혼한 것(호 1:2)과 비교하면 이런 일들은 비교적 온건한 상징적 행위이다.

예수님은 열매를 보고 예언 사역을 평가하라고 말씀하셨다(마

7:15). 예언적 인물들의 사역에 대해서 다음과 같은 질문을 해 보아야 한다:

1. 그들은 그리스도께 영광을 돌리는가, 아니면 자기 자신에게 관심을 끌려 하는가?
2. 그들은 겸손하게 행하며, 그들의 사역이 겸손을 이루어내는가?
3. 그들의 사역은 성령의 열매를 맺는가?
4. 그들의 말은 정확하며, 그들의 예언들은 실현되는가?
5. 그들의 가르침은 성경과 일치하는가?

그들의 가르침이 우리의 교리나 성경 해석과 일치하는 것이 아니라 성경과 일치하는지를 물으라고 한 마지막 질문에 유의하라. 나는 우리 교회에서 사역하는 모든 사람들이 비록 논란이 많은 부분에 관한 해석에 있어서는 우리와 견해가 다르더라도 신앙에 관한 기본적인 사실들은 믿을 것이라고 생각한다. 흔히 "그것은 비성경적이다"라는 말을 하곤 하는데, 그것은 사소한 교리 분야의 해석이 일치하지 않는다는 것을 지적하는 데 불과하다.

## 신약성경은 얼마나 큰 권위를 가지고 있는가?

1970년대의 일이다. 내 친구는 유명한 은사주의 교회에 다니고 있었다. 그는 19살 때에 사귀던 여자 친구와 헤어졌다. 그는 그 여자와의 관계가 도움이 되지 않는다고 생각하고서 앞으로는 그 관계를 청산하기로 작정했다. 그는 자신이 그 여자를 사랑하지 않는다는 것, 그리고 자기들이 서로 맞지 않는다는 것을 알고 있었다. 그런데 교회에 있는 어느 "예언자"가 이 젊은 연인들이 중대한 잘못을 범했다는 것, 그리고 하나님은 두 사람이 결혼하기를 원하신다는 것을 말해 주었다. 그들은 서로 사랑하지 않았고, 또 주님께 불순종하는 것도 원하지 않았다. 그들은 결혼했다. 이 두 사람은 절대로 결혼하지 말아야 할 사람들이었다. 자세한 이야기는 하지 않겠지만, 내 친구가 최선을 다했지만 결국 그들은 이혼하고 말았다.

1970년대에 있었던 은사 운동에서는 이처럼 예언자들이 결혼에 관여하는 일이 흔히 있었다. 하나님께서 예언자들에게 그러한 권위를 주시는 것일까? 하나님은 신약 시대의 예언자들에게 그러한 권위를 주시지 않았으며, 사도들에게도 그러한 권위를 주시지 않았다. 성경은 믿는 사람은 믿는 사람과 결혼하라고 지적하지만(고전 7:39; 고후 6:14-15), 신약 성경의 예언자나 사도들은 어떤 신자와 결혼해야 하는지를 말하지는 않는다. 그들은 사람들에게 자녀를 가져야 할 것인지 갖지 말아야 할 것인지, 또는 자녀를 몇 명이나 가져야 할 것인지를 말해 줄 권위를 가지고 있지 않았다. 그들은 어디에서 살고 어디에서 일할 것인지, 또는 어떤 직업을 가져야 할지 신자들에게 말해줄 권위를 가지고 있지 않았다. 그들은 사람들의 양심에 명령할 수 없었다(고전 8:7). 그들은 사람들에게 헌금하라고 권면할 수는 있었지만(고전 16:2; 고후 9:6-15), 헌금해야 할 액수를 말해 주거나(고후 9:7) 헌금을 하지 않는다고 해서 징계할 수는 없었다.[3]

## 책임자는 누구인가?

구약 성경에서 하나님은 왕들에게 이스라엘과 유다를 다스릴 권위를 주셨다. 예언자들은 경건한 왕에게는 놀라운 축복이었고, 악한 왕에게는 가시 같은 존재였다. 어떤 예언자들은 대단한 능력과 영향력을 가지고 있었다. 그러나 하나님께서는 왕들에게 국가의 통치권을 주셨지 예언자들에게 주시지는 않았다.

신약성경에서, 개 교회의 통치는 순회 예언자들이나 그 교회의 예언자들에게 맡겨진 것이 아니라 그 교회의 장로들에게 맡겨졌다. 바울은 "잘 다스리는 장로들을 존경할 자로 알되 말씀과 가르침에 수고하는 이들을 더할 것이니라"라고 기록했다(딤전 5:17).

교회 내에서 지도권과 관련하여 끊임없이 문제를 일으키는 두 집단이 있다. 한 집단은 예언적인 사람들이다. 그들은 빈번하게 환상과 꿈과 특별한 느낌을 받기 때문에, 스스로 교회의 지도자들보다 더 많은 것을 안다고 생각한다. 개중에는 지도자들이 자기의 말에 귀를 기울이지 않으면 화를 내는 사람들도 있다. 그들은 그 교회를 위해 주님이 원하시는 일이 무엇인지 다른 사람들보다 더 잘 안다고 생각한다.

빈번하게 문제를 일으키는 또 한 집단은 중보기도자들이다. 중보기도자들의 주된 사역은 기도이다. 그들은 오랜 시간 기도한다. 그들은 교회 내의 누구보다 더 많이 기도한다. 때로 이 때문에 그들은 자신이 지도자들보다 더 신령하다고 느끼며, 교회 일에서 자기들에게 중요한 발언권이 주어지지 않는 데 대해 분개한다. 하나님께서는 예언자들과 중보기도자들이라는 이 두 집단이 장로들에게 복종할 것을 요구하신다.

순회 예언자로 활동하면서 개교회의 권위자에게 복종하지 않는 사람들이 많다. 흔히 그들은 그 교회에 다니는 친구들이나 어느 집회에서 만난 그 교회 교인들을 통해서 교회의 뒷문으로 들어온다. 이 순회 예언자들은 자신에 대해 과장된 이야기를 하거나 자기의 사역을 과장한다. 그들은 약간의 예언적 은사를 나타내지만 스스로 과시적으로 말한 분량에는 미치지 못한다. 흔히 그들은 자신의 "사역"에 대해 돈을 내거나 빌려줄 것을 원하는데 빌린 돈은 절대로 갚지 않는다. 바울은 이러한 사람들을 가리켜 "저희 중에 남의 집에 가만히 들어가 어리석은 여자를 유인하는 자들이 있으니 그 여자는 죄를 중히 지고 여러 가지 욕심에 끌린 바 된다"고 말했다(딤후 3:6). 나는 바울이 이 본문에서 의도하는 것이 무엇인지 이해하지 못하던 중에 어떤 순회 예언자들의 행동을 보게 되었는데, 그들은 실제로 바울이 이 본문에서 묘사한 것처럼 행동했다.

  성령의 은사에 대해 배우고 있는 과도기의 교회들은 쉽게 이런 부류의 "사역자"들의 먹이가 된다. 때로 과도기에 있는 교회의 장로들은 자신이 오만했다거나 사역에 무관심했다고 느낀다. 그리하여 그들은 하나님께서 행하시는 일은 무엇이든지 받아들이려 한다. 그들은 겸손이라는 덕을 실천하려는 마음에서 이러한 순회 예언자들에 대해 우직한 태도를 취한다. 어떤 부류이든 간에 예언자나 교사들이 개 교회의 권위에 복종하지 않으며 진정으로 교회의 지도자에게 모든 일에 대해 보고하지 않는 한 그러한 사람들이 교회에서 활동하게 해서는 안된다. 알지 못하는 사람들이 교회에서 봉사하는 것을 허락하기 전에 먼저 그들에 대해 조사하고 조회해 보아야 한다. 이것은 성령을 소멸하라거나 율법주의를 장려하기 위한 것이 아니라, 약탈

자들로부터 교회를 보호하기 위한 것이다. 영적 권위에 복종하지 않는 순회 사역자들은 으레 영적 교만으로 가득 차 있다. 지도자에게 보고해야 한다는 의식의 부재는 실수로 이어지는데, 그 실수 때문에 그 교만한 예언자와 관련된 사람들이 상처를 입거나 타락할 수도 있다.

위의 규칙에 적용되지 않는 예외를 들어 보겠다. 항상 여행을 해야 하는 선교위원회나 방계교회 조직들의 수장들은 언제나 다른 교회나 다른 선교 현장에서 활동하기 때문에 어느 교회의 권위자에게 복종하기가 어렵다. 이런 부류의 지도자들은 개 교회의 권위에 복종하기보다는 강력한 위원회의 권위에 복종해야 한다. 그들의 기구와 삶은 정규적으로 감사를 받는다.

### 성령의 역할을 강탈하려는가, 아니면 하나님의 지도하심을 견고히 하려는가

신약성경의 예언자들은 결코 사람들의 삶을 통제하기 위해서 예언의 권위를 사용하지 않았다. 신약성경의 예언자들은 믿는 자들의 덕을 세워주고, 권면해주고 위로해주고 격려해주고 강건하게 해주었다(행 15:32; 고전 14:3). 때로 예언자는 장래 일을 말해줌으로써 이 일을 하기도 한다.

언젠가 어느 예언적인 사람이 내가 심문을 받게 될 것이라고 말해 주었다. 나는 "좋지 않은 심문입니까?"라고 물었다. 그 사람은 "이렇게 말할 수 있을 것입니다. 그 심문이 끝난 후에 목사님은 마치 화물기차에 치였던 것 같은 느낌을 받을 것입니다"라고 말했다. 그는 심문이 어느 주간에 시작될 것인지 정확하게 예고해주었다.

그것은 덕을 세우기 위한 것이었을까? 물론 그랬다. 그 사람은 만일 내가 기쁜 마음으로 겸손하게 그 심문을 견뎌내면 주님이 나에게 상을 주실 것이라고 말해 주었다. 화물기차가 나를 치었을 때, 나는 그 마지막 약속을 굳게 붙잡았고, 그것은 실제로 실현되었다.

예언자는 우리의 현재의 삶에 대한 일을 말해 줌으로써 우리의 덕을 세우거나 격려해 줄 있다. 어느날 내가 개인적으로 드린 기도를 나에게 말해 주었던 예언자가 바로 그런 사람이다. 그 예언자는 "주님은 이 기도가 주님에게서 온 것이며 앞으로 그것을 허락하실 것이라고 말해 주라고 하셨습니다. 주님은 목사님이 계속 이러한 기도를 드리도록 격려해 주십니다"라고 말했다. 이 말은 여러 해 전에 나에게 주어졌지만, 그 이후로 내가 거의 매일 드리는 기도에 주님은 아직 응답하지 않으셨다. 그러나 그 예언적인 말은 내가 인내하며 기도하는 데 필요한 격려를 해주었다. 실제로 주님은 방금 언급했던 것 외에도 내 마음에 있는 이 꿈이 주님에게서 온 것이라는 사실을 여러 가지 예언적인 방법으로 확인해 주셨다.

예언 사역은 여러 가지 방법으로 덕을 세워줄 수 있다. 그러나 우리가 하나님과 동행하는 데 있어서 예언 사역이 성령을 대신할 수는 없다. 또 주님 앞에서 우리가 자신의 행동에 대해서 해명해야 하는 의무를 제거할 수도 없다.

여로보암이 왕으로 있을 때, 하나님은 심판의 메시지를 가지고 예언자를 벧엘로 보내셨다(왕상 13:1). 하나님은 그 예언자에게 유다로 돌아갈 때에는 먹지도 말고 마시지도 말고 벧엘로 갈 때 지나갔던 길로도 가지 말라고 명령하셨다(왕상 13:9). 그 예언자가 심판을 말씀을 전하고 유다로 돌아오는 도중에 한 늙은 예언자가 그를 만나러 나와서 "나도 그대와 같은 선지자라 천사가 여호와의 말씀으로 내게 이르기를 그를 네 집으로 데리고 돌아가서 그에게 떡을 먹이고 물을 마시우라 하였느니라"고 말했다(왕상 13:18). 젊은 예언자는 늙은 예언자의 말을 듣고 그의 집에 가서 음식을 먹었다. 그러나 실상 그 늙은 예언자는 거짓말을 했던 것이다. 젊은 예언자가 불순종한 것에 대한 벌로서 유다로 돌아오는 도중에 사자에게 물려 죽었다. 이 이야기는 우리가 스스로 하나님의 음성을 듣고 그 음성에 순종해야 한다는 것을 보여준다. 하나님은 우리가 결혼생활이 실패한 것이나 경제적인 불운이나 기타 옳지 못한 결정을 한 데 대한 책임을 어느 예언자에게 전가하도록 내버려 두지 않으신다. 하나님은 하나님께서 다른 사람에게 주신 빛이 아니라 우리에게 주신 빛에 우리가 순종할 것을 요구하신다.

예언자들이 우리가 결혼이나 자녀나 직장이나 금전 문제에 관한 결정을 하는 일을 도와줄 수 있을까? 도와 줄 수 있다. 나는 그들은 하나님께서 이미 우리에게 주신 말씀을 뒷받침하거나 확인해주거나 분명히 밝혀주는 말을 할 수 있다고 생각한다. 그들은 우리가 한 번도 고려해보지 않았던 일에 대해서 기도하게 만들기도 할 것이다. 하나님께서 새로운 지침을 가지고 우리의 기도에 응답하실 수도 있다. 그러나 이러한 종류의 예언은 통제적이고 권위적인 방법으로 전달되어서는 안된다는 데 유의해야 한다. 한번은 어느 예언 사역자가 우리 교회에 왔다. 그는 어느 젊은 부인에게 "주님은 내년 이맘 때쯤이면 당신은 또 아기를 갖게 될 것이라고 말씀하십니다"라고 말했다. 그 부인은 기뻐하는 것 같지 않았다. 나중에 그 부인은 나에게 와서 "나에게는 이미 네 자녀가 있는데, 그 아이들 때문에 미칠 지경입니다. 그런데 또 다시 아이를 가져야 한다니요? 만일 내가 임신하지 않도록 조처를 한다면 주님이 기뻐하시지 않겠지요?"라고 말했다. 나는 그 부인에게 "절대로 그렇지 않아요"라고 말해 주었다.

이 예언자는 주제넘게도 자기의 영역을 넘어서는 일을 했다. 그는 그 부인과 남편만이 할 수 있는 결정을 내리려 한 것이다. 아기의 출생에 대해서 예언을 할 수 있는 유일한 상황은 불임 부부의 경우뿐이라고 나는 생각한다. 나는 폴 카인 및 다른 예언 사역자들이 여러 번 이러한 예언을 하여 불임 부부와 전체 교인들에게 큰 축복을 가져다 주는 것을 본 적이 있다.

## 누가 공적인 환경에서 예언 사역을 해야 하는가

우리는 함께 모였을 때 모두가 다른 사람들을 축복하기 위해서 자신의 은사를 사용할 준비를 갖추고 있어야 한다. 이것은 우리가 집단 전체가 보는 앞에서 이러한 은사들을 사용해야 한다는 의미는 아니다. 신령한 은사를 소유하고 있다고 해서 공적인 모임에서 발언할 권리가 주어지는 것은 아니다. 어떤 사람은 소규모 집단 앞에서, 또는 일 대 일로 사용하는 데 적절한 은사를 가지고 있다. 그들의 은사가 점차 성장하여 나중에는 보다 큰 집단 앞에서 사용하게 될 수도 있을 것이다. 그러나 은사를 베푸는 차원은 그 은사가 사용되는 환경에 적합한 것이어야 한다.

일부 대단히 능숙한 예언 사역자들은 성경을 가르치는 데도 대단히 능숙하다. 그러나 예언 사역에는 능숙하지만 성경을 가르치는 데 있어서는 아무런 기술도 없는 사람들이 무척 많다. 그러나 사람들은 종종 그들이 예언 사역을 하기 전에 성경을 가르쳐 달라고 요청한다. 이것은 대체로 모든 사람들을 지루하게 만들고 또 어떤 사람들에게는 혼란을 준다. 이러한 종류의 집회에 참석한 사람들은 대체로 예언 사역자가 가르침을 그만두고 "실제의 사역"을 행할 것을 원한다. 예언자가 성경을 가르치는 은사를 가지고 있지 않은 한, 우리는 그에게 성경을 가르쳐 달라고 요청해서는 안된다.

예언 사역에 적합하지 않다고 여기는 또 한 가지 일이 있다. 대규모 대중 집회에서 발언하기에 적합한 예언의 은사를 가진 사람이라도 해석되지 않은 환상을 장황하게 제공해서는 안된다. 그것은 교사가 오랫동안 신학적 문제를 소개했지만 적절한 해답을 제공하지 못하는 것과 같아서 대부분의 사람들을 당황하게 만들며 아무에게도 덕을 세워주지 못한다.

집단 전체를 위한 지시를 받았다고 느끼는 예언자는 먼저 그 집단의 지도자에게 그 지시를 전하여, 지도자의 허락과 축복을 받아 그 지시를 집단 전체에게 전해야 한다.

## 예언의 신뢰성과 권위는 어떻게 이루어지는가?

하나님의 나라에서 탁월한 자가 되려 하는 신자들은 시간을 낭비한다. 하나님 나라에서는 모든 사람이 하나님 앞에서 동등하게 중요하다. 그러나 하나님의 섬기는 일에 있어서 모두가 동등하게 탁월하지는 못할 것이다. 하나님은 지도자를 세우기도 하고 제거하기도 하신다. 하나님은 모세, 여호수아, 솔로몬, 기타 여러 사람들에게 탁월함, 신뢰성, 권위 등을 주셨다.[4] 또 하나님은 백성들이 예언자들을 신뢰하기를 원하셨다. 아무 예언자들이나 다 신뢰하기를 원하신 것이 아니라 하나님의 예언자들, 즉 하나님께서 친히 세우시고 백성들에게 보내신 사람들만 신뢰하기를 원하셨다(대하 20:20). 지도자들과 예언자들을 세우시는 것은 하나님의 일이다. 따라서 사람들 앞에서 자신을 세우려 할 경우, 우리는 어려움에 직면하게 된다. 디오드레베는 사람들 중에서 두드러지는 것을 좋아했으며 혼자 힘으로 그것을 얻으려 했다. 그러나 그의 계획은 실패했고, 그의 이름은 이천 년이 흐르는 동안 수치스러운 이름으로 알려져 왔다(요삼 9-10).

신뢰성과 권위는 주님의 부르심과 더불어 주어진다. 주님이 원하시고 부르셨기 때문에 열두 명이 사도가 되었다(막 3:13). 장로들(행 20:28)과 예언자들(고전 14:28-29; 엡 4:11)도 마찬가지이다. 하나님의 집에서는 부름을 받지 않은 일을 할 수는 없다. 그러므로 우리는 자신의 소명 안에서 활동하는 법을 배워야 한다.

하나님은 교회 안에서 우리의 지위를 결정하실 것이다. 하나님은 각각의 종들에게 받은 소명을 이행하는 데 필요한 신뢰성과 권위를 주실 것이다. 예언자들이 자신의 소명에 순종하며 그 소명의 범주 안에서 활동할 때에, 바울의 표현을 빌자면 "믿음의 분량대로" 그리고 "받은 은혜에 따라" 예언할 때에 신뢰성과 권위를 얻기 시작한다. 대부분의 복음전도자나 예언자나 교사들은 일생 동안 하나의 교회에서 사역할 것이다. 심지어 단일한 연령 집단, 예를 들면 주일학교만을 대상으로 사역하는 일도 있을 수 있다. 여러 지방에서 사역하도록 부름을 받는 경우도 있다. 예를 들어서, 신약성경에서 우리는 아가보, 유다, 실라와 같은 예언자들을 생각할 수 있는데, 그들은 여러 지방을 다니면서 여러 교회에서 사역하는 권위를 가지고 있었다. 또 극히 드물지만 빌리 그래험처럼 국제적으로 사역하는 소명을 받는 사람들도 있을 것이다.

예언자의 신뢰성과 권위는 그가 소속된 교회의 지도자에게 복종함으로써 주어진다. 만일 하나님께서 어느 예언자에게 소속된 교회 밖에서 사역하는 사명을 주셨다면, 그들은 자신이 소속된 교회의 권위는 물론이요 예언 사역을 하는 각 교회의 권위에게 복종해야 한다.

예언하는 은사와 예언자의 권위의 차이점을 잊어서는 안된다. 예언의 은사는 가지고 있지만 자기 교회 안팎에서 그다지 큰 권위를 소유하지 못하는 경우가 있다. 주 예수님의 성품을 나타내며 정확한 예언과 유익한 안내를 제공하는 예언자들은 교회에서 권위와 위상을 확보한다.

세속 세상에서 매우 큰 권위를 획득했기 때문에 주님이 민족들의 지도자로 사용하실 수 있는 예언자들도 있다. 오늘날 세계의 지도자들로부터 도움을 요청받는 예언자들도 있다. 내가 알고 있는 사람들 중에서 이 정도 수준의 신뢰성과 권위를 얻은 예언자들은 결코 이러한 것들을 추구하지 않았다. 그들은 하나님의 얼굴 보기를 구하며 일생을 보내고 있고, 하나님은 그들에게 주신 소명을 이행하는 데 필요한 수준의 은사와 권위를 그들에게 주셨다.

## 당신에게 주어진 소명은 무엇인가?

예언 사역만 아니라 어떤 사역이든지 그 사역을 촉진하는 가장 좋은 방법은 우리 자신의 소명을 아는 것이다. 교회는 그리스도의 몸이며, 주님은 우리 각 사람에게 몸된 교회 안에서 행해야 할 기능을 맡기셨다. 우리 중에 어떤 사람은 "눈"이 되고, 어떤 사람은 "손"이 된다. 당신은 무엇이 되어야 하는가?

앞에서 말한 바 있는 내 친구 릭 조이너는 정규적으로 설교를 듣는 사람들에게 묻는다. 즉 그들이 그리스도의 몸 안에서 자기에게 주어진 소명을 알고 있는지를 묻는다. 그의 말에 의하면, 청중들의 10퍼센트는 자기의 소명을 알고 있다고 주장한다고 한다. 그래서 그는 그 10퍼센트의 청중들에게 그들이 자기의 소명 안에서 행하고 있는지를 묻는다. 그러면 그 사람들 중의 10 퍼센트만이 그렇다고 대답한다. 만일 이것이 전체 교회에 대한 정확한 분석이라면, 교회의 1퍼센트만이 실제로 주님이 맡기신 역할을 수행하고 있다는 의미가 된다.

만일 우리 몸의 지체들 중에서 1퍼센트만 제 기능을 발휘한다면 우리의 몸에 어떤 일이 벌어질 것인가? 만일 50퍼센트가 제대로 기능한다면 우리는 행복할 것인가? 우리는 대체로 육신이 100퍼센트 효과적으로 작용하기를 원한다. 그렇다면 예수님은 자기의 몸된 교회에 대해서 어떻게 느끼실까?

우리 중에 어떤 사람은 자신이 몸의 어느 부분에 해당되는지 알지 못하기 때문에 효과적으로 기능을 하지 못한다. 또 어떤 사람은 자신이 어느 부분에 해당되는지는 알지만, 다른 부분들을 불필요하다고 생각한다. 모든 소명이 다 필요한 것이라고 믿지 않는 한, 우리는 자신의 소명을 충실하게 행할 수 없을 것이다. 모든 소명이 다 필요한 것이라고 생각하는 사람만이 겸손하게 맡은 역할을 이행할 수 있을 것이다.

예언적 소명을 가지고 있거나 그렇지 않거나 상관없이, 우리는 바울이 교회에게 예언 사역을 촉진시키라고 말한 것(고후 14:1)과 이사야가 선지자들을 몸의 눈이라고 말한 것(사 29:10)을 기억해야 한다. 누가 눈을 원하지 않을 것인가?

chapter 13

# 하나님께서 가라사대…

어느 교회의 예언자는 헌금을 직접 걷지 말고 교인들이 교회에서 나갈 때에 헌금을 할 수 있도록 예배실 뒤에 몇 개의 헌금함을 마련해 두라는 "계시"를 받았다. 그 교회가 이 충고를 따르면, 하나님께서 재정이 증가되게 해주신다는 계시였다. 그 예언자는 이 계시를 목사님에게 알렸고, 목사님은 그 예언자에게 고맙다고 하면서 지도자들이 이 계시에 대해 기도해 보겠다고 말했다.

다음 주일에 그 예언자는 자기의 계시대로 되는지 유심히 살펴보았다. 그러나 새로운 헌금 정책에 대한 발표는 없었고, 항상 하던 대로 직접 헌금을 거두었다. 그 예언자는 믿을 수가 없었다. 교회의 지도자들은 살아 계신 하나님의 말씀을 거부한 것이다. 그날 밤 그는 꿈을 꾸었다. 교회에 불이 났는데 교인들이 마치 횃불처럼 되어 달려 나오는 것을 보았다. 하나님의 심판이 임한 것이다!

그 후 며칠 동안 그 예언자는 그 교회의 지도자가 살아 계신 하나님의 말씀을 거부했기 때문에 그 교회에 심판이 선포되었다고 친구들에게 말했다. 그 후 계속해서 부정적인 계시들이 주어졌고, 그 예언자는 참 신자들에게 경고해 주기 위해서 그 계시들을 알려 주었다. 교회의 지도자들은 이 계시들에 대한 이야기를 들었지만, 그것이 자신들을 비방하기 위한 것이라고 생각했다. 결국 교회는 둘로 갈라졌고, 많은 교인들이 교회를 떠나거나, 목사가 교회를 떠나야 했다.

몇 년이 흘러 사태가 진정된 후, 젊은 청년이 그 목사를 찾아와 "목사님, 어젯밤에 저는 교회에 대한 꿈을 꾸었습니다"라고 말했다. 목사님은 '다시는 그런 꿈 이야기를 듣고 싶지 않은데'라고 생각했다. 그는 자신이 그 청년을 죽이고는 자기가 그 청년을 발견했을 때에는 그가 이미 죽어 있었다고 하나님을 설득할 수 있을지 생각해 보았다. 예언 사역에 대한 그의 감정이 그러한 상태에 있었던 것이다.

이 이야기는 약간 과장된 것이기는 하다. 나는 예언 사역으로 인해 크게 상처를 입었기 때문에 더 이상 그런 사역에 관여하려 하지 않는 목사들을 알고 있다. 어떻게 하면 이와 같은 해로운 시나리오를 피할 수 있을까? 예언자들은 어떤 방법으로 사람들에게 말씀을 전해야 하는가? 또는 어떤 방법으로 하나님께서 자기에게 말씀하셨다고 생각하는 것을 사람들에게 전해야 하는가?

## 예언의 말씀을 전하는 것

### 하나님의 허락을 받아야 한다

주님이 당신이 알고 있는 교회나 인물에 대한 참 계시를 주신다고 가정해 보자. 그것이 성경 묵상이나 꿈이나 환상이나 느낌을 통해서 온 것일 수도 있다. 첫번째 원칙은 다음과 같다: 당신이 그 계시를 받왔다는 이유만으로 그것을 사람들에게 전하라는 허락도 함께 받은 것으로 생각하지 말라. 때때로 하나님은 다른 사람들에게 털어 놓아서는 안되는 계시를 자기의 종에게 주시거나(단 8:26; 12:4; 고후 12:4), 자기의 비밀한 계획을 자기의 종에게 계시하시지만(암 3:7) 공개적으로 말하라고 허락하시기 전까지는 그 계시를 비밀로 간직하기를 기대하신다. 당신이 예언자이건 아니건 간에, "여호와의 친밀함이 경외하는 자에게 있도다"(시 15:14). 다시 말해서 하나님은 비밀을 지킬 만한 사람들에게 비밀을 계시해 주신다. 하나님은 밀고자에게는 깊은 비밀을 알려 주시지 않는다.

하나님의 참된 계시는 하나님이 택하신 때에 주어진다. 지혜로운 사람은 단순히 계시를 받는 것에 만족하지 않는다. "경우에 합당한 말은 아로새긴 은쟁반에 금사과니라"(잠 25:11). 우리가 하나님으로부터 임한 참된 계시를 시기적으로 적합하지 않은 때에 사람들에게 전하는 것은 "칼로 찌름 같이 함부로 말하는"(잠 12:18) 어리석은 자와 같은 행동이다.

## 계시와 해석과 적용을 구분해야 한다

계시와 관련하여 지켜야 할 두번째 규칙은 다음과 같다: 계시, 그 해석, 그리고 적용을 구분하는 법을 배워야 한다. 어떤 사람이 정확한 계시를 받았지만 그것을 잘못 해석하고 잘못 적용할 수 있다. 어느 목사님은 자기 교회에 있는 대단히 능력 있는 예언 사역자에 대해 말해 주었다. 그 목사님과 예언 사역자는 함께 어느 집회에 참석했는데, 예배가 끝날 무렵 그 사역자는 사람들에게 메시지들을 전하고 있었다. 그 예언자가 예배실 뒤편에 있는 한 남자를 바라보는 순간 1달러 짜리 지폐가 머리 속에 떠올랐다. 그 지폐 위에는 검은 구름이 드리워 있었다. 그 예언자가 볼 때에 이는 분명히 그 사람의 금전과 관련된 죄를 의미했다. 그 예언자는 그 사람을 일으켜 세운 뒤에 "주님은 당신에게 금전적인 죄가 있다는 것을 나에게 보여 주십니다. 주님은 당신에게 회개하고 사태를 바로잡을 기회를 주고 계십니다. 지금 바로 회개하면 하나님의 심판을 면할 수 있습니다"라고 말했다.

예배가 끝난 뒤에, 공개적으로 책망을 받은 사람이 자기 교회의 목사님과 함께 그 예언자와 예언자의 담임 목사를 찾아왔다. 그 사람은 자기에게는 금전적인 죄가 전혀 없다고 말했다. 그 사람은 교회의 장로로 시무하고 있었으며 경제적으로 나무랄 데 없이 깨끗하다는 평판을 받고 있었다. 그 사람은 회사를 경영하고 있고, 교회나 자선 사업에 많은 돈을 기부해왔다. 그 교회의 목사님도 이 사실을 증거했다. 그들은 그 예언자가 실수했다고 완곡하게 말했다. 그 예언자도 그들의 성실함에 감동을 받았지만 그 환상이 자기가 만들어낸 것이 아니라 하나님께서 주신 것이라고 확신했다.

몇 주일 뒤에, 그 장로가 운영하는 회사의 직원 한 사람이 공금 횡령죄로 체포되었다. 그 직원은 상당히 오랫동안 공금을 횡령했음이 분명했다. 결국 그 예언자의 계시는 참된 계시였다. 그러나 그것의 해석은 잘못된 것이었다. 그 예언자는 자신이 그 환상의 의미를 안다고 생각했기 때문에 주님께 기도하여 그 의미를 묻지 않았던 것이다. 그 환상의 적용, 즉 공개적으로 그 장로를 지적하여 망신을 준 것도 끔찍했다. 그는 그 장로를 공개적으로 책망하지 말아야 했다. 설령 그 환상이 그 장로의 죄를 지적하는 것이라고 생각했더라도 개인적으로 그 장로를 만나야 했다(마 18:15-17).

하나님이 주신 것이라고 생각되는 계시를 가지고 어떤 사람을 찾아가기 전에, 먼저 그것을 올바르게 해석하고 적용해야 한다. 주님이 당신에게 주셨다고 생각하는 일을 어떤 사람에게 말해줄 때에는 가능한 한 그 계시와 그것의 해석과 적용을 구분해야 한다. 꿈이나 환상을 전해줄 때에도 마찬가지이다.

같은 원리가 성경을 사용할 때도 적용된다. 나는 성경이 무오하고 확실한 하나님의 계시라고 생각한다. 그러나 성경이 말하는 것과 성경이 말한다고 생각하는 나의 견해(해석)를 구분해야 한다. 또 성경이 말하는 것에 기초를 두고서 행해야 한다고 내가 말하는 것을 구분해야 한다(적용). 성경은 항상 진리를 말할 것이다. 그러나 나의 해석과 적용에는 진실과 오류가 섞여 있을 수 있다. 하나님이 꿈이나 환상이나 느낌의 형태로 주시는 참된 계시의 경우도 마찬가지이다. 만일 그 계시가 하나님이 주신 것이라면, 그것은 반드시 진리여야 한다. 왜냐하면 하나님은 거짓말을 하시지 않는 분이시기 때문이다(히 6:18). 그러나 그 느낌에 대한 나의 해석과 적용에는 진실과 오류가 섞여 있을 수 있다.

### 예언을 전할 때는 겸손하게 하라

예언의 말씀을 전하는 데 적용되는 세 번째 규칙은 "항상 겸손하게 예언의 말씀을 전하라"이다. 내가 아는 가장 능숙한 예언 사역자는 "주님이 이렇게 말씀하셨습니다…" 또는 "주님이 당신에 대해 …을 보여 주셨습니다"와 같은 표현을 사용하지 않는다. 이러한 표현은 너무나 명백하고 권위적인데, 실제로 오늘날 하나님은 그렇게 많은 사람들에게 그와 같은 명백함과 권위를 주시지 않는다. 우리는 대부분 "주님이…라고 지적하신다고 생각합니다"나 "나는 …라는 느낌을 받았습니다"와 같은 표현으로 예언적 메시지를 소개하는 것이 좋다.

어떤 사람들은 "주님이 나에게…을 보여 주셨습니다"와 같이 말함으로써 직접적으로 그 계시를 주님이 주셨음을 밝히지 않는 것은 하나님의 영광을 속여서 빼앗는 것이라고 느낀다. 하나님께서 우리에게 계시하셨다고 생각하는 것에 대해 그 공로를 하나님께 드리려는 것은 좋은 일이다. 우리에게 필요한 것은 그렇게 행하기 위해서 속임수가 들어 있지 않은 적절한 방법을 찾는 일이다. 우리가 자신의 권위를 강화하기 위해서 주님의 이름을 사용하는 것은 주님의 이름을 악용하는 것이며, 결국 우리는 자신의 신뢰성을 해치게 될 것이다.

### 결과는 하나님께 맡기라

네번째 규칙은 "예언의 메시지를 전달하는 것으로 우리가 해야할 일은 끝이 난다. 그 다음에 할 일은 기도이다"라는 것이다. 우리의 충고가 받아들여지지 않아도, 거부감을 느끼거나 자존심이 상해서는 안된다. 또 우리의 충고를 거부한 사람이 악의 수중에 있다거나 마음이 완악한 사람이라고 생각해서도 안된다. 때가 되면 모든 일이 훌륭하게 이루어질 것이다. 아니면 그 예언이 주님이 주신 것이 아니었다거나, 또는 주님의 말씀을 잘못 이해했었다는 것을 깨달을 수도 있다. 아마 우리는 한 친구로 하여금 행동을 바꾸도록 도와주는 일련의 인물들 중 한 사람이었을 수도 있다. 어쨌든, 어떤 사람을 주님이 주신 메시지에 순종하게 만드는 것은 우리의 일이 아니다. 궁극적으로 그것은 그 사람 자신과 주님 사이의 일이다.

### 예언의 주인공을 위해 기도하라

주님은 여러 차례 어떤 사람의 삶 안에 있는 죄를 초자연적으로 나에게 보여 주셨다. 이 책 첫 머리에서 소개했던 로버트에 대한 이야기도 그 중 하나이다. 나와 아내는 여러 차례 공개적으로 알려지지 않은 성적인 죄, 결혼생활의 불화 등 여러 가지를 보았다. 때때로 우리는 실제로 발생하기 전에 사람들에게 임할 개인적인 재앙을 보기도 했다. 또 자연적인 영역에서 전혀 암시가 주어지지 않은 상태에서 어린이 학대나 자살하려는 생각이 어떤 사람의 정신을 지배하고 있는 것을 본 적도 있다. 당신이라면 이러한 느낌이 주어졌을 때에 어떻게 행동하겠는가?

대부분의 경우에 부정적인 느낌이나 꿈을 그 꿈에서 본 당사자가 아닌 다른 사람에게 털어놓는 것은 범죄이다. 그 느낌이 참된 것이라면, 그것을 제 삼자에게 이야기하는 것은 험담이라는 죄를 범하는 것이다. 만일 그 느낌이 거짓된 것이라면, 그것은 중상이 된다. 드물게 도움이나 조언을 얻기 위해서 먼저 제 삼자에게 우리가 받은 느낌을 이야기하는 경우가 있지만, 대체로 부정적인 느낌은 그 느낌의 당사자 외에 다른 사람에게 이야기해서는 안된다. 부정적인 느낌은 주님의 허락하실 때에만 사람들에게 이야기할 수 있다. 종종 주님은 그 상황을 다루시는 더 좋은 방법을 가지고 계시기 때문에 부정적인 느낌을 사람들에게 이야기하는 것을 허락하지 않으실 것이다.

만일 우리가 받은 느낌을 사람들에게 말해서는 안된다면, 왜 주님은 그 느낌을 주신 것일까? 그것은 우리가 그 사람을 위해서 기도하도록 하기 위해서이다. 나는 우리가 받는 대부분의 꿈이나 느낌이나 환상은 우리로 하여금 기도하게 만들려는 의도로 주어진 것이라고 믿는다. 내가 아는 가장 위대한 예언 사역자들은 주님으로부터 많은 것을 듣고 보기만 그것들을 말하는 경우는 많지 않다. 그들은 많은 시간을 기도하면서 지낸다. 그들이 중요하게 여기는 것은 탁월한 사역을 하는 것이 아니라 주님과 더 친밀해지는 것이다. 그들은 청중을 매혹시키는 예언자가 되기보다는 신령한 부모로서 교회사에 남기를 원한다.

어느 젊은 여인이 나를 찾아왔다. 그 여인은 자신과 함께 사는 여자와 동성연애를 하고 있다고 고백했다. 나는 그 여인에게 경제적으로 어렵더라도 그 집에서 나오라고 충고해 주었다. 물론 동거하는 여자와의 육체적인 관계를 즉시 그만두라고 말해주었다. 그 다음 번에 그 여인을 면담하면서 이사할 곳을 찾았느냐고 물어 보았다. 그 여인은 아직 찾지 못했지만, 곧 이사할 작정이었다. 이번에는 동거하는 여인과의 육체 관계를 그만 두었느냐고 물었는데, 완전히 그만 두었다고 자신있게 대답했다. 나는 그 여인이 거짓말을 하고 있다는 느낌을 받았다. 나는 그 사실을 보다 깊이 조사하려 했다. 그러나 주님께 허락을 요청하는 기도를 했을 때, 주님이 허락하시지 않는다는 느낌을 받았다. 나는 이해할 수 없었지만 그 느낌에 복종했다. 나머지 상담 시간은 낭비된 것처럼 보였고, 나는 그 여인이 조금도 나아지지 않은 상태로 내 사무실을 나갔다고 생각했다.

다음날 점심 식사를 하고 사무실에 돌아와 보니, 그 여인이 내 사무실 앞에서 울고 있었다. 그 여인은 나에게 몇 분만 시간을 내달라고 요청했다. 우리는 사무실로 들어갔고, 그 여인은 그전 날 나에게 거짓말을 했다고 고백했다. 그녀는 여전히 동거녀와 육체 관계를 가지고 있었다. 그녀는 꼬박 하룻동안 성령께서 죄를 자각하게 하셨기 때문에 괴로웠다고 말했다. 그녀는 자기가 범한 죄, 그리고 나에게 거짓말한 죄로 인해 무서워했다. 이제 그녀는 그 여인과의 관계를 청산하고 주님 앞에서 깨끗하게 되기 위해서 무슨 일이라도 할 각오가 되어 있었다. 그전 날 그녀와 상담하면서 나는 어떻게 해서든지 그녀의 고백을 끌어낼 수도 있었을 것이다. 그렇지만 주님은 이미 그녀를 24시간 동안 성령께 맡기기로 결정하셨던 것이다. 지금 그 여인은 과거의 속박에서 해방되어 주님을 섬기고 있다. 당신은 어떤 방법이 더 효과적이었다고 생각하는가? 나의 방법인가, 하나님의 방법인가?

### 부정적인 메시지를 전할 때에는 지혜롭고 유순하게 하라

만일 주님이 부정적인 말을 전하는 것을 허락하신다면, 우리는 가능한 한 지혜롭고 유순하고 겸손한 방법으로 그 일을 해야 한다. 우리의 목표는 위엄 있는 사역이 아니라 사랑을 통해서 사람들의 짐을 덜어주는 데 있다(갈 6:1-2). 그러므로 "당신의 교만함 때문에 교회가 분열될 것입니다"라고 말하기보다는 "제 생각에는 당신 앞에 함정이 있는 것 같습니다. 일부 교인들이 당신의 말을 듣지 않기 때문에 당신이 상처를 받게 될 것입니다. 당신은 그들에게 화를 내고픈 유혹을 받을 것인데, 만일 그 유혹에 굴복한다면 아주 불행한 결과를 초래할 것입니다"라고 말해야 한다. "유순한 대답은 분노를 쉬게 하며"(잠 15:1) "부드러운 혀는 뼈를 꺾는다"(잠 25:15)는 것을 기억하라.

## 예언적 말씀을 판단하는 일

### "개방적"인 집회에서의 문제점

오늘날 큰 교회에는 교인들에게 즉흥적인 발언을 허락하는 것과 관련된 많은 문제들이 있다. 나는 때때로 회중들에게 발언할 수 있는 "자유 시간"을 허용하는 큰 교회에서 말씀을 전하곤 한다. 그 교회의 교역자들이나 교인들이 알지 못하는 방문객들이 참석하는 일도 많다. 이러한 방문객들 중에는 자기가 다니는 교회의 권위 구조에 복종하기 않기 때문에, 혹은 그리 유익하지 못한 발언을 하곤 하기 때문에 본 교회에서는 발언이 허락되지 않았던 사람들도 있다. 또 정신적으로 문제를 가진 사람들이 이러한 자유 시간에 발언을 할 수도 있을 것이다. 간혹 잘못된 것은 아니지만 아무런 유익이 없는 발언을 하는 사람도 있을 것이다. 또 성난 사람이 일어서서 성경에 있는 정죄하는 "예언"을 전하는 경우도 있다.

대규모 공중 예배에서 나는 회중들이 제공한 "예언"이 모두 유익한 것임을 발견하지는 못했다. 대체로 그다지 확신도 없이 성령의 능력도 없이 일반적인 발언을 한다.

## 누가 예언적 메시지를 판단하는가?

몇 년 전에 어느 집회에 참석했을 때, 한 사람의 예언자가 일어서더니 하나님께서 앞으로 7년 동안 아무 일도 행하시지 않으실 것이라고 말했다. 그 다음에 그 집회의 주 연사가 강단으로 와서 자기가 전할 메시지의 제목은 "돌연히, 즉각적으로, 신속하게"라고 말했다. 그 연사는 자기가 강단에 오르기 직전에 주어진 예언적 메시지를 그다지 존중하지 않았다.

이러한 상황 때문에 예언적 메시지를 평가해야 할 필요성이 야기된다. 바울은 고린도 교인들에게 "예언하는 자는 둘이나 셋이나 말하고 다른 이들은 분변할 것이요"라고 말했다(고전 14:29).

예언의 메시지는 신중하게 판단해야 한다. 그러면 누가 그것을 판단하는가? 바울은 "다른 이들은 분변할 것이요"라고 말했다. 그러면 "다른 이들"은 누구인가? 어떤 사람들은 분변하는 다른 이들"이란 다른 예언자들이라고 주장한다. 어떤 사람들은 바울이 교회의 장로들을 염두에 두고 말한 것이라고 생각하고, 어떤 사람들은 예언자들의 말을 듣는 사람들 모두를 의미한다고 생각한다.[1] 예언의 메시지를 누가 판단해야 하는지에 대해서는 의견이 일치하지 않지만, 궁극적으로 교회 안에서 되어지는 일에 대해서 책임을 지는 사람들은 장로들이다. 많은 사람들은 바울이 예언적 메시지를 평가하는 일의 세부 내용을 보다 상세하게 말해 주었으면 좋았을 것이라고 생각한다.

그러나 주님은 바울이 고린도전서 14:26과 14:29에서 말한 지침을 적용하는 데 있어서 교회에게 보다 많은 자유를 허용하려 하셨다. 각 교회는 하나님께서 예언을 어떻게 평가하기를 원하시는지에 대해서 하나님의 말씀을 들어야 한다.

### 분별하는 역할

주일 예배 때에 어떤 사람이 일어나서 전 교인들에게 예언적 메시지를 전한다고 가정해 보라. 내가 첫 번째로 할 일은 그 메시지가 성경적인 것인지 아닌지를 묻는 것이다. 나는 교회 안에서 성경에 어긋나는 예언적 메시지가 주어지는 것을 거의 보지 못했다. 교회 안에서 주어지는 대부분의 예언적 메시지는 직접적인 성경적 뒷받침을 받지는 못한다 해도 어느 정도는 성경과 비슷하다. 그러나 그 메시지가 성경적인 것인지를 묻는 것만으로는 충분하지 못하다. 누군가가 일어나서 "주님은 우리 교회가 가난한 사람들에게 음식을 제공하는 사역을 하기를 원하십니다"라고 말한다고 가정해 보자. 가난한 사람들을 구제하는 것은 분명히 성경적인 일이며(갈 2:10), 따라서 그런 의미에서 보면 그 메시지는 분명히 성경적이다. 또 그것은 명령적인 메시지이기도 하다. 이 경우에 그것을 검토하여 그대로 실시할 것인지, 그렇다면 어떤 방법으로 시행할 것인지를 결정하는 사람은 장로들이다.

만일 어떤 사람이 "이 년 후에 주님이 우리 교회를 부흥시켜 주실 것입니다"와 같은 예고적인 말을 한다면, 어떻게 대처해야 할까? 만일 이런 말을 한 사람의 예언이 이미 여러 번 이루어졌다면, 우리는 그 메시지를 진지하게 다루어야 할 것이다. 이런 메시지를 전한 사람이 낯선 사람이거나 또는 항상 틀린 메시지를 전한 사람이라면, 우리는 그 메시지를 진지하게 다루려 하지 않을 것이다. 이런 태도에서의 문제점은 신빙성 있는 사람의 메시지도 옳지 않을 수 있고 낯선 사람의 메시지가 옳은 것일 수도 있다는 데 있다. 궁극적으로 예언의 메시지나 지시의 메시지는 교회의 지도자가 성령의 분별을 통해서 판단할 수 있다.

분별의 한 가지 측면은 우리 눈으로 보거나 귀로 들은 것에 의해서 판단하지 않고 성령을 통해서 의롭게 판단하는 능력이다(사 11:2-4). 성령은 예언적 메시지가 실현된 것인지의 여부를 우리에게 보여줄 수 있다. 그러나 이것이 성령께서 교회에게 제공해야 하는 최고 차원의 분별은 아니다. 교회에게, 특히 교회의 지도자에게 예수님의 사랑과 증거와 영광을 진작시켜 주는 것이 무엇인지를 보여주기 위해서 진리의 성령이 교회에게 주어진다.[2] 만일 교회의 지도자가 이 세 가지—예수의 사랑, 예수의 증거, 예수의 영광—을 확고하게 따르려 한다면, 그들은 결코 미혹되지 않을 것이다.

지도자의 위치에 있는 많은 사람들이 분별력을 거의 갖지 못한 이유는, 그들이 항상 눈으로 보고 귀로 들은 것에 의해서 판단하기 때문이다. 만일 우리가 예언적 메시지의 겉 모습을 좋아하지 않거나, 또는 그것이 우리 자신의 편견이나 논란의 가능성이 있는 교리적 해석에 일치하지 않는다면, 우리는 그 메시지를 거부할 것이다. 이런 까닭에 예언적 말씀의 외관을 보고 판단하지 말아야 한다. 바로 그런 까닭에 우리는 주님께 지혜를 구하며, 편견을 버려야 한다. 교회가 부지런히 분별력을 구하기 시작한다면, 예언의 메시지를 판단하는 일은 그리 어렵지 않을 것이다.

교회가 예언적 메시지를 판단하는 몇 가지 방법이 있다. 어떤 교회에서는 자신이 교회 전체를 위한 예언적 메시지를 받았다고 생각하는 사람은 예배가 시작되기 전에 목사님이나 장로를 찾아가서 말해야 한다. 지도자가 동의한다면, 예배 도중에 그 메시지를 방송할 수 있다. 어떤 교회들은 이와 동일한 과정을 따르지만, 그 메시지를 받은 사람이 아니라 장로나 목사님이 그 메시지를 방송한다. 또 다른 교회에서는 교인들이 자기 자리에서 즉흥적으로 발언하게 한 다음에, 교회의 지도자들 중에서 임명을 받은 사람이 즉시 그 메시지가 참된 것이라고 생각하는지 아닌지에 대해 답변한다. 또 어떤 교회에서는 예언적 메시지가 교리적으로 옳은 것이거나 교리의 범주 안에 있는 것일 경우에만 즉흥적인 예언적 메시지에 대해 응답한다. 이런 교회의 지도자들은 대체로 교인들이 참된 예언의 말씀을 식별할 것이라고 느낀다.

### 소그룹의 역할

앞에서 말했듯이, 예배 도중에 회중으로부터 제공된 일반적인 예언 사역의 대부분은 실제로 크게 도움을 주지는 않는다. 일반적으로 큰 교회에서는 주일 아침 예배에 신참 목사를 강사로 청하려 하지 않는다. 우리는 주일 아침 예배 때에 설교나 강의를 하려면 그 집회의 규모와 특성에 알맞은 수준의 은사를 소유하고 있어야 한다고 생각한다. 주일 아침에 어떤 사람이 예언하는 것을 허락하는 데 있어서 문제는, 그 사람이 예언의 은사를 가지고 있고 또 개인들에게 효과적으로 사역하라는 소명을 가지고 있지만 교회의 집단적 모임에 대해서는 효과적으로 사역하는 소명을 가지고 있지 않을 수 있다는 데 있다. 대체로 우리는 큰 대중 집회에서 가르치는 은사와 소명과 권위를 가진 사람들을 가려낼 수 있는 듯하다. 그런데 왜 우리는 큰 대중 집회에서 예언적인 말을 할 수 있는 은사와 소명과 권위를 가진 사람들을 발견해내기 위해서 주님의 분별력을 사용하지 않는 것일까?

나는 참석자 전원에게 발언을 허락하기에 가장 이상적인 장소는 주중에 모이는 구역 모임이라고 생각한다. 구역 집회나 속회는 신령한 은사들을 가지고 사역하는 법을 배우며 그러한 사역을 받는 데 가장 좋은 장소이다. 이처럼 주 중에 모이는 작은 모임들의 분위기는 위협적이지 않으므로 참석자들은 모험을 감행할 수 있다. 사람들은 자신의 은사를 발견해내고 그것을 효과적으로 사용하는 방법을 발견할 수만 있다면 실패나 어리석게 보일지도 모른다는 위험을 감수해야 한다. 무언가를 배우려면 실패를 두려워해서는 안된다. 잘못을 발견했을 때 가혹하게 지적하여 바로잡아주거나 조롱하는 태도는 사람들로 하여금 배우는 일을 포기하게 만들 것이다. 이러한 일이 공개적으로 이루어지면, 초심자는 일을 중단할 것이며, 참석한 모든 사람들은 용기를 잃어 아예 모험을 하려 하지 않을 것이다. 15명 내지 30명 규모의 소규모 모임에서, 특히 그 모임에 참석한 사람들이 자기를 사랑하고 있다고 느낄 때에 우리는 용감하게 모험을 할 수 있다.

그러나 소규모 모임에는 으레 혼자서 시간을 독점하려 하거나 자기에게 은사가 없는 분야의 일을 하려고 하는 사람들이 있다. 이러한

"상습적인 방해꾼"들을 어떻게 다루어야 할까? 나는 이렇게 한다. 나는 처음에 몇 번은 그런 사람들의 잘못을 바로잡지 않고 내버려 둔 채 그들의 행위나 감정에 진보가 있는지 유심히 살펴본다. 만일 전혀 진보가 보이지 않으면, 나는 개인적으로 그 사람을 만난다. 언젠가 우리 교회의 구역 집회에서 항상 "하나님이 주신 메시지"라고 하면서 무의미한 말을 늘어놓는 부인을 이런 식으로 다루어야 했다. 나는 3, 4 주일 동안 그 부인이 사소하게 모임을 방해하는 것을 그대로 내버려 두다가, 개인적으로 그 부인을 찾아갔다. 그리고 구역 모임에서 "메시지"를 전할 때의 느낌이 어떠냐고 물었다. 그 부인은 자기가 전하는 메시지가 사람들에게 의미 있는 듯이 보이지 않았기 때문에 대체로 자신이 어리석다는 느낌을 받는다고 대답했다. 그러면서도 그 부인은 만일 자신이 이러한 자극들을 그대로 따르지 않는 것은 하나님께 대한 불순종이라고 느끼고 있었다.

나는 그 부인의 최근의 생활을 물었다. 부인의 가정 생활이나 직장 생활 형편은 그다지 좋지 못했다. 나는 그 부인에게 우리 부부와 또 다른 부부를 앞으로 여섯 주일이나 일곱 주일 동안 만나 줄 수 있느냐고 물어 보았다. 우리는 주님이 그 부인의 삶의 혼란을 어느 정도 완화시켜 주실 것인지 알기 위해서 그 부인과 함께 기도할 작정이었다. 그 부인은 기뻐했다. 나는 또 그 부인이 우리와 함께 기도하는 기간 동안은 구역집회에서 발언을 하지 않는 것이 어떻겠느냐고 물었다. 왜냐하면 그 때까지 그 부인이 한 발언들은 전혀 유익한 것이 아니었기 때문이다. 그 부인이 계속 그러한 자극을 받아들여 발언을 한다면 실패하고 좌절할 가능성이 있었다. 나는 그 부인에게 일시적으

로만 그렇게 해보자고 말해 주었다. 그것은 그 부인을 도와주려는 것
이지 결코 제한하려는 것이 아니었다. 그 부인은 순순히 내 제안에
동의했다. 얼마 후에 그 부인은 자신에게는 진정한 예언의 은사가 없
다는 것을 깨닫게 되었다. 그 부인은 사람들을 도와주는 은사를 가지
고 있었다. 결국 그 부인은 그 구역에서 가장 귀중한 봉사자가 되었
다.

이것은 좋은 결과로 끝난 예이다. 그러나 만일 이러한 사람이 잘못
을 지적해 주어도 아무런 반응이 없이 계속해서 모임을 방해한다면
어떻게 해야 할까? 그런 경우에는 그 사람이 발언하지 못하도록 한
다. 만일 그 사람이 그러한 금지 조처에도 불구하고 계속 해서 발언
을 한다면, 공개적으로 책망을 해야 한다. 만일 공개적인 책망에도
불구하고 계속 그러한 행동을 한다면 그 모임에 참석하지 못하게 해
야 한다.

## 하나님의 뜻에 순종하라

예언을 하거나 받아들이는 것과 관련하여 한 가지 충고를 한다면,
그것은 이 장에 제시되었던 바 '발언을 하기 전에 하나님의 허락을
구하라' 는 것이다. 나는 이 원칙에 순종함으로써 많은 축복이 임하
고, 이 원칙을 무시함으로써 이 장에서 제시된 다른 원칙들을 무시함
으로써 받는 것보다 더 큰 해를 입는 것을 보아왔다. 물론 이 원칙은
순종하기에 가장 어려운 원칙이다. 때때로 우리 자신은 발언해야 한
다고 확신하지만, 하나님께서는 아무런 이유도 없이 그것을 허락하
지 않는 때도 있다. 다음의 사건은 하나님께서 허락하시지 않은 것이

이해가 되지 않으며 성경적 원칙에 어긋나는 듯이 보일 때에 하나님께 순종하는 일이 얼마나 귀중한 것인지를 가르쳐 준다.

한 번도 만난 적이 없는 젊은 이혼모가 상담을 하려고 내 사무실에 왔다. 그 여자, 그리고 그 여자와 사귀고 있는 남자는 우리 교회 주일학교의 반사로 봉사하고 있었다. 그 여자는 자기 자녀들에 관한 문제에 대해 상담을 하려고 찾아 왔는데, 이야기를 하는 동안 나는 그 여자가 지금 사귀고 있는 남자와 동거하고 있다는 느낌을 받았다. 그런데 그 다음 주일 저녁 예배 때 나와 아내는 우연히 바로 이 여자와 그 남자 친구 곁에 앉게 되었다. 나는 아내에게,조용히 이 남녀에 대해서 보여 주실 것이 없는지 하나님께 기도해 보라고 말했다. 그 두 사람은 아내가 전혀 알지 못하는 사람이었다. 아내는 환상이나 분명한 음성을 듣지는 못했고 이성적인 과정을 통해서도 아니지만 이 남녀에 대해서 다소 분명한 느낌을 받았다. 예배가 끝날 무렵, 아내는 "나는 저 사람들이 결혼하지 않은 채 동거생활을 하고 있다고 생각해요. 저 남자는 종교적으로 매우 교만한 것 같아요"라고 말했다. 그 말을 듣고 나는 자신이 생겼다. 나는 그 사람들을 사무실로 불러 상담을 하기로 결심했다.

나는 그 남녀를 부르기 전에 "주님, 만일 저 사람들이 정말로 동거생활을 하고 있다면 내가 그들을 불러서 회개할 수 있는 기회를 주는 것을 허락하시렵니까?"라고 기도했다. 보통 나는 기도에 즉각적으로 응답을 받지는 못한다. 그런데 이번에는 즉각적으로 "안된다"는 응답이 왔다. "안된다"는 즉각적인 응답이란 무엇을 의미하는가? 그것은 귀로 들리는 소리도 아니고 눈으로 보이는 것도 아니었다. 그것은 내가 이 남녀를 불러 상담을 하는 것은 주님을 슬프게 할 것이라는 압도적인 느낌이었다.

이 느낌은 성경 지식이나 이성에 기초를 둔 것이 아니었다. 나의 이성과 성경 지식은 그와 반대되는 일을 행하라고 말하고 있었기 때문에 이 응답은 나를 놀라게 했다. 나는 이 남녀가 죄를 범하고 있다는 내 생각이 옳다고 확실히 느꼈다. 나는 "주님, 그렇지만 이 사람들은 우리 교회 주일학교의 반사들이 아닙니까?"라고 기도했다. 그 때에 주님은 우리 교회 주일학교에 대해서 한층 더 놀랄 만한 일들에 대해서 나에게 말씀하실 수 있다는 것, 그리고 이 문제를 주님께 맡기는 편이 좋을 것이라는 생각이 떠올랐다. 나는 그것이 옳지 않다고 생각했지만, 내가 알고 있는 바 주님의 음성을 듣는 방법에 의하면, 주님은 내가 그 문제를 더 확대시키는 것을 원치 않는다고 말씀하고 계셨다.

몇 주일이 지났다. 주일 저녁 예배 때에 담임 목사인 존 웜버는 음란이라는 주제에 대해 설교를 하고 있었다. 그날 밤에는 약 2,000명이 참석했는데, 그중 많은 사람들은 다른 교회 교인들이었다. 존 목사님은 메시지의 결론 부분에서 "오늘 밤 이 자리에도 음란의 속박에 예속되어 있는 사람들이 많습니다"라고 말했다. 그리고 나서 목사님은 음란의 여러 가지 형태를 열거하기 시작했다. 목사님의 노골적인 말에 놀라는 사람들도 있었다. 그러나 목사님이 다음에 한 말은 더욱 큰 충격을 주었다. 목사님은 "나는 오늘 밤에 주님이 음란의 속박을 받고 있는 사람들을 위해 은혜의 창문을 열어 주실 것이라고 믿습니다. 만일 여러분이 앞으로 나와서 공개적으로 죄를 고백하고 다른 사람들이 여러분을 위해서 기도한다면, 하나님께서는 여러분을 지배하고 있는 악의 세력을 깨뜨려 주실 것입니다"라고 말했다.

나는 존 목사님이 낙심이나 육체적 질병 등의 문제도 지적하면서 음란죄를 범한 사람들과 함께 앞으로 나오라고 말할 것이라고 생각했다. 그렇게 하면 음란죄의 속박에 있는 사람들이 어느 정도 사람들에게 드러나지 않을 것이며 그다지 수치심을 느끼지 않고 앞으로 나올 수 있을 것이기 때문이었다. 그런데 존 목사님은 그렇게 하지 않았다. 목사님은 강단에 서서 사람들의 반응을 기다렸다.

나는 존 목사님이 옳다고 느꼈다. 나는 그날 밤 예배에 참석한 사람들 중에 음란죄를 범한 사람이 많다고 느꼈지만, 용감하게 수치를 무릅쓰고 교회 앞으로 걸어나와서 공개적으로 자기의 죄를 고백할 사람은 5, 6명 정도에 불과할 것이라고 생각했다. 나는 눈을 감고 사람들이 존 목사님의 초청에 응답하게 해달라고 기도하기 시작했다. 의자가 움직이는 소리, 그리고 발자국 소리가 들렸다. 5, 6명이 아니라 약 200명이나 되는 사람들이 기도를 받으려고 앞으로 나왔다. 그 중 많은 사람들은 다른 교회 교인들이었다. 그들은 자신이 우리 교회에는 알려져 있지 않기 때문에 공개적으로 자유로이 죄를 고백할 수 있었던 것이다.

너무 많은 사람들이 제단 아래 모였기 때문에 비좁아서 사람들은 교회의 통로에 줄을 섰다. 나는 아내와 함께 앞에서부터 여덟째 줄 통로 쪽에 앉아 있었다. 존 목사님이 음란죄를 지은 사람들을 앞으로 나오라고 권면했을 때, 우리는 서서 눈을 감고 기도했다. 나는 사람들이 내 곁의 통로에 서거나 무릎을 꿇고 울면서 기도하는 소리를 들을 수 있었다. 나는 눈을 뜨고 내 오른 편을 내려다 보았다. 그 때 나는 약 두 달 전에 상담을 하면서 음란죄를 범하고 있다는 느낌을 받았던 젊은 남녀를 보았다. 아내와 나는 자리에서 나와 그들과 함께 무릎을 꿇었다.

나는 "우리가 도와줄까요?"라고 물었다. 남자는 "너무나 부끄럽습니다. 우리는 결혼하지 않은 채 동거생활을 해왔습니다. 결혼하기를 원하면서도 아직 결혼하지는 않았습니다. 나는 우리가 동침하는 것이 옳지 않다는 것을 알고 있습니다"라고 말했다. 그리고 "나는 매우 교만했습니다"라고 덧붙여 말했다. 우리는 그들을 위해서 기도하면서 그들의 회복의 과정을 도와주었다.

이 남녀의 음란죄를 다루는 데 있어서 하나님의 방법과 내가 사용하려 했던 방법은 달랐다. 나는 즉각적으로 대면하려 했지만, 하나님은 기다리기를 원하셨다. 그 남녀가 공개적인 방법으로 앞으로 나와서 죄를 고백하는 것이 훨씬 더 좋지 않았는가? 그것이 목사가 억지로 죄를 고백하게 만드는 것보다 훨씬 더 좋지 않았는가?

만일 우리의 사역이 그들의 잠재력을 완전히 일깨워주는 데 있다면, 우리는 성령의 계시적 인도하심을 소유해야만 한다. 우리는 하나님의 긍정적 대답이나 부정적 대답을 들을 수 있어야 한다. 만일 우리가 자신의 능력을 믿고 따르지 않고 성령의 인도하시는 능력을 신뢰하는 법을 배운다면, 우리의 사역에서 어떤 일이 일어날 것이라고 생각하는가? 만일 우리가 눈으로 보는 것에 의해서 판단하지 않으며(사 11:2-4), 전통의 속박을 받지 않는다면(마 15:3) 어떤 일이 일어날까?

## chapter 14
# 예언자들이 빠지기 쉬운 함정

　내가 아는 예언자가 국제금융시장에서 발생할 사태의 변화에 대해서 놀라운 예언을 했다. 공개적인 자리에서 발언한 그의 예언은 가능성이 없는 것처럼 보였지만, 그가 예고했던 기간 안에 그대로 이루어졌다. 몇 년 후에 그 사람은 우리 나라 경제에 대해서 또 놀라운 예언을 했는데 그것 역시 그대로 이루어졌다. 이 두 가지 예언이 이루어진 후, 그는 몇 년 동안 경제에 관한 예언을 했다. 내 친구 중에 빈틈없는 사업가가 있었는데, 그가 이 "경제에 관한 예언적 예보"를 담은 테이프를 입수했다. 하지만 그는 그 내용에 대해 매우 회의적이었다. 그 해 연말에 그는 테이프에 실린 경제적 예고와 실제로 일어난 경제적인 일들을 비교해 보았다. 그 결과 모든 "예언"이 틀린 것으로 판명되었다. 만일 어떤 사람이 그 테이프에 실린 예고를 따라서 투자했다면, 큰 손해를 보았을 것이다.
　이 사건의 아이러니는 경제에 관한 예언을 한 그 사람은 진정한 예언의 은사를 소유하고 있다는 것이다. 그러면 무엇이 잘못 되었던 것일까? 그는 아주 흔한 함정에 빠진 것이다. 신자들이 자신의 은사와 소명에 의존하다 보면 특별한 함정에 빠지기 쉽다. 복음전도자들이 빠지는 함정이 있고, 목사들이 빠지는 함정이 있고, 교사들이 빠지는 함정도 있다. 나는 예언자들을 위해 고안된 함정을 "예언자의 함정"이라고 부른다. 본 장에서는 예언자들이 빠지기 쉬운 함정들에 대해서 이야기하고자 한다.

## 질투심과 분노심에서 비롯된 예언

우리는 자신이 질투하거나 분노하는 대상에 대한 부정적인 느낌을 신뢰하지 말아야 한다. 질투와 분노는 주님으로부터 계시를 받는 우리의 능력을 흐리게 할 뿐만 아니라 우리로 하여금 마귀의 계시를 받아들이게도 한다. 사울은 성령이 예언의 능력을 가지고 자신에게 임할 때의 느낌을 알고 있었다(삼상 10:10). 그는 하나님의 성령께서 그에게 영웅적인 행동을 할 수 있는 능력을 주실 때의 느낌이 어떤 것인지도 알고 있었다(삼상 11:6). 사울은 말년에 다윗에 대한 질투심에 사로잡혀 격분했다(삼상 18:6-9). 다음은 그가 질투심과 분노에 사로잡혀 있던 기간에 있었던 일이다:

> 그 이튿날 하나님의 부리신 악신이 사울에게 힘있게 내리매 그가 집 가운데서 야료(예언)하는 고로 다윗이 평일과 같이 손으로 수금을 타는데 때에 사울의 손에 창이 있는지라 그가 스스로 이르기를 내가 다윗을 벽에 박으리라 하고 그 창을 던졌으나 다윗이 그 앞에서 두 번 피하였더라(삼상 18:10-11).[1]

이 본문에서 가장 교훈적인 것은 악신을 묘사하면서 "힘있게 내리매"라고 표현한 것이다. 이것은 사무엘상 10:10과 11:6에서 성령이 사울에게 임하는 것에 대해 사용된 것과 똑같은 히브리어 표현이다. 이 이야기에서 또 하나의 놀라운 사실은 악신이 임했을 때 사울이 "예언"(야료)하기 시작했다는 것이다. 이 단어는 사무엘상 10:10에서 사용된 단어와 같은 단어이다. 이것은 악신이 사울에게 임하여 마귀의 예언을 주었을 때, 사울이 그것을 하나님의 능력과 영감으로 오해했다는 뜻이라고 생각된다. 사울은 질투와 분노 때문에 악신의 힘을 성령의 힘이라고 오해했다. 질투와 분노는 우리를 크게 미혹시킬 수 있다. 그러므로 우리가 분노하거나 질투하는 대상에 대해 느낀 부정적인 생각이나 느낌을 신뢰하지 말아야 한다.

## "배척 당한 예언자 증후군"

예언을 하는 사람들은 특히 사람들로부터 배척당하기 쉽다. 이렇게 배척 당한 예언자는 앙심을 품거나 부정적인 생각을 하거나 자기 연민에 빠지기도 한다. 이러한 태도들은 예언자들을 성령의 사역에 쓸모없게 만든다. 받은 예언의 은사가 클수록 그만큼 더 크게 배척 당할 수 있다. 위대한 예언자 엘리야도 동굴에 숨어 자기의 예언자의 소명을 포기하려 했었다. 그러나 그 때 여호와께서 오셔서 "엘리야야 네가 어찌하여 여기 있느냐"라고 말씀하셨다(왕상 19:9). 엘리야의 대답에 나타난 앙심과 연민을 눈여겨 보라: "내가 만군의 하나님 여호와를 위하여 열심이 특심하오니 이는 이스라엘 자손이 주의 언약을 버리고 주의 단을 헐며 칼로 주의 선지자들을 죽였음이오며 오직 나만 남았거늘 저희가 내 생명을 찾아 취하려 하나이다"(왕상 19:10).

그러나 엘리야의 생각은 옳지 않았다. 엘리야는 자기 혼자만 남았다고 느끼고 있었지만, 여호와께서는 이스라엘 중에 바알에게 머리를 숙이지 않은 사람이 칠천 명이나 있다고 말씀하셨다.

사람들은 선한 예언자들을 좋아하지 않았다. 그들은 항상 정통적인 종교 지도자들로부터 배척 당했다. 예수님은 "나를 인하여 너희를 욕하고 핍박하고 거짓으로 너희를 거스려 모든 악한 말을 할 때에는 너희에게 복이 있나니 기뻐하고 즐거워하라 하늘에서 너희의 상이 큼이라 너희 전에 있던 선지자들을 이같이 핍박하였느니라"라고 말씀하셨다(마 5:10-11).

예언자로서의 소명이 크면, 그 예언 사역을 대적하는 종교적 핍박도 그만큼 커진다. 선지자들을 박해한 사람들은 어떤 사람들이었던가? 이스라엘의 지도자들이었다. 스데반은 그 시대의 성경학자들에게 "목이 곧고 마음과 귀에 할례를 받지 못한 사람들아 너희가 항상 성령을 거스려 너희 조상과 같이 너희도 하는도다 너희 조상들은 선지자 중에 누구를 핍박지 아니하였느냐 의인이 오시리라 예고한 자들을 저희가 죽였고 이제 너희는 그 의인을 잡아 준 자요 살인한 자가 되리라"라고 말했다(행 7:51-52).

핵심은 종종 선한 예언자들은 배척 당하고 악한 예언자들이 받아들여질 것이라는 데 있다. 예언을 하는 사람들은 배척 당할 때에 대처하는 법을 배워야 한다. 그리고 교회는 지도자들을 괴롭히려 하지 말고 그들을 위해 기도하는 법을 배워야 한다.[2]

## 사람들의 마음에 들려는 욕망

사도 바울은 "내가 지금까지 사람의 기쁨을 구하는 것이었더면 그리스도의 종이 아니니라"고 말했다(갈 1:10). 사람들의 마음에 들려는 태도는 예언 사역 뿐만 아니라 다른 모든 사역을 저해하는 요소이다. 때로 교회에 다니는 사람들이 세상에서 가장 야비하고 가장 요구하는 것이 많다. 스스로 옳다고 생각하며 하나님이 자기 편이라고 생각하는 사람들을 조심해야 한다. 그들은 우리가 자기를 대적하는 것은 곧 하나님을 거부하는 것이라고 생각하며, 아무런 거리낌 없이 우리를 대적하는 거룩한 십자군 전쟁을 시작하려 할 것이다. 파스칼은 "종교적인 확신을 가지고서 악을 행할 때에 사람들은 가장 완전하고 즐거운 마음으로 악을 행한다"라고 말했다. 이와 같이 패역한 사람들을 배척하기보다는 그들을 기쁘게 해주는 것, 그들에게 진리를 말해주기보다는 아첨하는 것이 훨씬 더 쉽다.

구약성경에서는 거짓 환상과 아첨이 병행하여 등장한다(겔 12:24). 사람들에게 듣기 좋은 말을 해주려는 압력에 굴복하는 예언자는 결국 자신의 상상력을 발휘하여 예언하게 된다(겔 13:2). 사람들을 기쁘게 해주려는 욕망을 가진 예언자나 지도자는 사람들의 죄를 못본 체 하고 헛된 위로를 준다(애 2:14; 겔 13:15-167; 슥 10:2). 가장 좋지 못한 경우, 이처럼 사람들을 기쁘게 해주려는 욕망을 가진 예언자는 악령의 도구가 되기도 한다(왕상 22:6-28).

교인들이 실제로 거짓 예언을 권장할 수도 있다. 거짓 예언자들은 사람들이 듣고 싶어하는 말을 하기 때문에 사람들은 거짓 예언자들을 받아들이고 좋아한다. 거짓 예언자들은 기성 종교 체재나 일반적으로 받아들여지는 위선적인 종교 관습에 도전하지 않으며, 교리적 편견들을 비판하지도 않으며, 오히려 그것들을 축복한다. 그러나 예수님은 "모든 사람이 너희를 칭찬하면 화가 있도다 저희 조상들이 거짓 선지자들에게 이와 같이 하였느니라"라고 말씀하셨다(눅 6:26). 우리 모두, 특히 예언을 하는 사람들은 사람들의 인정을 받으려 하지 말고 하나님의 인정을 받으려 해야 한다.

## 위엄있는 사역을 하려는 욕구

예언하는 사람들이 흔히 빠지는 또 하나의 함정은 위엄있는 사역을 하려는 욕구, "모든 민족들을 대상으로 사역하는 예언자"가 되고픈 욕구이다. 이것은 참된 예언의 영과 정반대가 되는 것이다. 천사가 요한에게 "예수의 증거는 대언의 영이니라"라고 말해 주었다(계 19:10). 예언이란 예언 사역을 증거하는 것이 아니라 예수의 위엄을 증거하는 데 목적이 있다. 위대한 예언자들은 사람들이 예수님의 영광을 보게 되기를 원한다. 그들은 사람들이 자신을 어떻게 여기든지 상관하지 않는다. 세례 요한은 "그는 흥하여야 하겠고 나는 쇠하여야 하리라"(요 3:10)라고 말했고, 실제로 그러한 의도를 가지고 있었기 때문에 선지자들 중에서 가장 위대한 선지자이다. 하나님은 세례 요한처럼 느끼는 사람들에게는 위대한 계시를 주실 것이다.

나는 처음으로 폴 카인을 만났을 때, 그에게 1950년대에 미국에서 있었던 신유 집회에 대한 질문을 했다. 그는 치유와 예언 사역에 대해 몇 가지 놀라운 이야기를 해주었다. 그는 몇몇 유명한 치유 전도자들의 이름, 그리고 하나님께서 그들을 얼마나 기적적인 방법으로 사용하셨는지 등에 대해 이야기해 주었다. 그리고 나서 그는 관련된 치유 사역자의 이름을 언급하지 않은 채 몇 가지 이야기를 했다. 그는 "어느 집회에서 계시에 의해서 결장암에 걸린 여인을 불러내어 주님이 바로 그날 밤에 그 병을 고쳐주실 것이라고 말했습니다"라고 말했다. 또 "아들과 사이가 좋지 않아서 오랫동안 화해를 위해 기도하는 사람이 집회에 참석했습니다. 그런데 강사는 계시를 보고서 그를 불러내서는 그 부자가 여러 해 동안 불화했지만 앞으로 24시간 이내에 아들이 아버지를 찾아와서 화해하게 될 것이라고 말해 주었는데, 그대로 되었습니다"라는 말도 했다.

마지막으로 나는 "폴, 이 사람들을 불러내어 이러한 말을 해주었던 사람은 누구입니까? 당신이지요"라고 말했다.

"그렇습니다."

"그런데 왜 당신은 '내가 한 부인을 불러내어 …라고 말했습니다'라고 말하지 않았습니까?"

폴은 이렇게 대답했다.

"잭, 그렇게 표현하는 것이 더 좋다고 생각했기 때문입니다. 그렇지만 주님은 이런 방식도 그다지 좋아하시지 않습니다. 제 말을 이해하시겠습니까?" 폴은 개인적인 경험을 통해서 주님은 우리가 영광을 받는 것이 아니라 주님에게 영광을 돌리는 이야기 방식을 우리가 계발하기를 원하신다는 것을 알고 있었다.

## 자기의 행동을 합리화하려는 잘못

예언하는 사람들이 빠지기 쉬운 또 하나의 함정은 자신의 잘못을 합리화하거나, 또는 자신이 잘못을 범했다는 사실을 인정하지 않으려는 태도이다. 내가 아는 사람들 중에서 100퍼센트 정확한 예언을 하는 사람들은 한 사람도 없다. 내가 아는 한 예언을 하는 사람들도 복음 전도자나 교사나 목사나 기타 다른 기독교 지도자들과 마찬가지로 실수를 범한다. 때때로 그들은 자신의 주관적인 느낌을 주님이 주시는 느낌으로 여기는 잘못을 범한다. (큰 은사를 받은 성숙한 예언자들의 경우에는 이런 일이 빈번하게 발생하지는 않지만, 발생할 가능성은 있다). 그들은 주님이 주신 느낌을 해석하고 적용하는 데 있어서 보다 빈번하게 실수를 한다. 때로 예언자는 자기의 실수를 인정하면 자신의 신뢰성이 손상될 것이라고 생각하기 때문에 쉽게 자기의 실수를 인정하지 못한다. 그러나 흔히 이러한 생각과는 반대되는 일이 발생한다. 즉 실수를 범하거나, 자신이 범한 실수를 합리화하는 일 때문에 신뢰성이 손상된다. 사람들은 스스로 잘못을 범했다고 인정하는 사람들은 신뢰하며, 자신의 잘못을 인정하지 않으려 하는 사람들은 신뢰하지 않는다.

## "게하시" 사역

엘리사의 사역 덕분에 문둥병이 나은 나아만 장군은 너무나 고마워서 엘리사에게 선물을 주려 했지만, 엘리사는 그의 호의를 거절했다(왕하 5:15-16). 엘리사의 종 게하시는 엘리사가 그렇게 좋은 기회를 무시하는 것을 이해할 수 없었다. 그래서 그는 나아만 장군을 따라가서 엘리사가 마음을 바꾸었다고 말했다. 나아만은 기뻐하면서 게하시에게 선물을 주었고, 게하시는 그 선물을 감추어 두었다. 여호와께서는 속임수에 대한 대가로서 나아만 장군이 걸렸던 문둥병을 게하시에게 주었고, 그를 엘리사의 곁에서 떠나게 하셨다. 하나님은 예언 사역이 성공하는 경제적 사업이 되게 하시지 않는다.

예언 사역에서 항상 문제가 되는 것은 물질주의와 금전이다. 미가는 "내 백성을 유혹하는 선지자는 이에 물면 평강을 외치나 그 입에 무엇을 채워주지 아니하는 자에게는 전쟁을 준비하는도다"라고 불평했다(미 3:5). 예언자들이 유혹에 굴복하여 자신을 잘 대접해주는 사람들에게는 좋은 예언을 해주고, 자신에게 특별한 경의를 표하지 않는 사람들에게는 나쁜 예언을 할 때에, 여호와께서는 예언자들에게 말씀하시는 일을 중지하실 수도 있을 것이다. 미가는 계속해서 다음과 같이 선포한다:

> 그러므로 너희가 밤을 만나리니 이상을 보지 못할 것이요 흑암을 만나리니 점 치지 못하리라 하셨나니 이 선지자 위에는 해가 져서 낮이 캄캄할 것이라 선견자가 부끄러워하며 술객이 수치를 당하여 다 입술을 가리울 것은 하나님이 응답지 아니하심이어니와(미 3:6-7).

돈 때문에 타락할 가능성이 있는 사람들은 예언자들만이 아니다. 미가는 예루살렘의 "두령은 뇌물을 위하여 재판하며 그 제사장은 삯을 위하여 교훈" 한다고 불평했다(3:11). 신약 시대의 교회 지도자들도 부자들에게 특별한 배려를 하려는 유혹을 받았다(약 2:1). 그러나 이 죄에 빠질 가능성이 가장 많은 사역자는 예언자들이다. 진정한 예언의 은사를 받은 사람이라면 어렵지 않게 사람들을 조종하여 돈을 내게 만들 수 있을 것이다. 또 자신에게 유익을 줄 수 있는 사람들에게 끌리며 재산이 적은 사람들을 피할 가능성도 많다. 폴 가인은 이러한 태도를 일컬어 "게하시 사역"이라고 칭한다.

## 경제에 관한 예언을 하는 것

나는 예언을 하는 사람들은 경제에 관한 예언을 피하며, 주식 시장이나 사채 시장이나 부동산 시장 등은 그 분야의 전문가들에게 맡기는 것이 좋다고 생각한다. 이러한 분야에 대한 예언을 피해야 할 이유는 최소한 두 가지 이상이다. 첫째, 그런 예언은 예언 사역을 싸구려로 만든다. 하나님께서는 교인들을 부자로 만들기 위해서가 아니라 그리스도를 찬양하기 위해서 예언 사역을 일으키신다. 둘째, 성령은 개인적인 경제적 유익을 위해 영적 은사를 사용하는 것에 반대하시므로 이러한 예언들이 맞지 않는 일이 많다.

자기의 돈을 어디에 투자하고 어디에 사용해야 하는지에 대해서 하나님께 물어 보는 것은 모르겠지만, 다른 사람들이 돈을 어떻게 해야 하는지에 대해서 예언하지는 말아야 한다. 아마 그런 예언들은 맞지 않을 것이다.

## 예언을 빙자한 한담과 비방

앞에서 상대방에 대해 부정적인 메시지를 받았을 때에 그 메시지에 해당되는 사람을 위해 기도하는 것에 대해서 다룬 적이 있다. 만일 우리가 받은 부정적인 환상이나 느낌을 그 계시의 주인공이 아닌 다른 사람에게 말한다면, 범죄할 가능성이 크다. 만일 그 환상이 참이라면 우리가 범하는 죄는 한담이며, 만일 그 환상이 거짓이라면 그 죄는 비방이 될 것이다.

나는 사람들의 죄를 당사자에게 말하지 않고 다른 사람에게 털어놓거나 교회에게 심판이 임할 것이라고 예언하는 사람들 때문에 중대한 어려움이 야기되는 것을 본 적이 있다. 종종 이러한 사태의 근원은 사람들로부터 배척 당하거나 상처를 입은 예언자이다. 예수님은 이러한 종류의 피해를 줄일 수 있는 방법을 말씀해 주셨다:

> 네 형제가 죄를 범하거든 가서 너와 그 사람과만 상대하여 권고하라 만일 들으면 네가 네 형제를 얻은 것이요 만일 듣지 않거든 한두 사람을 데리고 가서 두세 증인의 입으로 말마다 증참케 하라 만일 그들의 말도 듣지 않거든 교회에 말하고 교회의 말도 듣지 않거든 이방인과 세리와 같이 여기라.(마 18:15-17)

만일 우리가 잘못을 범했다면, 먼저 우리 때문에 상처를 입은 사람을 설득해야 한다. 그렇게 하기 전에는 그 사람에 대해서 다른 사람에게 말하거나 그에 대해 좋지 않은 예언을 해서는 안된다. 예수님은 여기에서 전혀 허점을 남기지 않으셨다. 주님은 "만일 상대방이 너보다 더 똑똑하거나 논쟁해서 너를 이길 수 있다거나 네 말을 경청하지 않을 사람이거나 야비한 사람이라면, 너는 그 사람에게 갈 필요가 없다"고 말씀하신 것이 아니다. 예수님은 우리가 범죄함으로써 피해를 입었다고 생각되는 사람을 찾아가지 않는 데 대한 하나의 핑계거리도 남겨 놓지 않으셨다.

스스로 지혜롭고 의롭다고 생각하는 사람들은 자신이 마태복음 18:15-17에 적용되지 않는 예외적인 사람들이라고 느낀다. 또 어떤 사람은 자신이 특별한 계시를 받았으므로 예수님의 화해의 원리를 따르지 않아도 된다고 생각한다. 또 어떤 사람은 적수들이 교회 내에서 위험을 주고 있으므로 하나님께서 그들을 특별하게 다루실 것이라고 생각한다. 심지어 어떤 사람은 먼저 자기의 형제를 찾아가야 하는 의무에서 빠져 나가기 위해서 신학적 궤변을 사용하기도 한다. 나는 사교-소탕자나 이단-사냥꾼들이 자기들의 목표는 형제들이 아니라고 말하는 것, 또는 자기들의 목표가 교회를 해치지 않았으므로 마태복음 18:15-17이 자기들에게는 적용되지 않는다고 말하는 것을 본 적이 있다. 이런 사람들은 교회를 사랑하는 마음에서 행동한다고 주장하지만 실제로는 전혀 그렇지 않다.

대체로 사람들이 분명한 계명에 순종하지 않으며 겉만 그럴듯한 신학적 핑계들을 늘어놓는 것은 종교적 교만 때문이다. 우리가 이단 사냥꾼의 사역을 공격해 보면, 그는 "사람들은 이런 일들이 정말로 참인지를 발견해 내기 위해서 나에게 찾아오지도 않았다"라고 말할 것이다. 사람들이 우리를 먼저 찾아오지 않은 채 우리에 대해서 부정적인 말을 하거나 글을 써도 괜찮다고 생각하는가? 그렇다면 우리는 주님의 분별력보다 우리 자신의 분별력을 더 높이고 있는 것이다. 우리는 마치 주님이 주신 화해의 원리보다 더 좋은 화해의 원리를 발견해낸 것처럼 행동하고 있다. 아마 그런 까닭에 교회들 안에 그처럼 많은 갈등이 있다고 볼 수 있을 것이다.

## 공개적으로 죄를 언급하는 것

피해야 할 분야의 주제를 다루는 중에, 공개적으로 죄를 언급하면 어떻게 될까? 어떤 예언자들은 그것을 적절한 행동이라고 느낀다. 그들은 구약의 예언자들이 그렇게 행했다고 상기시켜 준다. 그리고 신약 성경에서 베드로가 아나니아와 삽비라의 죄를 언급한 것, 바울이 엘리마의 죄를 언급한 것 등을 상기시킨다. 물론 때에 따라 어떤 사람의 죄를 공개하는 것이 타당한 때가 있다. 예를 들면, 범죄한 장로들은 공개적으로 책망을 받아야 한다(딤전 5:20). 교회가 어떤 사람을 치리할 때에는 공개적으로 해야 한다(고전 5:1). 그러나 신약 성경에서는 특별한 경우에만 신자의 죄를 공개적으로 폭로했다. 일반적으로는 형제나 자매의 죄를 공개적으로 언급하기 전에 먼저 개인적으로 그를 찾아가서 설득해야 한다(마 18:15-17; 갈 6:1-2). 우리는 개인적인 계시를 근거로 하여 어떤 사람에게 죄가 있다고 비난해서는 안된다. 장로가 범죄한 경우에, 교회는 확고한 증거를 가진 두세 사람이 증거하지 않는 한 그 장로에 대한 고발을 받아들여서는 안된다(딤전 5:19).

이것은 예언 사역자는 결코 사람들의 이름이나 그들이 범한 죄를 공개적으로 언급해서는 안된다는 의미가 아니다. 드물게 하나님께서 이런 일을 허락하시는 경우가 있을 것이다. 그러나 내가 아는 한 이런 일을 감당할 정도로 성숙하거나 신뢰성이 있거나 하나님의 음성을 듣는 능력을 가진 사람들은 거의 없다. 나는 지금까지 많은 사람들이 이러한 일을 시도하였다가 좋지 않은 결과를 초래하는 것을 보았다.

만일 우리가 공적인 집회에 참석하고 있는 동안에 하나님께서 다른 사람의 죄를 보여 주신다는 생각이 든다면, 그것을 표현하되 그 사람에게 죄를 고백할 수 있는 기회를 제공할 수 있는 방법을 사용할 수 있을 것이다. 예를 들면, 최근에 나는 많은 목사들과 교회의 지도자들이 참석한 집회에서 설교를 한 적이 있다. 그 집회가 끝날 때, 나는 청중의 다수가 약물 중독자나 알코올 중독자라는 느낌을 받았다. 나의 시선은 예배실 뒤쪽에 있는 작은 무리에게 끌렸다. 나는 "나는 주님이 오늘 약물중독이나 알콜중독으로 고생하는 사람들을 도와 주실 것이라고 생각합니다. 그런 사람이 지금 자리에서 일어서신다면, 그 분을 위해서 기도하겠습니다"라고 말했다. 즉시 한 사람이 일어섰고, 이어서 사방에서 사람들이 일어서기 시작했다.

나는 사역하면서 종종 이러한 일을 경험했다. 나는 이것이 공개적으로 죄를 거론하는 데 적합한 방법이라고 생각한다. 그렇게 함으로써 사람에게 공개적으로 죄를 고백할 수 있는 기회를 줄 수 있다. 또는 "우리는 여러분을 부끄럽게 하려는 것이 아니라 도와주려는 것입니다"라고 말하는 것도 좋은 방법이다. 사람들은 종종 이런 집회에서 자신이 회개했다고 말하거나 기록함으로써 죄에서 해방되었다.

여기서 한 가지 주의할 점이 있다. 교회에는 여러 가지 죄가 가득하다. 나는 세상에 있는 모든 종류의 죄가 교회 안에도 존재하는 것을 발견했다. 누구라도 기독교인들 앞에서 일어서서 "주님은 여러분 중에 어떤 사람이…죄를 범하고 있다는 것을 보여 주십니다"라고 말하면서 청중들 안에 존재하고 있는 죄들을 정확하게 열거할 수 있다. 그러나 주님이 어떤 사람을 인도하시어 그러한 죄를 열거하게 하시지 않는 한, 그 "사역"의 결과는 좋지 않을 것이며, 중대한 피해가 초래될 수도 있다. 받은 은사가 전혀 없어도 죄를 언급할 수 있다. 중요한 것은 주님이 드러내고자 하시는 특별한 죄가 무엇이며, 언제, 어디에서 어떻게 그 죄를 언급하기를 원하시는지 아는 것이다. 주님은 이러한 일을 주도하시면서 이러한 죄들을 다루는 데 합당한 은혜를 주신다. 우리가 주도할 경우에는 흔히 좌절하거나 좌절을 초래한다.

예언 사역자의 목표는 위엄 있는 예언자처럼 보이는 것이 아니다. 목표는 하나님을 기쁘시게 하며 하나님의 백성들을 돕는 데 있다. 죄 가운데 있는 형제나 자매를 돕는 가장 훌륭한 방법은 그들의 죄를 은밀하게 다루며 그들이 회개하기 전이나 후에도 그것을 비밀로 해 주는 것이다.

### "하나님이 나에게 말씀하시기를" 함정

언젠가 나는 캘리포니아 주 애너하임에서 약 3,000명이 모인 빈야드 집회에 참석했었다. 그 때 한 사람이 갑자기 강단에 올라왔다. 존 윔버는 예배 시간 내내 오르간을 연주하고 있었다. 우리가 전혀 알지 못하는 그 사람은 곧바로 존에게로 걸어갔다. 전에 축구 선수였던 수위 두 명이 그 사람을 저지하려고 강단으로 뛰어 올라갔지만, 존은 수위들에게 내려가라고 손짓을 했다. 그 사람은 존 앞에 서더니 존에게 무릎을 꿇으라고 말했다. 존은 오르간 앞에 그대로 앉은 채 냉정하게 그 사람의 눈을 직시하면서 "안돼"라고 말했다. 이 공격적인 예언자는 전혀 타당성이 없는 "예언"을 늘어놓고는 사라졌다.

이 사건은 기독교 사역을 위한 중요한 원리를 보여준다: 어떤 영적 활동을 허락하거나 장려하게 되면, 인간은 본성적으로 그러한 기회를 남용하려 한다. 신약 성경의 많은 부분은 합법적인 영적 은사들과 사역을 남용하는 일을 바로잡기 위해서 기록된 것이다.

나는 나의 육체, 즉 육적인 본성이 모든 영적 사역을 악용하고 남용하는 것을 허락한 적이 있었다. 인간의 심령은 선천적으로 남용하고 악용하는 경향을 가진다. 하나님께서 자기 자녀들에게 말씀하신다고 믿는 사람들이 그 음성을 남용하는 것을 발견할 수 있다. 기독교인들은 자기들의 예언이나 성경 해석을 가지고서 이러한 종류의 일들을 할 수 있다. 그들은 다른 사람에게 지시하는 말을 할 권위가 없음에도 불구하고 그런 행동을 하거나, 또는 하나님의 허락이 없이 사람들의 잘못을 바로잡기 위한 발언을 하거나 책망을 하거나 정죄를 할 것이다. 그것은 하나님의 음성을 남용하는 것이다.

어떤 사람들은 다른 사람들을 통제하려는 욕망에서 이러한 행동을 하면서도 그것이 통제하려는 욕구라는 것을 인정하지 않으며, 그것이 사태를 바로잡으려는 소원, 상황이나 사람들로 하여금 하나님의 뜻과 일치하게 하기 위한 것이라고 여긴다. 또 어떤 사람들은 분노심 때문에 하나님의 음성을 악용한다. 그들은 "하나님께서 말씀하시기를"이나 "성경이 말하기를"이라는 표현을 첫머리에서 사용함으로써 자기의 분노를 정당화하려 한다. 영적으로 성장한다는 것은 우리 자신 안에서 이러한 일들을 분별해내고 회개하는 법을 배우는 것이다. 그런 후에야 우리는 다른 사람들에 대한 사랑을 가지고서 그것들을 바로잡는 방법을 배울 수 있을 것이다.

존 윔버 목사님에게 무릎을 꿇으라고 명령했던 사람의 이야기는 하나님께서 다른 사람들을 위한 메시지를 우리에게 주신다고 믿을 때에 직면하는 하나의 딜레마를 보여준다. 그 사람은 자신이 정말로 존 목사님을 위한 하나님의 말씀을 받았다고 믿고 있었다. 그의 딜레마는 "나는 하나님이 주시는 이 자극에 순종해야 하는가, 아니면 대단히 수치스러운 일이 될 수도 있는 일을 해야 한다는 두려움에 굴복해야 하는가?"였다. 그것은 우리 모두가 직면하는 딜레마이다. 우리는 그 딜레마를 다른 형태로 경험하기도 할 것이다. 만일 우리가 그 메시지를 전했는데, 그것이 거짓으로 판명된다면 어떻게 할까? 우리가 하나님의 음성을 정확하게 듣지 못했기 때문에 다른 사람들을 잘못 인도하거나 그 사람에게 해를 끼치는 결과를 초래할 수도 있을 것이다. 그러므로 하나님께서 우리에게 보여 주셨다고 생각하는 것에 순종하려는 우리의 욕구는 그것이 옳지 않은 것일 수도 있다는 두려움 및 사람들에 대한 두려움과 충돌할 수도 있다.

어떻게 해야 "하나님께서 나에게 말씀하시기를"이라는 함정에 빠지지 않을 수 있을까? 한 가지 방법은 간단히 하나님은 성경 외에 다른 곳에서는 말씀하시지 않는다고 부정하는 것이다. 이러한 주장은 사태를 어느 정도 깨끗이 정리해준다. 그것은 사람들이 성경을 남용할 수 없기 때문이 아니다. 사람들은 성경을 남용한다. 그러나 이 주장을 택할 경우, 사람들이 남용할 대상은 성경 하나에 국한될 것이다. 만일 하나님께서 성경을 통해서만 말씀하신다고 주장한다면, 우리는 골치 아픈 꿈이나 주관적인 꿈을 다루지 않아도 될 것이다. 이러한 정리된 접근방식의 문제는 그것이 성경 안에 있는 하나님의 커뮤니케이션을 닮지 않았다는 사실이다. 성경에서 하나님께서 성경 안에서만 말씀하신다고 주장하는 듯한 집단은 그분의 음성을 전혀 듣지 못한 집단뿐이다(요 5:37).

이 정리된 도피 방법은 성경적이 아닐 뿐만 아니라 무효한 것이기도 하다. 켄(Ken Gire)은 이것을 다음과 같이 설명한다:

> 하나님께서 성경의 분명한 가르침이 아닌 다른 수단을 통해서 말씀하실 수도 있다고 여기는 것은 온갖 종류의 혼동을 허용하는 일이 될 수도 있다. 창문을 통해서 시원한 바람과 꽃가루가 들어오고, 햇빛과 더불어 파리들이 들어오고, 비둘기 소리와 더불어 까마귀들의 소리도 들어온다.
> 만일 이것이 당신의 주장이라면, 나는 동의해야 할 것이다. 그러나 신선한 공기를 원한다면, 우리는 기꺼이 몇 마리의 파리와 더불어 살아야 할 것이다. 물론 우리는 파리나 꽃가루나 까마귀 소리를 완전히 차단할 수 있다. 우리가 깨끗하고 조용한 집을 가장 중요하게 여긴다면, 파리나 꽃가루나 시끄러운 까마귀 소리를 차단해야 할 것이다. 그러나 그렇게 할 경우, 우리는 따뜻한 햇볕, 향기, 아름다운 새 소리 등을 포기해야 할 것이다.[3]

나는 혼동 없이 살아왔다. 나는 창문을 닫고 살아왔다. 먼지 한 점도 없고 모든 것이 정돈된 집에서 살아왔다. 그러나 그러한 환경 속에서 내 영혼을 시들었기 때문에, 나는 "하나님께서 나에게 말씀하시기를"이라는 함정에서 피하기 위해 다른 방법을 찾기 시작했다. 한동안 나는 도망갈 문을 찾고 있었다. 즉 그 문을 통과한 후에 닫음으로써 하나님의 음성을 잘못 들을 수 있는 가능성을 차단하려 했다. 그런데 내가 발견한 것은 문이 아니라 길, 사랑과 겸손의 길이었다.

우리가 하나님을 사랑하면 할수록 그 분을 위해서 위험을 감수하려 할 것이며, 공개적인 수치도 감내하려 할 것이다. 또 하나님을 사랑할수록 우리는 그만큼 그 분의 음성을 잘 듣게 될 것이다. 하나님께 대한 우리의 사랑이 증가함에 따라, 하나님의 백성에 대한 우리의 사랑도 증가할 것이다. 우리가 하나님의 백성을 사랑한다면 그들을 책망하여 그들에게서 희망을 제거하지 않게 될 것이다. 그러한 책망은 정죄이다. 위대한 사랑의 사람들은 정죄하지 않는다. 사랑은 우리를 인도하여 "덕을 세우며 권면하여 안위" 하는(고전 14:3) 신약 성경의 목표를 위해서 예언의 말을 사용하게 한다. 우리의 말이 이 세 가지 목표에 일치하지 않을 때에, 사랑과 겸손은 우리를 인도하여 예언하지 못하게 할 것이다.

우리가 겸손의 길을 걸어갈 때에도 잘못을 범할 가능성이 열려 있다. 그러나 그 길을 걸어가는 동안에는 우리의 잘못을 보다 쉽게 고칠 수 있다. 겸손은 하나님과의 친밀함으로 이어지는 통로이다. 왜냐하면 하나님은 겸손한 자들과 함께 거하시기 때문이다(사 57:15). 이것은 겸손한 사람들이 하나님의 음성을 더 잘 들을 것이라는 뜻이다. 하나님은 진실로 우리의 마음을 아시는 유일한 분이시다(렘 17:10). 겸손히 행할 때에 우리는 자각하지 못하는 분노, 통제욕, 위엄있게 보이고 싶은 욕구 등 우리의 마음 어두운 곳에 숨어 있으면서 마음을 오염시키는 욕구, 우리의 본성적인 정신으로는 감지할 수 없는 욕구를 드러내시는 하나님의 음성을 들을 수 있을 것이다.

나는 결코 "하나님께서 나에게 말씀하시기를"이라는 함정에 빠져나 자신이 수치를 당하거나 다른 사람들에게 상처를 주지 않을 것이라고 보장할 수는 없다. 우리가 사랑과 겸손 안에서 완전한 사람이 되지 못하는 한, 사랑과 겸손의 길도 잘못을 범하지 않는다는 것을 보장해 주지는 못한다. 지금까지 그러한 경지에 달했으며 하나님의 음성을 완전하게 들은 사람은 오직 한 분뿐이었다. 그러나 만일 우리가 결코 하나님의 음성을 잘못 듣지 않을 것이라는 보장을 발견할 때까지 모험을 하면서 기다린다면, 그것은 마치 강을 건너가기 위해서 물이 모두 흘러 내려가기를 기다리는 것과 같다.

나는 예언자들이 함정에 빠지지 않고서 성령의 예언사역을 받아들이는 길이 있기를 원한다. 그러한 함정들은 실제로 존재하며 상처를 준다. 그러나 모든 것은 소유할 가치가 있는 것이 아닐까? 사랑에 대해서 생각해 보자. 사랑만큼 큰 상처를 주는 것이 어디 있는가? 사랑보다 더 남용되는 것이 어디 있는가? 그러나 사랑 없이 살기를 원하는 사람은 없을 것이다. 우리에게 사랑을 구하라고 말씀하신(고전 13장) 하나님은 또한 성령의 예언 사역을 구하라고 말씀하셨다(고전 14장). 하나님은 고통을 피하려는 우리의 생각에 동의하지 않으실 것이다. 하나님은 하나님 자신이 우리의 고통에 대한 해답이 되기 위해서 예언 사역을 불완전한 상태로 남겨 두실 것이다.

chapter 15
# 꿈과 환상

엘리아스 하우(Elias Howe)가 재봉틀을 발명한 것은 꿈 덕분이었다. 또 노벨상 수상자인 닐스 보(Niels Bohr)는 자신이 꿈 속에서 원자의 구조를 보았다고 주장했다. 현대인들은 이러한 이야기를 들으면 놀라겠지만, 고대 세계에서는 이런 일은 지극히 정상적인 일이었을 것이다. 예를 들어, 블레셋의 왕 아비멜렉은 사라를 아브라함의 누이동생이라고 생각하고서 자기의 부인으로 삼았다. 그런데 하나님이 꿈에서 아비멜렉에게 나타나셔서 "네가 취한 이 여인을 인하여 네가 죽으리니 그가 남의 아내임이니라"고 현몽하셨다(창 20:2). 이 사건과 관련하여 놀라운 일은 다음날 아침 꿈에서 깨어난 왕은 즉시 아브라함에게 사라를 돌려 주었다는 것이다. 그는 즉각적으로 꿈에 순종했다. 성경 시대의 사람들은 하나님께서 종종 꿈을 통해서 말씀하신다는 것을 알았으므로, 꿈을 진지하게 다루었다.

그러나 오늘날 이성주의적인 서구 세계에서, 꿈과 환상은 냉대를 당하고 있다. 유명한 목사들은 꿈과 환상을 비웃으며, 사람들에게 그런 일에 관여하지 말라고 경고한다. 또 어떤 사람들은 신앙적으로 성숙하지 못한 사람들에게만 꿈은 유효한 하나님의 커뮤니케이션이 되며, 하나님께서 성숙한 사람들에게 말씀하시기 위해서 필요한 것은 오직 성경뿐이라고 생각한다.

과거에 나는 성경 안에 꿈과 환상이 있다는 것을 알고 있었지만, 하나님께서는 분명한 성경 본문을 가지고 계시지 못했을 때에만 자기의 뜻을 전하기 위해서 그것들을 사용하셨다고 생각했었다. 나의 신학적 견해에 따르자면, 만일 하나님께서 어떤 사람에게 말씀하고자 하시는 것이 이미 성경에 기록되어 있다면, 하나님은 결코 그 사람에게 꿈이나 환상을 주지 않으실 것이며, 그의 마음에 성경 본문을 상기시켜 주시는 데 그치셨을 것이다. 하나님께서 성경을 수중에 가지고 계시는데도 불구하고 자신의 뜻을 전하기 위해서 "열등한" 수단을 사용하실 이유가 없다. 이 주장은 논리적인 것처럼 보이지만, 실제로는 성경의 가르침에 어긋난다.

성경에 기록된 가장 유명한 꿈들 중 하나는 마리아가 다른 남자의 아기를 가졌다고 생각한 요셉이 마리아와 이혼하기로 결심했을 때에 하나님께서 요셉에게 주신 꿈이다. 주의 천사가 꿈에 요셉에게 나타나서 마리아의 아기는 다른 남자와의 부도덕한 행동의 결과가 아니라 성령에 의해 잉태된 아기이며, 장차 사람들을 죄에서 구해줄 것이므로 이름을 예수라고 지으라고 했다(마 1:21-22). 이 꿈과 관련해서 내가 놀란 사실은 그것이 불필요한 꿈이었다는 것이다. 하나님은 예수의 동정녀 탄생에 대한 진리를 전달하기 위해서 꿈을 사용하실 필요가 없이, 그저 이사야 7:14을 요셉에게 상기시켜 주시는 것만으로 충분했을 것이다: "처녀가 잉태하여 아들을 낳을 것이요 그 이름을 임마누엘이라 하리라."

"예수"라는 헬라어는 히브리어로 "여호수아"이다. 여호수아라는 명사는 "구원하다"라는 뜻의 히브리어 동사에서 파생된 것이다. 하나님은 요셉이 아들의 이름을 여호수아, 또는 예수라고 지어야 한다는 것을 암시하기 위해서 성경 본문을 사용하실 수도 있었을텐데, 그렇게 하지 않고 꿈을 사용하셨다. 위의 이론을 따르자면, 하나님은 성경을 사용하셨어야 했다.

예수님이 탄생하신 후, 하나님은 자신의 아들을 헤롯의 살인적인 진노로부터 어떻게 보호하셨는가? 하나님은 다시 요셉에게 현몽하여 아내와 아들을 데리고 이집트로 가라고 말씀하셨다(마 2:13). 하나님은 자기 아들의 안전을 꿈과 같은 취약한 것에 의존하는 모험을 하셨다. 그러나 그 꿈은 실제로 필요한 것은 아니었다. 하나님은 그 일을 요셉에게 전달하기 위한 완벽한 성경 본문을 가지고 계셨다. 하나님은 호세아 11:1("내 아들을 애굽에서 불러 내었다")을 사용하실 수 있었을 것이다. 하나님은 요셉에게 꿈을 주시는 대신 이 본문을 요셉의 마음에 상기시켜 주실 수도 있었을 것이다.[2]

동일한 현상이 사도행전에서도 발생한다. 바울은 자신이 공격을 받아 죽을지도 모른다는 걱정을 하면서 고린도로 갔다. 그날 밤에 하나님께서 환상 속에서 바울에게 나타나셔서 아무도 그에게 해를 끼치지 않을 것을 약속하시고, 고린도에 많은 하나님의 사람들이 있다는 것을 알려 주셨다(행 18:9-11). 하나님께서 이 사실을 알리기 위해서 바울에게 환상을 보여 주신 이유는 무엇일까? 하나님께서 그러한 진리를 전하기 위해서 바울의 마음에 상기시켜 주시는 데 적합한 많은 구약성경 본문들이 있었다. 예를 들면, 하나님은 바울의 마음에 이사야 54:17("무릇 너를 치려고 제조된 기계가 날카롭지 못할 것이라 무릇 일어나 너를 대적하여 송사하는 혀는 네게 정죄를 당하리니")를 상기시켜 주실 수도 있었을 것이다. 구약성경 정경이 완전히 형성되었으므로 이러한 환상이 불필요했지만, 하나님은 여전히 환상을 보여주시는 편을 택하셨다.

하나님은 분명히 꿈과 환상에 대한 나의 견해에 동참하지 않으셨다. 성경에 따르면, 꿈과 환상은 하나님께서 예언자들에게 말씀하실 때에 성령이 사용한 정상적인 언어이다. 민수기 12:6에는 "너희 중에 선지자가 있으면 내 말을 들으라 나 여호와가 이상으로 나를 그에게 알리기도 하고 꿈으로 그와 말하기도 하거니와"라고 기록되어 있다.[3] 요엘은 장래에 하나님의 사람들이 흔히 꿈과 환상을 보게 될 것이라고 약속하면서 "그 후에 내가 내 신을 만민에게 부어주리니 너희 자녀들이 장래 일을 말할 것이며 너희 늙은이는 꿈을 꾸며 너희 젊은이는 이상을 볼 것이며 그 때에 내가 또 내 신으로 남종과 여종에게 부어 줄 것이며"라고 말했다(욜 2:28-29). 베드로는 오순절 날 성령 강림은 요엘의 예언이 성취되기 시작한 것이라고 주장했다(행 2:16).

꿈은 항상 하나님의 뜻을 전달하는 중요한 수단이었다. 욥기는 하나님에 대한 불평에 대답하면서 "하나님은 모든 행하시는 것을 스스로 진술치 아니하신다"고 대답한다(욥 33:13):

> 사람은 무관히 여겨도 하나님은 한 번 말씀하시고 다시 말씀하시되 사람이 침상에서 졸며 깊이 잠들 때에나 꿈에나 밤의 이상

중에 사람의 귀를 여시고 인치듯 교훈하시나니 이는 사람으로 그 꾀를 버리게 하려 하심이며 사람에게 교만을 막으려 하심이라 그는 사람의 혼으로 구덩이에 빠지지 않게 하시며 그 생명으로 칼에 멸망치 않게 하시느니라(욥 33:14-18).

성경에 의하면, 문제는 하나님에게 있는 것이 아니라, 하나님은 말씀하시지만 우리가 그 음성에 주파수를 맞추지 않는 데 있다. 하나님은 우리에게 경고하시기 위해서 꿈을 주시는데, 우리는 그것을 무시한다. 만일 우리가 하나님께서 우리에게 말씀하고자 하시는 것을 빠짐없이 들으려 한다면, 하나님의 말씀하시는 방법에 맞추어야 한다. 그런데 하나님께서 즐겨 사용하시는 방법은 꿈이다.

## 꿈의 목적

하나님은 우리를 경고하거나 격려하거나 인도해 주시기 위해서 꿈을 사용하기도 하신다. 하나님은 우리와 교제하기 위해서 또는 장래 일을 계시해 주시기 위해서 꿈 속에서 우리를 찾아오기도 한다. 또 하나님은 꿈을 통해서 우리에게 명령하기도 하신다. 심지어 하나님은 꿈을 통해서 불신자들에게도 말씀하신다.

### 경고의 꿈

욥기는 하나님께서 우리를 경고하시기 위해서 꿈을 자주 사용하신다는 것을 말해준다(욥 33:16-18). 꿈은 하나님이 섭리하신 사건들, 즉 장차 분명히 일어날 사건들에 대해 경고해 준다. 바로는 동일한 내용을 다룬 두 가지 꿈을 꾸었다. 첫째, 그는 일곱 마리의 살진 소가 일곱 마리의 뼈만 남은 소에게 잡혀 먹는 꿈, 그리고 일곱 개의 좋은 이삭이 일곱 개의 파리한 이삭에게 먹히는 꿈을 꾸었다. 요셉은 바로에게 "바로께서 꿈을 두 번 겹쳐 꾸신 것은 하나님이 이 일을 정하셨음이라 속히 행하시리니"라고 말했다(창 41:32). 그 꿈은 칠 년 동안 풍년이 든 후에 칠 년 동안 흉년이 들 것을 의미했다. 물론 하나님께 흉년이 들지 않게 해달라고 요청해도 소용이 없었을 것이다. 왜냐하면 하나님께서 이미 그렇게 하기로 작정하셨기 때문이다. 그 꿈은 사람들이 흉년에 대비할 수 있게 하려는 경고의 꿈이었다.[4]

또 회개하거나 기도함으로써 피할 수 있는 잠재적인 사건들을 경고해주는 꿈도 있다. 느부갓네살은 마음이 동물의 마음으로 변화된 사람에 대한 꿈을 꾸었다(단 4:16). 다니엘은 느부갓네살에게 그 꿈이 왕 자신에 대한 꿈이라고 말해 주었다. 그 재앙은 피할 수 있는 것이었으므로 다니엘은 "공의를 행함으로 죄를 속하고 가난한 자를 긍휼히 여김으로 죄악을 속하소서 그리하시면 왕의 평안함이 혹시 장구하리이다"라고 하였다(27절). 하나님은 느부갓네살에게 교만과 오만을 뉘우칠 기간을 1년이나 주셨지만, 그가 뉘우치지 않았으므로, 꿈에서 경고하셨던 재앙을 실제로 그에게 내리셨다(28절 이하).

내 경험에 의하면, 우리가 꾸는 대부분의 부정적인 꿈은 회개하거나 기도함으로써 피할 수 있는 재앙이나 죄에 대해 경고해 주는 꿈이다. 1988년에 많은 예언자들이 존 윔버 목사님이 죽는 꿈을 꾸었다. 그들은 꿈에서 관 같이 생긴 것에 날짜가 쓰여진 것을 보았다. 이 예언자들 중 대부분은 하나님께서 존 목사님의 임종 시간을 계시해 주시는 것이라고 생각했다. 그러나 실제로 그 꿈들은 하나님께서 존 목사님의 심장병을 치유하시어 수명을 연장해 주시기 위해서 사람들로 하여금 기도하도록 격려하기 위한 경고의 꿈이었다. 존 목사님은 꿈에서 지시된 날짜에 세상을 뜨지 않았다. 오히려 음식에 신경을 쓰고 정규적으로 운동을 한 덕분에 그의 심장 상태는 호전되었다. 존이 죽는 꿈을 꾼 사람들은 거짓 예언자들이 아니었으며, 또 그 꿈들도 거짓 꿈이 아니었다. 그 꿈은 경고의 꿈이었는데, 꿈을 꾼 사람들이 잘못 해석한 것이었다.

### 덕을 세워주기 위한 꿈

바울은 처음에 고린도에 갔을 때에 안식일마다 회당에 가서 복음을 전파했다. 결국 그는 회당에서 쫓겨났다. 바울을 대적하는 유대인들은 바울이 가는 곳마다 쫓아다녔다. 안디옥의 유대인들이 루스드라에 와서 사람들을 선동하여 바울에게 돌을 던지게 하여 거의 죽게 만들고 떠난 적이 있었다. 그런데 동일한 과정이 고린도에서 시작되고 있었다. 일부 회당 지도자들이 기독교로 개종했으므로 원수들이 보복할 것을 바울은 알고 있었다. 이번에도 사람들은 바울에게 돌팔매질을 할 것인가?

이러한 상황에서 "밤에 주께서 환상 가운데 바울에게 말씀하시되 두려워하지 말며 잠잠하지 말고 말하라 내가 너와 함께 있으매 아무 사람도 너를 대적하여 해롭게 할 자가 없을 것이니 이는 성 중에 내 백성이 많음이라"고 하셨다(행 18:9-10). 이 환상은 바울에게 큰 위로와 힘이 되었다. 아마 바울은 다시 돌팔매질을 당한다 해도 하나님께서 떠나라고 말씀하실 때까지 그 성이 머물렀을 것이다. 그러나 자비하신 주님은 이 환상을 주심으로써 바울의 마음에서 그러한 걱정을 몰아내 주셨다. 주님이 꿈이나 환상을 통해서 위로와 힘을 주시는 일이 빈번하다는 것을 나는 발견한다.

## 인도하심을 위한 꿈

바울의 제2차 전도여행 때에, 하나님은 밤에 "마케도니아 사람 하나가 서서 그에게 청하여 가로되 마게도냐로 건너와서 우리를 도우라"고 하는 환상을 보여 주셨다(행 16:9). 이 경우에 환상은 하나님께서 원하는 사역 장소로 바울을 인도하시기 위한 수단이었다.

몇 해 전에 나는 전도 사업에 어떤 사람을 참여시키려 한 적이 있다. 그 사업에는 많은 시간과 돈과 정력이 소요되었지만, 나와 아내는 그 일이 옳은 일이라고 느끼고 있었다. 그런데 아내는 우리가 참여시키려는 사람의 대단히 부정적인 성품을 계시해주는 꿈을 꾸었다. 이틀 후에 나도 비슷한 꿈을 꾸었지만, 나는 그 꿈을 염두에 두지 않으려 했다. 나는 사업에 참여시키려는 그 사람을 좋아하고 있었다. 나는 내가 나 자신의 감정, 그리고 아내의 꿈의 영향을 받아서 꿈을 꾼 것이라고 생각했다. 나는 아내의 꿈을 무시하기로 마음 먹었다.

최종 결정을 하기 전에, 나는 마음속으로 아내의 꿈에 대해서 주님께 불평을 하면서 어느 가게에 들어갔다. 가게 문을 열면서 나는 "주님, 나는 이 사람에게서 그러한 부정적인 성품을 발견할 수 없습니다"라고 말했다. 그 때에 마음 속에서 "너는 내가 왜 너에게 꿈을 주었다고 생각하느냐?"라는 음성이 들려왔다.

그 순간 나는 자신이 참으로 어리석었다는 것을 깨달았다. 하나님께서는 우리가 이 사람이 지닌 부정적인 성품을 보지 못하고 있기 때문에 우리에게 꿈을 주셨던 것이다. 꿈의 역할은 이러한 것이다. 꿈은 우리가 눈으로 보지 못하는 것을 보여준다. 결국 우리는 그 사람을 참여시키지 않기로 했다. 두 달 후에 이 사람에 대한 사실이 공개적으로 드러났을 때, 우리는 우리가 그 사람과 관련되지 않았다는 사실, 그리고 우리의 시간과 정력과 돈이 낭비되지 않았다는 사실에 감사를 드렸다.

### 하나님과의 친밀함과 교제

성경에는 하나님께서 꿈과 환상 속에서 자기 종들에게 나타나신 이야기가 많다. 이러한 꿈이나 환상에는 교훈, 인도하심, 위로, 그밖에 여러 종류의 지시가 포함되어 있다. 이러한 꿈과 다른 꿈을 구분해주는 기준은 주님이 실제로 자기 종들에게 나타나시고 말씀하신다는 점이다. 거기에는 하나님과의 교제와 친밀함이라는 차원이 존재하는데, 그것은 다른 개인적인 꿈과 환상을 능가한다.

이런 꿈의 전형적인 예는 기브온에서 여호와께서 솔로몬의 꿈에 나타나신 것이다. 이 꿈에서 솔로몬과 여호와는 오랫동안 대화를 나누었다(왕상 3:5-15). 나는 많은 사람들에게서 꿈 속에서 "얼굴이 없는" 사람이 나타났다는 이야기를 들었다. 나는 그 얼굴 없는 사람은 흔히 성령을 나타내며, 그의 주된 업무는 우리에게 주 예수의 얼굴을 가리켜 주는 것이라고 생각한다. 우리 자신의 꿈에 대해 생각해보자. 얼굴이 보이지 않는 사람이 우리에게 중요한 지시를 하거나 보호해

주는 꿈을 꾼 적이 없는가? 그런 꿈을 꾼 적이 있다면, 아마 그 꿈 속의 인물은 성령일 것이다.

### 장래를 계시해주는 꿈

하나님은 임박한 장래나 마지막 날의 사건들을 계시해 주시기 위해서 꿈을 사용하시기도 한다. 요셉은 젊었을 때 임박한 장래에 그가 지도자가 될 것이라고 계시해주는 꿈을 두 번 꾸었다(창 37:5). 다니엘과 요한은 그들의 시대에 되어질 세계 역사의 흐름 뿐만 아니라 마지막 날에 있을 사건들을 말해주는 꿈과 환상을 보았다.

### 명령하시는 꿈

때로 하나님은 직접 명령하시기 위해서 꿈을 사용하신다. 하나님은 꿈 속에서 야곱에게 "지금 일어나 이곳을 떠나서 네 출생지로 돌아가라"고 명령하셨다(창 31:13). 라반이 야곱을 해치려 했을 때, 하나님께서는 꿈에 라반에게 오셔서 "너는 삼가 야곱에게 선악 간 말하지 말라"고 명하셨다(창 31:24). 하나님은 요셉에게 마리아와 결혼하라고 명하시고(마 1:20-21) 애굽으로 피난하라고 명하시기 위해서 (2:13) 꿈을 사용하셨다. 하나님은 요셉에게 이스라엘로 돌아가라고 명할 때에도 꿈을 사용하셨다(2:19-20).

### 불신자들에게 말씀하시는 꿈

많은 신자들은 하나님이 불신자들에게는 말씀하시지 않는다고 생각한다. 그러나 성경은 하나님께서 불신자들에게 말씀하신다는 사실을 증거한다. 구약성경에서 하나님은 선지자들을 통해서 불신자들에게 말씀하셨지만, 더 직접적인 방법으로 말씀하시기도 했다. 하나님께서 꿈을 통해서 통치자들에게 말씀하신 일이 종종 있었다. 하나님은 이러한 방법으로 아비멜렉에게(창 20:2-7), 바로에게(창 41:1-7), 그리고 느부갓네살(단 2:1; 4:9)에게 말씀하셨다. 또 하나님은 통치자가 아닌 사람들에게도 꿈을 통해서 말씀하셨다. 그 예로 사사기 7:13에서 미디안 군인에게 말씀하신 것을 들 수 있다. 신약 성경에서 하나님은 빌라도의 부인에게 꿈 속에서 말씀하셨다. 그녀는 빌라도에게 그 꿈 이야기를 했지만 빌라도는 그 경고를 무시했다(마 27:19). 신약 성경에서 하나님은 아마 이교도 천문학자였을 동방 박사들에게 현몽하시면서 헤롯에게로 돌아가지 말라고 경고하셨다(마 2:121).

하나님은 지금도 꿈 속에서 불신자들에게 말씀하신다. 교회 외부에서는 꿈 및 꿈의 실질적인 가치에 대한 관심이 증가하고 있다.[5] 우리가 불신자들과 대화를 할 때 꿈이라는 주제가 많이 등장하는데, 특히 뉴 에이지 운동의 영향을 받은 사람들과 대화할 때에 더욱 그러하다. 이러한 꿈 중에는 사단에게서 온 것이나 감정적인 갈등에서 비롯된 꿈도 있지만, 실제로 주님이 사람들에게 말씀하시는 꿈도 있을 것이다. 어떤 꿈이든지 간에, 만일 우리가 믿지 않는 친구들 사이의 접촉점을 발견해내기 위해서 관심을 갖고 그들의 꿈 이야기를 들어 준다면, 그러한 꿈이 효과적인 복음 전도의 도구로 사용될 수 있다.

## 꿈의 해석

### 꿈을 기록해두라

우리가 꿈을 꾸었으나 기억하지 못한다면 그 꿈을 해석할 수 없다. 꿈은 빨리 지나가고 쉽게 잊혀진다(욥 20:8). 그렇기 때문에 다니엘은 "꿈을 기록하였다"(단 7:1). 만일 하나님께서 정규적으로 꿈 속에서 말씀하신다면, 침대 가까이에 메모지나 녹음기를 비치해 두는 것도 좋은 방법일 듯하다. 우리가 매일 밤 꿈을 꾼다면, 그 꿈을 모조리 기록할 수는 없을 것이다. 따라서 의미 있는 꿈이라고 생각되는 것을 선별하여 기록해야 한다.

꿈을 기억하는 데 있어서 가장 중요한 시간은 잠에서 막 깨어나서 완전히 깨어난 것도 아니고 잠든 것도 아닌 상태이다. 잠에서 깨고 있다는 것을 의식하기 시작할 때, 꿈을 되새겨보는 훈련을 하라. 꿈을 기록해두지 않는 사람들은 대체로 잠에서 깨어나서 약 5-10분 후면 꿈을 기억하지 못하게 된다. 어떤 사람은 알람 시계를 듣고 잠에서 깨면 알람 소리 때문에 꿈을 되새겨 보는 일을 망각하게 된다고 말한다.

만일 꿈의 결론 부분에서 깨었다면, 그것을 기록해둔 후에 다시 잠을 자는 것이 좋다. 자다가 깨었다는 것은 그 꿈이 중요하다는 의미일 수 있다. 언젠가 나는 아주 생생하게 꿈을 꾸다가 결론 부분에서 잠이 깨었는데, 그 꿈이 너무나 생생하기 때문에 절대로 잊지 않을 것이라고 생각하고서 다시 잠이 들었는데, 결국 그 꿈을 완전히 잊고 말았다. 아침에 내가 기억하는 것은 밤에 중요한 꿈을 꾸었다는 사실 뿐, 꿈의 내용은 전혀 기억할 수 없었다.

### 상징적인 꿈

우리가 꾼 꿈이 상징적인 것이라고 해서 거기에 위협을 당해서는 안된다. 예언자들의 상징적인 환상을 해석하기가 어렵듯이, 상징적인 꿈을 해석하기도 어려울 것이다. 그러나 상징적인 꿈들이 의미있는 꿈인 경우가 많다. 상징적인 꿈이 주는 유익함을 들자면, 그것은 우리로 하여금 하나님께서 그 꿈을 조명해 주시기를 의뢰하게 만든다는 사실이다. 상징들은 우리가 그 꿈을 만들어낸 것이 아니라는 사실을 깨닫게 해준다. 우리가 일반적으로 사용하거나 이해할 수 없는 상징들이 등장하는 꿈을 꾸는 것은 그 꿈이 우리의 의식적인 견해에서 비롯된 것이 아니라는 사실을 나타내준다.

물론 보편적인 상징의 역할을 하는 것들이 있기는 하지만, 꿈에서 본 상징들을 해석하는 데 사용되는 기계적인 공식은 없다. 여러 해 동안 들은 사람들의 꿈 이야기를 종합해 보면서, 나는 흐르는 깨끗한 물은 주로 성령의 능력을 상징한다는 것을 발견했다. 자동차는 특별한 사역을 상징하며, 기차는 어떤 운동이나 교파를 상징한다. 얼굴 없는 사람이 성령을 상징한다는 것은 이미 언급한 적이 있다. 그러나 이처럼 흔히 등장하는 상징들을 대할 때라도, 우리는 상징들은 본질상 여러 가지 의미를 지닌다는 것을 기억해야 한다. 상징들은 상황에 따라 다른 의미를 가진다. 내가 발견한 바에 의하면 하나님은 정규적으로 꿈을 꾸는 사람들에게는 "꿈에서 사용되는 어휘"를 주신다. 예를 들어, 주님이 주신 사역을 나타내는 상징으로 꿈에서 아기가 되풀이하여 등장할 수도 있다. 그러나 어떤 사람의 꿈에서는 아기는 성숙지 못함을 나타내는 상징이 된다.

그러면 상징의 다양한 의미를 어떻게 식별해야 하는가? 성경을 해석하는 것과 같은 방법으로 꿈을 해석해야 한다. 즉 성령의 조명을 받아 상황에 비추어 해석한다. 요셉과 다니엘은 꿈의 해석은 하나님의 일이라고 말했다.[6] 성경에서 사용된 상징을 해석하는 데 적용되는 모든 규칙은 꿈의 상징을 해석하는 데도 유효하다. 그러나 성령의 조명을 받지 못한다면, 아무리 위대한 문학적 천재라도 꿈이나 성경 본문을 유익하게 해석하지 못할 것이다. 우리가 인내하며 꿈을 숙고하고, 의미 있다고 생각되는 꿈을 기록해두며 그것의 의미를 알기 위해서 기도한다면, 조만간 하나님께서 그 꿈의 비밀을 드러내 주실 것이다.

상징적인 꿈이 지닌 또 다른 유익은 그것이 종종 하나님의 관점을 계시해 준다는 것이다. 예를 들어, 느부갓네살 왕은 꿈에서 앞으로 등장할 제국들을 아름다운 조상(彫像)의 모습으로 보았다. 다니엘도 동일한 제국들에 대한 꿈을 꾸었는데, 그 제국들은 짐승들의 모습으로 나타났다. 느부갓네살의 꿈은 인간 제국들에 대한 세상의 견해를 나타내며, 다니엘의 꿈은 하나님의 관점을 나타낸다.

꿈 속에서 우리의 관심을 끌거나 어떤 방식으로든 두드러지게 나타난 내용에 관심을 가져야 한다. 그러한 세부 내용 자체에 매혹될 필요는 없지만, 우리가 그것을 기억한다는 것, 그리고 그것이 우리의 관심을 사로잡았다는 사실은 그것이 꿈을 해석하는 데 있어서 중요하다는 것을 의미한다. 예를 들어보자. 꿈 속에서 내가 주차장에서 주차 구획선을 눈여겨 본다고 가정해 보자. 나는 그 선이 흰색이고 직선이라는 사실에 주의를 기울인다. 꿈 속에서 나는 자신이 이 선들을 응시하고 있음을 발견한다. 이 경우에 그 선들은 꿈을 해석하고 적용하는 데 있어서 중요하다. 또 꿈에서 나 자신의 느낌이 어떤 것이었는지를 기억하는 일도 중요하다. 어떤 사건이나 인물에 대한 나의 느낌 역시 그 꿈의 의미를 푸는 중요한 단서가 될 수 있다.

### 사실적인 꿈

매우 사실적이기 때문에 거의 해석이 필요 없지만, 그 꿈이 어느 시기를 가리키는지를 이해하고 적용하는 것이 어려운 일일 수 있다. 꿈의 해석이 분명해도, 하나님께서 여전히 그 꿈의 적용과 적용되는 시기를 인도해 주셔야 한다. 그러나 대부분의 꿈은 사실적인 꿈이 아니며, 해석하는 일도 그것을 적용하는 것만큼이나 어렵다. 꿈을 해석하는 데 있어서 가장 빈번하게 범하는 잘못은 그 꿈을 너무 사실적으로 해석하는 것이다.

언젠가 나는 꿈에 대해 공개적으로 강의를 했는데, 그 후 사람들은 계속 나에게 꿈 해석을 의뢰한다. 내 경험에 의하면, 여인들은 강간당하는 꿈을 많이 꾼다. 이런 종류의 꿈을 꾸는 여인은 겁에 질리며, 혹시 이러한 잔인한 일에 대비해야 하는 것이 아닌지 의아해 한다. 나는 이런 꿈이 실제로 이루어지는 것은 한 번도 보지 못했다. 일반적으로 그런 꿈은 일종의 영적 강탈을 나타낸다.

여러 해 전에, 어느 사모님이 나에게 와서 곤란한 꿈 이야기를 했다. 그 사모님은 자신이 두 손을 뒤로 묶인 채 사람들에게 강간당하는 꿈을 꾸었다. 사람들은 그 사모의 진주 목걸이로 목을 조르기도 했다. 너무나 무서운 꿈이었다. 그 사모는 나에게 그 꿈이 사실적인 꿈이라고 생각하느냐고 물었는데, 나는 그것이 사실적인 꿈이라고는 생각하지 않았다. 그러나 나에게는 그 꿈을 해석할 단서가 없었다. 나는 그 사모에게 그 당시의 생활 형편을 물었다. 사모는 자기 남편은 여러 교역자들과 함께 비교적 큰 교회에서 시무하고 있다고 말했다. 그런데 일부 교역자들이 남편에 대해서 근거 없는 잔인한 말을 하기 시작했다. 특히 한 목사는 이 목사의 명성을 해쳐 교회를 떠나게 만들려 하고 있었다. 이 이야기를 들은 후에도 나는 그 부인의 현재 상황과 꿈을 연결할 수 없었지만, 어쨌든 그 꿈이 사실적인 꿈이 아니라고 확신했다. 그 부인은 나의 이러한 확신만으로는 그다지 위안을 받지 못했다.

그날 늦게, 나는 폴 카인에게 그 꿈에 대해서 말했다. 폴은 그 부인의 현재 형편에 대해서 묻고 나서 꿈을 해석해 주었다. 그의 해석에 의하면, 강간은 다른 목사들이 이 부부에게 행하고 있는 일을 상징하는 것이었다. 그들은 이 부부에게서 명성을 빼앗으려 할 뿐만 아니라 하나님께서 그들에게 주신 사역도 빼앗으려 하고 있었다. 나는 그 부인의 두 손이 뒤로 묶인 것은 무엇을 의미하느냐고 물었다. 폴은, 교역자들은 이 부부가 모르게 은밀하게 그러한 일을 꾀하고 있기 때문에 이 부부는 그들을 직접 대면할 수 없다는 의미라고 말했다. 결국 이 목사 부부에게는 스스로를 변호할 방법이 없었다. 그러면 진주 목걸이는 무엇을 의미했을까? 그 목걸이는 그 사모에게 가장 중요한 재산이라고 볼 수 있는 남편 목사를 의미했다. 남편의 정직성에 대한 교역자들의 공격 때문에 그 사모는 숨이 막혀 죽을 지경이라는 의미이다. 나는 폴에게 고맙다고 하고 나서 그 부인에게 전화를 걸어 주겠다고 말했다. 그런데 폴은 "잭, 이 꿈은 이제부터 그 부부에게 일어날 일에 대해서 하나님이 어떻게 느끼시는지를 나타내 준다고 말해 주게. 중상과 비방, 그들을 교회에서 쫓아내려는 은밀한 시도를 하나님은 악독한 강간 행위로 보신다네. 만일 그 부인과 목사가 그 사람들에게 맞서지 않고 앙심을 품거나 비방하지 않는다면, 주께서 그들을 승리하게 해주실 것이라고 말해 주게나"라고 말했다.

폴의 말을 전해 들은 그 사모는 큰 용기를 얻었다. 어떤 사람들은 이 꿈을 악몽이라고 해석했겠지만, 실상 이 꿈은 하나님께서 이 부부를 위로하기 위해서 주신 꿈이었다. 폴의 해몽은 이 부부에게 자기들을 비방하는 사람들과 맞서지 않고 용서할 수 있는 용기와 결단력을 주었다. 결국 폴이 말한 대로 이루어졌다.

이 특별한 경험은 꿈에서 사용된 상징들이 지닌 또 하나의 귀중한 특성을 예시해준다. 환상과 꿈은 종종 설교나 인쇄물이 하지 못하는 방법으로 우리의 감정에 영향을 준다. 하나님은 종종 우리에게 겁을 주기 위해서 꿈을 사용하신다(욥 7:14; 33:16). 이따금 우리는 두려움 때문에 죄에서 떠나거나, 우리를 죄로 이끌어갈 함정에서 떠나기도 한다. 몇 번 환상과 꿈을 꾼 다니엘은 정서적으로 매우 연약해지고 힘을 잃어 병이 들었다.[7] 때때로 몇 천 마디의 말보다 한 번의 꿈이 우리에게 더 큰 영향을 줄 수도 있다.

## 꿈을 잘못 이용함

교회 내에서의 우리의 위상을 강화하거나 사람들에 대한 통제력을 주기 위해서 우리에게 꿈이 주어지는 것은 아니다. 주님이 우리에게 주시는 어떤 것들은 우리 자신에게만 한정된다. 이따금 어떤 상황에 대해서 기도하는 법, 또는 어떤 사람을 위해서 기도하는 방법을 가르쳐 주기 위해서 꿈이 주어진다. 우리가 꿈을 꾸었다는 사실이 곧 우리가 그것을 꿈 속에 등장한 사람에게 이야기해도 좋다는 허락을 받았음을 의미하는 것은 아니다. 하나님께서는 우리를 위해서 놀라운 일을 행하실 것을 지적해주는 꿈을 주기도 하신다. 이런 경우 우리는 자신이 특별한 사람이라고 느끼며, 자신이 하나님께 얼마나 특별한 사람인지 알리기 위해서 사람들에게 그 꿈 이야기를 하고 싶어 할 수도 있다. 또 우리 앞에 몹시 괴로운 세월이 놓여 있는데, 그 기간을 견뎌내려면 하나님의 위로가 필요하기 때문에 우리에게 꿈을 주실 수도 있다. 다른 사람들에게 꿈 이야기를 함으로써, 우리는 교만에 굴복하며 시련을 더욱 어렵게 만들기도 한다.

요셉의 경우가 그러했다. 요셉은 하나님께서 장차 그를 높은 지위의 지도자를 승진시켜 주실 것이라고 지시하는 꿈을 두 번 꾸었다. 그는 지혜롭지 못하게도 형들에게 그 꿈을 이야기했다. 당시 형들은 아버지가 요셉을 편애하는 것 때문에 요셉을 미워하고 있었다(창 37:5). 꿈 이야기를 했기 때문에 요셉의 삶에서는 고통이 증가되었다. 하나님은 결국 모두의 유익을 위해서 역사하셨지만, 요셉은 여전히 지혜롭지 못하게 꿈 이야기를 했다.

## 해몽하는 사람들

성경에서는 해몽을 은사라고 표현하지는 않았지만, 하나님은 특정 인물들에게 꿈을 해석하는 능력을 주신다. 요셉과 다니엘이 그런 사람이었다.[8] 다니엘서에는 "모든 이상과 꿈을 깨달아 알더라"라고 기록되어 있다(단 1:17). 오늘날 나는 꿈과 환상을 해석하는 능력을 가진 사람들을 발견한다. 특별한 경우에 나는 다니엘이 느부갓네살 왕의 첫번째 꿈을 해석했던 것처럼 사람들이 꿈을 말하고 해석하는 것을 보기도 했다(단 2:1).

## 반드시 기억해야 할 교훈

1988년 2월, 하나님께서는 나에게 꿈의 중요성을 알려 주는 귀중한 교훈을 주셨다. 그날 밤 11시에 아이들은 모두 잠들고, 아내와 나는 거실에서 독서를 하고 있었다. 아내는 "당신이 걱정할 것 같아서 이 이야기를 하지 않으려고 했었는데요. 지난 6개월 동안 하나님께서 엘리제가 죽을 것이라고 말씀하고 계신 것 같아요"라고 말했다. 나는 깜짝 놀랐다. 왜 하나님께서 우리에게서 7살 밖에 되지 않은 딸을 데려 가신단 말인가? 그 무렵, 나는 하나님의 음성을 듣는 아내의 능력을 크게 존중하고 있었다. 그러나 이 때, 나는 아내의 느낌이 틀린 것이기를 바랐다. 이것은 사랑하는 어린 딸이 죽을 것을 주님이 미리 말해 주시는 것일까, 아니면 우리를 걱정하게 만들려고 마귀가 보낸 일종의 속임수일까? 어떻게 판단해야 할까?

아내는 1년 이상 사람들과 사건들에 대한 특별하고 정확한 꿈들을 꾸었다. 그날 밤 우리는 기도하면서 하나님께 엘리제가 정말로 위험한 것인지를 말해줄 꿈을 아내에게 보여 달라고 요청하기로 했다. 나는 아내가 마귀의 미혹, 또는 아내 자신의 감정이나 두려움의 영향을 받지 않게 해달라고 기도했다. 다음날 아침 아내는 전날 밤에 꾼 꿈을 말해 주었다.

꿈 속에서 아내는 수천 명이 모인 큰 운동장 복판에 누워 있었다. 아내는 길다란 창에 찔려 운동장에 누워 있었다. 사람들은 줄지어 지나가면서 아내를 바라보고는 아직 살아 있다는 사실에 놀랐다. 창 끝에는 십자가가 달려 있었다. 우리 부부는 그 꿈은 아들이 십자가에 달려 죽을 때에 마리아의 마음이 칼로 찔린 것 같았듯이 하나님께서 우리에게서 어린 엘리제를 데려가실 것을 의미한다고 확신했다.

나는 즉시 골방에 들어가서 문을 닫고 무릎을 꿇었다. 나는 울면서 어린 딸을 데려 가지 말라고 하나님께 애원했다. 나는 하나님께 화를 내면서 왜 나에게 이런 시련을 주시느냐고 물었다. 화를 내던 나는 하나님도 역시 자녀를 잃으셨다는 것을 생각했지만, 그렇다고 해서 내 마음은 바뀌지 않았다. 어떻게 보면 그 비교는 공정하지 못한 듯 했다. 하나님은 사흘 후에 아들을 부활하게 하여 되찾으셨기 때문이다. 만일 하나님께서 엘리제를 데려 가신다면, 나는 얼마나 오랜 세월이 지나야 엘리제를 다시 만날 수 있을 것인가?

이렇게 기도하면서 얼마나 시간이 흘렀는지 모른다. 골방에서 나올 때 나는 절망한 상태였고 두 눈은 퉁퉁 부어 있었다. 나는 금식하면서 하나님의 뜻을 바꾸어 달라고 기도하기로 작정했다. 그 꿈을 꾸고 나서 얼마 후에, 어떤 예언자가 우리 교회에 왔다. 그 사람은 내 두 아들 크레이기와 스코트를 위해서 기도하면서 그 아이들에 대해 놀라운 말을 해주었다. 그 다음에 그 예언자는 엘리제 앞에 앉더니 그 아이에 대해 예언하기 시작했다. 그는 "주님은 앞으로…"라고 말문을 열었는데, 중도에 멈추고는 "따님의 안전을 위해서 기도해야 합니다"라고 말했다. 그 사람은 나를 한쪽으로 데려가더니 마귀가 그 아이를 죽이려 한다고 말했다. 마귀가 그 아이를 죽이려 한다고? 이제까지 우리는 주님이 그 아이를 데려가려 하신다고 생각했었다. 우리는 그 예언 사역자에게 꿈 이야기를 했다. 그는 그 꿈은 경고의 꿈이므로 우리는 날마다 그 아이에게 안수하면서 주께서 그 아이를 보호해 주시기를 기도해야 한다고 말했다.

우리는 아이들을 모두 모이게 한 후에 마귀가 우리를 공격하려 한다고 말해 주었다. 이것은 우리가 어디에 가서 누구와 대화를 하거나 전보다 더 주의해야 한다는 것을 의미했다. 우리는 아이들이 누리던 특권을 약간 제한할 것이라고 말해 주었다. 또 우리가 조심하며 날마다 하나님의 보호하심을 위해 기도하면 이 어려움을 무사히 통과할 수 있다고 말했다. 우리는 매일 아침 엘리제에게 손을 얹고 하나님께서 그 아이를 보호해 주시며 성령의 능력으로 둘러싸 주시고 그 아이가 가는 곳마다 천사를 보내 주실 것을 기도했다. 밤 잠자리에 들기 전에도 그렇게 기도했다.

이렇게 기도를 시작하고 나서 얼마 후 주일날 설교를 마친 후의 일이다. 그날 내 친구 닥 플레쳐가 어머니 조이 플래쳐와 함께 예배에 참석했다. 조이는 텍사스에 살고 있는 남침례교 교인이었는데, 우리 교회에는 처음 참석했다. 예배가 끝난 후에 조이는 나와 악수를 했다. 악수를 한 후에 나는 손을 빼려고 했지만, 조이는 굳게 잡고 놓아주지 않았다. 나는 왜 그녀가 내 손을 놓지 않는지 알 수가 없었다. 조이에게 붙잡혀 있는 시간이 무척 길게 느껴졌다. 마침내 나는 손을 빼서 주머니에 넣었다. 조이는 닥과 함께 그 자리를 떠났고, 나는 다른 교인들과 인사를 나누기 시작했다.

35분쯤 뒤에 교인들이 모두 교회를 떠났을 때에 닥이 자기 어머니와 함께 돌아왔다. 닥은 울고 있었는지 눈이 충혈되어 있었고, 그의 어머니는 우울한 표정이었다. 닥이 말했다. "우리 어머니는 종종 사람들에 대한 환상을 보시는데, 그 환상들은 거의 항상 그대로 이루어졌어. 어머니는 네 번이나 어떤 사람이 죽을 것을 환상으로 보셨는데, 실제로 그대로 이루어졌지. 첫번째 환상은 9살짜리 내 동생이 죽을 것을 2주일 전에 본 것이었다네. 어머니, 이제 어머니가 보신 것을 말해 보세요."

조이는 나를 바라보면서 이렇게 말했다. "나는 종종 사람들의 손을 잡고 있을 때, 그 사람에 대한 환상을 보곤 합니다. 그런데 목사님과 악수를 하는 동안에 벽돌집 한 채를 보았습니다. 그 집 옆으로 돌아 뒤편으로는 길이 있고, 그 길을 따라 흰색 울타리가 있었습니다. 나는 일곱 살이나 여덟 살쯤 된 듯한 금발 머리의 소녀를 보았습니다. 그 아이는 그 길에서 놀고 있었어요. 그런데 한 남자가 그 아이에게로 걸어오더니 그만…" 조이는 말을 끝맺지 못했다. 나는 "그 사람이 그 아이를 해치러 왔습니까?"라고 물었다.

"그래요."

"그 사람이 그 아이를 죽일까요?"

"아마 그럴 계획인 것 같아요."

나는 두 사람이 나에게 다시 와서 그 환상에 대해 말해준 데 감사했다. 이제 우리는 마귀가 내 딸 엘리제를 죽이려 한다는 세 가지 확증을 가지게 되었다. 아내의 꿈과 예언 사역자의 느낌, 그리고 조이가 본 환상. 두세 사람의 증인이 한 가지 사건을 확인해준 것이다. 우리는 하나님께서 우리 딸의 목숨을 살려 주시기 위해서 우리에게 경고하시는 것이라고 확신했다. 우리는 계속 그 아이를 위해서 기도했다. 아울러 온 교회에게 사탄이 우리 딸의 목숨을 공격한다는 것, 그리고 우리가 그 일을 어떻게 알게 되었는지도 알려 주었다. 우리는 교인들에게 공격이 그칠 때까지 날마다 우리를 위해서 기도해달라고 부탁했다. 그 해 봄 부활절이 지난 후, 우리는 엘리제가 위험에서 벗어났다는 느낌을 받았다. 공격이 끝난 것이다. 오늘까지도 아내와 나는 하나님께서 은혜로 우리에게 주신 경고의 꿈 덕분에 엘리제가 목숨을 구했다고 확신하고 있다.

우리는 꿈에 관심을 기울여야 한다. 하나님께서는 우리 자신, 또는 우리가 사랑하는 사람을 재난에서 구해 주시기 위해서 꿈을 사용하시기도 하신다. 나는 하나님께서 경고해주려고 주신 꿈을 무시했기 때문에 우리가 얼마나 큰 사랑과 자비를 놓쳤을지 생각해 본다. "사람은 무관히 여겨도 하나님은 한 번 말씀하시고 다시 말씀하시되 사람이 침상에서 졸며 깊이 잠들 때에나 꿈에나 밤의 시상 중에 사람의 귀를 여시고…"(욥 33:14-16).

하나님께서 나에게
그런 방식으로 말씀하시지 않는 이유

chapter 16
# 하나님은 멀리서도 교만한 자를 아신다

독자들 중에는 "왜 하나님은 나에게는 그런 방식으로 말씀하시지 않을까?"라고 묻고 싶은 사람이 있을 것이다. 나는 항상 이런 질문을 받는다. 그 대답은 야고보서 4:2("너희가 얻지 못함을 구하지 아니함이요")처럼 아주 간단하다. 그러나 대부분의 경우에, 하나님은 이미 그런 방식으로 말씀하신 적이 있다. 성경은 "사람이 무관히 여겨도 하나님은 한 번 말씀하시고 다시 말씀하신다"고 주장한다(욥 33:14).

아마 하나님께서는 여러 번 되풀이해서 말씀하셨지만 우리가 한 번도 하나님이 말씀하시는 방법에 대한 가르침을 받지 않았기 때문에 그 음성을 알아 듣지 못했을 수도 있다. 또는 하나님이 말씀하시는 방법에 대해서는 알고 있지만, 꿈이나 느낌과 같은 것을 이해하는 방법에 대한 실질적인 가르침을 받지 못한 사람들도 있을 것이다. 어떤 사람들은 두려움 때문에 하나님의 음성을 식별하지 못한다. 즉 자신이 하나님의 음성을 들으려 할 경우, 하나님께서 말씀을 하시지 않을지도 모른다는 두려움, 또는 하나님께서 어떤 말씀을 하실까에 대한 두려움 때문에 하나님의 음성을 식별하지 못한다. 스스로를 너무나 하찮게 생각하기 때문에 하나님의 음성을 듣지 못하는 사람들도 있다. 그들은 "하나님께서 어찌 나 같은 사람에게 말씀을 하려 하시겠는가?"라고 말한다. 모든 사람들이 그에 대한 대답을 알고 있다: "당신은 하나님께서 피로 산 자녀이기 때문이다. 당신을 대신하여 죽으실 정도로 당신을 사랑하시는 하나님께서 당신에게 말씀하시는 것은 당연하다고 생각하지 않는가?" 이것은 훌륭한 신학이며 지극히 논리적이지만 그러한 질문을 하는 사람에게 도움을 주지는 못한다.

우리를 향한 하나님의 사랑은 논리적인 사랑이 아니다. 하나님의 사랑은 "지식에 넘치는 사랑"이며, 하나님의 계시를 통해서만 알 수 있는 사랑이다(엡 3:18-19). 1세기 팔레스틴에서 창녀들의 완악한 마음을 사로잡은 것은 논쟁이 아니었다. 그것은 예수님의 마음에서 나와 그들에게로 흐른다고 느낀 사랑이었다. 어떻게 해서인지 그들은 예수님이 다른 사람들과는 다른 이유에서 자기들을 좋아하신다는 것을 알았다. 만일 우리 자신이 중요하지 않기 때문에 하나님께서 말씀하시지 않을 것이라고 생각한다면, 바울처럼 우리 마음에 거하시는 하나님의 사랑을 느끼게 해달라고 기도해보라(엡 3:14-19).

## 교만

앞에서 열거한 장애물들은 지금부터 소개하려 하는 장애물보다는 훨씬 극복하기 쉽다. 하나님의 음성을 듣는 데 있어서 가장 강력한 장애물은 우리 자신을 너무 위대하게 생각하는 것이다. 우리는 두 가지 방법으로 이런 죄를 범한다. 첫째는 "나는 크게 중요한 인물은 아니지만, 내 관심의 중심 인물은 된다"는 사고방식을 갖고 행동하는 것이다. 이것은 교만이 아니라 이기심이다. 일반적으로 자부심이 별로 없는 사람이 이기적인 경우가 많다. 이러한 죄를 범하게 되는 또 다른 방법은 자기 자신을 너무 위대하게 여기는 것이다. 성경에서는 이것을 교만이라고 하며 하나님께서 교만한 사람들을 대적하신다고 말한다(벧전 5:5).

교만이 모든 죄 중에서 가장 위험한 이유는 그것을 탐지해 내기가 어렵다는 것이다. 조나단 에드워즈는 교만은 "죄라는 건물의 기초 중에서도 가장 낮은 부분에 놓여 있으며, 그 일하는 방법이 가장 은밀하고 속임수가 많으며 찾아내기가 어렵다…그것은 쉽게 다른 모든 것들과 섞인다"고 말했다.[1] 신약 성경에서 가장 교만한 사람인 바리새인들은 자기들이 희미하게나마 이 죄를 의식하고 있다는 표식을 제시하지 않았다. 나는 종종 기독교인들에게서 교만을 보지만 나 자신 안에서는 교만을 보지 못한다. 나는 다른 사람에게 있는 것은 교만이라고 부르지만 나에게 있는 것은 "진리에 대한 관심" 혹은 "옳은 것을 얻으려는 소원"이라고 부른다.

C. S. 루이스는 "우리 안에 교만이 많을수록 그만큼 다른 사람 안에 있는 교만을 싫어한다"[2]고 말했는데, 이것은 교만을 탐지하는 가장 훌륭한 방법일 수도 있다. 그러나 나는 이 방법을 가지고도 나 자신에게서 교만을 탐지해 내지는 못했다. 나는 교만은 결코 탐지해낼 수 없으며 다만 드러날 뿐이라고 생각한다.

교만이란 정확하게 무엇을 말하는가? 아래에서 교만의 여러 가지 측면을 다루려 한다.

### 교만은 우월한 체 하는 태도이다

교만은 단순히 자기 자신을 지나치게 위대하게 여기는 것보다 훨씬 더 음험한 것이다. 교만은 하나의 욕구인 동시에 태도이다. 그것은 무엇보다도 자신을 높이려는 욕구이다. 그렇기 때문에 교만은 우리를 거룩하지 못한 경쟁 상태에 위치하게 한다. 모든 사람, 심지어 하나님까지도 우리의 경쟁자가 된다. 왜냐하면 하나님은 오로지 자기 아들을 높이는 것에만 관심을 갖기 때문이다. 이사야는 바벨론 왕의 멸망을 예언하면서 교만을 묘사하고 있다:

> 너 아침의 아들 계명성이여 어찌 그리 하늘에서 떨어졌으며 너 열국을 엎은 자여 어찌 그리 땅에 찍혔는고 네가 네 마음에 이르기를 내가 하늘에 올라 하나님의 뭇 별 위에 나의 보좌를 높이리라 내가 북극 집회의 산 위에 좌정하리라 가장 높은 구름에 올라 지극히 높은 자와 비기리라 하도다(사 14:12-14).

바벨론 왕은 내심 자기가 다른 모든 사람들보다 우월하다고 느끼고 있었다. 이 우월감 때문에 그는 자신을 하나님처럼 높이고 싶어했다. 그는 하나님의 별들(천사들)보다 더 높아지려 했다. 우월감과 자신을 높이려는 욕구는 서로를 강화해준다.

### 교만은 지배욕이다

교만의 또 한 가지 요소는 지배하려는 욕구이다. 30대 초반에, 나는 자신이 운동 경기에서 이기려는 욕구를 완전히 초월했다고 생각하고 있었다. 즉 운동을 잘한다는 것을 증명하려는 미숙한 충동을 이미 초월했다고 생각하고 있었다. 이것은 그 당시 나의 운동 신경이 이미 쇠퇴하고 있다는 사실과는 상관이 없었다. 나는 경쟁 정신이 사라진 것은 내가 기독교적으로 성숙한 데 원인이 있다고 생각했었다.

나는 경쟁적인 스포츠를 하는 일은 거의 중단했었는데, 어느날 친구 목사가 나에게 라켓볼 경기를 하자고 요청했다. 나는 한 동안 라켓볼을 하지 않았었지만, 내 친구를 쉽게 이길 수 있다고 생각했다. 나는 항상 운동 경기에서는 내가 그 친구보다 훨씬 우월하다고 생각했었다. 그런데 나는 경기에서 졌다. 나는 그 사실이 믿기지가 않았다. 어떻게 그 친구가 나를 이길 수 있단 말인가? 나는 즉시 친구에게 다시 경기를 하자고 도전했다. 나는 친구가 운이 좋아서 나를 이겼다고 생각했다. 나는 단순히 친구를 이기는 데 만족하지 않고 확실하게 이기려 했다. 나는 나의 운동 경기 능력이 친구보다 탁월하다는 것을 납득시킬 수 있을 정도로 내 친구를 철저히 패배시키고 싶었다. 그런데 친구가 두번째 경기에서도 이겼을 때, 나는 화가 났다. 나는 그의 운동 능력을 무시하기 시작했다. 그 정도의 능력으로 어떻게 나를 이길 수 있다는 말인가? 우리는 해가 저물 때까지 다섯 번이나 경기를 했는데, 내 친구가 매번 이겼다. 질 때마다 나는 점점 더 화가 났다. 결국 여섯번째 경기를 하자는 나의 요청을 친구는 거절했다. 만일 친구가 거절하지 않았다면 나는 오늘도 라켓볼 경기를 하면서 이기려고 안간힘을 쓰고 있을 것이다.

이 이야기에서 안타까운 것이 무엇인가? 나와 경기를 한 친구는 중학교 3학년 때부터 나와 절친한 사이였다. 우리는 거의 같은 시기에 신자가 되었다. 우리는 대학교 시절부터 함께 사역을 했고, 심지어 같은 신학교에 진학했다. 라켓볼 경기를 하던 시기에 우리는 같은 교회에서 목회를 하고 있었다. 그만큼 나와 절친하게 지낸 사람은 거의 없었다. 그 친구와 나는 형제 같았다. 그런데 라켓볼 경기장을 떠날 때, 나는 무척 화가 났기 때문에 그 친구에게 말도 하지 않으려 했다. 내 교만이 깊이 상처를 입었던 것이다. 운동경기 면에서 내가 우월하다고 생각했던 신념이 크게 상처를 입었고, 나의 지배욕이 완전히 좌절되었던 것이다.

### 교만은 맹목적인 증오이다

교만은 어떤 죄보다 더 철저하고 더 신속하게 우리를 사람들이나 하나님으로부터 분리시키기 때문에, 죄 중에서 가장 나쁜 죄이다. C. S. 루이스는 "교만한 사람은 항상 다른 사물이나 사람들을 내려다본다. 아래를 내려다 보는 사람은 결코 위에 있는 것을 보지 못한다"고 기록했다.[3] 알코올중독자나 성적으로 부도덕한 사람은 자기의 죄가 만들어내는 피해를 볼 수 있다. 알코올 중독자나 성도착자는 정신이 들면 하나님을 바라보고 도움을 요청할 수도 있다. 그러나 교만한 사람은 자신의 교만이나 그로 인해 다른 사람들에게 주는 피해를 보지 못한다. 교만은 영구적으로 사람을 중독시킨다. 한 사람이라도 경쟁 상대가 남아 있는 한, 교만은 결코 소멸되지 않으며, 경쟁자를 복종시키려고 분투할 것이다.

교만이 지닌 우월감과 지배욕은 서로를 키워준다. 사탄의 우월감은 다른 피조물들을 멸시하게 만들었다. 그는 자신이 멸시하는 것을 지배하려 하며, 자신이 지배하는 것은 한층 더 멸시한다. 그렇기 때문에 가장 순수한 형태의 교만은 뿌리 깊은 증오심이다. 사탄의 내면에 교만이 완전히 형성되었을 때, 그는 사랑하는 힘을 상실했다. 우리가 어떤 사람을 멸시하면서 동시에 그를 사랑할 수는 없다. 정말로 교만한 사람은 경쟁자의 손해를 자기의 승리인 듯이 기뻐한다. 라켓볼 경기를 하던 날, 나는 이기려 한 만큼 내 친구를 잃어야 했다. 나는 내가 분명히 우월하다는 것을 증명하고자 했다.

교만은 하나님의 성품의 핵심인 사랑, 그리고 하나님의 계획의 핵심인 하나님의 아들을 높이는 것을 공격하므로 하나님과 반대되는 것이다. 그것은 하나님이 우리가 상상할 수 없을 만큼 순수한 증오심으로 교만을 미워하시는 이유를 설명해준다. 하나님은 "무릇 마음이 교만한 자를 여호와께서 미워하신다"고 말씀하신다(잠 16:5). 사람들은 미워하는 것을 멀리 한다. 예를 들어 정상적인 사람들은 고대에 어린 아이들을 우상에게 제물로 바치던 관습을 멀리한다. 하나님은 어린아이를 제물로 바치는 것을 가증히 여기신다(신 12:31). 가증히 여긴다는 것은 교만을 묘사할 때 사용하는 미움과 같은 말이다. 교만을 멀리하는 사람들은 그것은 가증히 여긴다.

## 종교적인 교만

가장 좋지 않은 형태의 교만이 종교적인 교만이다. 종교적이면서 동시에 교만할 수는 없는 듯이 보일 것이다. 종교의 본질은 우리가 도저히 경쟁할 수 없는 분, 모든 면에서 예배하는 사람들보다 무한히 우월하신 하나님 앞에서 겸손하게 고개를 숙이는 것이다. 그러나 예수님은 종교인들이 얼마나 교만해질 수 있는지에 대해 분명한 예를 보여주셨다:

또 자기를 의롭다고 믿고 다른 사람을 멸시하는 자들에게 이 비유로 말씀하시되 두 사람이 기도하러 성전에 올라가니 하나는 바리새인이요 하나는 세리라 바리새인은 서서 따로 기도하여 가로되 하나님이여 나는 다른 사람들 곧 토색, 불의, 간음을 하는 자들과 같지 아니하고 이 세리와도 같이 아니함을 감사하나이다 나는 이레에 두 번씩 금식하고 또 소득의 십일조를 드리나이다 하고 세리는 멀리 서서 감히 눈을 들어 하늘을 우러러 보지도 못하고 다만 가슴을 치며 가로되 하나님이여 불쌍히 여기옵소서 나는 죄인이로소이다 하였느니라 내가 너희에게 이르노니 이 사람이 저보다 의롭다 하심을 받고 집에 내려 갔느니라 무릇 자기를 높이는 자는 낮아지고 자기를 낮추는 자는 높아지리라 하시니라(눅 18:9-14).

바리새인은 하나님 앞에 서서 하나님을 기뻐한 것이 아니라 하나님에 대한 자신의 헌신을 기뻐했다. 그는 심지어 하나님께서 자기를 다른 사람들보다 우월하게 하셨다고 생각했다. 종교적으로 교만한 사람은 자신이 다른 사람들보다 우월하다고 생각할 뿐만 아니라 하나님의 생각이 자기와 같다고 확신한다. 영적으로 교만한 사람은 다른 사람들을 멸시하기 위해서 하나님을 이용한다.

기독교적 헌신과 사역이 우리를 교만하게 만들 수도 있다. 지식도 역시 그렇다. 장막절 기간에 대제사장들과 바리새인들은 예수님을 체포하기 위해 성전을 지키는 군사들을 보냈지만, 그들은 빈손으로 돌아왔다. 대제사장과 바리새인들이 군사들에게 예수를 잡아오지 못한 이유를 물었을 때, 그들은 "그 사람의 말하는 것처럼 말한 사람은 이 때까지 없었나이다"(요 7:46)라고 대답했다. 크게 노한 바리새인들은 "너희도 미혹되었느냐 당국자들이나 바리새인 중에 그를 믿는 이가 있느냐 율법을 알지 못하는 이 무리는 저주를 받은 자로다"라고 말했다(요 7:47-49). 바리새인들의 탁월한 성경 지식은 그들로 하여금 예배 공동체의 다른 사람들을 무식하다고 여겨 멸시하고 저주하게 만들었다. 그들은 자신의 헌신과 지식 때문에 자기들이 하나님 보시기에 다른 예배자들보다 우월하다고 생각했다.

종교적 교만은 우리로 하여금 하나님이 사랑하시는 사람들을 멸시하게 만든다.

당신은 바리새인이 탕자를 이해하는 것을 본 적이 있는가? 종교적인 교만은 하나님께서 부르시는 사람들을 외면한다.

## 하나님의 자리를 차지하는 것

종교적인 교만은 우리 자신이 다른 사람들보다 우월하다고 생각하는 태도일 뿐만 아니라 하나님께서 우리를 우월하게 여기신다고 믿는 믿음이기도 하다. 앞에서 교만은 자기를 높이며 다른 사람들을 지배하려는 욕망이라고 말했다. 그러면 종교적인 차원에서는 그것이 어떻게 작용하는가? 물론 "가장 높은 구름에 올라 지극히 높은 자와 비기리라"(사 14:14)라고 말한 바벨론 왕의 발자취를 따르려는 신자는 없을 것이다. 물론 하나님의 자리를 차지하려는 기독교인은 없을 것이다. 현재의 주제와 관련이 없는 듯이 보이는 성경 구절을 상기시킴으로써 이러한 문제들에 대답해 보려 한다:

> 너희가 하나님의 성전인 것과 하나님의 성령이 너희 안에 거하시는 것을 알지 못하느뇨 누구든지 하나님의 성전을 더럽히면 하나님이 그 사람을 멸하시리라 하나님의 성전은 거룩하니 너희도 그러하니라 아무도 자기를 속이지 말라 너희 중에 누구든지

이 세상에서 지혜 있는 줄로 생각하거든 미련한 자가 되어라 그
리하여야 지혜로운 자가 되리라.(고전 3:16-18)

종종 사람들은 자신이 성령이 거하시는 성전이므로 이 구절은 자신의 육체를 돌보라는 경고라고 생각한다. 우리는 자신의 육체를 돌보아야 한다. 그러나 이 본문에서 바울은 육체에 대해서 말하는 것이 아니다. 바울은 고린도 교인들 개개인이 아니라 전체에게 말하고 있다. 바울은 그들이 그리스도의 교회로서 또한 성령이 거하시는 성전이라는 것을 상기시키고 있다. 고린도에는 많은 신전이 있었지만, 살아 계신 하나님의 성령이 거하는 성전은 하나뿐이었다. 그 성전은 고린도에 있는 그리스도의 교회였다.[4]

과연 누가 고린도에 있는 교회를 "파괴할" 수 있었겠는가? 문자적 의미에서는 아무도 살아 계신 하나님의 교회를 파괴할 수 없다. 지옥의 문도 그 교회를 이길 수 없을 것이다. 그러나 여러 방법에 의해서 지역 교회들이 파괴된 예들은 많이 있다. 실제로 "파괴하다"라고 번역된 단어는 집의 파괴, 경제적인 파멸, 또는 어떤 사람의 도덕적인 부패나 멸망 등을 지칭하기 위해서도 사용될 수 있다.[5] 하나님께서는 만일 누구라도 고린도에 있는 하나님의 성전을 파괴하려 한다면, 그 사람을 멸망시키실 것이라고 경고하고 계시다.

그렇다면 과연 누가 하나님의 교회에 그러한 일을 하려 할 것인가? 전후 문맥을 볼 때, 그런 일을 할 가능성이 있는 사람은 한 부류의 사람들뿐이다. 그것은 스스로 지혜롭다고 생각하는 사람들이다(8절). 스스로 지혜롭다고 생각하는 사람, 자신의 지식을 자랑하는 사람은 교회 밖의 사람들보다 더 교회에 해를 끼친다. 그들은 다른 사

람들의 잘못을 알며 그것을 어떻게 바로잡아 줄 것인지를 아는 사람들이다. 교회 안에서 교만한 사람들은 다른 사람들을 통제하기 위해서 자신의 지식과 헌신과 열심을 사용한다. 그들은 자신이 교회 안의 가장 지혜롭고 헌신적이므로 다른 사람들을 통제할 권리가 자기들에게 있다고 느낀다. 그들은 하나님의 자리를 도둑질하여 하나님만이 할 수 있는 바 사람들에게 지시를 내린다.

나는 신학교 1학년 때에 매일 한 시간씩 성경을 공부하기 시작했다. 나는 매달 다른 성경책을 공부했다. 나는 시험이나 보고서 제출과는 상관없이 충실하게 계획대로 진행했다. 나는 성경묵상 시간을 채우기 전에는 텔레비전이나 신문을 보지 않았다. 당시 나는 대학 친우회와 성경공부반을 지도하고 있었다. 나는 그들에게 그들도 매일 한 시간씩 성경을 공부해야 한다고 말했고, 어떤 방법으로 성경 공부를 해야 하는지도 말해 주었다. 몇 주일 후에 성경공부반에 참여한 어느 여자가 말하기를, 자기는 매일 한 시간씩 성경을 공부하려고 노력했지만 잘 되지 않는다고 말했다. 그 때문에 그 여자는 죄의식을 느끼며, 자기가 하나님을 기쁘시게 하지 못한다고 생각했다. 그 여자는 어떻게 해야 하느냐고 물었다. 나는 몇 분 동안 그것에 대해서 생각했다. 나는 그 여자에게 위로가 될 말을 해줄 수도 있고 진리를 말해 줄 수도 있었다. 단기적으로 볼 때, 진리를 말해주면 그 여자의 마음은 아프겠지만 그것이 그 여자에게 가장 유익한 것이었다. 그래서 나는 그 여자에게 진리를 말해 주기로 결심했다.

나는 그 여자에게 "당신은 죄를 짓고 있으니 죄책감을 느끼는 것이 당연합니다. 사람들은 죄를 범할 때에는 죄책감을 느끼는 법이지요. 만일 당신이 하루에 한 시간도 하나님께 드릴 수 없다면, 하나님과 당신 자신의 관계에 대해서 진지할 수 없습니다. 당신은 자신이 원하는 다른 일을 할 때에는 시간이 없다는 핑계를 대지 않습니다. 그런데 왜 하루에 한 시간을 하나님께 드릴 수 없다는 말입니까?" 그 여자는 나의 말을 듣고 괴로워했다. 그 여자는 당시 대학교 1학년이었고 나는 신학교 1학년 학생이었다. 그 여자는 나를 영적 지도자인 듯이 존경했지만, 그 날 내가 취한 것은 지도자의 행동이 아니었다. 나는 예수님께서 말씀하셨던 바 "무거운 짐을 묶어 사람의 어깨에 지우되 자기는 이것을 한 손가락으로도 움직이려 하지 아니하는"(마 23:4) 율법 교사들 중 한 사람 같았다. 하나님께서 그 여자에게 지우려 하시지 않는 짐을 나는 그 여자에게 지운 것이다. 그 여자가 나에게 짐을 운반하는 일을 도와달라고 외쳤을 때, 나는 그 여자의 죄책감을 가중시킴으로써 사태를 더 악화시켰다. 나는 신학과 성경에 대해서는 다른 신학생들보다 더 많이 알고 있었다. 나는 그들보다 더 탁월하다고 확신하고 있었고, 또 하나님께서도 그렇게 여기신다고 확신했다. 나는 하나님께서 나를 통해서 그들에게 말씀하실 것이라고 확신했고, 또 하나님께서는 그들이 최소한 하루에 한 시간을 성경을 공부하기를 원하신다고 확신했다.

　나는 알지 못하는 사이에 그들의 삶에서 하나님의 자리를 빼앗은 것이었다. 누가 나에게 하나님께서는 그들이 하루에 한 시간 성경을 공부할 것을 원하신다고 말할 권리를 부여했는가? 왜 하루에 한 시간인가? 하루에 두 시간, 세 시간, 아니 10시간이면 어떤가? 어떤 학생들은 전혀 하루에 한 시간도 독서를 하지 않았다. 따라서 그들이 그처럼 오랫동안 성경을 읽는 일을 시작하기를 기대하는 것은 완전히 비현실적인 기대였다. 그들은 매일 몇 시간이나 기도를 해야 했는가? 나는 그것에 대해서는 그들에게 아무런 충고도 하지 않았다. 왜냐하면 나에게는 그러한 충고를 할 만큼 기도의 경험이 없었기 때문이다. 나에게는 성경을 읽는 것이 중요했으며, 따라서 나는 내게 중요한 것을 그들에게 강요했던 것이다. 일반적으로 사람들을 지배하려는 사람들은 이런 식으로 행동한다. 그들의 행동은 일종의 교만인 지배욕이 종교적으로 표현된 것에 불과하다.

### 종교적인 교만은 우리의 귀를 멀게 만든다

어떤 사람이 영적 교만 때문에 내 안에 생겨난 가혹함과 지배욕을 책망하려 하면, 나는 그들이 감정적이고 연약한 사람들이라고 생각했다. 스스로 볼 때 나는 결코 영적으로 교만한 것이 아니라 헌신적이었다. 나에게 주어진 대부분의 책망은 내가 볼 때 무의미한 것이었다. 과거를 돌아보면서, 이제 나는 내가 다른 사람들의 의견이나 권위를 그다지 존중하지 않았었음을 깨닫는다. 그 당시 나는 사람들이 나를 어떻게 생각하느냐는 사실에 크게 영향을 받았다고는 생각하지 않는다. 나는 이것은 내가 관심을 두는 것은 오직 하나님의 인정을 받는 것이었기 때문이라고 스스로에게 말했다. 사람들의 인정을 받는 것은 나에게는 아무런 의미가 없었다. 나는 자신이 대부분의 사람들보다 더 지혜롭다고 생각했기 때문에 사람들의 인정을 받는 것을 중시하지 않았던 것 같다. 나보다 밑에 있는 사람들의 생각에 내가 관심을 가질 이유가 없지 않은가? 우리는 멸시하는 사람들에게 상처를 주면서도 죄의식을 느끼지 않는다. 종교적으로 교만한 사람들은 항상 사람들에게 상처를 준다.

그러면 이 모든 것은 하나님의 음성을 듣는 것과 어떤 관계가 있을까? 교만한 사람들이 하나님의 음성을 듣기는 무척 어렵다. 그들은 자신이 이미 하나님의 생각을 알고 있다고 확신하기 때문에 진지하게 하나님의 의견을 묻는 일이 거의 없다. 또 신적인 장애물도 있다. 하나님은 교만을 멀리 하시는데, 일반적으로 우리는 자신이 멀리 하는 사람에게는 말을 걸지 않는다. 시편 138:6에는 성경 중에서 가장 무서운 말이 기록되어 있다: "여호와께서 높이 계셔도 낮은 자를 하감하시며 멀리서도 교만한 자를 아시나이다." 다시 말해서 하나님은 겸손한 자를 가까이 하시고, 교만한 자를 멀리 하신다.

언젠가 제자들은 예수님께서 바리새인들의 기분을 상하게 한 일로 인해 걱정을 했다. 그들은 예수님께서 종교 지도자들을 함부로 대하셨다고 생각했다. 그러나 예수님은 "그냥 두어라 저희는 소경이 되어 소경을 인도하는 자로다 만일 소경이 소경을 인도하면 둘이 다 구덩이에 빠지리라"고 말씀하셨다(마 15:14). 이것은 예수님께서 하실 것 같지 않은 말씀이다. 예수께서는 자신이 눈먼 자를 다시 보게 하려고 오셨다는 말씀을 하시지 않으셨던가(눅 4:18)? 그러나 주님의 말씀을 주의깊게 살펴보면, 예수님께서 바리새인들을 배격하신 것은 그들이 소경이었기 때문이 아니라 그들이 눈먼 인도자였기 때문이었다. 눈먼 사람이 진리를 찾으려고 노력하는 것과 진리를 발견한 장님이 되는 것은 전혀 다른 것이다. 다른 죄와는 달리 종교적인 교만은 눈과 귀를 멀게 한다. 사마리아의 우물가에서 만난 여인의 좋지 못한 신학이나 부도덕함은 예수님으로 하여금 그 여인에게 손을 내미는 일을 금하지 못했다(요 4장). 예수님은 간음 현장에서 잡혀온 여인까지도 멀리하거나 망신을 주지 않으셨다(요 8장). 그러나 예수님은 바리새인들의 교만과 소경 됨은 그대로 내버려 두셨다.

주님이 얼마나 자주 우리의 편견을 바로잡지 않고 내버려 주시는지 눈여겨 본 적이 있는가? "만일 누구든지 무엇을 아는 줄로 생각하면"(고전 8:2), 주님은 그 사람을 무지 안에 내버려 두신다. 이것은 고대 시대에 주어진 경고이다. 바울이 고린도 교인들에게 이러한 경고를 주기 700년 전에, 이사야는 "스스로 지혜롭다 하며 스스로 명철하다 하는 그들은 화 있을찐저"(사 5:21)라고 말했다.

아마 예수님께서 하신 가장 무서운 말은 "그대로 두어라"일 것이다. 세상의 구세주로부터 내버려둠을 당하는 것보다 더 나쁜 운명은 없을 것이다. 지옥의 궁극적인 고통은 뜨거운 불길이 아니라 하나님의 임재의 부재이다. 교만한 자들은 하나님의 임재로부터 쫓겨나간다. 우리가 종교적으로 교만해질 때에 하나님은 우리를 내버려 두실 것이며, 우리는 그의 음성을 듣지 못한다.

### 종교적 교만의 표현

방금 내가 한 말에 동의하지 않는 독자들도 많을 것이다. 우리는 아는 사람들 중에서 이러한 내용에 해당되는 몇 사람이 있다고 생각할 것이다. 그러나 이 내용이 우리 자신에게 적용된다고 생각하는 사람이 과연 얼마나 될지 궁금하다. 우리 자신에 대해 보다 정직하게 생각해보면, 우리는 자신의 교만보다는 다른 사람들의 교만에 이러한 논의를 더 많이 적용하고 있음을 쉽게 알 수 있을 것이다. 나는 종교적 교만이 취하는 여러 가지 형태에 대해서 논의하려 한다. 아마 몇 가지 상세한 예들은 우리로 하여금 자신의 교만을 보다 분명하게 볼 수 있게 해줄 것이다.

**항상 하나님께서 주시는 메시지에 따라
살고 있다고 주장하는 신자**

어떤 사람들은 하나님의 음성을 듣는 자신의 능력을 자만하기 때문에 정확하게 주님의 음성을 분별하지 못한다. 스스로 천국을 이어주는 직통 전화라고 생각하는 기독교인은 마치 자신이 항상 아무런 방해를 받지 않고 권위적이고 지속적으로 하나님과 대화를 하는 듯이 행동한다. 그들은 매 순간 하나님으로부터 하나의 설교를 받는다. 그들은 대단히 신령한 사람인 체 한다. 그리고 비록 크게 소리를 내어 말하지는 않지만 그들은 자신이 느끼는 모든 느낌이 하나님이 주신 것이라는 가정에 근거하여 행동한다. 그들은 자신의 육적인 연약함을 조금도 고려하지 않는다. 또 그들은 자신의 삶에서 발생하는 모든 일은 하나님이나 마귀의 탓으로 돌릴 뿐 인간적인 요소를 조금도 참작하지 않는다. 하나님께서 매 순간 그들에게 무슨 일을 해야 할지 말씀해 주시므로, 그들은 아무런 결정을 내릴 필요가 없다.

어느 주일날 점심 식사 때에 나는 이런 사람과 마주쳤다. 그 여인은 그날 아침 예배에 참석하지 않았다. 그 여인은 "안녕하세요, 목사님. 오늘 아침 예배에 참석하고 싶었지만, 하나님께서 집에 있으라고 말씀하셨어요. 그런데 하나님은 점심 먹으러 교회에 가는 것은 허락하셨어요. 하나님은 목사님을 위한 메시지를 저에게 주셨어요. 목사님은 교인들이 듣고자 하는 것이 아니라 하나님이 원하시는 것을 설교하셔야 합니다"라고 말했다. 우리는 잠시 함께 이야기를 했는데, 그 여인은 지난 며칠 동안 하나님께서 자기에게 말씀하신 여러 가지 일을 이야기했다. 나는 그 여인과 헤어진 후에 "저 여인은 미혹되었거나, 아니면 사도 바울조차도 부러워할 만큼 하나님과 친밀한 사람일 것이다"라고 생각했다. 이런 부류의 사람들에게 있어서의 문제점이 바로 그것이다. 그들은 사도들이 경험한 것을 능가하거나 성경의 가르침에 따라 우리가 기대하는 것을 능가할 정도로 하나님과 친밀하다고 주장한다.

시편 기자들은 하나님으로부터 중단 없이 메시지를 받지는 않았다. 그들은 종종 하나님께서 침묵하시는 기간을 참고 견뎌내야 했다.[6] 구약 성경의 선지자들은 사람들이 요구를 받는 대로 예언을 할 수는 없었다. 예를 들어, 국가가 불안하고 혼란한 시기에 군대 장교들과 백성들은 자기들이 팔레스틴에 남아 있어야 하는지, 아니면 바벨론 왕의 진노를 피하기 위해서 애굽으로 피난해야 하는지 하나님께 알아봐 달라고 예레미야에게 부탁했다(렘 42:1-3). 예레미야는 기도했지만 열흘 후에야 여호와의 말씀이 그에게 임했다(렘 42:7). 신약 시대의 사도들도 오늘날 어떤 사람들이 주장하는 것처럼 하나님으로부터 분명한 메시지를 받으면서 살지는 않았다. 사도 바울은 자기가 종종 답답한 일을 당하여도 낙심하지 않았다고 말했다(고후 4:8). 또 그는 "우리가 부분적으로 알고 부분적으로 예언한다"(고전 13:9)라고 말했다. 사도들이라도 하나님으로부터 보다 분명한 지시를 받고 싶지만 어느 정도 애매함을 받아들여야 했던 시기가 있었다.

스스로 하나님과 항상 접촉하고 있다고 주장하는 사람들에게는 또 한 가지 문제가 있다. 그것은 그들의 주장과 실제의 삶이 일치하지 않는다는 사실이다. 그들은 자신의 예언 사역 안에서 진정한 초자연적 열매를 나타내지 않으며, 오히려 그들이 가는 곳마다 분쟁과 혼란이 야기된다. 최악의 경우, 그들은 사람들을 통제하고 자기들의 권위를 강화하기 위해서 자신이 하나님과 나누었다는 의심쩍은 대화들을 사용할 것이다. 그러나 그들은 자신의 권위를 강화하기는 커녕 오히려 자신의 신뢰성을 해치며 자신의 예언 사역을 불명예스럽게 만든다. 일반적으로 이런 부류의 사람들은 한 교회에 오래 머물지 않는다. 그들은 자신의 신뢰성을 상실하면 즉시 자신의 예언 사역을 인정해줄 사람들이 있는 다른 교회로 옮겨간다.

교인들은 대체로 이러한 변화를 좋아한다. 그러므로 교회의 지도자들은 그들을 온유하지만 강건하고 지속적으로 바로잡아 주어야 한다. 사랑과 인정을 받는다고 느낄 때, 교인들은 지도자들이 바로잡아주는 일을 참고 받아들일 것이다. 교인들이 나타내는 지나친 태도는 과거에 입은 상처를 보상하려는 시도일 수도 있다. 천국과 통하는 직통전화를 가지고 있다는 생각은 그들 자신이 중요한 인물이라는 느낌을 주며, 과거 및 현재의 모든 배척에 대처할 수 있는 도구를 준다. 만일 교회의 지도자들이 그들의 상처와 거부감을 치료하시는 그리스도의 사랑과 자비의 통로가 된다면, 항상 하나님으로부터 메시지를 받는다고 주장하는 신자들은 영적 교만을 회개하고 교회 안에서 유익한 종이 된다.

### 전통을 자랑하는 교만

전통이란 이전 세대, 또는 우리 세대에 살고 있지만 우리 위에 군림하는 권위자들에 의해서 전해진 신념이나 관습을 말한다. 어떤 사람들은 자신의 종교적 전통을 지나치게 신뢰하기 때문에 하나님의 음성을 그다지 잘 듣지 못한다. 그들은 전통으로부터 받는 지침에 만족하기 때문에 하나님의 음성이 필요로 하다고 느끼지 않는다. 게다가 그들은 하나님께서 자기들의 전통에 동의하시며 자기들의 신념이나 관습에 어긋나는 말씀을 하시지 않을 것이라고 확신한다.

성경을 믿는 교인들의 대부분은 자기들에게는 전통이 없다고 확신하는 듯하다. 그들은 올바른 성경 해석에 기원을 둔 신념들과 올바른 성경 적용에 기원을 둔 관습을 소유한다. 그들이 볼 때에 자기들이 주도하는 특별한 기독교 집단 외부에 있는 사람들, 그다지 성경적이 아닌 사람들만이 전통을 소유한다. 아이러니하게도 스스로 가장 성경적이라고 생각하는 사람들은 대체로 자신의 종교적 전통의 능력에 대해 크게 미혹된 사람들이다.

성령은 흔히 우리가 받아들인 전통들 중 일부를 대적하신다. 이런 일이 발생할 때에 우리가 성령의 음성을 인식하지 못한다면, 우리는 심각한 갈등을 느끼게 된다. 예수님과 그 시대 종교 지도자들 사이의 갈등은 지도자들이 자기들의 전통에 도전하고 있는 하나님의 음성을 감지할 능력이 없었기 때문에 생긴 것이다. 예를 들면, 그들은 예수님이나 제자들이 식사 전에 손을 씻지 않는다고 해서 분개했다(막 7:5). 손을 씻는 전통은 세균을 없애는 것과는 전혀 관계가 없는 것이었다. 그것은 구약성경에 있는 의식적 정결의 해석에 기초를 두고 있었다. 바리새인들은 이 전통과 성경 자체 사이의 구분을 인식하는 법을 배우지 못했다. 실질적인 차원에서 그들은 성경과 전통에게 동일한 권위를 부여했다(실제로는 전통에 더 많은 권위를 부여했다). 그러므로 예수님께서 그들의 전통 중 하나를 등한히 하셨을 때, 그들은 예수님이 하나님의 말씀에 불순종하고 있다고 확신했다.

그러나 사실은 그와 반대였다. 다른 예를 들어 보자. 성경은 부모를 공경하라고 명했지만, 바리새인들은 탐욕스러운 아들이 궁핍한 부모님을 돕는 책임을 회피할 수 있는 체계를 고안해냈다. 자녀들은 부모님을 돕는 데 사용할 돈을 종교적 서원을 통해서 이미 하나님께 바쳤다고 주장하지만 천재적으로 허점을 간파하여 실제로는 하나님께 돈을 바치지 않았다(막 7:10-12). 예수님은 이 일로 인해 종교 지도자들을 책망하시면서 "너희의 전한 유전으로 하나님의 말씀을 폐하며 또 이 같은 일을 많이 행하느니라"(막 7:13)고 말씀하셨다.

참으로 통렬한 책망이다! 바리새인들의 전통의 힘은 무척 강력했기 때문에 그들은 기록된 하나님의 말씀 뿐만 아니라 살아계신 말씀도 듣지 않았다. 오늘날 그와 동일한 일을 행하고 있지 않다고 생각하는 우리들은 참으로 오만하면서도 어리석은 사람들이 아닐 수 없다.

전통에의 맹목적인 집착은 우리 모두에게 안전감을 주며, 어떤 사람에게는 통제력을 준다. 그러나 이런 종류의 통제와 안전감은 커다란 대가를 치러야만 획득된다. 그것은 하나님이 아니라 종교제도와 관례를 갖는 종교인들을 만들어낸다. 종교 제도는 많은 거짓 위로를 준다. 어떤 경우에 그것은 성경의 하나님보다 더 많은 것을 예언하며, 더 많은 안전감을 준다. 결국 하나님께서는 우리에게도 요나에게 말씀하셨던 것처럼 니느웨를 떠나라고, 롯에게 말씀하셨듯이 소돔을 떠나라고, 또 아브라함에게 말씀하셨듯이 사랑하는 아들을 제물로 바치라고 말씀하실는지도 모른다. 그러나 종교 제도는 결코 그렇게 상세하게 말하지는 않을 것이다.

맹목적으로 종교적 전통에 집착하는 데서 얻어지는 두번째 결과는 우리가 하나님이 아니라 하나의 과정의 의지하게 되는 것이다. 하나님의 음성을 듣는 열쇠 중의 하나는 하나님을 의지하는 것이다. 그러나 전통은 종교적 목표를 성취하는 확립된 방법을 제공해 줌으로써 우리에게서 하나님을 의지해야 할 필요성을 쉽게 제거한다.

나는 독자들이 종교적 전통이 지닌 잠재적 위험에 관해 위에서 제시한 것에 동의할 것이라고 생각한다. 또 이 내용이 독자들 자신이 아닌 다른 사람에게 적용되는 것이라고 생각하면서 이 글을 읽었을 것이라고 장담한다. 그것이 바로 종교적 전통에 집착하는 것의 문제점이다. 즉 우리 자신에게서는 그러한 위험을 인식하지 못한다. 우리 모두가 종교적 전통들을 가지고 있지만, 그것들이 하나님의 음성을 듣는 데 장애물이 될 수 있다고 생각하지는 않는다. 우리는 바리새인들은 기독교인이 아니었기 때문에 예수님께서 그들에게 주신 경고는 우리와 상관이 없다고 생각한다. 그러나 기독교인들도 바리새인들처럼 될 수 있다. 성령께서 마태와 마가와 누가와 요한으로 하여금 기독교인을 위한 책인 신약성경에 바리새인들에 대해서 그처럼 많은 내용을 기록하게 하신 이유가 무엇이라고 생각하는가?

바울은 신약시대의 교회도 하나님 대신에 전통을 중시하려는 바리새적 유혹에 굴복할 가능성이 있다는 점을 염려했다. 그는 골로새 사람들에게 "누가 철학과 헛된 속임수로 너희를 노략할까 주의하라 이것이 사람의 유전과 세상의 초등학문을 좇음이요 그리스도를 좇음이 아니니라"고 말했다(골 2:8). 전통이 교회 안에 들어와 사람들을 사로잡으면 그들은 그리스도를 의지하지 않으며 하나님의 음성을 듣지 못하게 된다. 바울의 경고가 우리에게는 해당되지 않는다고 생각하는 것은 참으로 어리석은 일이 아닐 수 없다.

하나의 전통을 세우는 데는 불과 몇 년밖에 걸리지 않는다. 하나의 교파나 지역 교회는 머지 않아 많은 새로운 전통들을 갖게 될 것인데, 그중 어떤 것은 확고하게 자리를 잡을 것이다. 이러한 전통 중 하나를 범하거나 감히 그에 대해 문제를 제기하는 순진한 사람은 화를 입을 것이다. 종종 나와 함께 집회를 인도하는 내 친구 더들리 홀(Dudley Hall)은 신학교를 졸업한 직후에 어느 침례교회에서 개최한 집사들의 회의에 참석했었다. 한 사람이 성경에서 변화를 요구하는 것 같다는 이유로 예배 의식을 바꾸어야 한다고 주장하고 있었다. 그런데 어느 집사가 벌떡 일어서더니 "나는 성경에서 무어라고 말하든지 상관하지 않습니다. 그것은 침례교와 관계 없으며, 우리는 그렇게 해서는 안됩니다"라고 소리쳤다. 나는 그 사람의 정직함을 높이 여긴다. 우리가 전통을 성경보다 우위에 놓기로 하거나 또는 우리의 전통과 다르기 때문에 하나님의 인도하심을 거부하려 할 때면, 대체로 "우리는 성경에서 무어라고 하든지 상관하지 않는다"라고 말하지는 않지만 실제로는 그런 식으로 행동한다. 예를 들면, 방언을 포괄적으로 금지해야 한다고 주장하는 사람은 "방언 말하기를 금하지 말라"(고전 14:39)고 한 성경의 분명한 가르침보다 자기들의 전통을 찬양하는 것이다.

위에서 말한 침례교회의 예를 오해하지 않기를 바란다. 나는 침례교를 매우 사랑하고 존경한다. 모든 기독교 교파와 집단들은 자기들의 전통에 대해서 비슷한 태도를 취한다. 최근에 나는 어느 장로교 목사님에게 장로교 전통이 정말로 성경적이냐고 질문하는 실수를 범했다. 그는 대답하기를, 그 전통은 장로교의 직제의 책(Book of Order)에 기록되어 있으며, 만일 내가 그 책을 따를 수 없다면 장로교와 상관하지 않으면 된다고 대답했다. 그 목사님은 장로교 전통은 의심의 여지가 없는 확실한 것으로 여기고 계셨다. 개혁교회는 항상 변화하고 있다는 개혁교회의 표어라는 것이 그 정도이다. 우리가 어떤 전통에 대해 질문을 제기하면 그 교파를 떠나라는 요청을 받는다. 이러한 예는 다른 기독교 집단에서도 엄청나게 많이 찾아 볼 수 있다.

전통이라고 해서 모조리 나쁜 것은 아니다. 개중에는 중립적인 것도 있고 좋은 것도 있다. 바울은 데살로니가 교인들에게 "말로나 우리 편지로 가르침을 받은 유전을 지키라"고 권면했다(살후 2:15;고전 11:2; 살후 3:6 참조). 이것들은 사도들의 권위에 기초를 둔 선한 전통이었으며, 성경에 공식적으로 기록된 것도 있었다. 그러나 우리는 오만하고 냉담한 사람이 성경을 악용할 수도 있음을 기억해야 한다. 성장하는 기독교인은 무엇이 진리인가에는 관심을 갖지 않으며, 궁극적으로 진리이신 예수 그리스도(요 14:6) 및 주님은 우리로 하여금 진리를 어떻게 사용하게 하시는가에 관심을 갖는다.

이 모든 논의는 결국 하나님의 음성을 들어야 할 필요성으로 귀착된다. 그러나 고지식하게 전통에 집착하면 인간적인 방법과 규칙 때문에 하나님의 음성을 듣지 못하는 일이 빈번할 것이다. 예수님은 이사야 선지자의 말로 바리새인들을 책망하셨다: "이 백성이 입술로는 나를 존경하되 마음은 내게서 멀도다 사람의 계명으로 교훈을 삼아 가르치니 나를 헛되이 경배하는도다"(막 7:6-7; 사 29:13). 예수님의 말씀에 따르면, 전통은 하나님이 우리의 예배를 기뻐하신다는 망상을 줌으로써 우리의 마음을 하나님으로부터 멀게 만들 수 있다. 그것은 우리의 예배를 헛된 것으로 만들 수 있다.

우리는 우리 세대에 행하시는 성령의 새로운 사역들을 거역하면서 하나님께 불순종하는 것을 정당화하기 위해서 전통을 사용할 수도 있다. 성령의 음성을 듣고자 하는 사람은 예수님의 경고에 주의를 기울여야 한다. 하나님의 음성을 듣는 우리의 능력이나 전통을 자랑하기 때문에 성령의 작고 세미한 음성을 듣지 못할 수 있다.

오래 전에 토마스 어스킨(Thomas Erskine)은 "종교를 자기의 신으로 삼는 사람은 하나님을 소유할 수 없다"[7]고 말했다. 이것이 종교적 교만에 대한 형벌이다.

chapter 17
# 성경적 이신론자의 고백

어거스틴은 자기의 죄를 철저하게 고백했다. 독자들이 나의 고백서의 일부만이라도 읽어준다면 나를 무척 기쁠 것이다. 나의 고백은 다음과 같다:

나는 성경을 학문적으로 공부하는 도중 언제부터인지 성경적 이신론자(Bible deist)가 되었다. 독자들은 고등학교 때에 이신론에 대해서 배웠을 것이다. 미국 헌법의 틀을 만든 사람들은 대부분 이신론자들이었다. 그들은 하나님의 계시가 아니라 자연적 이성에 기초를 둔 일종의 도덕적 종교를 신봉했다. 그들은 하나님의 믿었지만 하나님께서 우주를 지배하는 자연법에 개입하신다고 생각하지는 않았다. 사람이 시계의 태엽을 감은 후에 그대로 내버려 두듯이, 하나님은 세상을 창조하신 후에 그대로 버려 두셨다고 생각했다. 성경적 이신론자는 자연적 이신론자와 많은 공통점이 있다.

그들은 둘 다 잘못된 것을 숭배한다. 18세기의 이신론자들은 인간의 이성을 숭배했다. 오늘날 성경적 이신론자들은 성경을 숭배한다. 성경적 이신론자는 그리스도와 성경을 제대로 구분하지 못한다. 그들의 의식에서는 무의식적으로 성경과 그리스도가 하나의 실체로 통합되어 존재한다. 성경을 떠나서 그리스도가 말씀하시거나 성경과 관련 없이 그리스도를 알 수 없다. 과거에 언젠가 그리스도는 성경과 상관 없이 말씀하셨다. 그 분은 다메섹으로 가는 사람들에게 분명히 들리는 음성으로 말씀하시고, 꿈을 주시고, 꿈 속에서 나타나시고, 환상을 주시고, 느낌을 주시고 종들을 통해서 기적을 행하시곤 했다. 그러나 성경적 이신론자는 오늘날 이런 일을 행하는 것은 마귀뿐이라고 믿는다. 사실 과거에 그리스도께서 행하셨던 모든 일은 마귀도 행할 수 있다. 마귀도 분명히 들리는 음성으로 말하고 꿈이나 환상을 주고 사람들에게 모습을 나타내며 기적을 행할 수 있다. 예수님은 이제 이러한 일을 행하시지 않는다. 예수님은 1세기에 커다란 시계의 태엽을 감듯이 교회에게 기적과 신적 계시를 주시고는 교회를 성경만 가진 채 내버려 두셨다. 성경은 교회라는 시계가 정확하게 움직일 수 있게 한다고 가정된다. 그렇기 때문에 성경적 이신론자는 이사야 28:29, "이도 만군의 여호와께로서 난 것이라 그의 모략은 기묘하며 지혜는 광대하니라"를 읽으면서 마음 속으로 "이도 모두 성경에서 난 것이라 그 모략은 기묘하며 지혜는 광대하니라"라고 번역한다.

성경적 이신론자는 하나님을 성경으로 대치하는 경향이 있다. 그들은 실제로 성경을 신격화한다. 성경적 이신론자는 요한복음 10:27을 "내 양은 성경을 들으며 나는 저희를 알며 저희는 성경을 따르노라"고 읽는다. 그들은 예수님께서 "내가 가면 너희에게 완전한 책을 보낼 것이라"고 말씀하시는 것을 듣는다(요 16:7). 1세기에 하나님께서 행하셨던 일을 이제는 성경이 행한다. 과거에 하나님께서 행하셨던 일—치유, 꿈과 환상을 주시는 것—을 오늘날 성경이 행할 수 없다면, 성경적 이신론자는 이러한 일들은 이제 더이상 행해지지 않을 것이며 또 우리가 그러한 일들을 필요로 하지 않는다고 주장할 것이다.

성경적 이신론자는 그리스도보다 성경을 전파하고 가르친다. 그들은 그리스도를 전파하지 않고서 어떻게 성경을 전파할 수 있는지 이해하지 못한다. 그들의 최고 목표는 성경적 지식을 전달하는 데 있다. 그들이 최고로 귀중하게 여기는 것은 "성경적"이 되는 데 있다. 실제로 그들은 "예수"라는 명사보다는 "성경적", "성서적"이라는 형용사를 더 많이 사용한다.

## 성경의 충분성인가, 인간의 해석인가?

성경적 이신론자는 성경의 충분성을 강조한다. 그의 입장에서, 성경의 충분성이란 오늘날 하나님께서 우리에게 말씀하시는 유일한 길이 성경이라는 것을 의미한다. 그는 "내가 하나님으로부터 들어야 하는 모든 것은 성경에 있다", "성경이 말하는 것은 곧 우리가 말해야 하는 것이며, 성경이 침묵하는 곳에서 우리도 침묵해야 한다"와 같은 표어를 즐겨 사용한다. 성경적 이신론자는 성경의 충분성을 큰 소리로 선포하지만, 실제로는 자신의 성경해석의 충분성을 선포하고 있다. 성경적 이신론자들만 이런 잘못을 범하는 것이 아니다. 많은 사람들은 자신이 성경을 믿는다고 말하는데, 실제로 그 말의 의미는 그들이 자신의 성경 해석 능력, 성경에 대한 자신의 특별한 지식,

자신의 신학적 체계를 믿는다는 것이다. 사람들은 오만하다는 말을 들을까 두려워 이런 말을 크게 소리내어 말하지는 않는다. 그러나 그들이 세례 방식이 다르거나 성령의 은사나 종말에 대해 다른 견해를 가진 사람들과의 교제를 거부하는 것은 곧 이러한 태도를 증명해주는 것이다. 많은 기독교인들은 신앙의 기본적인 것에 대해서는 동의한다. 그러나 논란의 여지가 있는 분야에서는 자기들의 해석이 옳다고 확신하기 때문에 자신과 의견을 달리 하는 사람들로부터 분리한다.

성경적 이신론자는 성경과 자기의 성경 해석을 하나의 유기적인 전체라고 생각하기 때문에 특별히 이러한 죄를 짓는다. 결국 성경적 이신론자는 항상 성경 본문을 문법적으로, 역사적으로 해석한다. 그는 무엇보다도 훌륭한 신학적인 틀을 가지고 있으며, 그의 해석은 그 신학적 틀과 일치한다. 그는 수백 년의 역사를 지녔으며 많은 유명한 인물들을 포함하고 있는 전통 안에 공정하게 선다. 그는 그러한 전통을 배경으로 하여 자신의 개인적인 솜씨와 능력을 추가하기 때문에 자신이 옳다고 확신한다. 물론 그들은 자신이 겸손한 체 하기 위해서 잘못을 범할 가능성이 있다는 사실을 인정하기도 하는데, 그것은 사람들에게 자신이 실수가 없다고 생각하는 인상을 주게 될까 염려해서이다. 그러나 그는 내심 자신의 해석이 잘못될 가능성은 지극히 희박하다고 생각한다.

그러므로 성경적 이신론자가 자신의 해석이 잘못될 수도 있다고 인정하기는 참으로 어렵다. 그들은 자기 적수들의 해석은 문맥에서 벗어난 것이라고, 또는 일관성 있는 성경해석 원리를 적용하지 못한 것이라고 말한다. 또 경우에 따라서 적수들을 존경하지 않을 경우에 그들은 적수들의 견해는 평범하고 깊이가 없는 생각에서 유래한 것으로 간주한다. 드물게 그들이 적수들이 논쟁에서 승리했다고 인정하는 경우가 있는데, 그것은 적수들이 진리를 소유했기 때문이 아니라, 적수들이 기술 좋은 논객, 즉 술수에 능하기 때문이다. 한번은 성경학자들이 내가 아는 신학자에게 종말론에 대해서 자기들과 다른 견해를 가지고 있는 이유를 물었다. 그는 간단하지만 성실하게 "죄"라고 대답했다.

성경적 이신론자는 자신의 해석의 충분성을 확신하기 때문에 경험에 의해서 그의 해석을 수정하기가 어렵다. 그는 대체로 감정이나 경험과 같은 주관적인 것에 대해서 부정적인 평을 한다. 그가 인식하고 있지는 않으나, 그에게 있어서 중요한 것은 성경의 진리를 경험하는 것보다 성경을 아는 것이다. 이것은 마음보다 정신을, 경험보다 지식을 더 높이 여기는 데 따른 필연적인 결과이다. 그것은 성경 지식이 많은 사람이 교회 내의 나이가 지긋한 부인보다 더 겸손에 대해서 더 훌륭하게 설명을 할 수는 있지만 실제로 그 부인보다 겸손하지 못한 이유를 설명해준다. 우리 모두 이와 같은 비극적인 불일치를 목격한 경험이 있을 것이다.

## 무엇 때문에 성경적 이신론자가 되는가?

만일 내가 이런 주장을 하는 이유를 사람들이 물었다면, 나는 성경에서 분명히 그렇게 가르치고 있으며 나는 경험이나 전통이 아니라 성경을 따르고 있다고 말했을 것이다. 그러나 내가 성경적 이신론자가 되어 주관적이고 계시적인 경험을 거부한 데에는 또 다른 동기가 있었다. 나는 성경의 특별한 권위를 보존하기를 원했다. 나는 성경이 아닌 다른 하나님과의 교통의 형태를 허용한다면, 성경의 권위가 약화되며, 결국 우리가 주님으로부터 멀어질 것을 염려했다.

나는 우리가 정서적인 불안정에 사로잡히며 변화하는 감정의 지배를 받을 수도 있다고 생각한다. 그렇게 되면 권위는 객관적인 성경의 표준으로부터 주관적이고 개인적인 것의 상태로 이동할 것이며, 우리가 의뢰할 수 있는 보편적인 표준이 존재하지 않게 될 것이다. 그리스도의 몸의 통일성이 감소될 것이며, 우리는 "사람이 각각 그 소견에 옳은 대로"(삿 21:25) 행했던 사사 시대와 같은 결과에 이를 것이다. 나는 주관적이고 계시적인 경험을 허용하는 것은 아무런 유익을 주지 못하며 오히려 모든 것을 잃게 될 것이라고 생각했다. 이러한 경험들은 성경에 아무 것도 더할 수 없으며, 성경은 우리에게 필요한 모든 것을 공급해주고 있으므로 더 이상 얻을 것이 없다는 것이다. 또 내가 해야 할 일은 방언을 허용함으로써 잃는 것이 무엇인지를 알기 위해서 고린도 교인들 및 방언으로 인해 야기된 혼란상을 바라보는 것 뿐이었으므로, 모든 것을 잃게 된다. 그것은 전혀 모험할 가치가 없는 일이었다.

나는 성경적 이신론자로 행동하던 시기에, 위에서 언급한 것들이 내가 성경의 역할에 대해 그러한 견해를 갖는 유일한 이유라고 생각했다. 10년이 지난 지금 돌아보니, 내 마음의 무의식의 영역에서 더 강력한 요인들이 작용하고 있었음을 알 수 있다. 내가 성경적 이신론자가 된 것은 내가 의심없이 받아들인 전통과 나를 가르친 교사들의 탓으로 돌릴 수도 있었을 것이다. 또 원칙에서 벗어나는 경우 제명이라는 처벌을 내리는 폐쇄적인 교육 체계의 탓으로 돌릴 수도 있었을 것이다. 그러나 나는 결코 원칙에서 벗어나는 것이나 질문을 제기하는 것을 두려워하지 않았다. 성경적 이신론은 내 마음 안에 있는 심각한 약점에 호소하고 있었다. 그 약점이란 상처받는 데 대한 두려움이었다. 감정은 나로 하여금 통제력을 잃게 만들며, 통제력을 잃으면 상처를 받기 쉽게 받기 때문에 나는 감정을 좋아하지 않았다. 실제로 약점이 있는 사람은 상처를 받는다. 나도 많은 상처를 받았었다. 비록 그 당시에는 알지 못했지만, 나는 그러한 상처들 중 어떤 것에 대해서 하나님을 탓했다.

당시 내 마음의 깊은 상처들의 근원이 주님에게 있다고 생각했었음을 지금 나는 알고 있다. 주님은 그 상처들을 예방해 주실 수 있었지만 그렇게 하지 않으셨다. 내가 주님의 주권을 필요로 할 때에, 실제로 그것은 어디에 있었던가? 내가 필사적으로 드린 기도들이 왜 응답을 받지 못했을까? 내 마음에는 하나님에 대한 두려움으로 가득 차 있었다. 그것은 성경적인 두려움이 아니라 하나님과 친밀해지는 데 대한 두려움이었다. 나는 하나님과의 개인적인 관계를 원했지만 친밀한 관계를 원하지는 않았다. 하나님과 친밀한 관계를 유지하게 되면 하나님이 나를 완전히 통제하게 될 것이라고 생각했다. 그리고 내 마음 속 어두운 곳에서 나온 음성은 하나님의 통제는 내가 감당할 수 없는 고통을 나에게 가져다 줄 것이라고 속삭였다.

따라서 나는 주로 하나님이 아니라 성경책과 관계를 갖기로 작정했다. 하나님과 관계를 갖는 것보다는 하나의 해석 원칙들의 체계,

그리고 일련의 전통들과 관계를 갖는 것이 훨씬 더 쉽다. 성경적 이신론을 도구로 함으로써 나는 통제할 수 있었다. 인생에서 나의 주된 업무는 성경을 공부하고 지성을 계발하는 것이었다. 이 일을 하는 데에는 감정은 필요치 않고 의지력과 훈련이 필요했다. 감정을 배제한다는 것은 곧 통제력을 잃지 않는다는 것을 의미했고, 그것은 또 더 이상 상처를 받지 않는다는 것을 의미했다.

나는 질문이 있으면 성경에게 질문할 수 있었다. 고통스러운 대답을 주실지도 모르는 하나님께 질문하는 모험을 할 필요가 없었다. 게다가 하나님과 성경은 실질적으로 동등하다고 생각하고 있었다. 하나님께서 성경에서 말씀하시지 않은 것은 나의 재량에 맡겼다. 나는 성경 안에서 내 마음에 드는 것들을 발견해내고, 나머지는 모두 무시했다. 그러므로 그것은 가장 안전하고 편안한 체계였다. 나의 경우에 그것은 생명이 없는 체계가 되고 있었다.

나는 기독교인이 되고 얼마 안되어 인생을 경험했다. 그러나 내 인생에서 받은 상처 때문에 성경적 이신론을 받아들이지는 않았을 것이다. 그 상처는 통로 역할을 하는 데 그쳤으며, 실제로 성경적 이신론이 그 문을 통해서 들어와 내 마음 안에 자리를 잡는 것을 환영한 것은 나의 교만이었다. 기독교인이 된 후 대부분의 세월 동안, 나는 자신이 다른 기독교인들보다 더 지혜롭다고 생각해왔고, 그렇기 때문에 내가 그들을 지배하는 것이 지극히 당연하다고 생각했다. 만일 하나님께서 성경을 통해서만 말씀하신다면, 성경을 가장 잘 아는 사람이 곧 하나님의 음성을 가장 잘 듣는 사람일 것이며, 하나님의 음성을 가장 잘 듣는 사람은 다른 사람들이 믿고 행해야 할 것이 무엇인지를 가장 잘 알 것이었다. 이 체계는 내 마음의 교만한 상태에 아주 적합한 것이었다. 나는 성경적 이신론 안에서 나 자신을 상처 입지 않게 보존하며 나 자신의 삶과 다른 사람들의 삶에 대한 통제력을 공급해주는 훌륭한 도구를 발견했다. 내가 지적이며 학문을 사랑한다는 사실은 내가 한층 더 효과적인 성경적 이신론자가 되는 데 도움이 되었다.

독자들은 성경적 이신론은 신학이 아니라 어떤 형태의 인격에 영합하는 체계임을 짐작할 수 있을 것이다. 그것은 종교적으로 교만하고 상처를 입은 지적인 사람들이 무시하지 못하는 체계이다. 그것은 우리가 회개하지 않고서 교만을 정당화할 수 있는 구실, 고통을 치료하기 위한 수술을 거치지 않아도 되게 해주는 마취제, 인간과는 다른 생각과 방법을 취하시는 하나님께 순종하지 않고서도 우리의 지적인 추구가 통과해나갈 수 있는 출구를 제공해준다. 간단히 표현하자면, 나는 하나님보다는 성경책과 훨씬 더 편안하게 관계를 갖게 해주는 성품을 가지고 있었다.

인생에서 성경공부가 주도적인 일이 될 때, 우리는 성경적 이신론자가 된다. 그러나 실제로 성경적 이신론자이면서도 자신이 성경적 이신론자임을 인정하는 사람은 없다. 사람들이 나에게 성경적 이신론자라고 비난할 때마다, 나는 그들은 게으른 사람이며 세심하게 성경 공부를 하려 하지 않는 사람이라고 생각했다. 그들은 히브리어, 아람어, 그리스어, 그리고 하나님의 말씀하시는 것을 듣는 데 필요한 다른 학과를 충분히 배우지 못한 사람들이었다. 그들은 성경적 문맥에서의 삶의 중심과 같은 것에는 관심을 갖지 않았다. 그들은 자신이 그러한 위치에 있다 해도 그 사실을 인식하지 못할 것이다. 나는 이러한 게으른 비방자들은 율법을 알지 못하는 저주받은 무리의 일부라고 생각했다(요 7:49).

지금까지 무의식적이든 의식적이든 내가 성경적 이신론자가 되어 꿈이나 환상이나 느낌이나 분명한 음성들과 관계를 원치 않았던 이유들을 제시했다. 이것들보다 더 좋지 못한 이유들도 있었을 것이다. 그러나 만일 그러한 종류의 고백을 원한다면, 어거스틴의 『고백록』을 읽어 보는 것이 좋다. 그러나 그의 『고백록』을 읽기 전에, 먼저 성경과 권위에 대해 우리를 당황하게 하는 생각부터 다루어 보기로 하자.

## 최고의 성경해석자

성경적 이신론이 지닌 가장 심각한 결점은 성경적 이신론자가 자신의 성경 해석 능력을 과신한다는 점이다. 그는 성경 지식이 많을수록 그만큼 성경해석도 더 정확해진다고 가정한다. 이것은 논리적으로 성경적 이신론자들이 종종 인용하는 통칙, "성경 해석의 열쇠는 성경 자체이다"라는 통칙에서 비롯된 생각이다. 다시 말해서 성경이 성경을 가장 훌륭하게 해석한다는 생각이다. 이것은 잘못된 생각이다! 성경을 해석하는 데는 성경 이상의 것이 필요하다.

성경의 저자가 가장 훌륭한 성경 해석자이다. 그 분만이 신빙성 있는 유일한 성격 해석자이다.

성령의 조명이 성경 해석의 열쇠일진대, 성경적 이신론자가 자신의 해석 능력을 신뢰하는 것은 오만하고 무모한 일이다. 우리가 어떻게 하나님을 설득하여 성경을 조명하시게 한단 말인가? 하나님께서는 히브리어와 그리스어를 가장 잘 아는 사람들만 조명해 주시는가? 성경을 가장 많이 읽고 암송하는 사람만 조명해 주시는가? 성경을 이해하는 데 있어서 우리의 정신적 능력보다 마음의 상태가 더 중요하다면 어떻게 할 것인가? 성경 이해를 위한 성령의 조명은 교육이나 정신적 능력이 아닌 다른 토대 위에서 주어질 수 있지 않은가?

## 지식으로는 전지하신 하나님께 감동을 주지 못한다

하나님은 어떤 사람들에게 말씀하시는가? 성경 해석에 가장 능숙한 사람은 어떤 사람인가? 해몽, 예언적인 발언 등 여러 형태의 하나님의 계시에 가장 능숙한 사람은 어떤 사람인가? 실제로 이 질문들은 하나로 종합할 수 있다: "무엇이 하나님의 계시를 잘 이해하게 해 주는가?" 계시가 성경의 기록된 진술의 형태로 임하거나, 현대의 예언적 발언을 통해서 임하거나, 꿈이나 환상으로 임하거나 간에, 대답은 동일하다. 모든 하나님의 계시의 의미를 해결하는 열쇠는 하나이다.

성경적 이신론자는 하나님의 계시를 가장 잘 해석하는 사람은 가장 훌륭한 해석 방법을 소유한 사람, 즉 성경을 기록한 원어와 성경 시대의 역사적 배경을 가장 잘 알 수 있는 사람이라고 생각한다. 간단히 말해서, 가장 지적이고 교육을 많이 받은 사람이 하나님의 말씀을 가장 잘 해석한다는 것이다. 현재 우리의 종교 교육은 대체로 행방불명의 지복, "똑똑한 사람에게 복이 있으며, 말이 없는 사람에게 화가 있도다"를 기준으로 하여 진행되고 있다.

만일 하나님에게 똑똑한 불신자들에게 증거할 똑똑한 사람들이 없다면, 하나님의 위치는 어떻게 될까? 만일 하나님에게 소수의 사업가나 근로자들, 즉 생계를 위해서 일하는 사람들—이들이 사역을 위해 필요한 유일한 자격 요건은 하나님을 사랑하며 예수님과 함께 하기를 원하는 것이다—만 남겨져 있다면 어떻게 될까? 만일 하나님이 그러한 곤경에 빠질 경우, 하나님의 위치는 어떻게 될 것이라고 생각하는가?

기독교 학문은 기독교 학자들이 주장하는 것만큼 중요하지는 않다. 이 점에 있어서 지성과 교육을 숭배하는 서방 세계에 속한 미국 교회는 쉽게 미혹된다. 성경, 그리고 그리스도와 사도들은 결코 지성이 하나님이나 그의 말씀을 이해하는 데 있어서 중요한 역할을 한다고 추천하지 않으며, 오히려 그 반대이다. 인간의 지성으로는 성경을 이해하기 어렵다. 칠십 문도가 사역을 마치고 돌아왔을 때, 예수님은 "천지의 주재이신 아버지여 이것을 지혜롭고 슬기 있는 자들에게는 숨기시고 어린 아이들에게는 나타내심을 감사하나이다 옳소이다 이렇게 된 것이 아버지의 뜻이니이다"라고 기도하셨다(눅 10:21).

예수님은 하나님께서 어떤 것들을 숨기신 일을 찬양하셨다. 그러면 이 "숨겨진 것들"은 무엇이었을까? 그것은 하나님 나라의 비밀, 권위와 능력과 영들과 천국에 대한 비밀들이었다. 하나님은 이러한 비밀들을 누구에게 감추셨는가? 지혜롭고 슬기 있는 자들, 즉 유식하고 교육을 받은 사람들에게 감추셨다. 인간의 지혜나 지식으로는 결코 하나님 나라의 비밀을 파악할 수 없다. 나중에 예수님께서는 제자들에게 다음과 같이 엄히 경고하셨다: "진실로 너희에게 이르노니 너희가 돌이켜 어린 아이들과 같이 되지 아니하면 결단코 천국에 들어가지 못하리라 그러므로 누구든지 이 어린 아이와 같이 자기를 낮추는 그 이가 천국에서 큰 자니라"(마 18:2-4).

예수 그리스도의 나라에서는 지적으로 용감한 행동에 의해서 진보하는 것이 아니라 어린 아이처럼 됨으로써 진보한다. 당신이 3, 4살짜리 어린 아이였을 때에 어떻게 느꼈는지 기억하는가? 당신이 어머니와 아버지를 얼마나 필요로 했는지 기억하는가? 부모님이 모든 것을 알고 계시기 때문에 우리가 아는 것이 없어도 문제가 되지 않는다고 생각했던 것을 기억하는가? 하나님은 어린 아이 같은 겸손과 신뢰를 회복하려고 노력하는 사람들에게 자기의 비밀을 알려 주신다. 문제는 우리가 어린아이처럼 되기보다는 똑똑한 어른이 되려 하는 데 있다.

## 인간의 정신으로는 지혜를 발견하지 못한다

예수님께서는 지상에게 사역하시는 동안에만 인간의 지식을 멸시하신 것이 아니다. 예수님은 교회가 존속하는 한 이러한 태도가 지속되기를 원하셨다. 그렇기 때문에 바울은 고린도 교인들 중에 지혜롭거나 권세가 있거나 혈통이 고귀한 사람들이 많지 않다고 편지했다. 그 이유는 무엇인가? 하나님께서 세상의 미련한 것들을 택하사 강한 것들을 부끄럽게 하시며 멸시받는 것들과 없는 것들을 택하사 있는 것들을 폐하려 하셨기 때문이다(고전 1:26-30). 유식한 사람은 바울이 지혜 있는 자가 많지 않다고 말했다는 사실에서 위안을 얻을 수도 있을 것이다. 물론 1세기 교회 안에는 지식인들이 약간 있었고, 바울도 그 중 한 사람이었다. 그러나 바울이 말하는 요점은, 하나님의 섭리 안에서 지성은 그다지 중요하게 간주되지 않는다는 것이다.

그러나 어떤 사람들은 하나님께서는 바울이 유식하고 총명하기 때문에 그를 택하셨다고 주장하기도 할 것이다. 실제로 바울은 그 시대에 가장 훌륭한 신학 교육을 받은 사람이었다(행 22:3). 하나님께서는 1세기 교회에서 자신의 목적을 성취하기 위해서는 신학교육을 받은 총명한 사람이 적어도 한 명은 필요하다고 생각하셨음이 분명하다. 그러나 바울 자신의 설명을 보면, 그의 지성이나 교육은 그를 사도로 부르신 하나님의 부르심에 아무런 영향을 미치지 않았다. 실제로 하나님께서 이러한 자질들에도 불구하고 하나님께서 그를 선택하시고 나서 재교육을 하셔야 했다고 볼 수도 있다. 바울 자신의 소명에 대한 설명을 들어 보자:

> 미쁘다 모든 사람이 받을 만한 이 말이여 그리스도 예수께서 죄인을 구원하시려고 세상에 임하셨다 하였도다 죄인 중에 내가 괴수니라 그러나 내가 긍휼을 입은 까닭은 예수 그리스도께서 내게 먼저 일체 오래 참으심을 보이사 후에 주를 믿어 영생 얻는 자들에게 본이 되게 하려 하심이니라(딤전 1:15-16).

바울이 택함을 받은 것은 그의 지혜 때문이 아니라(전지하신 하나님은 인간의 지혜에 감동되시는 분이 아니다) 하나님께서 자신의 자비와 무한한 인내의 본보기를 세상에 주려 하셨기 때문이었다. 바울의 삶은 지성과 교육의 업적을 증명해주는 것이 아니라, 하나님의 무한하신 자비와 인내의 힘을 보여주는 영속적인 기념비이다.

바울은 예수님의 견해를 채택했으며, 다음과 같이 기록했다:

오직 비밀한 가운데 있는 하나님의 지혜를 말하는 것이니 곧 감추었던 것인데 하나님이 우리의 영광을 위하사 만세 전에 미리 정하신 것이라 이 지혜는 이 세대의 관원이 하나도 알지 못하였나니 만일 알았더면 영광의 주를 십자가에 못 박지 아니하였으리라 기록된 바 하나님이 자기를 사랑하는 자들을 위하여 예비하신 모든 것은 눈으로 보지 못하고 귀로도 듣지 못하고 사람의 마음으로도 생각지 못하였다 함과 같으니라(고전 2:7-10).

사람들은 사도들 중에서 가장 유식한 바울은 자기가 받은 교육을 귀중하게 여겼을 것이라고 생각할 것이다. 그러나 바울은 그렇지 않았다. 그 이유는 간단하다. 바울이 관심을 가진 지혜는 인간의 지성 안에서, 또는 인간의 지성을 사용해서는 발견할 수 없었기 때문이다. 그것은 하나님께서 감추어두신 비밀한 지혜였으며, 인간의 눈이나 귀나 정신으로는 이해할 수 없는 것이었다. 그것은 하나님께서 성령을 통해서 계시하시는 것이었다.

그러나 혹 어떤 사람들은 "그러한 지혜는 성경 안에 계시되어 있다. 그리고 우리가 성경을 소유하고 있으므로 우리는 그 지혜를 소유하고 있다"라고 반론을 제기할 수도 있을 것이다. 그러나 바울이 활동하던 시대의 주요한 성경학자들이 구약 성경을 소유하고 있었음을 기억해보라. 그들은 메시아 강림에 대한 놀라운 예언을 소유하고 있었으며 아무런 노력이 없이 그 예언들을 인용할 수 있었다. 이런 의미에서 그들은 하나님의 지혜를 소유하고 있었지만, 실제로 메시아가 세상에 오셨을 때에 그 분을 알아보지 못했다. 그 이유는 무엇인가? 성령의 계시하시는 사역이 없이는 하나님의 계시, 심지어 성경까지도 제대로 이해할 수 없기 때문이다.

## 교육을 받은 사람들이 이해하지 못하는 성경

예수님께서 그 시대의 가장 유능한 성경학자들에게 하신 말씀은 거듭 내 귀에 울려 퍼지고 있다. 그들은 오늘날 교회 내의 99퍼센트의 교인들보다 더 성경을 많이 공부한 사람들이었다. 그들은 오늘날 대부분의 교인들이 암송하는 것보다 더 많은 성경을 암송하고 있었다. 그러나 예수님은 그들에게 이렇게 말씀하셨다:

> 또한 나를 보내신 아버지께서 친히 나를 위하여 증거하셨느니라 너희는 아무 때에도 그 음성을 듣지 못하였고 그 형용을 보지 못하였으며 그 말씀이 너희 속에 거하지 아니하니 이는 그의 보내신 자를 믿지 아니함이니라 너희가 성경에서 영생을 얻는 줄 생각하고 성경을 상고하거니와 이 성경이 곧 내게 대하여 증거하는 것이로다 그러나 너희가 영생을 얻기 위하여 내게 오기를 원하지 아니하는도다(요 5:37-40).

어떤 사람들은 이 말씀은 믿지 않는 바리새인들에게 하신 말씀이므로 우리 기독교인들과는 상관이 없다고 생각할 것이다. 결국 우리는 예수님을 믿고 따르는 사람들이다. 한 사람을 제외하고는 열두 제자들도 역시 예수님을 믿고 따른 사람들이었다. 예수님은 그들이 다른 사람들보다 더 큰 특권을 가지고 있다고 말씀하셨다. 주님은 "하나님 나라의 비밀을 아는 것이 너희에게는 허락되었으나 다른 사람에게는 비유로 하나니…"라고 말씀하셨다(눅 8:10). 제자들이 마지막으로 예루살렘을 향해 여행할 때에, 예수님은 "이 말을 너희 귀에 담아 두라 인자가 장차 사람들의 손에 넘기우리라"고 말씀하셨다(눅 9:44). 그러나 이미 그들에게 자신이 어떻게 죽으실 것에 대해서 말씀하셨음에도 불구하고(22절) 그들은 이것이 무슨 말씀인지 이해하지 못했다(45절). 누가는 예수님의 말씀의 의미가 사도들에게 감추어졌었다고 말했다. 그리스도를 아주 가까이에서 따른 사람들에게 이처럼 분명한 사실이 감추어질 수 있음을 감안할 때, 다른 중요한 것들, 우리의 정신으로 발견할 수 없는 것들이 우리에게 감추어질 수 있다고 생각하지 않는가?

예수님은 제자들이 바리새인과 사두개인들의 가르침의 영향을 받는 것에 대해 경고하셨다(마 16:5-12).

원칙적으로 성령의 초자연적인 계시 사역이 없으면 기독교인이 되지 못한다는 것을 인정한다. 그러나 이제 기독교인이 되었으므로, 우리는 성경의 계시 사역을 통해서보다는 우리의 지성을 통해서 발전할 수 있다고 생각하는 듯하다. 우리는 참을성 있는 학문 연구를 통해서 성경을 이해할 수 있다고 생각하는 듯하다. 우리는 바울이 하나님의 비밀들에 대해서 글로 기록했으며, 또 우리가 글을 읽을 수 있기 때문에 이 비밀들을 이해할 수 있다고 짐작한다. 성령은 우리가 기독교인이 되는 순간 우리의 삶에 들어오신다(엡 1:13). 그러나 그 사실이 그가 우리를 위해서 자동적으로 하나님의 말씀을 조명해 주실 것을 보증하지는 않는다.

## 귀로 들을 수 없는 음성

하나님의 음성을 이해하는 데 있어서 지성은 제한된 역할을 할 뿐이라는 사실을 납득하지 못한다면, 예수님의 삶에 있었던 하나의 사건이 그것을 결정적으로 증명해줄 것이다. 만일 하나님께서 귀로 들을 수 있는 음성으로 말씀하신다고 생각한다면, 그 음성은 아주 분명한 음성일 것이며 모든 사람들이 그것을 이해할 수 있을 것이다. 그러나 "아버지여 아버지의 이름을 영광스럽게 하옵소서 하시니 이에 하늘에서 소리가 나서 가로되 내가 이미 영광스럽게 하였고 또 다시 영광스럽게 하리라"고 하신 말씀을 기억해야 한다(요 12:28)

그 음성은 분명하며 귀로 들을 수 있는 음성이었지만, 실제로 들은 사람들은 몇 사람뿐이었다. 왜 다른 사람들은 그 음성을 듣지 못하였을까? 그들의 지능지수가 낮아서였을까, 해석하는 기술이 좋지 않아서였을까, 아니면 성경적 배경에 대한 지식이 많지 않아서였을까? 계시가 귀에 들리는 음성보다 더 분명할 수는 없다. 만일 어떤 사람이 귀에 들리는 하나님의 음성을 이해하지 못한다면, 그것은 그의 지성 안에 하나님을 이해하는 데 필요한 열쇠가 없다는 증명이 된다. 그 열쇠는 어딘가 다른 곳에 있음이 분명하다.

고등한 학문 기관들이 성경의 의미를 여는 열쇠를 가진 것이 아니다. 그것은 예수 그리스도의 손 안에서 발견된다. 예수님으로부터 그것을 받는 특권은 지성인들에게 주어져 있지 않다. 그것은 유식한 사람들에게 주어진 것이 아니며, 권세 있는 사람이나 유력인사들에게 주어진 것도 아니다. 그 열쇠는 전혀 다른 것을 토대로 하여 주어진다.

일반적으로 어떤 문학작품을 가장 훌륭하게 해석하는 사람은 그것을 저술한 저자이다. 그러나 많은 저자들은 일단 책을 출판해낸 뒤에는 자기의 저서에 대해 논평하기를 거부하며, 그 일은 독자들이나 비평가들에게 맡긴다. 하나님도 이런 부류의 저자이신가? 한편으로 보면 그렇게 보일 수도 있다. 하나님은 기꺼이 자기의 책이 예수님 시대의 가장 유능한 성경학자들에게 죽은 문자가 되게 하셨다(요 5:37-40). 그들은 결코 성경 안에서 하나님의 음성을 듣지 못했으며, 하나님은 자기의 아들이시며 구주이신 예수님을 논박하기 위해서 그들이 하나님의 책을 사용하도록 내버려 두셨다. 하나님은 교회 내의 사람들이 파괴적인 목적으로 성경을 사용하는 것도 내버려 두신다(벧후 3:16). 그러나 어떤 사람들을 위해서는 하나님께서 친히 "해석 과정"에 개입하시면서 말씀의 의미와 적용에 대해 설명해 주신다.

## 마음의 교사

엠마오로 가던 두 제자의 이야기를 기억하는가(눅 24:13-35)? 예수님께서 두 제자와 나란히 걷기 시작하셨을 때, 그들은 예수님을 알아보지 못했다. 심지어 그들은 "이 낯선 사람"에게 선생이신 예수님의 죽음으로 인해 자기들이 얼마나 슬퍼하고 있는지에 대해서 말했다. 그 때 예수님은 그들을 책망하시면서 "미련하고 선지자들의 말한 모든 것을 마음에 더디 믿는 자들이여 그리스도가 이런 고난을 받고 자기의 영광에 들어가야 할 것이 아니냐"고 말씀하셨다(눅 24:25-26).

예수님께서 그들의 어리석음을 비난하신 것이 아니다. 어리석은 것은 그들의 부족한 지성의 탓으로 여길 수 없었다. 또 성경의 명확성의 문제의 탓으로 여길 수도 없었다. 예수님의 말씀에 따르면, 성경은 메시아가 영광에 들어가기 전에 고난을 받아야 한다고 분명하게 가르쳤다. 문제는 그들의 지능지수에 있는 것이 아니라 마음의 상태에 있었다.

예수님은 책망하신 후에 모세와 및 모든 선지자의 글로 시작하여 모든 성경에 쓴 바 자기에 관한 것을 자세히 설명하셨다(눅 24:27). 이것은 두 제자에게만 해당되는 설교가 아니었다. 이것은 예수님이 전체 교회에게 주시는 개인적인 메시지이기도 했다. 예수님은 교회 내의 가장 위대한 설교자는 예수님 자신이시며, 앞으로도 항상 그러할 것이라고 말씀하신 것이다. 예수님은 하나님의 말씀을 전파하시는 탁월한 설교자요 교사이시다. 예수님은 그 지위를 누구에게도 양도하지 않으셨고 앞으로도 양도하지 않으실 것이다. 예수님은 누구로부터도 탄핵을 받으실 수 없으며, 앞으로 결코 그 지위를 사임하지 않으실 것이다. 말씀이 능력으로 전파되거나 가르쳐지는 것은 주 예수 그리스도께서 그곳에서 인간의 음성을 통해서 말씀하시며 초자연적으로 자신을 계시하시기 때문이다.

예수님은 성경에 대해 그밖에 다른 중요한 것도 말씀하셨다. 누가는 예수님께서 "성경에 쓴 바 자기에 관한 것을 자세히 설명하셨다"고 말한다(27절). 성경이 분명함에도 불구하고, 두 제자는 예수님께서 설명해 주신 후에야 비로소 그것을 이해할 수 있었다. 그리스어로 "설명하다"라는 단어는 외래어를 번역하기 위해서 사용되는 단어이다. 그것은 또 방언의 은사를 해석하는 영적 은사를 지칭하기 위해서도 사용된다.[1] 다시 말하자면, 우리의 인생의 중요한 시점, 즉 우리가 절실하게 성경을 이해하고 적용해야 할 필요를 느낄 때에, 주님이 친히 그것에 대해 설명해 주시지 않는다면 그것은 우리에게 외래어처럼 느껴질 것이다. 우리는 주님의 도움이 없이도 신학적인 체계를 만들며 정확한 교리를 가르칠 수 있지만, 만일 우리가 진실로 성경 안에서 주님을 만나며 삶의 결정적인 순간에 그 분의 방식을 이해하고자 한다면, 주님이 개인적으로 그것에 대해 우리에게 설명해 주셔야 한다.

그 놀라운 설교의 끝부분에서 예수님은 두 제자와 함께 식사를 하셨다. 식사를 하는 동안 그들의 "눈이 밝아져 그인 줄 알아 보더니 예수는 저희에게 보이지 아니하시는지라 저희가 서로 말하되 길에서 우리에게 말씀하시고 우리에게 성경을 풀어주실 때에 우리 속에서 마음이 뜨겁지 아니하더냐"고 말했다(31-32절). 하나님께서 초자연적으로 제자들의 눈을 밝게 하시어 예수님을 알아 보게 하신 것이다. 하나님은 어리석은 사람들을 똑똑하게 만드신 것이 아니다. 하나님은 이 두 제자로 하여금 주 예수가 실제로 어떤 분인지 깨닫게 하셨다. 여기에서 "밝아져"라고 번역된 단어는 사도행전 16:14에서 주님이 초자연적으로 루디아의 마음을 열어 바울의 설교에 응답하게 하신 일을 설명할 때에도 사용된다.

주 예수께서 우리의 눈을 밝게 해주시지 않으면, 우리는 결코 그 분을 보지 못할 것이다. 제자들은 예수님께서 성경을 열어 보여 주셨다는 말을 하곤 했다. 예수님께서 성경을 열어 보여 주시지 않는다면, 우리는 성경의 진리 중 많은 것을 이해하지 못할 것이다. 우리는 예수님이 없이도 성경을 읽고 암기할 수 있다. 우리는 예수님이 없이도 성경을 가르칠 수 있다. 그러나 예수님이 우리의 교사가 되시며 우리와 함께 해석 과정에 개입하시지 않는 한 우리의 마음은 열심으

로 뜨겁게 타오르지 못할 것이다.[2]

오래 전에 윌리엄 로우(William Law)는 다음과 같은 글을 썼다.

> 성령의 조명이 없으면 아무리 지혜롭고 교육을 많이 받은 사람에게도 하나님의 말씀은 죽은 문자에 불과할 것이다…과거에 성령께서 성경 기자들에게 감동하셔야 하셨듯이, 오늘날 성경을 읽는 사람들에게는 성령께서 성경의 진리를 조명해주시는 일이 필요하다…그러므로 지금 우리는 모든 성경의 저술들을 완전하게 소유하고 있기 때문에 과거처럼 기적적인 성령의 감동이 필요하지 않다고 말하는 것은 바리새인과 서기관들만큼이나 소경됨을 나타내는 것이다. 우리도 그들과 같은 잘못을 피할 수 없을 것이다. 왜냐하면 현재 성령의 감동하심이 필요하지 않다고 부인하는 것은 곧 성경을 유식한 서기관의 영역으로 만드는 것이기 때문이다.[3]

만일 로우의 견해가 옳다면, "성경을 이해하는 데 있어서 인간의 지식과 신학 교육의 가치는 무엇인가?"라는 질문을 할 수도 있을 것이다.

바울이 젊은 사역자 디모데에게 준 충고에서 그 질문에 대한 답변을 얻을 수 있을 것이다.

> 망령되고 허탄한 신화를 버리고 오직 경건에 이르기를 연습하라 육체의 연습은 약간의 유익이 있으나 경건은 범사에 유익하니 금생과 내생에 약속이 있느니라.(딤전 4:7-8)

바울은 그 시대에 유익하지 못한 신학적, 철학적 사변이 많이 유포되고 있다고 디모데에게 말했다. 디모데는 그런 것에 관심을 기울이지 말고 경건에 이르기를 연습해야 했다. 바울은 운동 경기를 비유로 사용했다. 운동 선수가 엄격한 훈련을 위해 육체를 연단하듯이, 디모데도 경건을 연습하기 위해서 고통스러운 일을 견디고 훈련도 해야 했다. 물론 육체적인 연단도 어느 정도 가치가 있지만, 경건의 가치와는 비교가 되지 않는다. 교육과 지식에 대해서도 같은 말을 할 수 있다. 그것들은 어느 정도 가치가 있지만 경건한 성품과는 비교가 되지 못한다.

교육과 지식도 하나님의 나라에서 나름의 역할을 하지만, 그것은 제한되어 있다. 특별한 교육을 받아 매우 총명하지만 "마음에 더디 믿는" 사람들이 있다. 하나님 및 그 말씀을 이해하는 데 있어서 중요한 열쇠는 마음이다.

마음이 중요한 열쇠라면, 마음에 가장 큰 관심을 기울여야 한다. 일반적으로 교회나 신학교에서는 마음이 옳다고 가정하고 나서 지성의 계발을 추구하는데, 그 과정을 뒤집어야 한다. 우리는 먼저 깨끗한 마음을 추구하고, 그 다음에 남은 시간을 가지고 교육을 추구해야 한다. 이 모든 과정에서 한 순간이라도 마음을 등한히 하지 않도록 조심해야 한다(잠 4:23; 마 5:8; 막 7:6-7).

교육과 지식에 대한 나의 논평을 오해하지 않기를 바란다. 나는 내가 받은 신학 교육에 감사하고 있다. 나는 나의 유식한 친구들이 나에게 해주는 비평과 자극을 사랑한다. 지금 내가 비평하고 있는 것은 교육과 지식을 마음의 형성보다 더 높이 여기는 전반적인 경향이다.

주님으로부터 신학 교육에 전념하라는 소명을 받은 사람이 우선적으로 그리스도를 닮은 성품을 계발한다면, 그 사람은 교회에 큰 축복이 될 수 있다. 그러나 나는 모든 소명 중에서 전문적인 신학자의 소명이 가장 위험한 것이라고 생각한다. 지식 역시 대단히 유혹이 된다. 아는 것이 많을수록 그만큼 자신이 우월감을 갖기 쉽다. 우리의 마음은 생각하는 것보다 연약하다.

연약한 마음을 가지고 성경 지식을 추구하면 마음을 더 연약하게 만들 가능성이 있다. 만일 우리의 성경 지식이 사랑보다 더 빨리 성장한다면, 우리는 오만해질 것이다(고전 8:1). 그리고 오만한 기독교인은 그리스도의 원수들 모두를 합한 것보다 더 많은 피해를 그리스도의 몸에 끼친다. 권위와 관련하여 이것을 설명해 보자.

## 누구의 권위인가?

성경적 이신론자였을 때 나는 어떤 사람에게 "주님은 당신에게… 행하라고 말씀하십니다"라고 말하는 것이 얼마나 중요한 일인지 쉽게 이해했다. 주관적인 계시가 편견이나 욕망의 영향을 얼마나 받는지도 쉽게 이해할 수 있었다. 환상이나 느낌에 성경의 권위를 부여하고 남용하게 된다는 것도 쉽게 이해했다. 그러나 그 시절 나는 계시가 얼마나 쉽게 남용될 수 있는지는 알지 못했다. 심지어 성경을 남용하여 자신 및 다른 사람에게 손해를 끼칠 수 있다. 그러나 이것이 성경을 무시하기 위한 구실이 되지는 못한다.

어느 겨울날 아침 나의 히브리어 구문론 강의를 듣는 학생들이 나를 유도하여 부정사에 관한 강의를 그만두고 이혼과 재혼이라는 주제에 대해 논하게 만들었다. 학생들은 때로 이처럼 교사를 속이기도 한다. 4년 과정 중 1년 반의 과정을 마친 한 학생이 자신만만하게 어떤 상황에서도 이혼한 사람이 재혼하는 것은 성경적이 아니라고 단언했다. 그 학생은 그것이 성경의 가르침이라고 확신하고 있었다.

나는 그 학생에게 물었다. "당신의 교회에 23살짜리 여인이 있다고 생각해 보시오. 그 여인은 17살 때 결혼하여 세 자녀를 두었습니다. 그런데 남편이 다른 여인과 불륜의 관계를 가졌기 때문에 그 부인은 남편과 이혼을 했습니다. 그 남편은 불륜의 관계를 가졌던 그 여인과 결혼했습니다. 그러므로 남편과 전부인 사이에는 화해할 가능성이 없습니다. 그 부인은 홀로 세 자녀를 양육하게 되었습니다. 만일 그 부인이 당신에게 조언을 청한다면, 무엇이라고 말하겠습니까?"

그 학생은 "교수님은 경험에 의해서 말씀을 해석하지 말고, 말씀에 따라서 경험을 해석해야 합니다"라고 말했다. 나는 내가 해석을 하는 것이 아니라고 대답했다. 나는 단지 그 학생이 그 부인에게 무엇이라고 말할지 알고자 했다. 나는 이것이 가상적 상황이 아니라고 그 학생에게 알려 주었다. 그 당시 나는 상이하지만 대단히 비극적인 이혼을 맞은 두 사람을 상담하고 있었다.

"글쎄요. 저는 하나님의 말씀은 그 부인이 죽을 때까지 혼자 살아야 한다고 말하고 있다고 말하겠습니다."

나는 그 학생에게 반문했다. "자네의 말이 어떤 의미인지 알고 있나? 그 부인 혼자서 세 자녀를 양육해야 한다는 말인가? 몇 년 후에 그 부인의 성적 욕구가 강렬해질 때, 그 욕구를 충족시켜 줄 합법적인 방법을 가져서는 안된다는 말이지? 만일 그 부인이 재혼한다면, 그것은 하나님이 보시기에 간음이 된다는 의미인가?"

그 학생은 "교수님은 또 경험을 상기시키시는군요. 경험에 비추어서 성경 해석 방법을 결정하시면 안됩니다"라고 말했다.

"나는 지금 경험에 의해서 성경을 해석하는 것이 아니라네. 나는 성경 해석을 시작조차 하지 않았어. 나는 단지 자네라면 그 부인에게 어떤 일을 요구할 것인지 알고 싶은 것 뿐일세. 나는 자네가 그 부인에게 제시한 삶이 어떤 삶인지 자네가 깨닫고 있는지 알고 싶다네."

"저는 그 부인에 어떤 종류의 삶도 제시하지 않았습니다. 그 부인이 재혼하지 않고 살아야 한다고 말씀하시는 분은 하나님이시며, 하나님께서는 그렇게 살 수 있도록 그 부인에게 은혜를 주실 것입니다."

그 학생의 입장을 고려할 때, 나는 그것이 아주 훌륭한 대답이라고 생각했다. 어느 정도 해석할 준비가 되었으므로, 나는 그 학생에게 고린도전서 7:8 이하에 있는 이혼과 재혼에 대한 바울의 진술 중에서 몇 가지 중요한 단어의 의미에 대해서 생각해본 적이 있느냐고 물어 보았다. 그 학생은 한 번도 그 단어들의 의미를 고려해보지 않았으며, 왜 그 단어들이 중요한 것인지 이해하지 못하고 있었다. 토론이 진행됨에 따라 이혼과 재혼을 다룬 본문에 대한 그 학생의 지식이 얼마 되지 않는다는 것이 분명히 드러났다. 그런데 그 학생은 이 얄팍한 지식을 토대로 하여 그 젊은 부인에게 "하나님께서는 당신이 혼자서 자녀들을 양육해야 한다고 말씀하십니다. 비록 당신의 남편이 다른 여인과 불륜관계를 맺고 그 때문에 당신을 떠났지만, 하나님은 당신이 다른 사람과 우정을 나누거나 성적 즐거움을 누려서는 안된다고 말씀하십니다"라고 말하려 한 것이다.

내가 볼 때, 이것은 무시무시한 성경의 남용이었다. 그것은 그 학생의 능력과 성경 지식을 남용한 것이었다. 그 젊은 부인에게 그러한 짐을 지울 권리가 그 학생에게는 없었다. 우리의 성경 해석이나 적용이 옳지 않은 것인데 "성경에서는…라고 말한다"라고 하는 것은 하나님의 권위를 도용하는 것이다. 종종 우리는 꿈이나 환상과 같은 주관적인 것에 권위를 두지 않고 우리 자신의 해석에 권위를 두는데, 우리의 해석은 다른 사람의 꿈이나 환상보다 더 주관적인 것일 수 있다. 계시의 주관적인 수단을 모두 던져 버린다고 해서 하나님의 권위를 보호하는 것이 아니며, 또 그렇다고 해서 우리가 주관성이나 정서적인 불안으로부터 보호되는 것도 아니다. 오늘날 교회 안에는 주관적이고 정서적으로 불안정한 많은 성경적 이신론자들이 돌아다니고 있다.

## 성령의 검인가, 아니면 골목대장의 곤봉인가

앞에서 내가 예로 든 학생은 자신이 대단히 안정된 인물이라고 생각하고 있었다. 그러나 실제로 그는 안정된 인물이 아니었고, 까다로운 사람이었다. 그는 성경적 이신론을 으뜸 원리로 삼고 있었다. 그는 성경 지식을 가장 귀중한 것으로 여겼다. 그 때문에 그는 성경을 통달해야 할 하나의 "주제"로 다루고 있었다. 자신이 성경을 통달했다거나 또는 주변 사람들보다 성경을 더 잘 안다고 생각하는 사람은 그 지식에 대한 교만 때문에 타락한다. "지식은 교만하게 한다"(고전 8:1). C. S. 루이스가 관찰한 것처럼, 그렇게 될 때 성경은 "위험한 삶을 채택하게 되고, 그 존재 목적과는 달리 작용한다."[4] 이신론자의 수중에 든 성경은 성령의 검으로 작용하지 못하고 골목대장의 곤봉이 된다. 그들은 자기보다 지식이 없는 사람들을 윽박지르기 위해서 자기의 성경 지식에 의해 획득한 권위를 사용한다. 성경을 잘 아는 "대가"(大家)가 되는 것의 위험에 대해서 경고한 사람은 루이스 외에도 많다. 예수님은 "화 있을찐저 너희 율법사여 너희가 지식의 열쇠를 가져가고 너희도 들어가지 않고 도 들어가고자 하는 자도 막았느니라"고 말씀하셨다(눅 11:52).

성경에 대해 오류가 없는 충분한 지식을 소유한다고 해서 우리가 성경으로부터 도움을 얻을 수 있다는 보증이 되지는 못한다. 올바르게 해석되고 적용되지 않는 한, 무오한 성경이라도 하나님의 음성을 계시해주지 않는다. 옳지 못한 사람들이 사용하면 무오한 성경도 파괴적으로 사용될 수 있다. 어떤 사람들은 성경을 사용하여 사람들을 해치고 자신의 멸망을 초래한다(벧후 3:16). 나도 과거에는 다른 사람들을 해치고 나 자신의 죄를 정당화하기 위해서 성경을 사용했었다.

성경을 알려는 욕망을 가진 사람들은 교회에 큰 해를 끼칠 가능성이 있다. 성경 지식에 다른 것이 섞이지 않는다면, 그 지식은 교만으로 이어진다(고전 8:2). 그리고 제어되지 않은 교만은 멸망으로 이어질 것이다(잠 16:18; 29:23).

과거에 나는 성경의 권위를 보호하려는 마음에서 존 플레쳐가 경고했던 바 "하나의 잘못을 피한다는 그럴듯한 구실 하에 다른 잘못을 포용하는"[5] 잘못을 범했었다. 나는 성경을 보호하기 위해서 노력하면서, 하나님께서 나에게 말씀하시고 나의 잘못을 바로 잡아주기 위해서 사용하실 다른 모든 방법을 내던져 버린 것이다. 심지어 나는 예수님이 말씀하신 열쇠, 성경을 이해하고 적용하는 열쇠까지도 내

던져 버렸었다.

토마스 어스킨의 말을 빌자면, 나는 성경을 나의 신(神)으로 삼았으며, 그렇기 때문에 성경의 하나님의 음성을 듣지 못했다.

chapter 18
# 신학으로 말미암은 불신앙

사역을 시작하신 후에 고향인 나사렛으로 돌아가신(막 6:1-6) 예수님은 회당에서 가르치셨는데, 많은 사람들이 놀랐고, 어떤 사람들은 그를 배척하였다. 그들은 "이 사람이 마리아의 아들 목수가 아니냐"라고 말했다. 예수님은 나사렛으로 돌아오기 전에 많은 귀신을 쫓아내셨고, 정신병자, 소경, 벙어리, 절름발이, 문둥병자 등 많은 병자들을 고치셨고, 성난 바다를 한 마디 책망으로 잔잔하게 하셨고, 죽은 자를 다시 살리셨다. 기적을 행하시는 하나님의 아들께서 고향 사람들에게 복을 주기 위해서 왔지만 "저희의 믿지 않음을 인하여 거기서 많은 능력을 행치 아니하시니라"(막 13:58). 하나님의 아들은 치료하실 수 있는 능력을 가지고 그들 가운데 서 계셨지만, 그들은 그저 한 사람의 목수, 마리아의 아들을 보았을 뿐이다. 그렇기 때문의 그들의 대부분은 병 고침을 받지 못한 채, 그리고 하나님께서 방금 자기들에게 말씀하셨음을 깨닫지 못한 채 돌아갔다.

이 나사렛에서의 일화는 불신앙의 세력에 대해 종교인들에게 주는 경고이다. 불신앙은 우리의 귀를 막아 하나님의 음성을 듣지 못하게 하며 우리로 하여금 그 분의 능력을 경험하지 못하게 할 수도 있다. 그것은 여러 가지 방법을 통해서, 즉 의식주의, 두려움, 심지어 신학을 통해서 우리 마음에 들어올 수 있다. 아마 신학적인 불신앙이 가장 극복하기 어려운 것이 될 것이다. 신학적 회의주의라는 주문에 걸린 사람은 하나님의 음성을 거의 듣지 못한다. 그것은 어쩌다가 한 번 있는 현상이 아니다. 바울은 다메섹으로 가는 도중에 충격적인 일을 경험했다. 예수님의 음성을 듣는 순간 그는 땅에 엎드렸다. 그러나 우리는 대체로 바울 같지 않으며 타는 떨기나무 앞에 선 모세 같지 않다. 우리의 대다수는 나사렛 주민들 같아서 타는 떨기나무 앞에 서 있는 것이 아니라 거부하기 쉽거나 친밀한 사람이나 사물 앞에 서 있다. 그러나 하나님은 우리가 하나님의 아들의 음성을 듣기 전에 먼저 목수의 음성과 그 능력을 믿을 것을 요구하신다.

고향 사람들은 예수님의 가르침에 놀랐다. 그들은 예수님이 기적을 행하시는 것을 인정하면서도 그를 믿지 않았다. 그 이유는 무엇일까? 아마 그들은 예수님의 주장이 너무나 장엄하다고 생각했거나, 또는 자기들이 너무나 잘 아는 사람을 메시아로 받아들일 수 없었기 때문일 것이다. 그들의 신학 때문에 그들은 보다 위엄있는 분을 메시아로 기대했을 수도 있다. 나도 나의 신학 때문에 오랫동안 하나님의 음성을 믿지 않았다.

나는 다만 하나님께서 성경을 통해서 말씀하시기를 기대했으며, 따라서 내가 하나님의 음성을 듣는 유일한 길을 성경을 통한 것이었다. 만일 하나님의 음성이 다른 방법을 통해서 나에게 임했다면, 나는 그것을 무시했을 것이다. 나는 우리가 성경을 소유하고 있으므로 꿈, 환상, 느낌 등은 우리에게 중요한 것일 수 없다고 생각했다. 나는 성경이 아닌 다른 형태의 하나님의 커뮤니케이션을 믿지 않는 나의 불신앙을 정당화해줄 신학을 신봉하고 있었던 것이다

## 하나님의 도덕적인 의지

하나님께서는 성경을 통해서만 말씀하신다거나, 또는 성경이 기적이나 다른 초자연적 계시의 필요성을 대신할 것이라고 말해주는 성경 본문을 하나도 발견하지 못했을 때, 나는 자신의 불신앙을 옹호하기 위해서 일련의 복잡한 신학적 주장들을 발견하게 되었다. 내가 사용했던 체계는 다음과 같다.

나는 하나님께서는 주로 우리가 하나님의 명령, 성경에 계시된 하나님의 뜻에 순종하는 데 관심을 가지신다고 주장했다. 하나님은 우리의 삶에 있는 도덕적인 것이 아닌 일들을 위해서가 아니라 도덕적인 삶을 위해서 우리를 인도해 주신다. 우리의 하늘 아버지는 쇼핑센터에서 우리를 인도하여 주차장을 발견하게 하시는 것이 아니라 우리로 하여금 이웃을 사랑하게 하시기를 원하신다. 결국 무엇이 중요한가? 이웃을 사랑하는 것인가, 아니면 주차하기에 좋은 장소를 발견하는 것인가? 만일 우리가 하나님의 도덕적인 의지에 순종한다면, 주차하는 장소가 정말로 중요한 문제가 되는가? 아니면 우리가 사는 집이나 도시가 중요한 문제가 되는가? 하나님의 도덕적 의지는 성경에 계시되어 있다. 우리가 성경에 완전히 순종하기 전까지는, 왜 성경이 아닌 다른 안내를 찾는 것일까? 성경은 도덕과 관계가 없는 일에 대해서는 걱정할 필요가 없다고 가르쳤다. 예수님께서는 우리에

게 음식이나 의복과 같은 일로 인해 근심하지 말고 그의 나라와 그의 의를 구하면 도덕과 관계가 없는 모든 것들이 주어질 것이라고 말씀하시지 않았던가(마 6:25-34)? 하나님께서는 도덕과 관계 없는 일에 있어서 우리가 무슨 일이든지 원하는 것을 자유로이 행할 수 있다고 말씀하시지 않았는가? 예를 들어, 만일 불신자가 우리를 저녁 식사에 초대했는데 우리가 그의 초대에 응하고 싶으면 우리의 원하는 대로 하면 된다(고전 10:27). 하나님께서는 "기도하면서 내 뜻을 알아보라"고 말씀하시지 않았다.

룻기는 하나님께서 우리를 어떻게 인도해주시는지를 보여주는 아주 훌륭한 책이었다. 그 책에는 기적, 예언자, 왕, 제사장, 분명한 초자연적 안내 등은 없지만, 하나님께서는 보이지 않는 손에 의해서 룻과 보아스를 함께 불러 내심으로써 비극과 악으로부터 선을 만들어 내셨다. 룻의 이야기는 아름다운 음과 불협화음이 한데 어우러져서 훌륭한 하모니를 이루어내는 위대한 심포니 같았다. 그러나 작곡시요 지휘자이신 하나님은 결코 무대 위에 올라 오시지 않았다. 하나님은 이면에 숨어 계신다. 룻과 보아스에게는 초자연적인 인도하심이 필요하지 않았다. 그들에게 필요한 것은 계시된 하나님의 뜻에 순종하는 것이었다. 룻의 이야기는 비록 우리가 하나님의 자애로운 선하심을 알지 못해도 하나님이 우리를 인도하시고 돌보아 주신다는 것을 가르쳐 주었다. 신학자들은 이것을 하나님의 섭리라고 말한다. 그것은 우리에게 위안이 되며 또한 확실히 성경적이다.

나는 도덕과 관계가 없는 일도 하나님께서 인도하신다는 견해에는 무엇인가 잘못된 점이 있는데, 그것은 우리로 하여금 두 종류의 계시를 믿도록 강요한다고 보았다. 첫째, 전체 교회를 위한 하나님의 도덕적 의지의 보편적인 하나의 계시가 있는데, 그것은 구원과 성화에 필요한 것을 계시해 주었다. 이 계시는 성경 안에서 발견되었다. 둘째, 우리의 개인적인 삶을 위한 개인화된 계시가 있어야 했다. 나는 성경 안에서 "개인화된" 형태의 계시를 발견하지 못했으며, 우리는 그것을 필요로 하지 않았다. 우리가 성경에 순종하기만 하면 하나님께서 나머지 모든 것을 돌보아 주신다고 생각했다.

이 견해가 어느 정도 위로를 주는 듯 했지만, 그것에는 많은 어려움이 있다. 지금 돌이켜 볼 때, 내가 어떻게 그것을 위해서 그렇게 진지하게 논쟁을 할 수 있었는지 신기할 정도이다. 첫째, 그것은 하나님의 뜻을 두 개의 범주, 즉 도덕적인 것과 도덕과 관계 없는 것들로 나눈다. 또한 그것은 삶을 도덕적인 삶과 도덕적인 것과는 관계가 없는 삶으로 나눈다. 도덕적인 삶은 하나님의 통제 하에 있으며, 도덕과 관계가 없는 삶은 우리 자신의 통제 하에 있다. 이러한 사고 방식은 우리로 하여금 삶을 종교생활, 가정 생활, 직장 생활, 여가 생활, 취미생활 등으로 구분하는 일을 장려한다. 이것은 삶에 대한 성경적인 견해인가? 예수님에게 있어서 도덕과 관계가 없는 삶은 어디에서 발견할 수 있는가? 바울은 어느 곳에서 도덕과 관계 없는 삶의 영역, 하나님의 지배 하에 있지 않고 우리의 지배 하에 있는 영역을 인정했는가? 성경 어디에서 우리의 삶을 별개의 구획으로 구분하는가? 성경은 우리 삶의 모든 분야를 하나님께 바치고 그의 지도를 받아야 한다고 가르치지 않는가?

무엇을 하든지 말에나 일에나 다 주 예수의 이름으로 하고 그를

힘입어 하나님 아버지께 감사하라…무슨 일을 하든지 마음을 다
하여 주께 하듯 하고 사람에게 하듯 하지 말라(골 3:17, 23)

"무슨 일을 하든지"라는 표현은 도덕적인 결정으로 여기는 결정만을 언급하는 것인가? 아니면 우리 삶의 모든 일과 관련된 언급인가?

하나님께서 성경을 통해서만 우리에게 말씀하신다는 견해가 지닌 두번째 문제는, 그렇게 되면 하나님은 우리 삶의 많은 분야에 대해서 말씀하시지 않게 된다는 것이다. 만일 하나님이 성경의 명령에 순종하는 것에만 관여하신다면, 우리가 도덕적인 삶을 사는 한 우리의 소명, 사는 장소, 일하는 곳 등에 대해서는 할 말이 많지 않으실 것이다. 이것은 어떤 형태의 기도들을 적절하지 못한 것으로 만들지 않는가? 만일 성경만이 유일하게 신뢰할 수 있는 안내가 된다면, 우리는 왜 하나님께 하나의 소명을 선택해 달라거나 어느 도시에 가서 살아야 할지 인도해 달라고 기도해야 하는가? 당신의 회사가 다른 도시로 이전하게 되어 당신이 세 개의 도시 중에서 하나를 선택할 수 있게 되었다고 가정해보자. 만일 하나님께서 오직 도덕적인 명령에 대해서만, 그리고 성경을 통해서만 말씀하신다면, 우리가 하나님께 인도하심을 구하는 기도를 드릴 이유가 없지 않을까? 과거에 나는 만일 우리가 하나님께 "제가 어느 도시로 가야 합니까"라고 기도하면 하나님은 오직 두 가지 반응을 보이실 것이라고 생각했었다.

하나님은 "세 가지를 선택할 수 있지만, 네가 무엇을 하든지 나는 상관하지 않는다. 네가 원하는 곳으로 가거라. 네가 어디서 살든지 나에게 순종하라. 그러면 모든 것이 잘 될 것이다. 이 일에 있어서 나

는 특별한 견해를 갖고 있지 않단다"라는 식의 반응을 보이실 수 있었을 것이다. 그러나 이런 식의 반응은 전지하신 분의 성품과 일치하지 않는 듯하다.

우리의 기도에 대한 두번째 논리적인 반응은 아마 다음과 같을 것이다. "얘야, 나는 네가 어디로 이사 가는지에 관심을 갖고 있으며, 또 네가 이사해야 할 곳도 알고 있지만, 너에게 말해 주지는 않겠다. 성경이 완성된 후로, 나는 성경에 기록되어 있는 않은 일들에 대해서 자녀들에게 말하는 일을 그만 두었단다. 나는 다만 네가 내 책 안에서 내 음성을 듣기를 바란다. 네가 내 책에 순종한다면 나는 네가 올바른 곳에 도착할 수 있게 해 줄 것이다. 그렇지만 그곳이 어디가 될 것인지 미리 말해줄 수는 없단다. 당분간 내 책을 읽고, 나머지 상세한 내용은 나에게 맡겨 두거라. 네가 최종적으로 본향에 도착하게 되면, 우리는 지금과는 다른 방법으로 이야기를 하게 되겠지만, 지금은 성경책을 읽어야 한단다."

이 견해가 지닌 세번째 문제는, 우리가 "도덕과 관계가 없는 결정들"이라고 간주하는 것들이 우리의 도덕적인 삶에 강력한 효과를 미칠 수도 있다는 것이다. 롯은 소돔 가까이에서 사는 편을 택했으며, 결국 그의 도덕적 삶은 소돔에서 비참한 결과를 맞았다. 그는 동굴에서 술에 취해 잠을 자다가 자기의 딸들과 근친상간을 범하고 말았다. 소돔에서의 생활이 이 의인을 희생시킨 것이다. 롯이 하나님의 견해를 묻고 약간의 인도하심을 기다렸다면 사정이 더 나았을까? 우리가 살거나 일하는 장소와 우리의 도덕적인 삶과의 관계는 우리가 생각하는 것보다 훨씬 긴밀하다.

## 성경을 교묘하게 해석하는 것

과거에 내가 가졌던 관점이 지닌 가장 큰 문제점은, 그것이 성경에 등장하는 사람들의 경험에 전혀 근접하지 않는다는 것이었다. 하나님은 성경과는 별도로 그들에게 말씀하셨다. 하나님은 자기 백성들에게 경고하시고 격려하시고 특별한 지리적 인도하심도 주셨다. 과거에 나는 자신의 견해를 뒷받침하기 위해서, 자녀들을 위한 하나님의 정규적이고 특별한 계시와 인도하심을 보여주는 모든 성경적 본보기들을 교묘하게 설명하는 방법을 찾아야 했다.

### 그것은 정상적인 것이 아니다

만일 어떤 사람이 아브라함의 종이 하나님의 인도하심을 받아 리브가를 이삭의 아내로 선택하 특별한 방법을 가르쳤다면(창 24장), 나는 그것은 성경에서 아내를 선택한 정상적인 방법이 아니었다고 반박할 것이다. 나는 천사가 빌립에게 나타나서 사마리아를 떠나 가사로 가는 사막 길로 가라고 말한 것에 대해서도 같은 구실을 제시했다(행 8:26). 또 나는 이러한 이야기들을 하나님의 정상적인 인도하심의 본보기로 사용한다면 이 이야기들의 상세한 내용이 오늘날 되풀이 되기를 기대해야 할 것이라고 주장했다. 만일 천사나 초자연적인 구름이 우리가 개인적인 결정을 내리는 데 도움을 주기를 기대하지 않는다면, 우리는 이러한 이야기들을 하나님의 정상적인 인도하심이나 말씀하심의 본보기를 사용해서는 안된다.

### 특별한 사람들만을 위한 것이다

천사와 같은 초자연적인 요소를 갖지 않은 신약성경의 서신서나 사도행전에서 취한 본보기를 설명하는 것은 훨씬 더 어려웠다. 예를 들면, 바울은 자신이 회심하고 나서 14년 후에 계시를 인하여 예루살렘에 올라갔다고 주장했다(갈 2:2). 바울은 이 때 하나님께서 도덕과 관계가 없는 지시를 주셨다고 주장했다. 사도행전과 서신서에는 이런 종류의 지시가 무척 많기 때문에 나는 그것들이 비정상적인 것이라고 주장할 수 없었다. 나는 하나님께서 그런 방식으로 말씀하시는 것이 정상적인 일이었지만, 그것은 사도들에게만 해당된다고 주장해야 했다. 사람들이 나에게 퍼부은 본보기들의 대부분은 사도들, 특히 바울의 삶에서 취한 것들이었다. 이에 대한 나의 답변은 우리는 사도가 아니기 때문에 하나님께서 사도들에게 말씀하셨던 것처럼 우리에게 말씀하실 것을 기대해서는 안된다는 것이었다. 나는 사도들을 방패로 삼음으로써 신학적 적수들로부터의 공격을 피하려 했다.

### 특별한 상황에만 적용되는 것이다

그러나 나의 적수들은 쉽게 물러서지 않았다. 그들은 필사적으로 신약성경을 탐색하여 마침내 사도가 아닌 사람들도 사도들과 같은 방법으로 하나님의 음성을 들은 몇 가지 예를 찾아냈다. 그들은 도덕과 관계가 없는 일에 대해서 하나님께서 특별하게 말씀하신 본보기들을 사용했다. 예를 들어서 사도가 아니라 예언자인 아가보는 로마 제국 전체에 큰 흉년이 들 것을 정확하게 예언했다(행 11:28). 이 예언은 나를 난처하게 했다. 그것은 양식, 정확하게 말하자면 양식의 부족에 관한 것이었다. 그것은 내가 하나님께서 말씀하시지 않는 주제로 분류한 것들 중 하나였다. 나는 하나님께서는 음식이나 의복, 즉 우리의 개인적인 삶에 대한 것들에 대해서는 계시를 주시지 않는다고 말하기 위해서 마태복음 6:33("먼저 그의 나라를 구하라")을 사용했었다. 그런데 사도가 아닌 사람에게 기근에 대한 계시, 즉 안디옥의 기독교인들이 유대의 기독교인들에게 구제금을 보내도록 인도해 주는 계시가 주어진 것이다. 이러한 예를 어떻게 무시할 수 있겠는가? 그것은 쉬운 일이 아니었다. 나의 적수들은 사도들이라는 방패로는 막을 수 없는 총알을 쏘아대고 있었다. 이 공격에서 살아남기 위해서 나에게는 방탄조끼가 필요했다.

　나는 열심히 찾아보면 이러한 예들 역시 특별한 것에 불과하다고 주장하는 데 도움이 될 철학적 원리나 역사적 필요성 등의 방탄 조끼를 항상 발견할 수 있다는 것을 발견했다. 아가보가 예언한 기근의 경우, 나는 안디옥과 유대의 기독교인들의 관계를 돈독하게 하기 위해서 그 계시가 필요했다고 말했다. 다시 말하면, 이 예언은 사실상 기근이나 하나님의 백성들의 생명을 구하는 것에 대한 것이 아니라, 그리스도의 몸의 통일에 대한 것이라고 말했다. 나는 그것이 도덕과 관계 없으며 지방화된 계시적 말씀의 모습을 취한 것에 불과하다고 주장했다. 이 경우에 하나님은 그리스도의 몸의 통일에 대해서 예언적으로 말씀하셨는데, 통일은 도덕적인 문제이다.

　그러나 이것도 내가 시무하는 교회 내의 일부 완고한 신비가들에게는 충분한 설명이 되지 못했다. 그들 중 한 사람은 아가보의 예언에 대한 나의 설명이 "철저히 특이한 것"이라고 말했다. 그는 내 설명이 타당성이 없다고 주장했다. 그는 "비록 아가보의 예언이 실제로는 통일에 관한 것이었다고 인정한다고 해도, 하나님께서 오늘날 지역 교회들 안에 통일을 가져오기 위해서 예언적 말씀을 주시지 않을 이유가 도대체 무엇입니까?"라고 물었다. 이제 그들은 16인치 대포로 공격하기 시작한 것이다. 나는 "그 때에는 하나님께서 그렇게 말씀하셨는데, 지금 그렇게 행하려 하지 않으실 이유가 무엇인가?"라는 식으로 성경을 단순하게 읽는 것을 싫어했다. 만일 나의 적수들이 조금이라도 신학 교육을 받았다면, 그들은 그런 식으로 성경을 읽을 수 없다는 것을 알았을 것이다. 나 역시 아가보에 대해 완고한 느낌을 갖기 시작했다.

역사적인 필요성이라는 나의 방탄조끼로는 대포의 공격을 막을 수 없었다. 내가 어떻게 현대 교회는 하나님의 음성으로부터의 대답을 요구한 "역사적 필요성"에 직면해 있지 않다고 주장할 수 있었겠는가? 사도들이 역사의 뒤편으로 사라진 후 인간의 본성이 극적으로 변화되었으므로 더 이상 기근이 없게 되었는가? 아니면 사도들이 떠난 후에 하나님께서 마음을 바꾸셨기 때문에 더 이상 앞으로 다가올 재앙들에 대해서 우리에게 경고해주는 데 관심을 갖지 않으신 것인가? 나에게는 하나의 요새가 필요했다. 그렇지 않으면 이러한 성경적인 예들 앞에서 나는 굴복할 수 밖에 없었다. 이 시점에서 나는 필요로 하는 요새를 발견했다. 그것은 튼튼한 요새였다.

## 정경이 확정되지 않은 기간에만 적용된다

나는 "이러한 계시들은 정경이 완성되기 전에 주어진 것임을 알아야 한다. 아가보나 다른 사람들은 통일이 얼마나 중요한지를 말해주는 완성된 정경을 소유하지 못했다"라고 대답했다. 그것은 상대방을 꼼짝 못하게 하는 결정적인 요인이었다. 이 논쟁에서 내가 사랑한 표현은 "그것은 정경이 확정되기 전에 발생한 것이다"였다. "정경"이라는 단어는 성경에 포함되는 책들의 목록을 의미한다. 신약성경의 저술들이 계속 추가되는 동안에는 정경이 확정되지 않았었다. 이 기간에는 모든 것이 달랐다. 그것은 초자연적이었고 또 대단히 주관적이었다. 그러나 그것은 "그 시기가 정경이 확정되지 않은 시기"였기 때문이었다. 참으로 훌륭한 표현이 아닐 수 없다! 그것을 사용함으로써 나는 어떤 논쟁에서도 이길 수 있었다. 그 표현을 사용하면 어떤 것도 교묘하게 설명해 넘길 수 있었다. 정경이 확정된 시기에는 하나님이 원하시는 대로 얼마든지 자주 말하셔도 상관이 없었다. 사도가 아닌 사람들, 꼭두각시에게, 심지어 짐승들에게 말하셔도 상관이 없었다. 이러한 예들을 모두 정경이 확정되지 않은 기간의 것이므로 결코 타당한 예가 되지 못했다. 그러나 지금 우리는 성경의 시대에 살고 있다. 모든 형태의 하나님의 커뮤니케이션을 성경이 대신한다. 계시가 주어지는 궤도는 둘이 아니라 하나, 즉 성경뿐이었다. 그러므로 내 적수들이 창세기에서부터 계시록에 이르기까지 어느 곳에서 취한 성경적 예를 사용해도 상관이 없다. 그 예가 원자탄과 같은 힘을 가졌다 해도 그 폭발을 견뎌낼 수 있는 신학적 요새를 발견했기 때문에 문제가 되지 않았다. 나는 "당신이 제시하는 예는 성경이 완성되기 전 시대의 것입니다. 이제 우리는 완성된 성경의 시대에 살고 있으므로, 당신은 그것을 사용해서는 안됩니다"라고 말하곤 했다.

하나님께서 개인적으로 말씀하시고 직접적으로 지시하는 것을 보여주는 성경적인 예들의 증거를 반박하기 위해서 내가 사용했던 방법을 요약해 보겠다. 첫째, 나는 그 예는 하나님께서 말씀하시거나 인도하신 정상적인 방법이 아니라고 말하곤 했다. 둘째, 내 적수들이 정상적인 하나님의 계시의 예를 발견해낼 경우에, 나는 하나님께서는 특별한 사람들에게만 그런 방식으로 말씀하시며 또 그들은 특별한 사람이 아니라고 말하곤 했다. 셋째, 만일 그다지 특별하거나 특이하지 못한 사람에게 하나님께서 말씀하신 예를 발견해낼 경우에, 나는 그 당시의 역사적 상황이 특별한 것이었다고 주장했다. 마지막으로, 그들이 어떤 예를 제시하건 간에, 나는 항상 그들이 취한 예는 정경이 완성되기 전 시대의 것이므로 근거 없는 것이라고 주장할 수 있었다.

이제 독자들은 내 방법의 탁월할 특성을 이해했을 것이다. 독자들이 성경에서 어떤 예를 취해서 제시해도, 나는 그것이 현대에는 타당성이 없는 것으로 평가할 수 있다. 이 네 가지 논거가 실제로 신학적 토론에서 모든 성경적 예의 사용을 제거하는 일은 없었다. 모든 성경적 예는 정경이 확정되기 전 시대의 것이어야만 한다.

이런 식으로 주장하는 것은 "이 문제에 관한 나의 생각은 결정되었으며, 나는 성경 구절이 나의 주장에 도전하거나 바로잡는 것을 허락하지 않을 것이다"라는 의미였다.

이러한 논거들을 초자연적인 것이 아닌 영역에 적용한다면, 그것이 얼마나 부적절한 것인지를 알 수 있다. 예를 들어, 우리 교회의 교인들에게 복음을 위하여 모든 일을 행한 바울의 본보기를 따르라고 권면하면 어떻게 될까(고전 9:23)? 미안하지만 우리는 그 예를 사용해서는 안된다. 바울은 사도였으며, 사도들만이 복음을 위해서 모든 일을 행한다. 게다가 위의 예는 정경이 확정되기 전 시대의 것이고, 우리는 성경을 소유하고 있다. 우리는 복음을 위해서 모든 것을 공부한다. 바울이 고린도전서 9:23에서 말한 것은 사도들만을 위한 것이고, 정경이 확정되기 전 시대만을 위한 것이었다.

사실상, 정경이 확정되기 전 시대에서 취한 논거는 현대의 신학에서 볼 때 넌센스에 불과하다. 그것은 현대에 성경적 경험이 부족한 것을 부정하는 성경적 예를 교묘하게 설명해 넘기기 위해 고안된 것이었다. 우리가 완성된 성경을 소유하고 있으므로 더 이상 성경을 떠나서 하나님의 음성을 들을 필요가 없다고 말하는 성경적 본문이나 합법적인 성경적 논거는 존재하지 않는다. 이 논거가 얼마나 어리석은 것인지 생각해보라. 그것은 우리를 성경에서 멀어지게 만든다! 만일 내가 하나님의 음성을 들은 성경적 예들을 사용할 수 없다면, 과연 어떤 예들을 사용해야 하는가? 내가 사용할 예들을 찾기 위해서 현대 교회로 가야 하는가? 신학교 강의실로 가야 하는가? 성경연구를 떠나서는 한번도 하나님의 음성을 들은 적이 없는 신학자나 전도자를 하나님의 음성을 듣는 방법을 보여주는 예로 삼아야 하는가? 오늘날의 전도자가 예수님이나 사도들이나 아가보 기타 신약성경에 등장하는 다른 인물들보다 더 좋은 본보기가 될 것인가? 나는 진정으로 하나님의 음성을 듣는 방법을 보여주는 주된 예를 성경 밖에서 찾기를 원하는가? 한 번도 기적을 목격한 적이 없거나 치유에 사용된 적이 없는 사람을 기적적인 일의 인도자로 삼아야 하는가? 한 번도 수영을 해본 적이 없는 사람에게서 수영 강습을 받아야 하는가?

우리가 고찰해 보아야 할 신학적 논거가 또 하나 있는데, 그것은 사람들이 하나님의 음성을 듣는 일을 어렵게 만들어 준다. 그것은 신학적 논거로 가장한 강력한 두려움이다.

## 신적 권위의 붕괴에 대한 두려움

어떤 사람들은 하나님으로부터 온 계시는 성경 안에 있는 것이든지 성경 밖에 있는 것이든지 모두 동일한 권위를 가진다고 주장한다. 나는 지금까지 성경에 기록된 계시는 특별한 권위를 소유한다고 주장해왔다. 성경이 기록되고 있던 시기에 주어진 계시 중에서 성경에 기록되지 않은 것이 상당히 많다. 예수님의 말씀 중에서 극히 일부만 성경에 기록되어 있지만, 예수님께서 말씀하신 것은 모두가 계시적인 말씀이었다(요 12:49-50; cf. 5:19). 물론 사도들이 한 계시적인 말 중에서도 성경에 기록되지 않은 것이 많으며, 그들이 교회에 보낸 편지들 중 일부는 현재 보존되어 있지 않다.[1] 신약시대의 교회에서는 평신도들의 예언도 성행했지만, 그러한 계시 중에서 완성된 성경에 포함된 것은 거의 없다. 계시적 말씀의 대다수는 정경에 포함되지 못하고 어떤 계시는 정경에 포함된 이유는 무엇일까?

그 대답은 하나님께서 성경의 말씀들을 선택하시어 모든 교회 위에 특별한 권위를 갖게 하셨다는 것이다(딤후 3:16-17). 물론 유실된 계시적 말씀들은 교회 위에 권위를 갖지 못한다. 그것들은 교회에 대해서는 잊혀진 것이다. 그러나 성경에 기록되어 있는 계시는 모든 시대 모든 장소의 모든 사람들을 위한 하나님의 통치를 표현한다. 성경이 기록되고 있는 동안에도 그것은 당시의 비정경적 계시 위에 군림하는 권위를 소유했다. 예를 들면 바울은 다음과 같이 기록했다:

> 만일 누구든지 자기를 선지자나 혹 신령한 자로 생각하거든 내가 너희에게 편지한 것이 주의 명령인 줄 알라 만일 누구든지 알지 못하면 그는 알지 못한 자니라.(고전 14:37-38)

바울은 자신이 모든 비정경적 계시 위에 군림하는 권위를 지닌 성경을 기록하고 있다는 것을 알고 있었다.

또 그는 어떤 사람들이 자기의 생각이나 말을 참된 계시라고 생각하며 성경적인 계시를 반박하리라는 것도 알았다. 이런 경우에 안전한 행동은 모든 비정경적인 계시를 금지하는 것, 하나님께서는 성경을 떠나서 말씀하시지 않으며 말씀하실 수 없다고 주장하는 것일 것이다. 그러나 바울은 그와 반대되는 해결책을 선택했다. 그는 성경적인 계시에 대한 경고를 직후에 다음과 같이 기록했다:

> 그런즉 내 형제들아 예언하기를 사모하며 방언 말하기를 금하지 말라.(고전 14:39)

실제로 그는 일반적으로 대단히 논란이 많고 남용되며 위험한 두 가지 은사를 사용하라고 권장했다. 일부 현대인들의 견해에 의하면 그것들은 특히 성경의 특별한 권위와 절충할 수 있는 은사였다. 바울은 특별한 성경적 계시를 남용하는 것에 대해 염려하고 있었지만, 그것을 금지하지는 않았다. 그 이유는 무엇이었을까? 그것이 교회의 건강을 위해 필요한 것이었고, 그것의 남용을 방지할 수 있는 방법이 있었기 때문이었다. 개인적인 계시는 먼저 성경의 특별한 권위라는 문을 통과해야 했다. 성경과 일치하지 않는 것은 결코 유효한 계시로 인정되지 않았다. 그러므로 데살로니가 교회에 어떤 "예언자들"이 사도들의 예언이라고 주장하며 거짓 예언을 가지고 와서 주의 날이 이미 임했다고 말했을 때, 바울은 그 예언은 사도적 가르침―이것은 후일 성경이 된다―에 어긋나므로 그 예언 때문에 놀랄 필요가 없다고 말했다(살후 2:1-12). 그 예언은 예수의 가르침에도 어긋나는 것이었다(마 24:1-35). 신약 시대의 기독교인들은 계시적이라고 주장되는 모든 말을 기록된 말씀의 표준에 의해서만 판단했다.

이것은 성경에 어긋나지 않는 개인적인 계시는 자동적으로 참된 계시라는 의미는 아니다. 만일 우리가 들을 귀를 가지고 있으면 우리에게 주어진 진리의 성령은 우리를 모든 진리 가운데로 인도하실 것이다(요 16:13). 아가보가 바울이 감옥에 갇힐 것을 예언했을 때, 바울의 친구들은 그 예언을 받아들여 바울에게 예루살렘에 가지 말라고 권했다(행 21:10-12). 그 예언과 적용은 성경에 어긋나지는 않았지만, 바울은 친구들의 호소를 무시하고 예루살렘으로 갔다. 그 이유는 무엇이었을까? 성령께서 이미 그가 예루살렘에 가야 한다는 것을 보여 주셨기 때문이었다(행 20:22-23).

어떤 사람들은 바울에게 주어진 계시는 성경과 동일한 권위를 갖기 때문에 바울은 그 계시에 순종할 필요가 없었으므로, 우리는 바울의 삶에서 취한 이런 종류의 예들을 사용할 수 없다고 반대할 것이다. 그들은 그것은 성경, "하나님의 말씀"과 같은 것이었다고 주장한다. 이 주장을 증거해주는 사례로서 사도행전 16:6-10을 살펴 보기로 하자.

### 시범적 사례

바울과 그의 동역자들은 복음을 전파하기 위해서 소아시아를 향해 출발했지만, 성령께서 그것을 금지하셨다. 바울은 환상을 보고서 소아시아 대신에 마케도니아에 가서 복음을 전파했다. 파울러 화이트의 견해에 의하면, 바울에게 주어진 지시들은 "항상 하나님께서 전하시려는 것을 정확하게 표현하며 절대적인 권위를 부여받는 하나님 자신의 말씀이었기 때문에,"[2] 이와 같은 실질적인 지시는 오늘날 성령께서 기독교인들을 인도하시는 것과는 관계가 없다. 다시 말하자면, 우리가 오늘날 환상이나 꿈을 통해서 말씀하시는 하나님의 음성을 듣는다고 주장하는 것은 우리 자신이 받은 계시가 성경과 동등하다고 주장하는 셈이 된다는 것이다. 물론 내가 아는 한 아무도 이렇게 주장하지는 않는다. 그러나 화이트의 생각에 의하면, 하나님으로부터 온 계시라면 성경과 동등한 권위를 가져야만 한다.

바울을 마케도니아로 인도한 환상은 분명히 하나님으로부터 온 것이었다. 바울과 그의 동역자들은 그 환상이 그들이 마케도니아에서 복음을 전파해야 한다는 의미라고 확신하였으므로 그 환상에 복종해야 했다. 그것은 또 성경과 관계가 없는 계시이기도 했다. 그것은 바울 및 그의 사역 팀을 위해 주어진 개인적인 지시였다. 하나님께서는 이러한 개인적인 지시들이 성경적 계시의 일부가 되는 것을 허락하셨다. 그 이유는 무엇이었을까? 그것들은 분명히 모든 신자들이 복음을 전파하기 위해서 마케도니아로 가야 한다는 권위적인 지시는 아니다. 그렇다면 왜 성령은 누가로 하여금 이 이야기를 사도행전에 포함시키게 하셨을까? 바울의 견해를 따르자면, 이 이야기는 성경에 포함됨으로써 "교훈과 책망과 바르게 함과 의로 교육하기에 유익한" 것이 되어야 했다(딤후 3:16).

만일 우리가 하나님께서는 성경을 떠나서는 말씀하시지 않는다는 주장을 취한다면, 이 이야기는 아무 소용이 없게 된다. 만일 하나님께서 이제는 환상을 통해서 인도하시지 않는다면(행 16:9), 만일 하나님께서 더 이상 성령에 의해서 말씀하시지 않는다면(행 16:6, 7), 이 이야기가 오늘날 무슨 의미가 있겠는가? 우리가 그것을 정신적 의미로 해석하며 그것으로부터 하나님의 섭리적 인도하심에 관한 몇 가지 일반적이고 신학적인 통칙들을 끌어내려 하지 않는 한, 그것은 아무런 의미를 갖지 못한다. 그러나 그 이야기는 보이지 않는 섭리적 인도하심에 대한 이야기가 아니다. 그것은 사역의 목적을 위해 성령으로부터 주어지는 특수한 지시들에 관한 것이다. 만일 우리가 그 이야기를 설화체 문헌을 해석하는 것과 같은 방식으로 해석한다면—즉 헌금함에 동전 두 잎을 넣은 과부의 이야기를 해석하듯이 해석한다면(눅 21:1-4), 그것은 하나님께서 우리가 처한 상황에서 어떻게 우리를 인도하시는지를 가르쳐주며, 바울이 성령의 계획을 따르기 위해서 자신의 계획을 포기한 데서 보듯이 우리를 의롭게 연단해 주는 본보기가 된다. 또한 그것은 하나님은 성경을 벗어나서 말씀하시지 않는다고 믿는 사람들에게 주는 책망과 교정의 역할을 한다.

## 참된 계시를 오해하는 것

화이트 및 그와 같은 신학적 견해를 가진 사람들에게 있어서 하나님께서 성경에서 사용하신 것과 같은 방법을 통하여 말씀하고 계시다는 것과 관련된 또 하나의 문제점은 우리가 그러한 방법을 통해서 제공된 지시를 이해할 것이라는 보증의 결핍이다. 화이트는 "그들이 영원히 이 말씀을 들을 것이라고 보증해주기 위해서 하나님이 아무 일도 하지 않을 때에, 이 말씀들이 천국으로부터 새롭게 주어지는 방법은 그들의 삶을 위한 하나님의 지고한 목적에 필요하고 전략적으로 중요한 것이 될 수 있다"[3]고 말한다. 하나님께서 꿈이나 환상 이해[4]를 보증해 주지 않으시는데, 어떻게 그것들이 귀중한 것이 될 수 있는가?

그러나 성경을 비롯하여 여러 가지 계시를 듣고 이해하는 것을 하나님께서 자동적으로 보증해 주신다는 보증을 우리는 어디에서 발견하는가? 베드로는 바울의 저술 중 어떤 것은 이해하기 어렵다고 말했다(벧후 3:16). 그런데 베드로는 사도였다! 예수님께 분명한 음성이 들려왔을 때, 그것이 그들 자신을 위해 주어진 것임에도 불구하고 그저 우레 소리만 들은 사람들이 있었다(요 12:27-30). 비록 하나님께서는 모든 사람들이 그 음성을 이해할 것이라고 보증하시지 않았지만, 그 음성은 계시였다. "하나님의 뜻으로 말미암아 그리스도 예수의 사도 된 바울"(고후 1:1)라고 한 바울의 편지의 인사말조차 제대로 이해하지 못한 고린도 교인들은 어떠했는가? 바울은 그 편지의 많은 부분에서 자기 대신에 거짓 사도들을 받아들이고 있는 교회에 대한 자기의 사도직을 옹호해야 했다(고후 10:1-12:21). 바울은 그들의 영적 아버지였다(고전 4:15). 하나님은 성경 안에서 우리에게 참된 말씀을 주시지만, 그 말씀을 이해하는 데에는 읽는 능력 이상의 것이 필요하다. 하나님의 계시를 이해하는 열쇠는 첫째로 하나님의 주권적인 의지 안에 있고, 두번째로는 우리의 마음의 상태에 있다.

화이트는 웨인 그루뎀과 내가 틀리기 쉬운 실질적인 지시를 신봉하고 있다고 비난한다.[5] 만일 그의 말의 의미가, 우리가 참된 계시를 오해하거나 잘못 적용하여 잘못된 지시를 받을 수도 있다고 믿는다는 뜻이라면, 그것은 우리의 입장을 정확하게 진술한 것이다. 그러나 만일 그의 말이 하나님께서 틀리기 쉬운 계시를 주실 수도 있다고 믿는다는 뜻이라면, 그는 우리를 오해한 것이다. 하나님은 절대로 거짓말을 하실 수 없다(히 6:18). 하나님은 결코 틀리기 쉬운 계시를 주실 수 없을 것이다. 그러나 우리가 틀림이 없는 계시를 오해할 가능성이 없는 것은 아니다. 그리고 그러한 오해 때문에 우리가 성경이나 꿈이나 기타 다른 형태의 참된 계시로부터 잘못된 지시를 이끌어낼 수도 있을 것이다.

## 하나님의 개인적인 지시의 권위

화이트 및 그의 동료 신학자들은 성경을 존중하며 그 권위를 보호하려 한다. 이 점에 관해서는 나는 그들을 칭찬한다. 그러나 그들이 취한 입장은 실제로는 성경의 권위를 보호하지 못하며 또는 하나님으로부터의 개인적인 인도하심 안에 있는 권위의 문제를 해결하지

못한다. 화이트는 다음과 같이 믿고 있다:

> 하나님께서는 자극, 느낌, 통찰 등을 통해서 기록된 말씀을 적용하심으로써 성령에 의해서 자기 백성을 인도하시고 지도하신다. 그러나 이 모든 경험들은 성령의 계시 사역과 구분되어야 한다. 이런 까닭에 비록 성령의 조명과 인도하심의 초점이 자극이나 느낌과 같은 현상에 두어지기도 하지만, 그러한 현상들은 예언과 방언과 같이 사역과 관련된 성경적인 계시의 은사들 안에 포함된다고 해석되지는 않는다.[6]

다시 말해서, 하나님의 실질적인 인도하심과 예언, 방언, 환상, 꿈으로 나타나는 하나님의 계시의 사역은 구분되어야 한다.

화이트의 주장에는 두 가지 놀라운 사실이 있다. 첫째, 그는 하나님의 실질적인 인도하심을 성령의 계시 사역으로부터 구분해야 한다는 주장을 뒷받침해줄 성경 본문을 하나도 제공하지 않는다. 그는 성경 대신에 존 머레이의 글을 인용하고 있는데, 그 글 역시 성경을 하나도 인용하지 않고 있다. 화이트는 성경의 뒷받침을 받을 수 없을 뿐만 아니라 성경에 어긋나는 구분을 주장하고 있다. 바울은 자신이 예루살렘을 방문한 것에 대해 언급하면서 다음과 같이 주장했다:

> 계시를 인하여 올라가 내가 이방 가운데서 전파하는 복음을 저희에게 제출하되…(갈 2:2)

이것이야말로 특별하고 실질적이고 지리적인 인도하심이 아닌가? 그것은 성령의 계시에서 온 것이 아니었는가? 바울은 오늘날 일부 기독교인들처럼 성령의 인도하심과 계시를 구분하지 않았다.

두 번째로 놀라운 사실은 화이트가 "하나님께서는 자극, 느낌, 통찰 등을 통해서 기록된 말씀의 적용 안에서 성령에 의해서 백성들을 인도하시고 지시하신다"고 주장한 점이다. 하나님께서 자극, 느낌 통찰 등을 통해서 인도하신다는 것을 화이트는 어떻게 알았는가? 그는 이 주장을 증명하기 위해서 성경을 사용할 수 없다. 그는 이미 성경에 있는 인도하심의 본보기들은 "하나님의 말씀", 즉 성경과 동등한 권위를 갖는다고 말한 바 있기 때문이다. 그리고 화이트는 우리가 이러한 종류의 인도하심을 이용할 수 있다고 믿지 않는다. 그것은 정경이 완성됨과 더불어 사라졌다. 화이트는 하나님께서 인도하심을 위한 방편으로서 어느 기독교인에게 자극을 주실 것이라고 말하는 성경 본문을 하나라도 제시하고 있는가? 그렇지 못하다. 실제로 성경에서 하나님이라는 주제와 관련하여 "자극하다"라는 단어는 한번도 등장하지 않는다. 화이트는 우리에게 성경에서 결코 발견할 수 없는 형태의 인도하심을 믿으라고 요구하고 있다.

다시 원래의 질문으로 돌아가 보자. 하나님께서 자극을 통해서 인도하신다는 것을 화이트는 어떻게 아는가? 화이트는 하나님의 인도하심을 위한 우리의 본보기가 되기를 원하는가? 그의 주장들은 성경의 본보기들보다 더 큰 권위를 가지는가? 그는 성경에 있는 본보기들을 오늘날 하나님이 인도하시는 방법의 본보기로 삼는 것을 금했다. 또 나는 화이트가 사용한 것과 같은 종류의 논거들은 우리를 성경에서부터 멀어지게 만든다고 말한 바 있다. 화이트가 자신이 제시한 애매한 경험적 형태의 인도하심을 뒷받침하기 위해서 성경 본문을 하나도 제시하지 않은 것이 바로 우리를 성경에서 멀어지게 만드는 것이다. 그는 그 정도에서 그치지 않는다.

그는 이러한 인도하심의 본질에 대해서 아무 것도 말해주지 않는다. 하나님으로부터 오는 자극은 얼마나 큰 권위를 가지는가? 만일 하나님께서 그 자극을 통해서 우리를 인도하신다면, 우리는 거리낌 없이 그 자극에 불순종해도 되는가? 성경과 관련하여 볼 때 하나님의 자극은 어떤 권위를 가지는가? 어떤 사람은 "만일 자극을 주시는 분이 정말로 하나님이라면, 그것의 권위가 성경보다 못할 수 없지 않은가?"라고 물을 것이다. 화이트는 이와 같은 질문에는 전혀 대답하지 않으며, 따라서 그 자신이 제기한 비난에 대해 스스로를 개방한다: 하나님께서 그러한 자극을 실제로 영구히 듣게 될 것이라고 보장해주지 않는다면, 자극, 느낌, 통찰 등을 통한 성령의 인도하심이 기독교인들에게 무슨 가치가 있겠는가?

성경을 떠나서도 하나님의 인도하심이 존재한다고 인정할 때, 우리는 권위의 문제에 직면하게 될 것이다. 우리가 하나님의 인도하심을 언급하는 방법은 중요하지 않다. 그것을 하나님의 내면적 인도하심이라고 불러도 되고, 영적인 자극이라고 불러도 좋다. 만일 그것이 하나님께서 주신 것이라면, 우리는 그것에 순종해야 하지 않을까? 그것은 성경과 동등한 권위를 가지는가? 그렇지 않다. 왜냐하면 성경은 모든 시대, 모든 장소, 모든 신자들에게 절대적인 권위를 갖기 때문이다. 하나님의 개인적인 지시는 그것을 받을 사람에게만 권위를 갖는다. 그리고 다른 사람들을 통제하기 위해서 개인적인 지시가 우리에게 주어지지는 않는다.

오늘날 하나님께서는 성경을 통해서만 말씀하신다고 주장함으로써 화이트는 하나님께서 개인적으로 우리에게 주시는 커뮤니케이션

에 있어서의 권위의 문제를 해결하지 못하고 회피했다. 그는 다음과 같이 인정한다:

> …만일 성경이 정말로 성경을 통해서, 그리고 성경과는 상관없이 "하늘로부터 새로이 주어지는" 말을 통해서 하나님의 음성을 들으라고 가르친다면, 이 책의 기고자들 및 그들의 견해에 동의하는 사람들은 하나님의 음성을 듣기를 단도직입적으로 거부한 죄를 짓지는 않았다고 해도 최소한 성령을 소멸한 죄를 범하는 셈이 된다. 우리는 모든 사람들 중에서 특별히 하나님께서 오늘날 그의 교회에 말씀하실 때 사용하시는 도구인 성령의 은사들을 활성화시켜야 할 필요를 느끼고 있다(딤후 1:6 참조).[7]

윗글은 그의 글 중에서 내가 가장 동의하는 부분이다.[8]

### 신약성경 경험의 효력

기적과 하나님의 음성을 듣는 일을 보여주는 성경의 예들이 오늘날 유효하지 못하다는 주장은 분명한 성경적 진술에 의해서 증명되어야 한다. 그러나 내가 아는 한 아직까지는 그렇게 되지 못했다. 어떻게 그것이 가능할 수 있었겠는가? 신약 성경의 경험이 이제는 유효하지 않다고 가르치는 신약성경 본문을 어디에서 발견할 수 있는가?

완성된 성경이 어떻게 신약 시대 기독교인들이 하나님의 음성을 들은 다양한 방법을 무익한 것으로 만들 것인가? 그들은 성경의 권위와 타협하지 않고서도 꿈이나 환상 속에서 하나님의 음성을 들을 수 있었다. 그런데 우리는 왜 그렇게 하지 못하는가? 우리는 완성된 성경을 소유하고 있으므로, 꿈과 환상을 평가하기에 더 좋은 위치에 있지 않는가? 게다가 신약성경에서 주어진 계시는 대체로 완성된 성경에서 추론해낼 수 있는 정보가 아니었다. 예를 들어, 하나님은 특별한 사역을 위한 지시(행 8:26; 9:10-19; 10:1-23; 13:2), 그리고 특별한 상황에서 경고(20:22, 23; 21:10-11)와 격려(18:9-10; 27:23-26)를 주셨다. 물론 신약성경은 우리에게 원리를 제공해주며, 하나님은 우리의 삶을 위한 지시에 대해 말씀하시기 위해서 특별한 구절을 사용하기도 하신다. 그러나 신약성경은 특별히 복음을 전파해야 할 장소와 전파하지 말아야 할 장소 등에 대해서 말해 주지는 않는다. 그 대신에 성령께서 바울에게 복음을 전파해야 할 곳과 전파하지 말아야 할 곳을 말씀해 주셔야 했다(16:6-10). 성령은 나에게도 그러한 말씀을 해주셔야 했다. 그렇지 않았으면 나는 성령께서 복음 전파하기를 원하시는 곳에 가지 않았을 것이다. 나는 신약성경을 읽음으로써 그러한 추론을 이끌어 내지는 못했을 것이다.

## 꿈 속에서 본 집

최근에 하나님께서는 나와 아내를 몬태나 주 화이트피시에 있는 교회의 목사로 부임하게 하시고 집도 사게 해 주셨다. 우리가 캘리포니아 주 애너하임에서 빈야드 운동에 종사하고 있을 때, 아내는 연속적으로 꿈을 꾸기 시작했다. 우리가 텍사스로 이사한 뒤에도 꿈은 계속되었다. 처음에 꾼 꿈들은, 우리 부부가 장로교인들과 함께 사역하는 꿈이었다. 아내는 1989년부터 93년까지 이런 꿈을 4-5번이나 꾸었다. 우리는 그 꿈들이 사실적인 것이라고 생각하지 않았다. 우리는 그 꿈들을 이해할 수 없었지만 기록해 두었다. 같은 시기에 아내는 우리가 몬태나 주 화이트피시에 살고 있는 꿈은 서너 번 꾸었다. 우리는 1980년 여름에 그곳에서 휴가를 보낸 적이 있었고 그곳에 친구들이 살고 있었지만, 캐나다 국경 지방에서부터 60마일이나 떨어진 작은 마을로 이사 가려는 생각은 전혀 없었다. 따라서 우리는 이 꿈들이 무슨 꿈인지 짐작할 수 없었지만, 그것들을 기록해 두었다.

아내가 하이트피시에 대해 마지막으로 꿈을 꾼 것은 1993년 8월이었다. 그로부터 두 달 후에 화이트피시 제일장로교회에서 그곳에서 목회할 생각이 있는지를 알기 위해서 나를 찾아왔다. 그 교회에는 18개월 동안 목사가 없었다. 목사청빙위원회의 위원 몇 사람이 나의 저서 『놀라운 성령의 능력』(*Surprised by the Power of Spirit*)을 읽고 나를 자기 교회에 청빙하기를 원한 것이었다. 나는 그들이 관심을 가져준 데 대해서 감사했지만 그들의 청빙을 거절했다. 그 때 나는 아내의 꿈을 기억했다: 장로교인들과 화이트피시에 대한 꿈. 아마 그 꿈들은 사실 그대로 이해해야 하는 꿈인 듯했다. 나는 나의 결정을 철회하고 그 문제에 대해서 기도해 보겠다고 말했다. 그리하여 꿈은 기도로 이어지고, 기도는 소원으로 이어졌고, 또 소원은 구름으로 이어졌고, 구름은 실현되었다. 우리는 화이트피시, 그리고 장로교인들에게로 가고 있었다.

우리는 우리가 화이트피시에 살게 되었다는 것을 알았지만, 그 도시의 어느 곳에 살게 될지는 알지 못했다. 또 전셋집을 구해야 할지, 집을 사야 할지도 알지 못했다. 집을 갖는 것은 큰 축복이 될 수도 있고 철저한 재난이 될 수도 있다는 것을 우리는 알고 있었다. 우리는 두 가지 경우 모두를 경험한 적이 있었다. 우리는 물건을 소유하는 것이 우리의 목을 조를 수도 있다는 것도 깨닫고 있었다. 그래서 몇 년 전부터 우리는 집을 소유하는 것을 당연한 일로 여기지 않았다. 실제로 우리는 지난 6년 동안 전셋집에 살아왔다.

그러나 이제는 집을 사야 할지 전세를 얻어야 할지 알 수 없었다. 우리는 기도를 했지만 응답을 받지 못했다. 우리는 더 많이 기도했다. 아내는 우리가 새로 지은 집에 앉아 있는 꿈을 꾸었다. 꿈에서 우리는 주방을 거쳐서 거실로 걸어갔는데, 주방 바닥은 약간 어두운 분홍색이었다. 우리가 건물 주인과 이야기를 하는 동안, 주인은 우리 및 우리의 사역에 진정으로 흥미를 느끼는 것 같았다. 지붕 한쪽 구석이 아직 완성되지 않은 것 외에는 그 집은 완벽했다. 우리는 그 꿈이 세 가지를 의미한다고 해석했다. 하나님께서는 우리가 집을 사도록 인도하고 계셨다. 지붕 한 구석이 완성되지 않은 것은 그 집이 우리의 당면한 욕구를 충족시키기에 완전하지 못하지만 만족하게 만들 수 있다는 것을 의미했다. 그리고 집주인이 우리에게 관심을 가진 것은 우리가 집을 사야 한다는 것을 확증해주는 징조 역할을 한다고 생각되었다.

그 꿈으로 인해 힘을 얻은 우리는 지체하지 않고 꿈에서 본 집을 찾기를 기대하면서 화이트피시로 갔다. 그러나 우리는 그런 집을 발견할 수 없었다. 마음에 맞는 집은 모두 우리의 예산을 넘어섰다. 그것이 얼마나 실망스러운 경험인지 독자들은 알 수 있을 것이다. 우리는 아내의 꿈을 제대로 해석한 것인지 의아해 하면서 텍사스로 돌아왔다.

한 달 후에 나는 폴 카인에게 혹시 몬태나에서 우리가 살 집에 대해서 주님이 무엇을 보여 주셨느냐고 물어 보았다. 폴은 "물론 보여 주셨지. 나는 자네가 로라는 이름을 가진 부인의 집 건너편이나 아래쪽에 있는 집에서 살고 있는 꿈을 꾸었어. 그 부인은 독신녀이거나, 결혼을 했는데 지금은 남편과 함께 살고 있지 않은 사람이었지"라고 말했다.

몇 주일 후에 부동산 중개업자인 필리스가 전화로 "목사님을 위한 완벽한 집을 발견한 것 같습니다. 아마 집값도 목사님의 예산에 맞을 겁니다"라고 말했다. 필리스는 실질적이고 훌륭한 부동산 중개업자였다. 필리스는 우리에게 그 집을 촬영한 비디오를 보내 주었다. 그 비디오의 집은 훌륭한 듯 했지만, 누가 비디오를 보고서 집을 사려 하겠는가? 그러나 우리는 비디오 이상의 것을 소유하고 있다는 것을 알고 있었다. 주님은 내 아내와 폴 카인에게 꿈을 주셨기 때문이다. 나는 필리스에게 전화를 걸어서 "그 지역의 지도, 그리고 길 건너편이나 아래쪽에 있는 집의 주인 이름을 보내 주십시오"라고 부탁했다.

이것은 필리스가 들은 중에서 가장 이상한 요청이었을 것이다. 그러나 필리스는 내 말을 이해했다. 필리스는 목사들이 얼마나 불가사의한 사람들인지 알고 있었다. 내가 사려는 집 길 아래쪽에는 한 부인이 남편이 없이 살고 있었는데, 그 부인의 이름은 로라였다.

우리는 필리스에게 그 집을 사겠다고 했다. 필리스는 우리가 아직 그 집을 구경도 하지 않았다고 말했지만, 나는 상관 없다고 말했다. 그 집은 우리의 집이 되어야 했다. 그 집은 우리가 실제로 구경해 보지도 않고 산 유일한 집이었다.

그 집은 내 아내와 폴 카인의 꿈을 반영했을 뿐만 아니라, 그 집의 내부 및 집주인 데이브에 대한 내용도 그대로 이루어졌다. 부엌 바닥 색깔도 아내가 꿈에서 본 그대로였다. 우리에 대한 데이브의 관심 덕분에 계약하는 일은 무척 수월하게 진행되었다. 주님의 인도하심 덕분에 우리는 정말로 꿈에서 본 집을 소유하게 되었다.

혹 어떤 사람은 "그렇다면 당신은 하나님께서 당신을 그리스도처럼 만드는 일보다는 꿈에서 본 집을 갖게 하는 일에 더 관심을 가지고 있다고 생각하십니까?"라고 질문할 것이다. 그렇지 않다. 하나님은 내 안에 그리스도의 형상을 만드는 일에 훨씬 더 큰 관심을 갖고 계시다(갈 4:19). 나 역시 내 자녀들에게 집이나 대학 교육 등을 제공하는 것보다는 그 아이들을 그리스도처럼 되게 하는 데 더 관심을 갖고 있다. 아마 독자들도 자녀들에 대해 나와 똑같이 느낄 것이다.

그러나 당신은 능력이 있는 한 자녀들이 집을 사는 일에 도움을 주려 하지 않겠는가? 왜 하나님께서 자기 자녀들이 집을 사는 일을 돕는 것이 이상한 일이라고 생각하는가? 당신이 자녀들의 앞길에 놓인 위험을 알고 있다면 그것에 대해서 경고해 주지 않겠는가? 당신의 자녀가 당하는 시련에 대해서 당신은 어떻게 느끼는가? 그들의 직업에 대해서는 어떻게 생각하는가? 하나님을 섬기는 일에 대해서는 어떻게 생각하는가? 만일 이러한 일을 경험하는 데 도움이 될 정보를 가지고 있다면, 그것을 자녀들에게 알려주지 않겠는가? 왜 우리는 세상의 부모들에게 기대하는 것만큼도 하늘 아버지에게 기대하지 않는가?

이렇게 표현해 보면, 하나님의 상세한 인도하심이 타당한 듯이 보인다. 하나님의 자애로운 인도하심에 대한 놀라운 경험을 한 사람들이 많을 것이다. 그러나 예언자나 예언적인 꿈을 통해서 인도하신다는 것은 무서운 것처럼 보인다. 그것은 위험한 것일 수도 있고, 불행한 일일 수도 있고, 놀라운 일일 수도 있다. 그러나 어떤 것이든지 간에, 그것은 성경적이다.

chapter 19

# 마술과 두려움을 통한 불신앙

화이트피시로 이사한 것은 인생에서 두 가지 큰 기쁨의 근원은 하나님과 친구라는 나의 믿음을 보강해주었다. 인생을 돌이켜 볼 때, 내게 가장 행복했던 순간은 하나님과 가장 가까웠던 때, 그리고 사랑하는 친한 친구들이 있었던 때였다. 이 외에 경력이나 직업이나 취미 등 다른 데서 더 큰 행복을 찾으려고 노력할 때마다, 나는 실망을 경험했다. 하나님은 내 마음을 그런 식으로 만드셨고, 우리 모두의 마음을 그런 식으로 만드셨다. 진정한 기쁨은 하나님 및 친구들과의 친밀한 사랑의 관계를 통해서만 임한다. 이 일에서의 순서는 하나님이 먼저이고 그 다음이 친구들이다. 만일 이 순서가 뒤집어지면, 친구들이 우상이 되며 기쁨이 사라진다. 예수님은 이것을 간단하게 요약하셨다:

> 네 마음을 다하고 목숨을 다하고 뜻을 다하여 주 너희 하나님을 사랑하라 하셨으니 이것이 크고 첫째 되는 계명이요 둘째는 그와 같으니 네 이웃을 네 몸과 같이 사랑하라 하셨으니 이 두 계명이 온 율법과 선지자의 강령이니라.(마 22:37-40)

하나님께서 특별히 우리 가족을 인도하셔서 화이트피시로 이사하게 하신 것은 우리를 위한 하나님의 사랑의 계시였으며 우리로 하여금 더욱 더 하나님을 사랑하게 하는 격려가 되었다. 우리는 사랑하기 쉬운 사람들 및 우리를 사랑하는 사람을 친구를 삼는다.

그러나 그곳으로 이사하면서 우리는 아픔도 경험했다. 그 아픔은 예수님께서 율법을 하나님을 사랑하고 이웃을 사랑하라는 두 개의 계명으로 요약하신 것과 관련된 중요한 문제이다. 사랑은 아픔을 준다. 그것은 유행가 가사에도 표현되어 있다. 실제로 사랑의 아픔은 모든 음악, 시, 문학, 예술의 주요 주제이다. 그것은 성경의 주요 주제이기도 하다. 사랑이 예수님에게 어떤 일을 행했는지 살펴 보라. 사랑은 예수님을 치욕스럽게 만들었다. 그것은 예수님을 십자가에 달려 "나의 하나님, 나의 하나님, 어찌하여 나를 버리셨나이까"라고 외치게 만들었다. 우리 중에 어떤 사람은 사랑의 기쁨은 아픔을 인내할 만큼의 가치가 없다고 결정한다. 우리는 보통 의식적으로 이런 결정을 내리지 않는다. 그 대신에 우리는 친밀함의 위험 대신에 비인격적인 것을 대신하는 종교를 받아들인다. 그것은 무의식적으로 사랑을 거부하는 것이요 정통주의로 가장한 불신앙이다. 때로 불신앙이 의식이나 마술을 통해서 슬며시 숨어 들어온다.

## 의식과 마술을 통해 들어온 불신앙

마술이란 사람들이나 사건을 통제하기 위해서 의식, 주문, 부적 등을 사용하는 것이다. 그것은 도덕과 관계가 없고, 비인격적이고, 사람을 속이는 것이다. 그것은 우리가 제대로 된 기법을 사용하면 피조

세계 안에 있는 "힘들"을 조종하여 우리를 섬기게 만들 수 있다고 가정한다. 때로 우리는 하나님의 음성을 찾고 있다고 생각하지만, 실제로는 자신이 원하는 것을 얻기 위해서 마술을 사용하려 하는 경우가 있다.

내가 당신에게 이 책을 내려 놓고 일 분 동안 하나님에 대해 생각하라고 말한다고 가정해 보자. 제일 먼저 무슨 생각이 떠오르는가? 당신이 다니는 교회인가? 특별한 사역이나 의무감이 떠오르는가? 아니면 성경이나 일련의 절대적인 진리들에 대해서 생각하기 시작하는가? 당신이 행한 일이나 행하지 말았어야 하는 일에 대한 죄의식을 느끼는가? 우리 중에서 먼저 "사람"에 대해서 생각하는 사람이 과연 몇 사람이나 될지 궁금하다. 만일 열두 제자 중 한 사람에게 하나님의 모습을 그려보라고 요청했다면, 그들이 가장 먼저 떠올리는 것은 "사람"일 것이다. 그들은 즉각적으로 "사람이신 예수 그리스도"를 떠올렸을 것이다(딤전 2:5).

하나님은 하나의 위격이라는 것을 망각하고 하나의 힘이나 능력, 의무나 원리, 추상적이고 비인격적인 것—방 안이나 우주를 채우지만 얼굴이 없는 것—으로 생각하기가 쉽다. 하나님은 얼굴을 가지고 계시다. 그것은 예수 그리스도의 얼굴이다. 하나님은 하나의 힘이나 일련의 도덕적 원리로서가 아니라 하나의 위격으로서 우리와 관계를 맺으시는 진정한 사람이시다.

어떤 교사들은 "이 성경적 원리들을 따르면 당신의 인생은 충만하고 행복하게 될 것이다"라고 말한다. 이것을 선지자 예레미야에게 적용해보자. 그의 삶이 충만하다거나 행복했다고 묘사할 수는 없다.

하나님은 예레미야가 결혼하거나 자녀를 두는 것을 허락하지 않으셨고(렘 16:1-4), 그가 친구도 거의 없이 삶을 대면할 것을 요구하셨다(렘 15:17). 궁극적으로 하나님은 예레미야로 하여금 사역에 실패하게 하셨다. 예레미야는 하나님에게 충성하고 자기 소명에 충실했지만, 하나님 앞에서 "나의 고통이 계속하여 상처가 중하여 낫지 아니함은 어찜이니이까"(렘 15:18)라고 탄식했다. 예레미야의 인생행로를 위한 하나님의 뜻은 기독교적 삶을 위한 우리의 진부한 공식들과 일치하지 않는다.

우리는 한 분을 열정적으로 사랑하기 위해서 구원을 받았다. 우리는 일련의 원리들이 아니라 한 분을 섬기기 위해서 구속함을 받았다. 우리는 사역을 수행하기 위해서가 아니라 진정한 한 분을 기쁘시게 하기 위해서 부름을 받았다. 우리는 원리들이나 사역을 사랑하면서 우리가 사랑해야 할 그 분을 사랑하지 않게 되기가 쉽다.

이곳이 바로 마술이 스며 들어오는 곳이다. 우리가 하나님을 사랑하지 않고 우리의 삶을 성공적인 것으로 만들기 위해서 성경의 원리들을 사용한다면, 우리는 마술의 영역에 들어선 것이다. 우리가 매일 아침 성경을 읽지만 하나님이 그의 말씀으로 우리 마음을 조사하시는 것을 허락하지 않는다면, 우리는 마술을 실천하고 있는 것이다. 우리는 "하나님과 관련된 요소"를 제거함으로써 실제의 삶에서 성공을 거두기 위해서 매일 아침 성경을 읽는 습관을 갖기 쉽다. 때때로 나는 아침에 하나님의 임재 의식이 전혀 없이, 모든 경험에 완전히 싫증을 내면서, 계획된 시간이 지나가기를 기다리면서 시계에 시선을 둔 상태로 성경을 읽으면서도 성경 읽기를 마친 후에는 기분

좋게 느낀다. 이것은 지루한 시간이 끝났다는 안도감을 느낀다는 의미가 아니다. 나는 자신에 대해서, 나의 훈련과 인내에 대해서 만족을 느끼며, 하나님께서도 나에게 만족하신다고 느낀다. 성경을 읽었으므로 좋은 하루가 될 것이라고 생각했다. 그러한 종류의 경험은 신약 성경의 기독교 신앙보다는 의식주의나 종교적인 마술에 더 가깝다.

만일 우리가 사랑하는 사람과 한 시간을 지내면서 그 시간을 지루하게 느낀다면, 우리는 그 경험에 만족할 것인가? 좋아하지 않는 사람이 말을 걸어올 때, 우리의 기분이 좋을까? 하나님의 침묵은 모든 성도들에게 문제가 되어왔다. 이것은 우리가 "조용한 시간"에 하나님의 침묵을 경험하지 않는다는 말이 아니다. 하나님에게는 우리가 제기하는 모든 질문에 대해 대답할 의무가 없다. 우리가 정해진 시간 동안 성경을 펴서 읽는다고 해서 하나님께서 자동적으로 우리에게 말씀하시는 것이 아니다. 이것은 하나님의 침묵을 경험하는 사람들을 비난하는 말이 아니다. 이것은 우리가 하나님을 보거나 듣거나 느끼지 못하면서도 "그저 하나님과의 시간"을 배정한다는 이유만으로 만족함을 느낄 때에 우리와 하나님의 관계에는 무엇인가 잘못된 것이 있다는 말이다. 그것은 우리 삶 안에 있는 다른 모든 의미있는 관계의 특징이 아니다. 마술은 도덕적인 행동이나 개인적인 친밀함을 요구하지 않는다.

우리가 하나님의 임재를 의식하지 못한 채 계속해서 종교적인 행동을 한다면, 우리는 인격적인 관계의 영역을 떠나 마술의 영역으로 들어간다. 우리는 드물게 하나님의 임재를 경험하는 습관적인 종교 활동에 만족해서는 안된다. 우리는 하나님의 임재를 느낄 수 있다. 우리가 하나님을 일련의 원리나 의무로 여겨 그 분과 관계한다면, 우리는 이미 인격적이고 영적인 경험의 영역을 떠나서 의식과 마술의 기계적인 영역으로 들어간 것이다.

만일 우리의 교회에서의 경험이나 성경읽기가 이렇게 된다면, 우리는 어떻게 행해야 할까? 개인적인 헌신의 시간을 30분이나 한 시간 정도 늘려야 할까? 우리는 과연 얼마 동안 하나님의 임재를 구해야 할까? 호세아는 간단하게 여호와께서 오실 때까지 여호와를 찾으라고 말했다(호 10:12). 하나님의 임재가 없는 종교 행위에 만족해서는 안된다. 그것은 우리를 원치 않는 곳으로 인도할 것이다.

부지런히 성경을 공부했지만 "그 음성을 듣지 못한"(요 5:37) 바리새인들에게 이러한 일이 일어났었다. 예수께서는 하나님의 음성과 성경이 동일한 것이 아니라고, 즉 성경을 읽으면서도 하나님의 음성을 듣지 못할 수 있다고 생각하셨다. 바리새인들은 하나님의 음성을 듣지 못한 채 성경을 공부했기 때문에 경건이 없는 지식의 영역으로 들어갔다. 그것은 그들의 편견과 종교적인 교만을 강화해 주는 지식이었다. 이런 지식은 마술과 비슷한 것이었다. 왜냐하면 그것은 그들에게 실제로 하나님의 음성을 들을 것을 요구하지 않으면서 그들의 추종자들을 지배할 수 있게 해 주기 때문이다. 만일 우리가 하나님의 임재를 소유하지 못한 종교적 행위에 만족한다면, 교만이 증가하고 편견이 강화될 것이다.

내 말을 오해하지 말기를 바란다. 우리에게는 기도하고 성경을 묵상하는 훈련이 필요하다. 성경을 통해서 말씀하시는 하나님의 음성에 귀를 기울이며 기도로서 그 분에게 말을 거는 것이 하나님과의 교제의 기본 요소이다. 우리는 속이 빈 의식주의에 만족하지 말아야 한다. 우리의 교회 경험에 대해서도 같은 말을 할 수 있다.

어떤 사람들의 교회 참석은 신약성경의 예배보다는 의식적인 마술과 더 공통점이 많다. 그들은 실질적으로 예배드리는 것과는 관계가 없는 예배의 요소들을 더 중요하게 여긴다. 내가 아는 어느 부인은 새로 부임한 목사님이 주일 예배 때에 가운을 입지 않는다는 이유로 교회를 떠났다. 예배 때에 전통적으로 사용하던 피아노나 오르간 외에 다른 악기를 추가했다고 해서 예배 도중에 일어나 나오는 교인들을 본 적이 있다. 이러한 특별한 경험과 관련하여 안타까운 일은 하나님의 임재가 예배 의식 안에 있지만, 교회를 떠난 교인들의 경우 그들의 의식주의 때문에 하나님의 임재를 느끼거나 그의 음성을 듣지 못한다는 사실이다. 얼마 전에 어느 목사님이 한쪽 구석에 놓인 피아노를 중앙으로 옮겨 놓은 일로 인해 시작된 논쟁 때문에 교회를 떠나야 했다는 말을 들었다. 목사님이 사임한 후 피아노는 다시 원 위치로 옮겨졌다. 몇 년 후에 그 교회를 방문한 목사님은 피아노가 다시 중앙에 옮겨졌으나 아무런 말썽도 일어나지 않았다는 것을 알고서 크게 놀랐다. 그는 새로 부임한 목사님에게 "어떻게 피아노를 중앙으로 옮겨 놓으셨습니까?"라고 물었는데, 대답은 "조금씩 조금씩 옮겨 놓았습니다"였다. 목사님 가운을 입지 않는다거나 예배 때에 다른 악기를 사용한다거나 피아노의 위치를 바꾸었다고 해서 교회를 떠나는 사람들은 무의식 중에 지도자들로부터 하나님의 임재보다는 의식 안에서 자신의 안전을 발견하도록 가르침을 받은 사람들이다.

오랫동안 목회를 해온 덕분에, 나는 교회에 변화를 도입하는 데에는 지혜로운 방법과 어리석은 방법이 있다는 것을 알게 되었다. 또 아무리 지혜롭게 행해도, 많은 사람들에게 있어서 변화는 고통스러운 일이라는 것도 알게 되었다. 만일 지도자들이 교인들로 하여금 예배 의식 안에서 다른 요소들보다, 특히 물질적인 요소들보다 하나님의 임재를 중요하게 여기게 만드는 것을 주요한 목표로 삼는다면, 그러한 고통을 크게 줄일 수 있을 것이다.

지도자들은 생명이 있는 것은 반드시 변화한다는 것을 교인들에게 가르쳐 주어야 한다. 죽은 것들은 변화하지 않는다. 생명이 있는 것들은 성장하기 때문에 변화한다. 그리고 성장이란 아픔을 의미한다. 죽은 것들은 성장의 아픔을 느끼지 못한다. 죽은 교회도 마찬가지이다. 성장의 대가는 아픔과 불안이다. 사춘기 때에는 육체적으로 계속 변화한다는 것을 생각하라. 사춘기 때에는 몸 뿐만 아니라 감정들도 변화한다. 사춘기의 청소년은 과거에는 경험하지 못한 일들을 경험하므로 무척 불안하게 느끼지만 성장하기를 원하기 때문에 그러한 아픔과 불안을 받아들인다. 그들은 유아기의 상태에 머무는 것을 원치 않는다. 성장하는 교회도 마찬가지이다. 성장하는 교회는 과거에 걷지 않던 길을 간다. 지도자가 된다는 것은 성장의 아픔과 불안에서 비롯된 갈등을 관리하는 법을 배우는 것을 의미한다. 물론 변화를 거부함으로써 아픔을 피할 수 있지만, 우리는 대부분 공동묘지에 가기보다는 교회에 가려 할 것이다.

또 다른 형태의 마술이 있다. 나는 기계적으로 성경을 공부하고 의식적으로 교회에 참석하는 것과 정반대가 되는 것을 언급해야 한다. 어떤 사람들은 그것을 카리스마적인 마술, 심지어 카리스마적 주술이라고 언급하기도 했다. 우리 문화에는 인스턴트 식품, 인스턴트 신용, 인스턴트 쾌락이 무척 많기 때문에 우리는 인스턴트 영성을 원하기 쉽다. 때때로 우리는 미혹되어 하나님과의 교제의 기본 요소들을 망각한 채 꿈이나 환상이나 느낌 등에 관심을 기울이기도 한다. 하나님의 음성을 듣지 못하는 현상을 고칠 수 있는 즉효약은 없다. 꿈이나 예언을 선호하여 성경과 기도를 무시할 때, 나는 하나님께서 다른 모든 친구들에게 요구하시는 훈련을 요구하시지 않으면서 나에게 유익을 줄 지식을 달라고 요청한다. 즉 마술을 요청한다. 내가 나와 의견을 달리하는 기독교인들을 공격하기 위해서 꿈이나 예언을 사용할 때, 그것은 마술이 될 수 있다.

이런 일이 어떻게 발생하는지는 간단하게 설명할 수 있다. 성경을 등한히 하는 사람은 미혹되기 쉽다. 그들은 영적 경험들의 본질을 분별하는 능력을 상실한다. 적수들을 저주하도록 자극하는 꿈은 하나님이 주시는 것이 아니다. 왜냐하면 하나님은 이미 원수를 다루는 방법을 말해 주셨기 때문이다. 우리를 저주하는 사람들을 우리는 축복해야 한다(눅 6:28). 그러나 그들은 성경을 무시하는 사람들이기 때문에, 말씀에 의해서 그들의 마음에서 분노를 깨끗이 씻어내지 못한다. 마귀는 이러한 분노를 이용하며(엡 4:26-27), 그들로 하여금 하나님이 사랑하시는 사람들을 공격하는 예언을 하게 만든다. 배반은 점을 치는 죄와 같다(삼상 15:23). 왜냐하면 그것은 실제로 배반하는 사람을 마술이나 점치는 일로 이끌어갈 수 있기 때문이다. 배반한 사울 왕은 엔돌에 있는 마녀를 찾아갔다(삼상 28:6-25).

그러므로 우리를 마술과 의식적인 것의 영역으로 이끌어가는 방법은 두 가지이다. 하나는 하나님의 임재와 상관이 없이 기도하고 성경을 읽고 예배에 참석하는 등 기본적인 일을 행하는 것이다. 또 하나는 즉흥적이고 훌륭한 것을 찾느라고 기본적인 것들을 망각하는 것이다. 두 가지 방법 모두 하나님과의 교제를 등한히 하고 우리를 마술의 영역으로 이끌어간다.

## 어리석게 보이는 데 대한 두려움으로 말미암은 불신앙

이 책 첫 부분에서 소개했던 바 로버트가 내 연구실에 들어오고 내가 포르노라는 단어를 보기 전, 나는 하나님이 성경과 상관없이 우리에게 말씀하신다는 이론적인 신앙을 가지고 있었다. 내가 이러한 신앙을 갖게 된 것은 초자연적인 환상이나 꿈을 꾸었기 때문이 아니라 성경을 공부를 통해서였다. 그러나 로버트를 상담한 후로 나는 달라졌다. 나는 이론적인 신앙 외에 하나님께서 나에게 말씀하실 것이라는 실질적인 확신을 갖게 되었다. 나는 이것이 하나님께서 모든 기독교인들을 위해서 행하고자 하시는 일이라고 확신했다. 그래서 로버트와의 일이 있은 직후, 어느날 저녁에 나는 구역예배에 모인 약 40명의 참석자들에게 사도행전에 대한 개관을 가르쳤다. 그 때에 나는 하나님께서 초자연적인 방법으로 자기 종들에게 말씀하신 일들을 강조했다. 그 모임이 끝날 무렵, 나는 전에 한번도 한 적이 없는 일을 행했다. 나는 그들에게 "우리가 해야 할 일은 주님께 기도하고 기다리는 것입니다. 주님은 오늘 밤 이곳에 참석한 사람들을 위해 우리가 어떻게 기도해야 할 것인지 보여주는 느낌이나 환상을 주실 것입니다"라고 말했다. 나는 참석자들에게 실수를 하거나 어리석은 사람처럼 보이는 데 대한 두려움을 버리라고 격려해 주었다. 나는 우리 중에 진실로 하나님의 음성을 듣는 방법을 아주 잘 아는 사람은 한 사람도 없다는 점을 강조했다. 모두가 그 방법을 배우는 학습자에 불과했다. 주님이 주신 느낌과 우리 자신의 감정의 차이를 식별하는 유일한 방법은 사람들 앞에서 우리의 느낌이나 환상을 시험해보며 우리가 잘못 되었을 경우에 어리석게 보이는 위험도 감수하는 것이었다.

나는 한 번도 공적으로 이러한 일을 시도해본 적이 없었고, 내가 아는 한 그 방에 있는 사람들 모두가 마찬가지였다. 그러나 나는 경험이 없었음에도 불구하고 확신을 가지고 행동했다. 나는 성령의 계시하시는 사역을 보여달라고 기도했다. 우리는 고개를 숙이고 침묵하면서 하나님이 말씀하시기를 기다렸다. 나는 하나님께서 우리에게 말씀하실 것이라고 사람들에게 말한 것이 주제넘은 짓이 아닐지 걱정하기 시작했다. 그 순간, 그 방에 있는 한 사람이 왼쪽 팔꿈치에 통증을 느끼고 있다는 느낌이 왔다. 그것이 하나님이 주신 느낌이었을까? 나는 그렇다고 생각한다. 그 당시 나는 신체의 어떤 부분이나 질병에 대해서는 전혀 생각하지 않고 있었다. 왼쪽 팔꿈치의 고통에 대한 느낌은 내 생각을 방해했다. 그것은 마치 조그만 공격이 임하듯이 임했다. 나는 "지식의 말씀"이 임하는 방법도 이와 같을 것이라고 생각했다.

5, 6분이 지난 후에, 나는 혹시 하나님으로부터 말씀을 들었다고 생

각하는 사람이 있느냐고 물었다. 한 젊은 부인이 공립학교 건물이 있는데 그 건물 밑에 잠언 3:5-6이 기록되어 있는 환상을 보았다고 말했다. 그 성구는 인도하심에 관한 것이었다. 그것은 그 날 밤 그곳에 있는 어떤 사람이 우리 도시의 공립학교의 교사인데 그 학교에서 중요한 결정을 내려야 한다는 것을 의미하는 것이 분명했다. 한 가지 문제는 나는 그곳에 모인 사람들을 거의 다 알고 있었는데, 공립학교 교사가 한 사람도 없다는 것이었다. 그 방에서 내가 알지 못하는 사람은 한두 사람 정도였다. 그런데 그 중 한 사람이 손을 들더니 "나는 이곳에 있는 학교의 교사인데, 중요한 결정을 해야 합니다"라고 말했다. 우리가 그 사람을 위해서 기도하면 하나님께서 그 결정을 내리는 데 필요한 지혜를 그 사람에게 주실 것을 우리는 알았다. 그 외에도 세 사람이 특별한 환상이나 음성을 들었다고 보고했는데, 그것들은 모두 정확했다.

나는 내가 받은 "말씀"에 대해서는 한 마디도 하지 않았다. 그것은 다른 사람들이 받은 것만큼 특별하지도 않고 중요하지도 않은 것 같았다. 그러나 나는 왼쪽 팔꿈치에 대한 느낌을 발표해야 한다고 느꼈다. 그 때 나는 "내 느낌이 맞지 않으면 어떻게 하지?"라고 생각했다. 오늘 하나님께서 말씀하신다고 모든 사람들에게 이야기하고 나서 정확하지 못한 느낌을 발표하는 것처럼 망신스러운 일이 어디 있겠는가? 아마 사람들은 나를 대단히 어리석은 사람이라고 여길 것이다. 나는 사람들에게 만일 하나님의 음성을 듣는 것이 어떤 일인지 알려면 어리석은 사람으로 여김을 받을 위험도 무릅써야 한다고 말했으면서도, 이제 나 자신은 이 법칙에 해당되지 않는다고 스스로를 납득시킬 방법을 찾고 있었다. 결국 나는 지도자인 내가 잘못된 느낌을 발표하는 것은 거기 모인 나머지 사람들로부터 하나님의 음성을 듣는 데 대한 확신을 제거할 것이라고 추론했다. 만일 하나님께서 오늘날도 말씀하신다고 가르친 사람이 그 음성을 듣지 못한다면, 다른 모든 사람들은 그 음성을 들으려고 노력하지 않을 것이다. 이 추론은 효과적으로 작용했다. 그것은 내가 내 느낌을 발표하지 않으면서도 그다지 죄의식을 느끼지 않게 해주었다.

그날 밤 늦게 집에 도착한 나는 아내에게 그날 밤에 참석한 어떤 사람에 대해서 하나님께서 나에게 말씀하셨다고 확신한다고 고백했다. 나는 누군가 왼쪽 팔꿈치에 통증을 느끼고 있다는 것을 알았지만 두려워서 그것을 말하지 못했다고 말했다. 아내는 웃으면서 자기도 똑같은 느낌을 받았다고 말했다. 그날 밤 잠자리에 들기 전에 나는 사람들이 나를 어리석게 여길까 두려워했음을 고백하고 나에게 다시 한번 기회를 달라고 기도했다. 또 왼쪽 팔꿈치에 고통을 느꼈던 사람이 누구인지 보여달라고 기도했다.

그 다음 날 글렌다라는 부인이 내 사무실을 찾아왔다. 그 부인은 전날 밤 모임에 참석했었다. 나는 즉시 그 부인이 바로 팔꿈치에 통증을 느꼈던 장본인이라는 것을 알았다. 나는 "글렌다, 어젯밤에 팔꿈치가 아팠지요?"라고 물었다.

"예. 아주 심하게 아팠습니다. 그런데 신기하게도 내가 그곳을 떠나기 전에 아픔이 사라졌습니다. 그런데 왜 그것을 물어 보시지요? 어젯밤에 내가 팔꿈치를 붙잡고 있는 모습을 보셨습니까?"

주님은 나에게 어떤 사람의 통증에 대한 느낌을 주셨지만, 나는 혹시 어리석게 보일까 하는 두려움 때문에 그것을 말하지 못했었다. 어리석게 보이는 데 대한 두려움은 나만이 느끼는 것이 아니다. 그것은 오늘날 전 세계적으로 퍼져 있어서 주님의 음성을 듣는 우리의 능력이 성장하지 못하게 방해한다.

어떤 사람들은 어리석은 사람처럼 보이는 것 이상의 심각한 두려움을 느낀다. 어떤 사람들은 마음 속 깊은 곳에서 자신이 정말로 바보가 아닌가 하는 두려움을 느낀다. 우리는 자신이 많은 공헌을 한다고 느끼지 않으며, 만일 공헌을 하려고 노력한다면 사람들은 우리가 바보에 불과하다는 것을 알게 될 것이라고 느낀다. 그러므로 우리는 자신의 참 모습을 감추기 위해서 전력을 다한다. 자신의 참 모습을 드러내는 모험을 할 이유가 없는 것이다.

내 친구 존 웜버가 이러한 두려움을 어떻게 이겨냈는지 말해 보겠다. 존은 기독교인이 되기 몇 년 전에 약품 판매를 하는 친구에게서 돈을 빌리려고 로스앤젤레스 시내의 어느 곳에 갔었다. 친구를 기다리는 동안, 그는 앞뒤로 광고 문구가 쓰인 판을 걸치고 있는 샌드위치맨을 보았다. 그 판의 앞에는 "나는 그리스도를 위한 바보입니다"라고 쓰여 있었다. 존은 이것은 자신이 본 중에서 가장 바보 같은 짓이라고 생각했다. 그는 그 사람이야말로 정말로 바보라고 생각했다. 그 사람이 곁으로 지나갈 때, 존은 그 사람의 등에 붙은 문구를 보았다. 거기에는 "당신은 누구의 바보입니까?"라고 쓰여 있었다. 그 문구는 존을 놀라게 했다.

몇 년 후에 존은 성경공부 교실에 앉아서 아내가 거듭나는 모습을 지켜 보고 있었다. 아내는 사람들 앞에서 울기 시작했다. 그녀는 무릎을 꿇고 앉아서 자기의 많은 죄를 용서해 달라고 하나님께 기도했다. 존은 처음에는 "무슨 죄를 용서해달라는 거야? 캐롤은 선한 사람인데 말이야"라고 생각했다. 그 다음에는 아내의 감정적인 표현이 불쾌하게 생각했다. 그는 "이것은 내가 이제까지 본 중에서 가장 바보 같은 짓이다. 나는 저렇게 행동하지 않을 것이다"라고 혼잣말을 했다. 그 때 몇 년 전에 보았던 샌드위치맨의 모습이 떠올랐다. "나는 그리스도를 위한 바보입니다. 당신은 누구의 바보입니까?" 존의 교만은 산산조각이 났다. 그는 자신이 바보였음을 깨달았다. 그는 자기 자신을 위한 바보, 마귀를 위한 바보였다. 이제 그는 그리스도를 위한 바보가 되기로 작정했다. 그는 자기도 모르는 사이에 무릎을 꿇고 흐느끼면서 자기의 죄를 용서해 달라고 기도했다.

결국, 우리 모두는 바보가 아닌가? 그리스도께서 대속하기 전에 우리는 바보가 아니고 무엇이었는가? 과거에 우리는 지혜롭기 때문에 그리스도를 거부했는가? 지금 우리가 바보가 아니라면, 그것은 우리 자신 때문이 아니라 그리스도 때문이다. 가장 지혜로운 사람은 하나님의 지혜가 없으면 자신이 바보라는 것을 인정하는 사람이다. 하나님께서 세상에서 가장 지혜로운 솔로몬에게 원하는 것을 구하라고 하셨을 때, 솔로몬은 지혜를 달라고 했다. 그가 지혜를 요청한 까닭은 자신이 어린 아이와 같아서 의무를 수행하는 방법을 알지 못하기 때문이었다(왕상 3:7).

우리가 어리석다는 사실이 하나님을 괴롭게 하지는 않는다. 그렇기 때문에 하나님은 "세상의 미련한 것들을 택하사 지혜 있는 자들을 부끄럽게 하신다"(고전 1:27). 하나님은 우리가 바보라도 상관하지 않으신다. 왜냐하면 하나님은 우리에게 세상의 지혜가 아닌 지혜를 주실 수 있기 때문이다. 놀라운 방법으로 하나님의 음성을 들은 경험이 있는 종들은 모두 세상 앞에 바보처럼 보였다. 노아는 소용없는 방주를 만들었다. 예레미야는 분명히 애굽이 유다를 구해줄 것처럼 보이는 시기에 유다가 바벨론의 포로가 될 것을 예언했다. 이사야는 삼 년 동안 벌거벗고 다녔고, 호세아는 창녀와 결혼했다. 호세아가 "선지자가 어리석었고"라고 기록한 것이 놀랍지 않은가(호 9:7)? 사도들도 세상의 눈으로 볼 때에는 "그리스도의 연고로 미련한" 사람들처럼 보였다(고전 4:10). 하나님을 떠나서는 하나님의 위대한 종들이 모두 미련한 자이며, 하나님을 섬기게 된 후에도 미련하게 보였을진대, 우리라고 다르지 않을 것이다. 우리가 어리석은 자이며 또 세상의 표준에 의하면 어리석게 보일 것을 인정하기만 해도 전보다 낫지 않겠는가? 바울의 경고를 기억해보라: "아무도 자기를 속이지 말라 너희 중에 누구든지 이 세상에서 지혜 있는 줄로 생각하거든 미련한 자가 되어라 그리하여야 지혜로운 자가 되리라"(고전 3:18).

하나님의 음성을 들으려고 노력하는 것으로 말미암아 우리가 어리석은 사람처럼 보이거나 그렇게 느낄 수도 있다. 나는 내 자녀들이 무엇을 하려고 노력하다가 실패하는 것을 지켜 보았다. 때때로 나는 그들이 성공하는 것보다 어리석게 실패하는 것을 더 자랑스럽게 생각했다. 우리의 치욕스러운 실패에 대해서도 하나님께서는 부모들이 자녀들에게 느끼는 것과 같이 느끼시지 않을까?

## 친밀함에 대한 두려움으로 인한 불신앙

어리석게 보이는 데 대한 두려움보다 더 나쁘며, 우리로 하여금 하나님의 음성을 듣지 못하게 하는 데 더 효과적인 두려움이 있다. 그것에 대해서는 이 장 첫 부분에서 언급했었다. 그것은 사랑의 아픔에 대한 두려움이다. 사랑만큼 아픔을 주는 것은 없다. 우리와 가장 친한 사람은 우리가 가장 사랑하는 사람이며, 또 우리에게 가장 많은 상처를 주는 사람이기도 하다. 우리의 모든 친구들 중에서 하나님만큼 우리를 아프게 하는 사람은 없다. 하나님께서 우리에게 아픔을 주시는 것은 우리의 유익을 위한 것이다(히 12:10). 우리가 하나님께 책임을 전가하는 아픔이 실제로는 우리 자신의 죄 때문에 오는 것도 있다. 하나님은 주권적인 분이시다. 하나님은 원하시기만 하면 아픔을 막으실 수 있다. 하나님은 우리가 부정한 결혼을 하지 못하게 하시고 우리의 자녀들을 마약에 접근하지 못하게 하시며 우리가 사랑하는 사람들이 어려서 죽지 않게 하실 수도 있다. 그러나 하나님은 그렇게 하지 않으시고 이러한 일들 및 다른 고통스러운 일들로 인한 아픔을 참고 견디게 하신다.

하나님의 주권은 다른 방식으로도 두렵다. 만일 우리가 하나님께 너무 가까이 가면, 하나님은 우리가 원치 않는 곳으로 우리를 보내시거나 원치 않는 일을 하게 하시거나 원치 않는 존재가 되게 하실는지도 모른다. 우리는 어두움의 세력이 다음과 같이 속삭이는 소리를 들은 적이 있을 것이다: "만일 하나님께 너무 가까이 가면, 너의 가장 큰 두려움이 현실화될 것이다. 하나님은 견딜 수 없는 아픔을 주실 것이다." 그 음성을 믿는 사람은 하나님에 대한 신뢰를 잃고 다른 신뢰의 대상을 찾기 위해 두리번거릴 것이다. 그러한 대체물은 성경, 신학, 예전, 교회의 일 등이 될 수 있다. 우리는 하나님이나 이웃이 우리에게 너무 가까이 와서 아픔을 주지 못할 정도의 거리를 유지하기 위해서 이것들을 사용할 수 있다. 그러나 이런 일을 의식적으로 하는 사람은 없을 것이다. 우리의 신학도 그것을 금한다. 누구도 "나는 하나님보다 신학을 더 신뢰하기로 결심했다"고 말할 수는 없다.

나는 그런 말을 하지 않았고 그런 말을 알지도 못했지만, 그런 행동을 했다. 내 주위에는 온통 그것을 보여주는 표식들이 있었다. 나는 사람들보다는 원리, 친밀한 교제보다는 아이디어를 더 편안하게 느꼈다. 원리나 아이디어는 하나님이나 사람들만큼 우리를 아프게 하지 않으며, 조작하기가 무척 쉽다. 나는 학자였기 때문에 사상이라는 안락한 세계 안에서 대인관계와는 상관이 없는 인격을 발달 시킬 수 있었다. 만일 내가 학자가 아니었다면, 나는 교회의 일이나 사역 안에 쉽게 숨을 수 있었을 것이다. 친밀함에 대한 두려움은 항상 우리 자신의 개인적인 인격에 적합한 대체물을 발견할 것이다. 하나님의 자비가 우리에게 임하지 않는다면, 우리는 결코 자신이 그러한 대체물을 선택했다는 것을 알지 못할 것이다. 그리고 그 자비가 아픔과 더불어 온다는 것도 알지 못할 것이다.

## 코코와 베니

화이트피시로 이사한 우리는 코코와 베니 비 부부와 아주 친하게 되었다. 코코는 시의회에서 근무했고, 베니 비는 개인적으로 방송국을 운영하고 있었다. 베니는 4년 전에 기독교인이 되었고, 코코는 10

년 이상 열심히 신앙생활을 하려고 노력해오고 있었다. 그 두 사람은 우리가 전에 사귀던 친구들과는 달랐다. 우리의 친한 친구들은 대부분 동역자거나 신학교 교수거나 목사 등 우리와 비슷한 환경과 신학을 가진 사람들이었다. 즉 마음 놓고 사귈 수 있는 안전한 사람들이었다. 그러나 그들 부부와 우리 부부는 환경이 무척 달랐음에도 불구하고 우리 두 가정 사이에는 즉흥적인 공감대가 있었다.

우리는 아주 친해졌기 때문에 거의 날마다 만났다. 베니와 나는 체육관에서 함께 운동을 했다. 코코는 내 아내 리사가 새 집을 치장하는 일을 도와 주었다. 리사와 나는 초대를 받지 않아도 아무 때나 그들의 집을 방문할 수 있었다. 나는 베니의 집에서 먹고 싶은 것이 있으면 거리낌없이 냉장고에서 꺼내 먹었다. 그들 역시 마찬가지였다. 우리는 설날을 어느 곳에서 보낼 것인지 물을 필요가 없었다. 두 가정이 함께 지내는 것이 당연했다.

우리가 화이트피시로 오기 전에, 코코는 두 번 암에 걸렸었다. 암에서 회복된 지 몇 년이 흘렀는데, 1994년 10월에 암이 재발했다. 그러나 걱정할 필요가 없다. 우리는 함께 있었고 치유에 대해서 알고 있었다. 우리는 기적이 일어나는 것도 보았다. 나는 그것에 대한 글을 쓴 적도 있다. 나는 하나님께서 화이트피시의 교회로 하여금 성령의 능력을 체험하게 하시려고, 그리고 코코를 치유해 주시려고 나를 그곳에 보내셨다고 믿었다.

우리는 기도의 군사들을 모아들이기 시작했다. 교회는 우리의 제안에 훌륭하게 응답해 주었다. 우리는 24시간 기도, 심지어 금식을 하기로 서명했다. 우리는 24시간 동안 쉬지 않고 교대로 코코의 병이 낫기를 위해서, 그리고 그 시간에 고통하고 있는 사람들을 위해서 기도했다. 그리고 날마다 교대로 금식했다. 하나님은 분명히 그처럼 진지하고 성실한 기도에 응답해 주실 것이라고 믿었다. 하나님은 십대의 딸을 둔 43살짜리 부인, 우리 마음에서 교회에 다니는 사람이나 다니지 않는 사람들 모두로부터 사랑과 존경을 받는 여인을 죽게 하시지 않을 것이었다.

우리 교회로서는 참으로 놀라운 시기였다. 사랑과 통일과 믿음이 가득한 시기였다. 사람들은 개인적으로 나를 찾아와서 "이제 하나님께서 목사님을 이곳으로 보내신 이유를 알겠습니다"라고 말했다. 나는 하나님께서 그 공동체에게 그리스도의 능력과 긍휼을 증거하시기 위해서 코코를 치료해 주실 것이라고 느꼈다. 게다가 하나님은 결코 우리의 가장 친한 친구를 죽게 하시지 않을 것이었다. 하나님은 코코가 죽지 않을 것이라고 말씀하시지 않았으며, 나는 누구에게도 코코가 죽지 않을 것이라고 말하지 않았지만, 마음으로는 그렇게 말했다.

의사들이 사용한 새로운 화학요법 때문에 코코는 거의 죽을 뻔했다. 첫번째 치료를 받은 후, 코코는 더 이상 화학요법을 받지 않겠다고 말했다. 그것은 좋은 일이었다. 우리는 화학요법보다 더 위대한 힘을 가지고 있었다. 6개월 후에도 코코는 여전히 살아 있었다. 코코는 항상 독감에 걸린 것처럼 불편한 상태였지만 여전히 우리 곁에 있었다. 나는 그녀의 치유에 대한 새로운 이론을 개발해 냈다. 하나님께서 코코를 죽음의 문턱에까지 가게 하시고 나서야 치료해 주실 것이라는 이론이었다. 그것은 하나님께 더 큰 영광을 가져올 것이라고 생각되었다.

한편, 나는 강연할 때마다 코코에 대해서 이야기했다. 1995년 여름에는 그 지방 전체의 주민들이 코코를 위해서 기도했으며, 다른 지방의 신자들까지도 그녀를 위해서 중보기도를 했다. 7월에 코코는 계속 누워서 지냈다. 폴 카인이 그녀를 위해 기도하기 위해서 두번째로 화이트피시에 왔다. 그가 떠날 무렵, 코코는 일어나 앉을 수 있게 되었다. 병이 낫기 시작한 것 같았지만, 그 상태는 그리 오래 지속되지 않았다. 코코는 음식을 먹지 못했고 체중도 줄었다. 피부는 노랗게 되었다. 몸이 너무나 약해졌기 때문에 코코가 좋아하는 찬송가도 부르지 못했다. 그래서 우리는 그녀를 위해서 찬송가를 불러 주었다. 코코는 따라 부르지는 못했지만, 우리가 찬송을 부르는 동안 하나님을 찬양하기 위해서 손을 들려고 애썼다.

이윽고 하나님께서는 코코를 위해 대단히 특별한 일을 행하셨다. 그 해 8월에 하나님은 돈과 크리스틴 포터, 그리고 그들의 친구인 쉐리 멕코이 헤인즈를 보내어 코코에게 찬송을 불러 주게 하셨다. 돈은 와이노나 주드의 공동제작자이면서 그녀의 밴드의 리더였다. 그는 미국에서 가장 훌륭한 기타 연주자이기도 했다. 아마 여러분은 1994년 가을에 오프라 윈프리의 쇼에서 그를 본 적이 있을 것이다. 오프라가 그와 인터뷰를 한 후에 나오미 주드가 무대에 나와서 그를 놀라게 해주었다. 그녀는 돈에게는 영적인 통찰력이 있기 때문에 어려운 시기에도 그들의 가정이 흔들리지 않고 결속될 수 있었다고 말했다. 돈과 크리스틴은 어느 집회에서 코코와 베니를 만난 적이 있는데, 그 후로 그들을 그들을 위해서 기도해왔다. 그들은 코코의 상태가 심각하다는 소식을 듣고서 우리가 이 어려운 시기를 통과하는 일을 돕기 위해서 화이트피시로 오기로 결심한 것이다.

그들은 나흘 동안 코코에게 음악을 들려주고 코코를 위해서 기도했다. 어느날 오후에 돈은 기타로 아름다운 음악을 연주하기 시작했다. 그 방에는 하나님의 임재가 가득했다. 그는 "하나님의 사랑이 나를 치유하십니다"라는 후렴을 여러 번 되풀이해서 불렀다. 그렇게 노래하는 동안, 하나님의 사랑은 코코의 침실에서 점점 더 증가했다. 베니는 옆 침대에 누워 있었고, 17살짜리 딸 캐시도 누워 있었다. 나는 코코의 발치에 무릎을 꿇고 있었다. 리사와 우리의 세 자녀는 침대 주위에 앉아 있었다. 우리는 모두 기도하고 예배하고 흐느꼈다. 나는 처음으로 코코가 죽을지도 모른다고 생각했다. 그리고 처음으로 코코가 죽어도 괜찮다고 생각했다. 어느 방법으르든 하나님은 승리하실 것이었다. 왜 그렇게 느꼈는지는 설명할 수 없다. 코코의 죽음을 포함하여 모든 일을 받아들이게 만드는 것, 하나님의 사랑에 둘러싸인 무엇인가가 있었다.

1995년 9월 15일 밤에 코코의 가족 모두와 친한 친구들이 그녀의 주위에 모였다. 우리는 그녀를 위해 기도하고 찬송했다. 11시 30분에 리사와 나는 코코에게 작별의 키스를 했다. 코코는 혼수 상태에 빠져 있었다. 새벽 2시 30분, 가족들이 지켜보는 가운데, 코코는 숨을 거두었다. 가족들은 나에게 연락을 했다. 5분이 못되어 그곳에 도착한 나는 하나님께 코코를 돌려 달라고 기도했지만 하나님은 들어 주시지 않았다.

그 다음 월요일에 코코의 장례식을 거행했다. 사람들 모두가 울었다. 나도 울었다. 그렇게 울었던 적이 없는 것 같았다. 나는 며칠 동안 울었다. 처음에 나는 본능적으로 그 아픔의 원인을 다른 사람에게 돌리려 했다. 그러나 누구를 탓한단 말인가? 물론 하나님이었다. 하나님은 코코를 낫게 해 주시거나 죽은 자들 가운데서 살려 주실 수 있었을 것이며, 다른 사람들을 위해서 그러한 일을 행하신 적도 있었다. 그러나 나의 신학은 내가 하나님을 비난하는 것을 허락하지 않았다. 나는 욥기를 읽어 보았다. 하나님을 탓함으로써 승리한 사람은 없었다. 그렇다면 나 자신을 탓해야 하는가? 내가 더 열심히 기도하고 더 많이 금식하고 더 거룩하게 지냈어야 했던가? 그러나 코코의 병세와 나의 거룩은 실질적으로 상관이 없었다. 그렇다면 내가 병 낫기를 위해서 기도한 사람은 아무도 치료되지 않았을 것이다. 그러나 코코는 낫지 않았지만 몇 사람은 병이 나았지 않은가! 내가 비난할 수 있는 다음 후보는 나의 적수들이었다. 그러나 나의 적수들 중에서 누가 코코의 죽음을 원했단 말인가? 그들도 역시 코코가 회복되기를 원했었다. 그렇게 되면 유일하게 남는 비난의 대상은 마귀였다. 그러나 마귀가 하나님보다 더 강하단 말인가? 나는 출발점에 돌아와 주권적이시고 전지하신 하나님을 바라보면서 그 이유를 물었다. 그러나 하나님은 그 질문에 대답하지 않으셨다. 나는 하나님에게는 우리 모두를 위한 대답이 있다는 것, 우리 각 사람을 위한 대답이 각기 다르다는 것을 알고 있었다. 베니를 위한 대답이 다르고 캐시를 위한 대답이 다르고 나를 위한 대답이 다르고 교회를 위한 대답이 다를 것이었다…

나는 나를 위한 대답은 돈 포터가 코코의 침실에서 찬송을 할 때에 느꼈던 하나님의 사랑의 체험 안에 있다는 것을 알았다. 나는 이것을 확신했다. 나는 그것에 대해서 자주 하나님께 물었지만, 하나님은 대답해 주시지 않았다. 결국 나는 하나님께서 때가 되면 대답해 주실 것이라고 생각하고서 질문을 그만 두었다.

1995년 4월 15일, 하나님은 나에게 대답하셨다. 나는 비행기를 타고 텍사스 주 아마릴리오를 향해 가고 있었다. 나는 읽고 있던 책에서 네쉬빌이라는 단어에 시선이 멈추었다. 내쉬빌이라는 단어는 돈 포터를 기억하게 했고, 내 마음은 다시 코코에게로, 그리고 돈이 우리를 위해 찬송을 부르던 장면으로 돌아갔다. 순간적으로 나는 환상 상태에 있었다.

코코는 죽어가고 있었고, 나의 일부도 코코와 함께 죽어가고 있었다. 돈이 "그의 사랑이 나를 고쳐 주시네"라는 후렴을 부르기 시작했다. 우리는 코코를 잃고 있었다. 하나님의 사랑은 아무도 치료하지 않고 있었다. 그 때에 하나님의 사랑이 나를 고쳐 주고 계시다는 생각이 불현듯 떠올랐다. 하나님의 사랑이 고쳐주는 대상은 다름 아닌 나 자신이었다. 나는 세월이 흐르는 동안 너무나 많은 상처를 받았기 때문에 나에게 상처를 주지 않을 소수의 사람들을 제외하고는 아무도 접근하지 못하게 하기 위해서 내 마음의 주위에 울타리를 쳐놓고 있었다. 그런데 어떻게 해서인지 코코와 베니가 그 울타리를 통과해 들어왔다. 아마 하나님의 자비 덕분이었을 것이다. 그 당시에는 알지 못했지만 그것은 하나님의 자비였다. 그런데 이제 코코가 나를 아프게 하고 있었다. 이제까지 내가 겪은 아픔보다 더 큰 아픔을 주고 있었다. 그리고 코코는 나를 치료하고 있었다. 내가 쳐놓은 울타리는 제거되었다. 그리고 코코와 함께 나의 일부도 죽어야 했다. 아마 하나님께서 나를 화이트피시로 보내신 것은 죽어가는 여인에 의해서 나를 치료하시기 위해서였던 것 같다.

# 누가 하나님의 음성을 듣는가?

## chapter 20
# 하나님의 음성을 듣는 사람들

나는 대학 2학년이었고, 비행기에서 내 곁에 앉은 여자는 1학년이었다. 춥고 눈 내리는 12월 어느날 덴버를 떠나 달라스로 가는 비행기에서 나는 그 여학생을 만났다. 그녀의 전공은 심리학이었고, 나는 철학을 전공하면서 변증학, 즉 기독교 신앙을 위한 지적인 논증을 전문으로 하는 기독교 신학을 좋아하는 학생이었다. 곧 나는 그녀가 총명하지만 기독교인이 아니라는 것을 알았다. 그녀는 남자 친구와 동거하고 있었다.

어쨌든 그녀는 적당한 자리에 앉은 것이었다. 고백하자면, 나는 그녀가 예수 그리스도의 복음을 거부하기 위해 사용하는 얄팍한 논거들을 격파할 수 있다고 생각하고 있었다. 그녀는 자신이 좋아하는 심리학자와 그의 최근의 저서를 언급했다. 그런데 나는 이미 과제로서 그 책을 읽고 비평하는 일을 마친 상태였다. 일은 내가 생각한 것보다 쉽게 진행되고 있었다.

1시간 30분 뒤에 우리는 달라스 공항에 접근하고 있었는데, 나는 그녀를 꼼짝 못하게 만들고 싶었다. 어떻게 해서인지 그녀는 내가 제시한 논거를 모조리 거부했다. 그녀는 나의 주장들이 논리적이라고 생각하지 않았다. 그녀는 대담하게도 복음에 대한 나의 분명한 설명들을 이해할 수 없다고 거듭 말했다. 나는 아주 화가 났기 때문에 심리학자나 진정제, 아니면 둘 다를 절실하게 필요로 했다.

나는 지적인 접근 방식을 버리고 "당신처럼 수치를 모르는 사람은 만난 적이 없습니다"라고 말하는 것과 같은 수준의 방법을 사용하고픈 유혹을 받았다. 그러나 그처럼 모욕을 주는 것은 내가 지금까지 겸손하게 이 처녀에게 제시해온 사랑의 복음에 어긋나는 일이었다. 실제로 그 처녀의 뺨을 때리고 싶었던 것은 아니지만, 나의 좌절감이 분노로 변하고 그 처녀가 싫어지기 시작했다. 나는 그 처녀를 구원받아야 할 사람이 아니라 정복해야 할 원수로 생각하고 있었다. 내가 화를 낸 것은 내가 사랑 때문에 복음을 증거하는 것이 아니라 진리를 사용하여 이기려는 욕망에서 증거하고 있다는 것을 보여주는 확실한 표식이었다. 그것은 나의 불안감과 성숙하지 못함을 드러내주는 계시이기도 했다. 이런 종류의 계시들을 공개하게 되기까지 여러 해가 필요했을 것이다. 후일 나는 이해를 추구하는 것은 긍휼이며, 승리를 추구하는 추구하는 것은 교만이라는 것을 깨달았다.

비행기가 착륙할 때가 되었고, 복음을 증거하려는 나의 서툰 시도도 끝나가고 있었다. 그 일은 큰 실패로 결론 지어지는 것 같았다. 그때 기장이 비행장 사정 때문에 착륙할 수 없다고 발표했다. 우리가 탄 비행기는 눈보라 속에서 비행장 위를 선회하기 시작했다. 나에게 다시 기회가 주어진 것이다. 나는 그녀에게 증거하려 한 첫 시도에서 무엇인가 잘못 됐음을 희미하게 느꼈지만, 그것이 무엇인지는 알지 못했다. 나는 그녀를 나의 복음전도용 진열장에 넣어둘 영적인 트로피에 불과하다는 듯이 대했던 것이다. 그래서 이번에는 새로운 전략을 사용하기로 결심했다. 그로부터 30분 동안 나는 그녀의 꿈과 갈등 및 현재 느끼는 불행 등에 대한 이야기를 경청했다. 그녀는 자신이 교회나 방계 교회 조직의 학생들로부터 전도를 여러 번 받았지만 받아들이지 않았다고 말했다. 나는 계속 그녀의 말을 경청했다. 45분쯤 지나서 비행기는 공항에 착륙하기 시작했다. 그 때 갑자기 그녀는 말을 멈추고 "당신은 무슨 생각을 하세요?"라고 물었다.

내가 무슨 생각을 하고 있었을까? 나는 1시간 반 동안 내가 생각한 것을 그녀에게 말했지만 소득이 전혀 없었다. 거기에 내가 무엇을 더 할 수 있겠는가? 나는 거의 무의식적으로 마음속으로 주님께 지혜를 구하는 침묵의 기도를 드렸다. 나는 이 처녀에 대한 예수님의 긍휼을 느꼈다. 이 긍휼과 함께 너무나 단순하기 때문에 거의 미련한 것처럼 보이는 신적인 명료함이 임했다. 나는 그녀에게 "당신의 문제는 내 문제와 같습니다. 당신은 죄인이고 구주를 필요로 하고 있습니다"라고 말했다. 그녀는 눈물을 흘리면서 "알고 있어요 맞아요. 당신의 말이 맞아요"라고 말했다.

그녀와의 만남을 통해서 나는 무엇인가를 깨닫기 시작했다. 1시간 반 동안 제시한 변증적 논거들의 힘은 "당신은 죄인이며 구주를 필요로 합니다"라는 간단한 표현의 힘에 미치지 못했다. 내가 세심하게 추론해낸 논거들에는 없는 힘이 그 간단한 선언의 배후에 있었다. 하나님께서 그 간단한 문장을 나에게 제안해 주셨기 때문에 능력이 임했다. 그 때 나는 그 능력이 왜 임하는지 물어볼 만큼 지혜롭거나 성숙하지 못했었다. 나는 단지 그 능력이 임했다는 사실만 알고 있었다. 그 능력의 경험은 철학도인 나에게 지적인 논증이 상대적으로 무력하다는 것을 가르쳐 주기 시작했다. 지적인 논증들이 간혹 신앙의 장애물을 제거하기도 하지만, 궁극적으로 성경이 죄를 깨닫게 해주시지 않는 한 그것들은 무익한 것이다.

그 경험은 그 능력을 정규적으로 경험하는 방법을 가르쳐 주지는 않았다. 그러나 나는 여전히 나의 능력을 지나치게 신뢰하고 있었기 때문에 빈번하게 하나님의 음성을 듣는 특권을 누리지는 못했다. 하나님은 원하시는 때에 이방인이나 기독교인 등 모든 부류의 사람들에게 말씀하실 수 있으며, 실제로 그렇게 행하신다. 그러나 우리가 원하는 것은 하나님의 임재를 간헐적으로 만나는 것이 아니라 하나님의 음성을 지속적으로 듣는 의미 있는 경험이다.

"어떻게 해야 하나님께서 나에게 말씀해 주실까요?"는 내가 항상 듣는 질문이다. 이 질문에 대답해주는 모든 요소를 달라스 행 비행기에서 만난 여학생에게 전도한 나의 경험 안에서 발견할 수 있다. 그러나 그 당시 나는 질문을 하지는 않았다. 여러 해가 지나서 나는 이 질문을 연구하기로 작정하고, 성경에 등장하는 하나님의 음성을 인물들의 삶에 대해 묵상했다. 나는 하나님의 음성을 분별한다는 명성을 지닌 현대인들과도 대화를 나누었다. 마지막으로 나는 하나님의 음성을 듣는 일에서 나 자신이 성공했던 사례와 실패했던 사례에 주의를 기울이려 했다. 우리에게 말씀하시는 하나님의 음성을 듣는 데에는 세 가지 근본적인 특성이 있는 듯하다. 그것은 하나님에 의해 사용될 수 있는 가능성, 자발성, 그리고 겸손이다.

## 하나님에 의해 사용될 수 있는 가능성

누구보다도 아버지의 음성을 잘 들은 인물인 예수님의 생애를 연구할 때에 우선적으로 감명을 주는 것은 "하나님께서 사용하실 수 있는 무제한한 가능성"[1]일 것이다. 나는 기독교인이 된 지 1년쯤 되었을 때 처음으로 예수님의 삶에서 이 특성을 눈여겨 보게 되었다. 나는 마가복음 1장을 읽고 있었는데, 거기에는 예수님께서 밤늦게까지 병자들과 귀신 들린 사람들을 치료해 주신 기사가 기록되어 있었다(32-34절). 마가는 예수님께서 한밤중까지 사람들을 위해 봉사하신 후에 "새벽 오히려 미명에 예수께서 일어나 나가 한적한 곳으로 가사 거기서 기도하시더니"라고 말한다(막 1:35). 그날 아침 예수님은 정말로 잠을 자야 할 이유가 있었다. 그러나 예수님은 주무시지 않고 날마다 행하시던 대로 하나님과 함께 거하려고 한적한 곳으로 가셨다(눅 4:42; 5:16을 보라).

나는 기독교 신자가 되고 나서 초기에는 예수님께서는 항상 하나님을 위한 시간을 내셨다는 말을 하기 위해서 이 구절을 즐겨 사용하곤 했다. 그러나 지금은 그런 식으로 이해하지 않는다. 나는 예수님이 "하나님을 위한 시간을 내는 것"을 보는 것이 아니라, 아들의 시간이 완전히 아버지의 것임을 본다. 예수님은 결코 서두르시지 않았고, 더 많은 시간을 필요로 하시지도 않았다. 왜냐하면 그 분은 자기의 시간을 아버지의 시간으로 보셨기 때문이다. 예수님은 아버지께서 행하시는 것을 본 대로만 행하셨다(요 5:19). 또 그 분은 하늘 아버지의 소원을 이루기 위한 올바른 시간 올바른 장소에 계셨다.

나는 주님의 사역의 자발성과 비격식성에 끊임없이 놀란다. 산상

수훈처럼 5천 명이 넘는 예기치 않은 사람들에게 말씀하시거나, 사마리아 우물가에서처럼 버림받은 한 여인에게만 말씀하시거나, 주님은 항상 준비를 갖추고 계셨고 정확하게 행하셨다. 현대 목사들은 자신이 바쁘게 지내야 하며 주일 아침 설교를 준비하기 위해서 토요일 밤 늦게까지 일해야 한다고 초조해 하지만, 주님은 결코 광신자가 아니었다. 예수님께서 산상수훈을 말씀하시기 전에 그 사람들에게 무슨 말을 해야 할지 구상하면서 밤을 새웠다고 상상해보라. 얼마나 우스운 일인가? 예수님의 삶 자체가 설교이다. 예수님은 날마다 아버지와의 넘쳐 흐르는 교제를 근거로 사역하셨다. 주님은 하나님께서 완전히 사용하실 수 있는 분이었기 때문에 이러한 일을 하실 수 있었던 것이다.

지금 나는 규칙적으로 "고요한 시간"을 갖는 것에 대해 말하는 것이 아니라, 그 이상의 것에 대해 말하고 있다. 나는 새벽 5시 30분이면 일어나 조용히 성경을 공부하지만 고물상의 개보다 더 야비한 사람들을 보아왔다. 매일 아침 고요한 시간을 보내지만 하나님에게 전혀 소용이 없는 사람들이 있을 수 있다. 하나님을 위한 "시간을 발견하는" 사람들, 자신의 실생활을 지속하기 위해서 아침에 고요한 시간을 갖지만 나머지 시간을 종일 하나님을 잊고 지내는 사람들과는 달리 진실로 하나님의 쓰임을 받을 수 있는 사람들만이 자기들의 하루가 하나님의 것이라고 본다. 하나님은 원하시는 때면 언제라도 자유로이 그 사람의 하루를 재조정하신다. 이런 사람들은 고요한 시간을 갖는 것, 그리고 아침 일찍 "하나님에 대한 것"을 처리해 버리는 데 만족하지 않는다. 그들은 하루 종일 하나님의 임재를 체험하며 자신이 하나님을 기쁘시게 한다는 것을 아는 데서 만족을 느낀다.

여러 해 전에 나는 어떤 사람과 가까워지기 시작했는데, 그 사람은 결국 나의 친한 친구가 되었다. 당시 나는 어려움을 겪고 있었으며 그의 도움을 필요로 했다. 어느날 점심 식사 후에 헤어지면서 나는 그에게 밤늦게 전화를 걸어도 되느냐고 물었다. 그는 언제라도 전화하라고 대답했다. 나는 혹시 잠들었을 때 전화를 하면 안되니까 몇 시쯤에 잠자리에 드는지를 물었다. 그 친구는 "내가 몇 시에 잠자리에 들든지 상관하지 말게. 나는 일주일 내내, 그리고 하루 24시간 자네의 친구가 아닌가? 언제라도 필요한 시간에 전화를 걸게"라고 말했다. 필요할 때 도움을 줄 수 있다는 것이 우정의 주요한 특성 중 하나이다. 친구들은 서로 도움이 된다.

우정의 차원에 따라 도움을 주는 정도도 변화되어야 한다. 우리는 어떤 사람들을 공적인 일로 만날 경우에 웃으면서 말을 하지만 전화 번호를 가르쳐 주지 않는다. 또 어떤 사람들에게는 사무실의 전화 번호만 알려준다. 그런가 하면 어떤 사람에게는 집의 전화번호까지 알려준다. 그러나 집 전화번호를 아는 사람들 중에서도 밤이라도 원하는 시간에 거리낌없이 전화를 걸 수 있는 사람은 많지 않다. 이런 사람들은 우리의 가장 친한 친구로서, 약속을 하지 않고 찾아와도 환영을 받는다. 가장 친한 친구가 계획을 방해해도 우리는 화를 내지 않는다. 우정이 깊을수록 그만큼 더 많은 도움을 서로에게 준다.

하나님께서 우리에게 원하시는 것이 바로 우정(교제)이다(요 15:15). 많은 사람들은 종교적 의무와 책임을 충족시킴으로써 하나님을 만족시키려 한다. 그러나 친밀한 우정 관계에 있는 사람은 이러한 의무감을 초월한다. 우리는 친구를 사랑하며 그와 함께 있기를 원하기 때문에 그에게 유익함을 줄 수 있다. 진정한 우정을 가진 사람들에게 있어서는 상대방에게 유익함을 준다는 것이 짐이나 의무가 아니라 기쁨이요 특권이다.

진정한 우정에서의 이용도는 호혜적이다. 아무런 제한 없이 나에게 접근하는 사람에게는 나도 제한 없이 접근할 수 있다. 하늘 아버지와의 관계에서도 같은 원리가 적용된다. 하나님은 자기에게 가장 도움을 주는 사람들을 가장 크게 도와 주신다. 많은 기독교인들은 이 생각이 공정하지 못하다고 생각할 것이다. 심지어 그것은 마치 "작업용" 기독교처럼 느껴지기도 할 것이다. 그들은 하나님은 항상 모든 기독교인들에게 동등한 도움을 주신다고 생각한다. 그들은 마치 하나님이 자기들의 욕구를 충족시켜 주기 위해서 존재하며 그들에게 더 이상 필요하지 않다고 생각할 때에는 해고할 수도 있는 우주적인 사환이라고 생각하는 듯하다. 그러나 이것은 은혜에 대한 오해이며 개인적인 관계의 본질에 대한 오해이다. 하나님은 돼지에게 진주를 던지지 않으신다. 전심으로 찾는 사람들만이 그분을 발견한다(신 4:29).

우리가 하나님과의 깊은 교제를 원한다면, 우리의 모든 시간을 하나님의 시간으로 보는 마음의 상태, 우리가 완전히 하나님에게 이용될 수 있는 상태를 계발해야 한다. 하나님은 가장 불편한 때에 우리에게 말씀하시므로, 이렇게 행할 필요가 있다. 때때로 하나님은 사랑하는 종들이 선교 여행을 계획하는 일에 시간과 정력과 금전을 사용하게 하시고 나서는 그들이 그 여행의 중간에 이르기까지 기다리셨다가 그들의 사역을 금지하신다. 바울과 그의 친구들은 아시아에서 전도할 계획을 세웠지만, 하나님은 그들이 유럽에서 사역할 것을 원하셨다(행 16:6-10). 하나님께서 선교지를 다시 지시하신 것 때문에 그들이 그 전에 쏟은 시간과 돈과 정력은 낭비된 것이다.

하나님은 우리의 이용 가능성을 시험하시기 위해서 가장 불편한 때에 우리에게 말씀하시는 것 같다. 내가 가장 자주 드리는 기도는, 하나님께서 말하라고 하시지 않은 말을 내가 하기 전에, 또는 내가 자신을 높이는 말을 하기 전에 경고해 달라는 기도이다. 성령의 직무 중 하나가 우리에게 죄를 깨닫게 해주는 것이므로, 나는 이 기도를 크게 신뢰한다(요 16:8). 하나님은 종종 나의 설교와 관련하여 잘못을 깨닫게 해주신다. 하나님은 내가 스스로를 찬양하는 이야기를 할 때에 나로 하여금 돌아설 수 없는 지점에 도착하도록 내버려 두신 후에, 내가 자신을 실제의 모습보다 과장하기 위해서 내 설교를 사용하려 한다고 경고해 주신다. 하나님께서 이렇게 경고하실 때면, 나는 두 가지 중 하나를 선택해야 한다. 즉 나 자신을 찬양하지 않기 위해서 그 이야기를 어색하게 끝내거나, 또는 하나님께 순종하지 않고 그대로 이야기를 마치는 것이다.

또 불편한 일은 하나님께서 새벽 3시에 우리를 깨우시는 것이다. 때때로 하나님은 꿈을 사용하여 이 일을 하신다. 우리는 그것이 중요하다는 것을 알며, 또 그 꿈을 기록해두지 않으면 잊어버린다는 것도 알지만 그 시간은 한참 잠에 취해 있는 시간이다. 우리가 하나님께 도움이 된다면, 하나님께서도 우리에게 도움을 주시리라는 것을 기억하라. 밤중에 우리를 방해하는 것이 꿈이 아닌 다른 것일 수도 있다. 하나님의 성령께서 우리에게 잠을 잘 수 없게 만드는 분명한 것을 주실 수도 있다. 만일 우리가 책이나 잡지를 의지하지 않고 그 분을 의지한다면, 그 분은 우리에게 말씀해 주실 것이다.

예수님께서는 처음에 사도들을 부르셨을 때, 그들이 우선적으로 해야 할 일은 예수님을 위해 사역하는 것이 아니라 예수님에게 도움을 주는 일이라고 분명히 말씀하셨다. 예수님께서는 열두 사도를 선택하시기 전에 산에 올라가 밤새도록 기도하셨다(눅 6:12). 성경에서 산은 계시의 장소로 간주된다. 모세는 하나님으로부터 십계명을 받기 위해서 산에 올라갔다. 예수님은 아버지로부터 열두 사도의 이름을 듣기 위해서 계시의 장소에 올라가셔서 밤새도록 기도하셨다. 열두 사도를 부르신 것에 대해 마가는 다음과 같이 기록하였다:

> 또 산에 오르사 자기의 원하는 자들을 부르시니 나아온지라 이에 열 둘을 세우셨으니 이는 자기와 함께 있게 하시고 또 보내사 전도도 하며 귀신을 내어쫓는 권세도 있게 하려 하심이러라(막 3:13-15).

하나님은 세 가지 목적으로 사도들을 선택하셨다. 첫째는 "자기와 함께 있게 하시기" 위해서였다. 둘째, "보내사 전도를 하게 하려" 하심이었다. 셋째, "귀신을 내어쫓는 권세"를 갖게 하시기 위해서였다. 예수의 이름으로 전도하고 사역하는 능력이나 특권을 갖기 전에, 그들은 먼저 예수님과 함께 있어야 했다. 하나님께서 이용하실 수 있게 되는 것, 예수님과 친밀해지는 것이 모든 사역의 실질적인 기초이다. 하나님과의 친밀함이 우리에게서 넘쳐흐른 결과일 때만 전도와 증거는 능력을 갖는다. 하나님께서 이용하실 수 있게 되는 것은 사역에서 우선적인 일이며, 하나님의 음성을 듣기 위한 첫번째 조건이다.

하나님께서 이용하실 수 있는 가능성에는 소극적인 면과 적극적인 면이 있다. 우리가 단순히 주님을 섬겨야 하는 때가 있다(엡 42:1-7; 사 40:31). 반면에 하나님께 이용될 수 있는 사람들은 적극적으로 하나님을 찾는다(마 6:33). 그러면 얼마나 오랫동안 하나님을 찾아야 할까? 매일 아침 30분, 오후에 1시간, 저녁에 두 시간? 주님이 우리에게 오실 때까지 주님을 찾아야 한다(호 1-:12). 많은 사람들은 하나님의 진정한 임재를 경험하지 못한 채 매일 아침 30분이나 1시간 동안 성경을 읽고 기도하는 것으로 만족한다. 이런 사람들은 친구가 자기의 말을 들어줄 것이라는 조그만 암시라도 없는 한 1시간 동안 친구들에게 말하는 일에 만족하지 않을 것이다. 그러나 여러 해 동안 실천을 해본 결과 그들은 하나님의 임재의 경험이 없이 종교적 의무를 수행하는 데 만족하게 되었다.

하나님에 의해 이용될 수 있는 가능성에는 하나님께서 우리에게 말씀하실 것이라는 기대가 포함된다. 하박국 2:1에서는 "내가 파수하는 곳에 서며 성루에 서리라 그가 내게 무엇이라 말씀하실는지 기다리고 바라보며 나의 질문에 대하여 어떻게 대답하실는지 보리라"고 말한다. 주님에게 유용한 사람의 태도는 "여호와여 말씀하옵소서 주의 종이 듣겠나이다"이다(삼상 3:10). 우리가 하나님께 유용한 사람이 되면, 하나님께서도 우리에게 유용하게 되실 것이다(약 4:8).

## 기꺼이 하나님의 뜻을 행하려는 태도

예수님의 교훈은 사람들을 놀라게 했다. 심지어 원수들까지도 놀라게 했다. 한번은 원수들이 예수님의 교훈의 근원을 분별하려고 했다. 그들은 예수님이 공식적인 교육이나 훈련을 받은 적이 없다는 것을 알고 있었지만, 예수님의 말씀은 그들이 이제까지 한 번도 들어본 적이 없는 지혜로운 말씀이었다. 그것은 어디에서 온 것이었을까? 예수님은 그들에게 "내 교훈은 내 것이 아니요 나를 보내신 이의 것이니라 사람이 하나님의 뜻을 행하려 하면 이 교훈이 하나님께로서 왔는지 내가 스스로 말함인지 알리라"고 말씀하셨다(요 7:16-17).

이렇게 말씀하시면서 예수님은 하나님의 음성을 듣기 위한 두번째 조건을 제시하셨다. 주님은 영적 분별은 하나님의 뜻을 행하려는 우리의 자발적인 마음에 기초를 둔다고 말씀하신다. 기꺼이 하나님의 뜻을 행하려는 사람들은 예수님의 교훈의 근원을 알게 될 것이다. 다시 말해서, 하나님은 무슨 말이든지 하나님께서 하시는 말대로 기꺼이 행하려는 사람들에게 말씀하신다.

예수님이 다른 사람들보다 더 잘 아버지의 음성을 들은 이유 중의 하나는 이 원리에 철저하게 순종한 것이다. 예수님은 "내가 아무 것도 스스로 할 수 없노라 듣는 대로 심판하노니 나는 나의 원대로 하려 하지 않고 나를 보내신 이의 원대로 하려 하노라"고 말씀하셨다(요 5:30). 우리가 마음 깊은 곳에서 하나님의 말씀대로 행하려는 것을 보실 때, 하나님은 우리에게 말씀하실 것이다. 하나님께서 요구하시는 것을 우리가 행하려 하지 않는다는 것을 아신다면, 하나님께서 어찌 우리에게 말씀하시려 하겠는가? 하나님은 우리가 하나님의 음성에 순종하지 않고 우리 자신에게 심판을 초래할 것을 아시기 때문에 자비로이 우리에게 말씀하시기를 삼가신다.

잠시 동안의 지상 생활에서 누구를 기쁘게 해야 할 것인지 결정했는가? 우리의 삶을 지배하는 목표는 예수님의 목표와 동일한가? 예수님은 "하나님의 뜻을 행하러 왔나이다"라고 말씀하셨다(히 10:7). 이것이 삶의 목표였기 때문에 예수님은 아버지가 말씀하실 때 그 음성을 들을 수 있었다. 하나님을 기쁘시게 하는 것이 최고의 목표였기 때문에, 예수님은 친구들의 배반과 자기 민족들의 거부를 받으면서도 슬퍼하거나 앙심을 품지 않을 수 있었다. 예수님은 친구들과 조국을 사랑하셨지만, 그에게 있어서 최우선적인 것은 아버지의 뜻이었다. 예수님의 사역의 성공은 추종자들의 숫자나 충실함에 의해서 결정된 것이 아니라, 예수님으로 하여금 고통하고 버림받게 하실지도 모르는 아버지의 뜻을 충실하게 따르는 일에 의해서 결정되었다. 예수님의 상급은 자신이 가장 사랑하며 가장 기뻐하시게 하기를 원하시는 분의 음성을 듣는 것이었다.

우리에게는 하나님의 나라에서의 운명이 있다. 우리의 운명은 각기 다르지만, 놀랍다는 점에서는 동등하다. 그리고 누구도 우리가 자신의 운명을 성취하는 것을 막을 수 없다. 험담이나 비방이나 배반이나 비극, 심지어 마귀도 그것을 훔쳐갈 수 없다. 나의 면류관을 던져 버릴 수 있는 사람은 나뿐이다. 당신의 면류관을 다른 사람에게 양도할 있는 사람은 당신뿐이다. 그러나 삶의 목표가 우리의 마음 속 깊이 뿌리를 내리고 있는 한 그런 일은 결코 일어나지 않을 것이다. 하나님은 우리가 순종할 것을 아시기 때문에, 그리고 우리가 그의 음성에 순종해야 한다는 것을 아시기 때문에 우리에게 말씀하실 것이다. 그러나 그 음성을 이해할 수 없을 수도 있다.

빌립은 사마리아에서 신앙부흥을 일으키고 있었다. 그 신앙부흥에는 표적과 기사가 동반되었다. 그 부흥이 한창 진행 중일 때에 주의 천사가 그에게 "일어나서 남으로 향하여 예루살렘에서 가사로 내려가는 길까지 가라"고 말했다(행 8:26). 이 명령이 빌립에게 얼마나 이해할 수 없는 것이었을지 상상할 수 있을 것이다. 왜 하나님은 주요한 신앙부흥이 한창 진행 중일 때에 그 지도자를 불러 그곳을 떠나 사막으로 뻗은 길로 가라고 하셨을까? 천사가 빌립에게 말한 것도 놀라운 일이지만, "일어나서 가라"는 명령에 대한 빌립의 반응 역시 놀라운 것이었다. 그는 그 명령에 순종했다(행 8:27). 결국 빌립이 주님의 음성에 순종한 후에 빌립은 그 명령을 이해할 수 있었다. 그러나 그가 기꺼이 하나님께서 말씀하신 일을 행하려 하지 않았다면, 그는 결코 주님의 음성을 듣지 못했을 것이며, 천사도 그를 찾아오지 않았을 것이다.

여러 해 전에 나는 하나님께서 나에게 한 가지 취미 생활을 포기하라고 말씀하고 계시다는 느낌을 받기 시작했다. 그런데 이 취미는 잘못된 것이 아니었다. 나는 주님께 그 취미를 기꺼이 포기하겠다고 말씀드렸지만, 하나님께서 먼저 나에게 요청하셔야 했다. 나는 금욕주의에 몰두하지는 않았다. 나는 단지 하나님의 관심을 끌기 위해서 합법적인 것들을 포기하는 것이 영적으로 유익하다는 것을 발견하지 못했었다. 주님의 인도하심이 없이 어떤 일을 포기할 경우, 나는 으레 율법주의와 독선, 그리고 비통함으로 끝을 맺곤 했다. 이번에 나는 단지 "나는 이 취미를 대단히 좋아합니다. 그러나 주님이 원하신다면 그것을 포기하겠습니다"라고 말씀드렸다.

여섯 달쯤 지났다. 어느 주일 아침 나는 잠에서 완전히 깨어나지 못한 상태에서 전날 밤에 꾼 꿈을 기억했다. 꿈에서 나는 내 친구 폴 카인에게 말을 하고 있었다. 그 꿈의 끝 부분에서 폴은 나에게 "주님은 자네가 그 취미생활을 그만 두기를 원하신다네"라고 말했다(꿈 속에서 폴은 실제로 나의 취미의 명칭을 언급했다). 잠에서 깨어났을 때, 나는 간신히 그 꿈을 기억해냈다. 그 꿈은 너무나 희미했기 때문에 처음에는 그 꿈이 내가 만들어낸 것이라고 생각했었다. 그 때 나는 '그렇지 않다. 나는 정말로 꿈을 꾸었다. 그렇지만 이 꿈이 주님에게서 온 꿈인지 어떻게 알 수 있는가? 그것은 나의 율법주의적 양심에서 생겨난 것일 수도 있고, 마귀가 나를 율법주의로 인도해 하기 위해 준 것일 수도 있다'고 생각했다. 나는 나의 취미를 포기하는 것이 쉽지 않다는 것을 알고 있었다. 그 때 나는 주님께 "그 꿈이 정말로 주님이 주신 것이라면, 이 취미를 포기하겠습니다. 그러니 나에게 표식을 주십시오. 오늘 폴 카인을 시켜 그 꿈에 대해 내게 말해 주십시오"라고 기도했다.

주일 아침 설교를 한 후에, 폴과 나는 몇 사람과 함께 점심을 먹었다. 점심을 먹은 후에 폴과 나는 차를 타고 공항을 향했다. 폴은 "어젯밤에 나는 너무나 선명하게 꿈을 꾸었다네. 세 가지 꿈을 꾸었는데, 그것들 모두를 기억하고 있어"라고 말했다.

믿을 수 없는 일이었다. 나는 전방을 직시하면서 "나도 꿈을 꾸었고, 그 꿈을 기억하고 있어"라고 말했다.

폴은 "사실, 꿈에서 나는 자네에게 말하고 있었다네"라고 말했다.

"음, 내가 꾼 꿈과 비슷하군. 내 꿈에서도 자네가 나에게 말하고 있었어."

폴은 "내 꿈 이야기를 먼저 듣고 싶지?"라고 말했다.

"그렇게 하는 것이 도움이 될 것 같네."

폴은 꿈 속에서 주님이 나에 대해 말씀하신 고무적인 일들을 말해 주었다. 그는 내 취미에 대해서는 한 마디도 하지 않고 꿈 이야기를 마쳤다. 나는 차창 밖을 내다보면서 "폴, 그게 전부인가? 이건 중요한 일일세. 그밖에 다른 내용이 있었는지 나는 알아야 해"라고 말했다.

"글쎄. 나는 자네가 이 취미를 얼마나 좋아하는지 알고 있기 때문에 얼마 동안은 자네에게 아무 말도 하지 않을 작정이었지만, 자네가 물어 보았으니 하는 말인데, 주님은 자네가 그 취미를 포기하기를 원하신다네…" 그러면서 폴은 내가 버려야 할 취미가 무엇인지 말해 주었다.

처음에 나는 믿을 수가 없었다. 이제 핑계거리가 없었으므로, 나는 그 취미를 포기해야만 했다. 그러나 주님의 인자하심과 주님에 나에게 말씀하신 초자연적인 방법을 깨닫는 순간 나는 상실감보다는 기쁨을 느꼈다. 나는 주님이 나의 취미 대신에 더 많은 임재를 주시리라는 것, 그리고 이 모든 일로부터 유익을 얻게 될 것을 알았다. 또한 내가 신속하게 주님의 뜻대로 행하기로 결심했다는 사실로 인해 약간의 자부심도 느꼈다.

나는 약간은 독선적인 태도로 폴에게 "그렇게 해야지. 나는 그 취미를 버리겠네. 그 외에 또 내가 그만두기를 원하시는 것이 있는가?"라고 물었다.

폴은 직접 대답하는 대신에 "자네는 젊은 부자 관원의 이야기를 아는가?"라고 물었다.

"물론 알지."

"그 이야기의 내용이 무엇인가?"

"젊은 부자 관원이 예수님에게 영생을 얻으려면 어떻게 해야 하느냐고 물었고, 예수님은 그에게 계명을 지키라고 말했어. 젊은 부자 관원은 자신이 어려서부터 계명들을 잘 지켜왔다고 말하고는 그 외에 영생을 얻기 위해서 해야 할 일이 무엇이냐고 물었지. 그 때 예수님은 그에게 가진 것을 모두 팔아 가난한 자들에게 나누어 주고 자기를 따르면 천국에서 부유하게 될 것이라고 말씀하셨어."

폴은 "그 부자 관원이 첫 번째 질문만 하고 더 이상 질문하지 않은 것이 더 좋지 않았을까?"라고 물었다.

나는 곧 폴의 질문의 요점을 이해했다. 앞으로 주님은 나에게 다른 것들을 포기하라고 요청하시겠지만, 지금은 내가 그런 일들을 포기할 만큼 성숙하지 못하다는 뜻이었다. 주님은 내가 기꺼이 행할 일에 대해서만 말씀하고 계셨다. 그것은 내가 하나님을 배반하는 사람이기 때문이 아니라 아직 성숙하지 못했기 때문이었다. 3살 짜리 아이에게는 요청하지 못하지만 6살짜리 아이에게 요청할 수 있는 일들이 있고, 또 6살 짜리 아이에게는 요청할 꿈도 꾸지 못하지만 18살 짜리 아이에게는 요청할 수 있는 일이 있다.

우리가 적극적으로 주님을 거역하면 주님은 우리에게 말씀하시지 않는다. 그러나 우리가 하나님의 음성을 듣지 못하도록 방해하는 것은 우리의 배반이 아니라 우리의 미숙함인 경우도 종종 있다. 주님 안에서 성장해가는 동안 우리는 점점 더 기꺼이 주님의 뜻을 행하게 되며, 주님은 우리 삶의 보다 넓은 분야들에 대해서 우리에게 말씀하실 것이다.

## 겸손—거룩한 덕

성경에서 예수님 다음으로 위대한 계시의 인물은 누구인가? 성경은 모세라고 말한다. 모세의 누이 미리암은 자신을 동생 모세와 동등하다고 여기는 잘못을 범했다. 여호와는 미리암을 책망하셨다:

> 너희 중에 선지자가 있으면 나 여호와가 이상으로 나를 그에게 알리기도 하고 꿈으로 그와 말하기도 하거니와 내 종 모세와는 그렇지 아니하니 그는 나의 온 집에 충성됨이라 그와는 내가 대면하여 명백히 말하고 은밀한 말로 아니하며 그는 또 여호와의 형상을 보겠거늘 너희가 어찌하여 내 종 모세 비방하기를 두려워 아니하느냐(민 12:6-8).

여호와께서는 여호와의 음성을 듣는 일에 있어서 모세만한 사람이 없다고 말씀하신다. 여호와께서는 "미리암아, 모세는 이제 네 동생이 아니다. 그는 세상에서 정규적으로 나와 이야기하는 유일한 사람이다"라고 말씀하신다. 그곳에서는 모세가 성경에서 가장 위대한 계시의 인물이라고 선포하면서 또 그가 세상에서 가장 겸손한 사람이라고 말한다(민 12:3). 하나님의 음성을 듣는 능력과 겸손은 병행한다. 성경에서 하나님의 음성을 듣는 위대한 능력을 가진 사람들은 크게 겸손한 사람들이기도 했다.

다니엘도 놀라운 방법으로 하나님의 음성을 들은 사람이었다. 천사가 그에게 와서 "다니엘아 두려워하지 말라 네가 깨달으려 하여 네 하나님 앞에 스스로 겸비케 하기로 결심하던 첫날부터 네 말이 들으신 바 되었으므로 내가 네 말로 인하여 왔느니라"라고 말해 주었다(단 10:12). 심지어 유다 역사상 가장 사악한 왕 중 하나인 므낫세도 자신을 낮춤으로써 여호와의 관심을 끌 수 있었다:

> 저가 환난을 당하여 그 하나님 여호와께 간구하고 그 열조의 하나님 앞에 크게 겸비하여 기도한 고로 하나님이 그 기도를 받으시며 그 간구를 들으시사 저로 예루살렘에 돌아와서 다시 왕위에 거하게 하시매 므낫세가 그제야 여호와께서 하나님이신 줄을 알았더라.(대하 33:12-13)

겸손이란 무엇인가? 나는 사무엘이 사울을 책망한 데서 겸손의 정의를 발견한다. 사무엘은 "왕이 스스로 작게 여길 그 때에…"라고 말했다(삼상 15:17). 스스로 작게 여긴다는 것은 우리가 무가치하다거나 무능하다거나 성품이 좋지 못하다고 생각하는 것을 의미하는 것이 아니다. 그것은 우리 자신의 능력이나 선을 믿지 않는 것을 의미한다.

여호와께서 모세에게 오셔서 이스라엘 백성을 인도하여 약속의 땅으로 가라고 명령하셨을 때, 모세는 "내가 누구관대 바로에게 가며 이스라엘 자손을 애굽에서 인도하여 내리이까"라고 말했다(출 3:11). 모세는 이 임무를 수행하기 위한 능력에 대한 자신의 심오한 불신을 표현하고 있다. 여호와께서 기드온을 이스라엘의 사사요 구원자로 부르셨을 때, 기드온도 비슷한 반응을 나타냈다(삿 6:15). 이 사람들은 자신에게 능력이 없다고 생각하거나 또는 자신이 특별히 나쁜 사람이라고 생각한 것이 아니다. 그들은 하나님의 성품과 자신에게 주어진 하나님의 소명에 비추어 볼 때, 자신에게 그 임무를 수행할 능력도 없고 성품도 없다는 것을 알았다.

겸손한 사람들은 육체적인 힘(잠 21:31)이나 사람의 지혜(잠 16:9)나 운명(잠 16:23)이 결정적인 것이 아니라는 것을 안다. 결과를 정하시는 분은 여호와시다. 겸손은 사람의 의도나 노력보다 하나님의 자비를 더 신뢰하는 것이다(롬 9:15-16). 진실로 겸손한 사람은 자신의 성품이나 능력이 아무리 커도 그리스도를 떠나서는 아무 것도 할 수 없다는 것을 안다(요 15:6). 그러므로 겸손한 사람들은 자신의 듣는 능력이 아니라 성령의 말씀하시는 능력을, 그리스도를 따르는 자신의 능력이 아니라 그리스도의 인도하시는 능력을 신뢰한다.

겸손한 사람들의 또 다른 특성은 자기보다 비천한 사람들과 기꺼이 교제하고 섬기려 한다는 점이다(롬 12:10; 갈 5:13; 빌 2:3-4). 이 일에 가장 능숙한 사람은 그리스도였다(빌 2:5-11). 하나님 아버지는 본질적으로 겸손하시다. 하나님은 비천한 사람들과 즐겨 교제하신다(사 57:15; 66:2).

성경에서 가장 놀라운 구절은 시편 138:6이다: "여호와께서 높이 계셔도 낮은 자를 하감하시며 멀리서도 교만한 자를 아시나이다." 다시 말해서, 하나님은 겸손한 사람들과 친밀하게 교제하시지만, 교만한 사람은 멀리 하신다. 겸손은 하나님과 친밀하게 되는 지름길이며, 오만은 영적인 사막으로 이어지는 길이다. 오만 중에서 가장 좋지 않은 형태는 종교적인 교만이다. 예수님은 성적으로 부정한 사람들이 아니라 영적으로 교만한 사람들을 가장 엄히 책망하셨다. 오늘날 교회가 받아들일 수 있는 죄의 목록에서 첫머리를 장식하는 것은 종교적 교만이다. 우리는 교만한 지도자들에게 보답하며, 오만한 유머를 듣고 웃음을 터뜨리며, 우리가 속한 종교 사회 외부에 있는 사람들을 멸시한다. 교만한 사람들은 하나님의 초자연적인 계시를 필요로 하지 않는다. 아마 그렇기 때문에 오늘날 교회의 어떤 부분에 초자연적 계시가 거의 없다고 볼 수 있을 것이다.

주님과 사도들은 하나님께서 겸손한 자를 높이시고 교만한 자를 대적하신다는 주제를 강조하셨다(마 23:12; 눅 14:11; 18:14; 약 4:6; 벧전 5:5). 하나님의 음성을 들으려면, 반드시 겸손해야 한다. 예수님은 마음이 겸손한 분이셨고(마 11:29), 예수님의 친한 친구들도 모두 마음이 겸손하다. 오늘날 교회 안에서 교만한 자들이 지도자로 활동하고 있을 수 있지만, 그들은 예수님의 친한 친구가 되지 못한다.

하나님께서 우리에게 주실 수 있는 최고 형태의 고양은 하나님 자신과의 친밀함과 교제이다. 하나님께서 우리 모두를 예언자들로 만드실 것인가? 하나님께서 우리 모두에게 장엄하게 지식의 말씀을 전하는 사역을 주시겠는가? 그렇지 않다. 하나님은 우리 각 사람에게 아버지의 마음을 기쁘게 해줄 지혜로운 자녀가 되는 데 필요한 것을 주실 것이다. 하나님은 우리의 마음을 하나님의 사랑으로 압도하시기 위해서 우리에게 충분히 그 음성을 들려 주시며, 또 하나님과의 교제를 주실 것이다.

우리가 하나님께 유용한 사람이 되며, 기꺼이 하나님의 말씀대로 행하려 하며 겸손을 추구하려 하면, 하나님은 우리에게 말씀해 주실 것이다. 하나님께서 달라스로 가는 비행기에서 옆에 앉은 여학생에 대해서 나에게 말씀해 주셨을 때, 나에게 이 세 가지가 모두 임했다.

나는 하나님의 증인이 되어 하나님께 유용한 사람이 되기로 결심했다. 그 음성이 임했을 때, 나는 기꺼이 그 말씀 외에 다른 말은 하지 않으려 했다. 그러나 하나님을 증거하려는 서툰 시도로 말미암아 나는 자신의 설득하는 능력에 대한 확신을 잃었고, 그래서 겸손하게 도움을 요청했다. 그 때 음성이 임했다.

내가 자신감을 잃은 것은 순간적인 일에 불과했다. 나는 곧 그것을 되찾았으므로 오래지 않아 다시 그 음성을 다시 듣게 되었다.

chapter 21

# 하나님의 음성 식별

 12월에 비행기에서의 일이 있은 후 나는 여러 번 "당신은 죄인이므로 구세주가 필요합니다"라는 표현을 사용했지만, 그 때와 같은 결과를 얻지는 못했다. 결국 나는 그것을 버리고 말았다. 배후에 능력이 없다면, 그 표현은 공허한 말에 불과했다.
 우리는 경제적으로나 영적으로 한두 번쯤 "빨리 부자가 되려는" 계획을 가진 적이 있을 것이다. 인간은 다른 사람들이 지불하는 것을 지불하지 않은 채 귀중한 것을 얻으려 하는 본성이 있다. 이것이 많은 것을 약속하지만 실제로 주는 것은 별로 없는 현혹되기 쉬운 공식들이 강력한 호소력을 갖는 이유이다. 실제로 하나님과 그의 방법에 대한 우리의 많은 질문들의 배후에는, 심오한 것에 대한 대답이 간단하고 기계적인 공식―우리가 마스터 할 수 있으며 우리에게 유리하게 통제할 수 있는 주제― 안에 있을 수도 있다는 희망이 놓여 있다.
 나는 하나님의 음성이 갑자기 많은 사람들에게 임하여 놀라게 하는 집회에서 이러한 그릇된 희망이 표현되는 것을 본다. 1993년 3월에 텍사스 주 휴스톤에서 갈보리 침례교회의 후원으로 열린 집회에 참석한 약 200명의 사람들에게 이러한 일이 있었다.

내가 릭 조이너, 폴 카인과 함께 강연한 그 집회에 팀 존슨이 참석했다. 그 당시 팀은 워싱턴 레드스킨 축구팀의 전위 수비수였다. 1992년 NFL(전국 축구 리그) 시즌이 끝날 무렵, 팀은 하나님께서 자신을 다른 팀으로 인도하실 것이라고 생각했다. 그러나 그는 그것이 정말로 하나님의 음성인지, 아니면 자기의 환경 변화에 대한 일종의 반작용인지 알 수 없었다. 1993년 봄에, 팀은 하나님께서 보다 전문적이고 보수가 좋은 팀으로 가게 해주실 것이라고 확신했다. 그러나 팀은 허리에 대단한 통증을 느끼기 시작했기 때문에 달리기는커녕 걸을 수도 없었다. 통증은 점점 더 심해져서, 프로 축구선수 생활을 그만 두어야 할 지경에 이르렀다.

사람들이 팀에게 폴을 소개해 주었는데, 팀은 폴에게 허리 통증이나 다른 팀으로의 이적에 대해서 전혀 말하지 않았다. 어느날 밤 폴은 설교를 마친 후에 사람들에게 예언을 해주기 시작했다. 그는 "워싱턴 레드넥스에서 온 팀이라는 사람이 있습니까?"라고 물었다(폴은 스포츠에 대해서 잘 알지 못했다). 팀이 일어섰다. 폴은 이렇게 말했다. "팀, 당신은 지금 주님으로부터의 승진이 주어질 찰나에 있습니다. 주님은 당신에게 변화가 있었다는 것, 그리고 당신이 이적하는 일에 대해 생각하고 있다는 것을 분명히 보여 주셨습니다. 주님은 현재 상태에서 당신을 위한 놀라운 일을 가지고 계시기 때문에 지금 당장 이적하지는 않을 것이라는 사실을 보여 주셨습니다. 주님은 당신의 뒷 목과 허리를 만지고 계십니다. 당신은 그러한 어려움을 가지고 있는 것처럼 보이지 않고, 또 건강한 것처럼 보입니다. 그러나 주님은 그 통증을 낫게 해주실 것입니다. 주님께 감사하십시오."

부활 주일 아침에 팀은 집 근처 공원으로 갔다. 그는 걷기 시작했는데 전혀 아프지 않았다. 그는 달리기 시작했다. 여전히 아프지 않았다. 팀의 뒷목과 허리가 완전히 나은 것이다. 주님이 워싱턴에서 팀을 위해 놀라운 일을 행하실 것이라고 한 폴의 말을 기억하는가? 팀은 1993년 시즌에 레드스킨 팀에 머물러 있었는데, 그 해는 프로 축구 선수로서 그의 최고의 해였다. 시즌이 끝날 때, 그는 많은 상을 받았다. 특히 워싱턴 쿼터백 클럽에서는 그를 레드스킨 팀의 최우수 선수로 지명했는데, 이것은 전위 수비수로서는 대단히 영광스러운 일이었다. 만일 레드스킨 팀을 떠났다면, 팀은 이러한 상을 타지 못했을 것이다.

집회가 끝난 후, 사람들은 폴이 어떻게 팀의 허리 통증에 대해서 알았는지, 그리고 하나님께서 그를 낫게 해 주실 것을 어떻게 알았는지 알고 싶어 했다. 폴은 환상을 보았다고 말했다. 그러나 그 환상이 주님으로부터 온 것인지 어떻게 알았을까? 이것은 집회에서 사람들이 하나님의 음성을 들을 때마다 나에게 제기되는 질문이다. 이런 질문을 하는 사람들의 놀란 시선의 배후에는 하나님의 음성을 식별하는 간단한 공식, 손쉬운 해결책을 얻으려는 희미한 희망이 깜박거리고 있다. 그러한 손쉬운 공식이 있다는 것을 부인함으로써 대답이 시작될 때에 그 깜박임은 사라진다. 그리고 치욕을 당할 수도 있다는 주제로 돌아설 때, 놀란 시선들은 겁에 질린 시선이 되어 "하나님의 음성을 듣는 일을 예언자에게 맡기는 편이 낫겠다"고 말한다. 그러나 포기해서는 안된다. 이제 몇 가지 지침을 제시하겠다.

## 하나님의 음성 식별

우리에게 말하는 것이 우리의 감정이 아니고 마귀가 아니고 다른 사람들로부터 받는 스트레스가 아니라 하나님이라는 것을 어떻게 알 수 있을까? 하나님께서 예언 사역이나 천사들의 방문이나 초자연적 현상의 성취를 통해서 하나님의 음성을 초자연적으로 직선적으로 확인해 주시지 않을 때에, 우리는 어떻게 그의 음성을 식별할 수 있을까? 하나님은 우리에게 어떤 도움을 주시는가?

### 하나님의 음성은 항상 성경과 일치한다

모든 개인적인 계시는 성경에 비추어 조사해 보아야 한다. 하나님께서는 성경에 어긋나는 말씀을 하시지 않을 것이다. 레위기의 음식법에 대한 베드로의 해석이 하나님의 뜻과 일치하지 않았듯이, 하나님의 음성이 우리의 성경 해석과 일치하지 않을 수는 있다(행 10장). 그러나 하나님은 결코 성경의 교훈에 어긋나는 말씀을 하시지 않으실 것이다. 모든 예언, 느낌, 꿈, 환상, 그리고 모든 종류의 초자연적인 경험은 성경의 교훈에 비추어 시험해 보아야 한다.[1]

하나님은 결코 우리로 하여금 자기의 말씀을 범하도록 인도하시거나 유혹하시지 않으실 것이다(약 1:13). 그러나 성경이 우리에게 자유를 주는 분야, 일반적으로는 허용되지만 구체적으로 우리에게 반드시 유익하지는 않을 일들의 경우는 어떠한가? 우리는 그리스도 안에서 결혼하고 직업을 바꾸고 집을 사고 다양한 형태의 사역에 종사하는 등 여러 가지 일을 할 수 있다. 이런 경우에 우리를 어떤 방향으로 인도하여 주는 듯한 음성이나 느낌을 어떻게 시험해야 하는가?

### 하나님의 음성은 친구들의 견해와 일치하지 않을 수도 있다

주님의 인도하심을 분별하는 데 있어서 친구들이나 신뢰할 수 있고 권위 있는 인물들의 조언이 중요하다고 한다. 이러한 견해를 뒷받침해주는 본문들도 있다(잠 11:4 참조). 그러나 우리가 받은 느낌이나 꿈이 하나님에게서 온 것인지를 식별하는 데 있어서 사람들의 조언의 가치는 한정된다.

하나님은 때로 친구들이 이해할 수 없는 일들을 행하라고 하시기도 한다. 바울의 친구들은 아가보의 예언을 통해서 바울이 예루살렘에서 감옥에 갇힐 것을 알았기 때문에 바울에게 예루살렘에 가지 말라고 강권했다(행 21:10-12). 그러나 바울은 성령이 자기를 예루살렘으로 인도하신다고 느꼈기 때문에 그들의 충고를 거부했다(행 20:22-23). 친구들이 볼 때 바울의 행동은 무의미한 행동이었다. 그러나 주님의 음성을 들은 사람은 친구들이 아니라 바울이었다.

1960년대에, 재키 풀링거라는 젊은 영국 여인은 하나님께서 자기에게 "가라"고 말씀하신다고 발표하여 가족들과 친구들에게 충격을 주었다. 그들은 어디로 갈 예정인지 물었는데, 재키는 어디로 갈지는 알지 못하지만 무작정 가야 한다고 대답했다. 이것은 다른 사람들에게는 이해가 가지 않는 일이었지만, 재키는 하나님께서 자기를 인도하여 친구들과 가족들에게서 떠나게 하신다고 확신했다. 재키는 배를 타고 동양을 향해 떠났다. 홍콩에 도착한 재키는 주님이 그곳에 머무르라고 하신다는 느낌을 받았다. 재키는 자신이 홍콩에서 무슨 일을 해야 할지, 또는 어떻게 생계를 유지할지 알지 못했다. 그러나 30년 후, 재키 풀링거의 이야기는 우리 시대에 가장 성공적이고 기적적인 선교의 이야기가 되었다. 재키는 마약 거래를 하는 중국인 비밀결사대원들을 그리스도께 인도하고, 그들을 위해 기도하여 여러 가지 마약 중독에서 해방시켜 주었다. 재키 덕분에 수천 명이 그리스도께 돌아왔고, 마약에서 해방되고 가난에서 해방되었다.[2] 재키는 친구들 및 믿을 만한 조언자들의 충고에도 불구하고 조국을 떠났는데, 그 행동은 옳은 것이었다.

우리에게 주어진 음성이 주님의 것인지 아닌지를 식별하려 할 때, 우리는 자연적인 것에서 충고를 구하지 않는다. 우리는 단순하게 다른 사람들의 의견을 원하지 않는다. 우리는 자신의 눈이나 귀에 의해서 판단하지 않고 주님의 영에 의해서 판단하려 한다(사 11:2-4). 만일 사람들이 우리를 도와 주어야 한다면, 우리가 그들에게서 받아야 하는 것은 합리적인 충고가 아니라 참된 영적 분별이다. 하나님은 우리가 그 음성을 식별하는 법을 배우기를 기대하시며(요 10:3-4), 그렇기 때문에 하나님의 음성을 듣는 데 대한 책임은 우리에게 충고해 주는 사람들이 아니라 우리에게 있다(왕상 13:1-32 참조).

## 하나님의 음성에는 일관성 있는 특성이 있다

우리에게 말씀하시는 음성에는 중요한 특성이 있다. 신약성경에 있는 예수님의 대화들을 연구해 보자. 사마리아의 우물가의 여인에게(요 4:7), 젊은 부자 관원에게(마 19:16), 또 제자들에게 어떻게 말씀하시는지 살펴 보자. 예수님은 잔소리를 하시거나, 넋두리를 하시거나, 논쟁을 하신 것이 아니다. 예수님의 음성은 냉정하고 고요하고 자신있는 음성이다. 그 음성은 야비하거나 정죄하는 음성이 아니었다. 왜 예수님이 오늘날 우리에게는 그 당시와 다르게 말씀하실 것이라고 생각하는가?

여러 해 전에, 어느 교회의 교인도 아니고 권위 있는 조직에 속해 있지도 않는 무식한 예언자로부터 책망을 받은 부인이 나를 찾아왔다. 그 예언자는 이곳 저곳으로 다니면서 자신을 칭송하는 이야기를 하며 사역에 대한 사례금을 받았다. 그 사람은 책망을 하면서 그 부인의 몇 가지 죄목을 정확하게 지적했다. 그는 사역하는 동안 그 부인에게 소리를 지르고 고함을 쳤다. 그 부인이 그가 화를 내는 데 대해 항의하였더니, 그는 자신이 화를 내는 것이 아니라 하나님께서 말하라고 하시는 메시지를 전하는 것이라고 대답했다. 그 "예언자"는 그 부인에게 정말로 화를 내고 계신 분은 하나님이라고 주장했다. 그의 예언이 끝난 후에 그 부인은 망연자실했다.

이 사람이 그녀의 죄목을 정확하게 거론했기 때문에, 그 부인은 그 예언이 하나님으로부터 온 것이라고 생각했다. 그 부인은 나에게 그것이 하나님께서 주신 것이라고 생각하느냐고 물었다. 나는 그렇지 않다고 말해 주었다. 나는 주님은 자기 자녀에게 고함을 치거나 소리를 지르지 않는다고 상기시켜 주었다. 그 예언자를 통해서 말한 음성의 특성은 그것이 주 예수님의 말씀이 아니라는 것을 증명해주었다.

많은 사람들은 마귀의 정죄와 고발을 성령의 깨우침이라고 생각한다(계 12:10). 마귀는 우리의 죄에 대해서 말할 때에 우리로 하여금 무가치하고 정죄받은 사람이라고 느끼게 만든다. 마귀는 잔소리를 하고 넋두리를 한다. 그는 우리로 하여금 자신이 항상 그런 상태에 있었으며 앞으로도 결코 변하지 않을 것이라고 느끼게 만든다. 우리가 죄를 고백할 때, 마귀는 우리가 성실하지 못하다고 말하며, 전에도 같은 일을 하고 고백한 적이 있다고 말하며, 우리가 앞으로 다시 그런 일을 할 것이라고 말한다. 성령이 우리의 죄를 깨닫게 해주실 때에는 우리의 죄의 실체를 가지고 우리를 대면하시지만 예수의 피를 통해서 희망을 주신다.

### 하나님의 음성은 선한 열매를 맺는다

사람들은 예언자를 시험해보는 주요한 방법은 그의 예언이 실현되는지 아닌지를 살펴보는 것이라고 말한다. 많은 예언들은 우연한 요소를 포함하고 있으므로, 나는 이것이 가장 좋은 시험 방법이라고는 생각하지 않는다. 예레미야는 이렇게 가르친다:

> 내가 언제든지 어느 민족이나 국가를 뽑거나 파하거나 멸하리라 한다고 하자 만일 나의 말한 그 민족이 그 악에서 돌이키면 내가 그에게 내리기로 생각하였던 재앙에 대하여 뜻을 돌이키겠고 내가 언제든지 어느 민족이나 국가를 건설하거나 심으리라 한다고 하자 만일 그들이 나 보기에 악한 것을 행하여 내 목소리를 청종치 아니하면 내가 그에게 유익케 하리라 한 선에 대하여 뜻을 돌이키리라(렘 18:7-10).

요나가 니느웨에 대해 예언할 때에 위와 같은 일이 일어났다. 그는 "사십 일이 지나면 니느웨가 무너지리라"고 예언했다(욘 3:4). 니느웨는 회개했고, 요나의 예언은 이루어지지 않았다.

예언이 이루어지지 않는 데에는 최소한 세 가지 가능성이 있다. 첫째, 그 예언은 주님에게서 온 것이 아닐 수 있다. 둘째, 그 예언이 주님에게서 온 것이지만, 그것을 전하는 사람이 그 사건이 일어날 시기를 오해하거나 하나님의 음성을 오해한 것일 수 있다. 셋째, 하나님께서 말씀하시고 그것을 전한 사람도 정확하게 이해했지만, 그 예언을 받는 사람들의 반응 때문에 예언이 이루어지지 않을 수 있다.

예언의 우발적인 본질 외에도, 특정인의 예언의 성취가 그것이 주님에게서 온 것인지를 시험해 보는 가장 좋은 기준이 되지 못하는 또 다른 이유가 있다. 하나님에게서 온 것이 아닌 예언이나 기사나 표적이 실현될 수도 있다(신 13:1-5). 그것은 그 배후에 있는 귀신의 힘 때문에, 발언자의 교묘한 조작 때문에, 또는 그저 우연히 이루어질 수도 있다.

마지막으로, 시간이 정해져 있지 않은 예언의 경우에 실질적인 방법으로 그 성취 여부를 시험해보기 어렵다. 고난 받는 종에 대한 이사야의 예언이 성취될 것인지 알기 위해서 사람들은 대략 700년 정도 기다려야만 했고(예. 사 52:13-53:12), 그의 예언 중 일부는 아직도 이루어지지 않았다(예. 사 2:1; 63:1-6).

이것은 예언의 성취가 그 예언이 어디서 온 것인지 시험해 보는 기준이 아니라는 말이 아니다. 단지 성취 여부가 그 예언이 주님에게서 온 것인지의 여부를 시험해보는 가장 훌륭한 기준은 아니라는 말이다.

예수님은 거짓 선지자와 참 선지자를 식별하는 시험 방법으로서 성취를 강조하시지 않았다. 예수님은 "그의 열매로 그들을 알찌니…

좋은 나무가 나쁜 열매를 맺을 수 없고 못된 나무가 아름다운 열매를 맺을 수 없느니라"고 말씀하셨다(마 7:16, 18). 진리나 성취는 좋은 열매의 일부이지만, 주님은 "열매"라는 단어를 사용하심으로써 예언적 인물을 통해서 말하는 음성의 결과들을 지켜 보라고 지시하신다. 만일 그 음성이 주님의 것이라면, 그것은 신자들의 공동체 안에서 좋은 결과를 이루어낼 것이다. 즉 사랑과 기쁨과 평안과 인내 등의 열매를 맺을 것이다(갈 5:22-23). 그러나 이것은 즉각적으로 적용할 수 있는 시험 방법은 아니며, 또 많은 경우에 성취가 예언의 근원을 시험하는 방법은 되지 못한다. 성취라는 시험 방법은 그 예언에 특정한 시기가 지정될 경우에만 실질적인 것이 된다.

예수님은 그 음성의 열매를 관찰하라고 하시면서 어떤 사람의 삶이나 사역을 시험할 수 있는 일반적인 방법을 제공하신다. 만일 우리가 정말로 주님의 음성에 귀를 기울인다면, 어디에 가든지 우리의 삶에서 성령의 열매가 나타날 것이다. 그러나 만일 우리가 주님의 음성을 듣는다고 주장하지만 우리가 가는 곳마다 신자들 가운데 싸움과 분쟁과 질투가 생긴다면, 우리가 정말로 하나님의 음성을 듣고 있는지 의심해 보아야 한다.[3]

### 하나님의 음성은 우리의 음성과는 다르다

앞에서 이사야 55:8-9의 중요성에 대해서 언급한 적이 있다. 그 구절을 다시 읽어 보자:

> 내 생각은 너희 생각과 다르며 내 길은 너희 길과 달라서 하늘이
> 땅보다 높음 같이 내 길은 너희 길보다 높으며 내 생각은 너희

생각보다 높으니라.

이 구절에 의하면, 하나님의 생각은 우리의 생각과는 근본적으로 다르다. 실질적인 차원에서, 이것은 하나님은 우리가 특별한 상황에서 행하는 것과는 다른 관점을 가지고 계실 것이라는 의미이다. 하나님의 길 역시 우리의 길과 근본적으로 다르다. 이것은 하나님께서 특별한 상황을 다루시는 방법은 우리가 사용하는 방법과 다를 것이라는 의미이다. 다시 말하자면, 우리는 종종 하나님의 관점이나 방법과 충돌하는 것을 발견한다.

어떤 사람들은 이제 우리는 하나님의 생각과 방법에 대해서 말해 주는 성경을 가지고 있기 때문에, 이것은 오늘날에는 맞지 않는 말이라고 반박할 것이다. 그러나 성경을 가지고 있다는 것과 성경을 이해하는 것은 다른 것이다. 바리새인들과 랍비들은 성경을 가지고 있었다. 그들은 예수님의 초림에 대한 예언들을 암송하기도 했지만, 실제로 예수님께서 강림하셨을 때에 그 분이 메시아이심을 깨닫지 못했다. 하나님께서 위의 말씀을 하셨을 때, 이사야는 성경—최소한 토라—을 가지고 있었다. 성경에 대한 하나님의 이해가 우리의 성경 이해와 심각하게 다를 것이라고 생각하지 않는가? 성경을 적용하시는 하나님의 방식은 우리의 방식과 아주 다를 수 있다고 생각하지 않는가? 우리는 하나님의 생각이 모조리 성경에 포함되어 있지는 않다는 것을 기억해야 한다. 만일 하나님께서 이전에 기록해 놓지 않으신 어떤 생각을 우리에게 이야기하고 싶어 하신다면 어떻게 할 것인가?

이사야 55:8-9의 실질적인 결과들 중 하나는 하나님께서 우리에게 말씀하실 때 그 메시지의 내용은 우리가 당면한 상황을 다루는 우리의 방법이나 생각과는 다르거나 아주 상반된다는 것이다. 나에게 주시는 것이 주님의 음성인지를 결정하기 위해서 사용하는 방법에는 이러한 생각들이 나 자신의 생각과 다른지의 여부를 검토해 보는 것이 있다. 한 가지 예를 들어 보자.

내 친구가 주님의 음성을 잘 듣는 방법을 배우고 싶어서 예언 사역으로 유명한 교회의 예배에 계속 참석했는데, 그곳에는 이 주제에 관해 강연하는 연사들이 많았다. 교역자 한 사람이 교회 건축으로 인한 융자금 1억 원을 갚기 위해 헌금을 할 작정이라고 발표했다. 그는 교인들에게 하나님께서 그들에게 무엇을 주실지 알기 위해 기도해 달라고 요청했다. 내 친구는 세 가지 이유 때문에 헌금을 하지 않겠다고 생각했다. 첫째, 그는 이미 그 달의 십일조보다 더 많은 헌금을 한 상태였다. 둘째, 그에게는 헌금할 돈이 없었다. 그 달에 그에게 있는 돈은 90만원 정도였는데, 그 돈으로는 융자금 상환을 해야 했다. 셋째, 그는 그 교회의 예언 사역이 제대로 인식되고 있었기 때문에 그가 헌금하지 않아도 융자금 상환을 위해 필요한 1억원 이상의 헌금을 거둘 수 있으리라고 생각했다. 헌금을 걷는 사람이 모든 참석자들에게 하나님께서 무엇을 주실른지 알기 위해서 기도하라고 했을 때, 내 친구는 자신이 이미 주님의 대답을 알고 있지만 그래도 주님께 물어보는 것이 좋을 것이라고 생각했다. 그는 고개를 숙이고는 "주님, 제가 이 헌금을 해야 할까요?"라고 기도했다.

즉시 90만원이라는 숫자가 머리에 떠올랐다. 그는 "주님, 정말로 내가 이 돈을 헌금하기를 원하십니까?"라고 물었다. 다시 90만원이라는 숫자가 떠올랐다. 90만원이라는 생각에 대해서 그가 보인 첫번째 반응은, 그 숫자가 자신이 생각해낸 것이라는 것이었다. 그는 그것에 대해서 생각하기 시작했는데, 그 해답이 이해가 되지 않았다. 만일 그가 답변을 만들고 있었다면, 그는 "0"이라는 숫자에 이르렀을 것이다. 그는 세번째로 기도했고, 역시 90만원이라는 숫자가 떠올랐다.

내 친구는 계속 고개를 숙인 채, 주님이 자신에게 경제적으로 이해가 되지 않는 희생을 하라고 요구하시는 이유를 생각해 보았다. 그 때 이사야 55:8-9이 생각났다: "내 생각은 너희 생각과 다르며 내 길은 너희 길과 다르다." 주님이 그 구절로 자신에게 말씀하신다는 확신이 들었다. 그는 수표책을 꺼내서 90만원이라고 썼다(이것은 실제로 있었던 이야기이다). 그리고 나서 내 친구는 "주님, 나는 당신께서 말씀하신다고 생각하기 때문에 이 돈을 바치려 합니다. 만일 내가 대단히 신령한 사람이 되고 싶은 욕망에서 이렇게 행하는 것이거나 어떤 방법으로든 미혹되어 있다면, 나를 보호해 주십시오. 당신을 기쁘시게 할 것이라고 생각하기 때문에 이렇게 행하는 것이다"라고 기도했다.

헌금 주머니가 내 친구 앞에 이르렀고, 친구는 90만원짜리 수표를 헌금 주머니에 넣었다. 예배가 끝난 후에, 담당자들은 헌금액이 교회가 융자금 상환에 필요한 금액보다 360만원이나 더 걷혔다고 발표했다. 내 친구의 생각이 옳았던 것이다. 즉 그 교회는 내 친구의 돈이 필요치 않았다.

친구는 자신이 융자금을 제 때에 상환할 수 있도록 초자연적인 방법으로 90만원을 돌려주실 것이라고 생각했지만, 그런 일은 일어나지 않았다. 친구가 그 돈을 보충하는 데는 약 3달이 걸렸다. (친구는 이러한 상황에서도 담보 계약 약관이나 조건을 범하지 않았다. 그는 매달 저당 계약에 따른 할증금을 지불해야 했다.) 몇 달 동안 내 친구는 이 일로 인해 혼란을 겪었다. 그는 계속해서 주님께서 그 돈을 헌금하기를 원하신 이유, 그리고 일이 그의 생각대로 이루어지지 않은 이유를 주님께 물었다. 여러 달 후에야 그는 하나의 대답을 받았다.

내 친구는 그 집회에 참석하기 전에 계속해서 주님께 말씀을 들려 달라고 기도해왔었다. 그는 많은 예언 사역자들이 사람들에 대해서 놀랍도록 정확한 지식의 말씀을 주는 것을 보았고, 자신이 그런 사역에 사용되기를 원했지만, 그런 일을 시도할 때마다 실패했다. 그러나 90만원을 헌금하고 나서 그리 오래지 않아서, 그는 특별한 계시의 말씀을 받기 시작했다. 그런 일은 점점 더 잦아지고 정확해졌다. 어느 날 기도하고 있을 때, 주님은 그에게 그 집회에서 있었던 일에 대해서 말씀하셨다. 주님은 "너는 특별한 기적의 말씀으로 내 음성을 듣는 능력을 달라고 기도했었다. 나는 네가 얼마나 간절하게 그 음성을 듣기를 원하는지 알고 싶었을 뿐이다." 내 친구는 그 사건이 주님이 그를 시험하신 것이었고, 자신이 그 시험을 통과했다고 확신했다. 사람들에게 예언을 해 주기 전에, 주님은 내 친구가 경제적인 대가를 치르더라도 정말로 주님의 음성을 듣기를 원한다는 것을 증명할 것을 원하셨던 것이다. 주님은 내 친구가 하나님의 음성을 듣고자 하는 동기가 주님을 기쁘시게 하려는 것인지, 아니면 탁월한 사역을 하기 위한 것인지 알기 위해서 그를 시험하신 것이다.

이상하게 들릴지 모르지만, 이것은 하나님께서 자기 아들을 말구유에서 나게 하시고 십자가에서 죽게 하신 것만큼 이상하지는 않다. 우리에게 아무리 성경 지식이 많고, 우리가 영적으로 아무리 성숙해도, 하나님의 생각과 길은 우리의 것과는 다르다. 그리고 하나님은 겸손한 사람들에게 자기의 생각을 말씀해 주신다. 아무리 지식이 많아도 교만한 사람들은 자신이 이미 하나님의 생각과 길을 알고 있다고 자부하기 때문에 절대로 하나님의 생각과 방법을 알지 못한다.

### 하나님의 음성을 거부하기는 쉽다

하나님의 음성은 우리의 음성과 다를 뿐만 아니라, 종종 하나님 자신도 우리가 쉽게 거부할 수 있는 방법으로 우리에게 오신다. 우리가 백마를 탄 왕자를 기다리고 있을 때에 하나님은 구유에 누운 아기로 오신다. 우리가 확실한 성경 본문을 기다리고 있을 때, 하나님은 희미한 꿈 속에서 오신다. 우리가 완전한 이해를 원할 때에, 하나님은 우리로 하여금 부분적으로 예언하고 부분적으로 알게 하신다(고전 13:9).

우리는 "왜 하나님은 분명하게 말하지 않습니까?"라고 묻는다. 만일 하나님이 분명하게 말씀하시는 것이 정말로 유익을 줄 것인가? 하나님은 이미 우리가 듣고자 하는 것보다 더 많은 것을 말씀하셨다. 하나님은 우리에게 원수를 사랑하고 우리를 미워하는 사람들에게 선을 행하고 우리를 저주하는 사람들을 축복하고 우리를 학대하는 사람들을 위해 기도하라고 분명하게 명령하신다(눅 6:27-28). 이러한 명령에 순종하는 것을 고사하고 과연 이러한 말을 들으려는 사람이 있겠는가? 교회는 우리를 저주하는 사람들을 축복하기는커녕 그들에 대한 저주를 멈추지 못한다. 하나님의 분명한 명령을 무시하는 사람들에게 더 분명하게 말씀하실 이유가 어디 있겠는가? 서로 파괴하는 일에 몰두해 있는 교회에게 하나님 나라의 비밀들을 알려 주실 이유가 어디 있는가?

하나님께서 보다 분명하게 말씀해주시기를 바라는 우리의 희망이 그저 하나님께서 우리를 보다 큰 위로와 명성으로 인도해 주시기를 바라는 데 불과한 경우가 너무나 많다. 우리 자신에게 유익하다고 생각되는 것, 즉 우리의 세상적인 행복과 성공에 기여할 것들을 얻기 위해서 하나님께 중요한 일들을 간과하기가 쉽다. 우리는 일정을 정하려 한다. 그리고 놀라운 것은 하나님께서는 실제로 우리가 일정을 정하면서 동시에 실제로 하나님의 우리의 주가 되신다는 종교적 망상 하에서 사는 것을 허용하신다는 점이다. 왜 하나님은 이렇게 행하시는가?

## 교제―하나님의 음성을 인식하는 열쇠

하나님은 하나의 관계를 원하시기 때문에 이런 식으로 우리에게 임하신다. 그러나 때로 우리는 결과만을 원한다. 하나님은 대화를 원하시지만, 우리는 그분이 사태를 바로잡아 주시기를 원한다. 하나님께서 결과들을 반대하시거나 사태를 바로잡아 주시는 일을 꺼리시는 것은 아니다. 하나님은 실제로 우리를 위해 봉사하는 것을 즐거워하신다. 그러나 하나님은 종 이상의 존재, 즉 친구가 되기를 원하신다. 그런데 우리는 종종 종을 원할 뿐이다.

진정한 교제는 강요될 수 없다. 그것은 선택되는 것이며, 숨은 동기들이 깨끗이 제거되어야 한다. 친구들은 서로 비밀을 털어놓으며, 서로에 대한 이해와 신뢰와 감사가 성장한다. 우정이 깊어지면, 어느 날 우리는 불현듯이 자신이 친구가 우리를 위해서 무엇을 해줄 수 있기 때문이 아니라 현재의 모습 그대로의 친구를 사랑한다는 것을 깨닫는다. 실제로, 진정한 친구라면 우리를 위해서 무슨 일을 행할 필요가 없다. 그저 함께 있어 주는 것만으로도 큰 기쁨이 된다. 그러나 실제로 우리는 친구를 위해서라면 무슨 일이든지 하려 하며, 친구는 우리를 위해서 무슨 일이라도 하려 할 것이다.

당신에게 이런 친구가 있는가? 만일 있다면, 그러한 우정이 어떻게 시작되었는지 기억하는가? 그 친구는 처음에는 당신이 쉽게 거부할 수 있는 방식으로 당신에게 접근하지 않았는가? 처음에 당신은 아마 그 친구를 경쟁자로 느끼거나 위협을 느꼈을 수도 있다. 또는 처음에는 당신이 친구에게 분명히 싫증을 느꼈을 수도 있을 것이다. 그러나 마침내 당신은 친구에게서 끌리는 점을 발견했다. 누구의 강요를 받거나 조종을 받은 것이 아니라, 당신 자신이 그 친구를 선택했다. 강요되거나 조종된 것은 우정이 아니며, 기쁨은 떠나가고 짐이 된다. 참된 우정은 사랑이며, 사랑은 자유로이 주어져야 한다. 그렇지 않은 것은 사랑이 아니다(아 8:6-7). 친구가 우리를 위해 행할 수 있는 일 때문에 그 친구에게 관심을 갖는 한, 우리는 참된 우정을 갖지 못할 것이다. 대인관계들은 이런 식으로 시작되어 참된 우정으로 발달할 수 있지만, 서로를 이용하려는 욕망이 깨끗이 제거되지 않는 한 우리는 참된 우정을 소유하지 못할 것이다. 우리를 위해 가장 많은 일을 해줄 사람은 우리의 참된 친구들이다. 우리가 항상 자유로이 서로를 거부할 수 있지 않은 한 우리의 우정은 결코 그러한 단계에 도달할 수 없다. 우리가 친구에게서 필요로 하는 것, 또는 친구가 우리를 위해서 행해 줄 것 때문에 마지못해 그와 관계를 갖는 순간 우리의 우정은 죽기 시작한다.

교회가 범하는 큰 실수 중의 하나는, 판매원이 소비자에게 제품을 권하는 것과 같은 토대에서 사람들에게 예수를 제공하는 것이다. 예수님께 오면, 예수님께서 지옥에서 구해 주시고, 결혼 생활을 바로잡아 주시고, 자녀들을 마약에서 구해주시고, 질병을 고쳐주시고, 낙심하지 않게 해주시고, 말씀과 성령 안에서 능력 있게 해주시고, 좋은 직장과 멋진 집을 주실 것이라고 선전하는 것이다. 예수님은 분명히 사람들을 지옥에서 구해 주시며, 다른 모든 일도 하실 수 있다.

예수님께서 우리를 위해 행하실 수 있는 일 때문에 예수님께로 나오는 것이 나쁜 것은 아니다. 문제는 우리가 이 단계에서 더 진보하지 못하는 데 있다. 예수님께서 우리의 결혼생활을 바로잡아 주시거나 우리 자녀들을 마약 중독에서 구해 주시지 않으면 어떻게 하겠는가? 만일 우리가 파산하도록 내버려 주신다면 어떻게 하겠는가? 예수님에 대한 우리의 주된 관심이 주로 주님이 우리를 위해 행하실 수 있는 일에 중심을 둔다면, 예수님이 우리에게 필요한 것을 제대로 충족시켜 주지 못할 때 우리는 그를 떠나거나 상심하게 된다. 많은 교인들은 우리를 위해 예수님이 행하실 수 있는 일 때문에 예수님을 바라는 단계를 초월하지 못하는 듯하다. 우리는 우리에게 공급해주실 수 있는 예수님의 능력 때문에 눈이 부셔서 그 분의 사랑스러움을 보지 못한다. 그 분은 본질적으로 무한히 놀라운 분이시며, 비록 우리를 위해서 한 가지 일도 행하시지 않는다 해도 사랑과 찬양을 받기에 합당하신 분이시다.

하나님은 가장 불편한 때에, 또는 꿈이나 느낌처럼 무상하고 모호한 방법으로, 또는 육체의 눈이나 귀로는 알 수 없는 방법으로 우리에게 임한 음성에 주의를 기울임으로써 예수님에 대한 우리의 진정한 갈망을 증명할 기회를 주신다. 거부 당한 선지자, 구유에 누인 아기, 십자가에 달리신 아들 등은 모두 하나님으로부터 온다. 우리는 "물론 그것들은 하나님으로부터 온 것이다"고 말한다. 모든 기독교인들은 이것들을 믿는다. 그것들은 성경 안에 있다.

여러 해 동안, 나는 이것들을 알고 있었고, 심지어 그것들에 대해서 가르치기도 했다. 그러나 나는 "기이한 일들"의 주요 요점들 중 하나, 즉 그것들이 하나님께서 자기 백성들을 다루시는 특성이라는 것을 간과하려 했다. 그렇기 때문에 하나님의 말씀 중 어떤 것은 지금도 "대단히 흔치 않은 방법으로 임하기 때문에, 하나님께서 말씀하시는 방법에 친숙하지 않은 사람은 반발할 것이다."[4] 지금도 하나님의 고귀한 목표들이 구유에서 태어나고 있으며, 하나님은 때때로 인간은 이해할 수도 없고 바칠 능력도 없는 제물을 요구하신다.

하나님은 우리가 오직 하나님 자신만을 위해서 하나님을 선택하기를 원하시기 때문에 우리가 하나님을 거부하기 쉽게 하셨다. 하나님의 아들이 우리와 교제하기를 원하신다는 것이야말로 가장 큰 우주의 비밀일 것이다. 하나님은 결코 우리에게 자신을 강요하지 않으실 것이다. 우리가 그 분을 우리의 친구로 선택해야 하며, 그 다음에 그 우정이 성장하기를 원한다면 평생 그 분을 따라야 한다.

## 마르다와 마리아

예수님에게는 아주 중요한 친구가 있었다. 그래서 가족 사진첩에서 어려운 일이 있을 때 최소한 세 번이나 그 친구를 나타냈다. 우리는 이 사진첩을 복음서라고 언급한다. 그것은 실제로는 예수님이 택하신 가족 사진들이다. 예수님은 심지어 원수들의 사진도 그 사진첩에 포함시켰다.

마르다의 여동생 마리아는 가족 사진첩에서 위치가 좋은 곳 3페이지를 차지한다. 그녀는 예수님의 혈육이 아니었지만 예수님의 형제나 자매보다 더 가까운 친구였다. 우리가 마리아의 사진을 볼 때마다, 그것은 다른 사진, 예수님께서 피하라고 말씀하시는 행동의 그림과 대조되는 것을 본다. 내가 독자들에게 권하는 사진은 세 개의 사진 중에서 가장 평범한 사진이다. 그것은 예수님께서 마르다의 가정을 예고 없이 방문하신 것에 대한 기록이다.

> 저희가 길 갈 때에 예수께서 한 촌에 들어가시매 마르다라 이름하는 한 여자가 자기 집으로 영접하더라 그에게 마리아라 하는 동생이 있어 주의 발 아래 앉아 그의 말씀을 듣더니 마르다는 준비하는 일이 많아 마음이 분주한지라 예수께 나아가 가로되 주여 내 동생이 나 혼자 일하게 두는 것을 생각지 아니하시나이까 저를 명하사 나를 도와 주라 하소서 주께서 대답하여 가라사대 마르다야 마르다야 네가 많은 일로 염려하고 근심하나 그러나 몇 가지만 하든지 혹 한 가지만이라도 족하니라 마리아는 이 좋은 편을 택하였으니 빼앗기지 아니하리라 하시니라.(눅 10:38-42)

이 사진은 두 가지 유형의 신자들을 비교하는 것이 아니다. 나는 신학생 시절에 설교학 강의를 듣는 동료들에게 이 본문을 처음으로 설교했다. 나는 그 이야기는 우리가 성경을 공부해야 한다는 것을 의미한다고 말했다. 다른 학생들은 이 이야기가 봉사 지향적 신자와 관상적(觀想的) 신자에 대한 이야기이며, 그리스도의 몸 안에는 이 두 가지 유형이 모두 필요하다고 말했다. 예수님은 우리에게 성경을 공부하라고 말하기 위해서, 또는 교회 안에는 두 가지 유형의 성도들이 필요하다고 말하기 위해서 이 사진을 주신 것이 아니다. 예수님은 이 두 유형 중 하나를 피하고 나머지 하나를 따르라고 말하기 위해서 이 두 유형의 신자들을 대조하고 계시다.

첫째, 마르다가 있다. 마르다는 오늘날 많은 교회인들처럼 종교를 개인적인 일로 삼는 "주일날 신자"가 아니었다. 마르다는 헌신적으로 손님을 접대하고 하나님을 섬겼다. 그녀는 예수님과 제자들을 보는 즉시 자기 집으로 모셔들였다. 그녀는 음식을 굉장하게 준비하지 않고 간단한 식사를 대접할 수도 있었을 것이다.[5] 마르다는 무슨 일이나 솔선해서 주도하는 사람으로서 하나님을 섬기는 데 있어서 지나치게 낭비적이었다. 혹시 '오늘날 교회 안에서 더 많은 마르다들을 사용할 수 있지 않은가?'라고 생각하는 사람이 있을 것이다. 이것은 옳지 않은 생각이다. 주님은 마르다의 봉사를 거부하셨다. 그것은 예수님을 기쁘게 하지 못했다. 지나친 봉사가 나쁜 것은 아니지만, 마르다에게는 그녀가 열심히 행하는 일을 무가치하게 만드는 것이 있었다. 그것이 무엇인가?

누가복음 10:40에서는 마르다의 마음이 분주했다고 말한다. 그것이 어째서 좋지 않은가? 마르다는 어디에 마음을 집중하지 못했는가? 마르다는 자신이 섬기는 바로 그 분에게 마음을 집중하지 못했다. 주님께 대한 봉사 때문에 마르다는 마음을 주님에게 집중하지 못했다. 때때로 열심으로 일하다 보면 우리가 하는 일의 목표 자체를 잃어버릴 수 있다. 가족들과 친척들을 위해 성탄절 만찬을 준비하느라고 성탄절 전날 하루를 일하면서 지낸 어머니가 너무나 피곤하여 정작 성탄절에는 만찬도 즐기지 못하고 가족들과 즐거운 시간을 보내지도 못하는 것과 같다. 당신은 "크리스마스가 지나서 기쁘다"라고 말하는 사람을 많이 보았는가? 정신이 분산되면 좋은 일이 고된 일로 바뀔 수도 있다. 그것 뿐만 아니다. 예수님께서 마르다에게 어떻게 설명하셨는지 귀를 기울여 보자.

   예수님이 마르다에게 화가 나셨다고 생각하는 사람도 있을 것이다. 그러나 예수님은 화를 내시지 않았다. 예수님은 마르다에 대한 애정이 가득하셨다. 예수님은 "마르다야 마르다라…"라고 부르셨다. 주님이 나의 이름을 두 번 거듭 부르신다면, 그것은 예수님이 나를 그만큼 사랑하신다는 의미이다.[6] 그것은 또 주님이 나에게 심각한 책망을 주시려 한다는 것을 의미한다. 예수님의 말씀에 따르면, 마르다의 마음이 분주한 것은 대단히 부정적인 결과를 가지고 있었다. 그것은 마르다로 하여금 걱정하게 만들었고, 그러한 걱정은 그녀로 하여금 많은 일에 대해 걱정을 하게 했다. 이 상황의 불합리함에 대해 생각해 보자. 하나님은 마르다의 거실에 앉아 계시는데, 마르다는 많은 일에 대해 걱정을 하고 있다! 하나님의 임재가 기쁨이 되지 못하고 오히려 압박을 준 것이다. 예수님이 마르다의 집에 계셨지만, 마르다는 축복을 받은 것이 아니라 괴로웠다. 마음이 분주한 것의 역할

이 바로 이것이다. 그것은 하나님의 임재를 망각하게 만들고 우리를 불필요한 근심의 영역으로 이끌어간다. 그러나 마르다가 분심 때문에 처한 다른 결과들과 비교할 때에 이 두 가지 결과는 사소한 것에 불과하다.

마르다는 예수님에게 "주여 내 동생이 나 혼자 일하게 두는 것을 생각지 아니하시나이까?"라고 물었다. 마르다가 실제로 예수님께 질문한 것이 아니라 주님에 대한 자신의 분노를 표현하기 위해서 질문 형태를 사용한 것이다. 이것은 남동생이 "형은 왜 그렇게 어리석어?"라고 묻는 것과 같다. 그는 유전학이나 유전 형질에 대한 설명을 기다리는 것이 아니라, 형에 대한 분노를 표현한 것이다. 마음의 분주함은 우리로 하여금 주님의 임재를 망각하게 만든다. 그리고 하나님의 임재가 없이 하나님을 섬기려 할 때, 우리는 하나님과 그의 종들에게 화를 내고 앙심을 품게 된다. 또 우리는 다른 사람들을 통제하기 위해서 주님을 이용하려 한다: "저를 명하사 나를 도와주라 하소서." 마음의 분주함은 하나님께 명령을 하는 오만함으로까지 이어진다.

마르다의 분노는 그녀 자신을 하나님의 임재로부터 멀어지게 했을 뿐만 아니라 그녀와 동생 마리아 사이에 담을 쌓았다. 마르다는 주님이 기뻐하시는 마리아를 비판했다. 주님에게 마음을 집중하지 못하는 사람은 봉사에 초점을 두는데, 그 때에 봉사는 우리가 주님의 종들을 판단하는 표준이 된다. 교회에는 마르다가 필요하지 않고 마리아가 필요하다.

마리아는 부엌에서 주님을 위해 음식을 마련하지 않았다. 마리아는 거실에서 예수님의 말씀을 듣고 있었다. 그녀는 그 시대의 사회적 관습을 범하고 있었다. 관습에 따르면, 마리아는 남자들과 함께 거실에 앉아 있어서는 안되었다. 마리아가 있어야 할 곳은 부엌이었다. 그곳에서 음식을 준비해야 했다. 남자들이 음식을 다 먹은 후에야 여인들이 먹을 수 있었다. 제자들은 마리아가 제 위치를 벗어나 있다는 것을 알고 있었다. 만일 마리아가 베드로 곁에 앉아 있었다면, 베드로는 그녀가 여인들과 함께 있어야 한다고 상기시켜 주었을 것이다. 그러나 마리아는 베드로 곁에 앉지 않고 다른 제자들 곁에 앉지도 않았다. 마리아는 예수님의 발 아래 앉아 있었다. 예수님께서 마리아가 그곳에 앉아 있는 것에 만족하셨다면, 다른 사람들은 아무도 그녀에게 가서 그곳에서 나가라고 말하지 않았을 것이다. 그 때 마르다가 뛰어들어왔다.

마리아는 마르다가 화를 내는 것을 이해할 수 없었다. 만일 마리아가 마르다에게 대답했다면, 아마 이렇게 말했을 것이다. "마르다 언니, 예수님이 거실에 계시는데 어떻게 부엌에 계실 수 있어요? 언제 주님이 다시 우리집에 오실지 모르잖아요. 나는 그 분의 말씀을 한 마디도 놓치고 싶지 않아요. 나는 다른 사람에게서 예수님의 말씀을 전해 듣고 싶지 않아요. 예수님께서 언니에게 나가라고 요청하시지 않는데, 언니는 어떻게 그분이 계신 곳을 떠날 수 있지요?" 마리아는 게으른 사람이 아니었고, 또 예수님을 위해 봉사하는 일을 원치 않은 것도 아니었다. 예수님께서 원하셨다면, 마리아는 즉시 부엌으로 갔을 것이다. 그러나 예수님은 그렇게 하라고 말하지 않으셨으므로, 마리아는 하나님의 아들의 발 아래를 떠나지 않았다.

마리아가 예수님의 눈을 응시하면서 한 마디도 놓치지 않고 듣는 모습을 그려 보라. 마리아가 마음 속으로 "예수님, 나를 당신 곁에 앉아서 말씀을 듣게 해주신 것은 정말로 의미 있는 일입니다. 그것은 세상의 무엇보다 나에게 의미가 있습니다"라고 사랑을 표현하는 말이 들릴 것이다.

그러나 그것은 사진의 절반에 불과하다. 사진의 나머지 절반에서는 예수님이 마리아의 눈을 들여다 보시면서 마음으로 "마리아야, 너와 함께 있는 것은 나에게도 매우 의미 있는 일이란다. 그리고 네가 다른 곳보다 이곳에 있기를 원한다는 것은 한층 더 의미가 있단다"라고 말씀하신다. 예수님의 발 아래 앉아서 그 말씀을 듣는 일만 하려는 기독교인을 얼마나 알고 있는가? 예수님께서는 마리아를 닮은 사람을 발견하시면 그 사람에게 자기 마음의 모든 것을 털어놓으실 것이다.

예수님은 마르다 및 우리 모두에게 그 사진의 의미를 설명해 주셨다: "한 가지만이라도 족하니라 마리아는 이 좋은 편을 택하였으니 빼앗기지 아니하리라." "이 좋은 편"이란 무엇을 의미하는가? 제공되고 있는 잔치 음식의 일부이다. 마르다는 예수님께 잔치를 제공하고 있었다. 마르다는 주님이 잔치의 주인인 동시에 요리라는 것을 알지 못했다. 주님은 그 잔치의 요리로서, 마르다는 그것을 선택했어야 했다.

삶은 마치 거대한 잔치처럼 우리에게 임한다. 우리가 선택할 요리는 무한히 많다. 아내, 가족, 경력, 휴가, 재산, 친구 등 목록이 무수하다. 마리아는 잔칫상을 바라보면서 좋은 요리, 필요한 단 한가지 요리를 선택했다. 모든 요리 중에서 한 가지만 필요하다. 그것은 생명으로 인도하는 열쇠이다. 그것은 하나님의 음성을 듣는 귀를 열어준다. 마리아는 그것을 선택했다.

마리아가 선택한 요리는 예수님과의 교제였다. 그것을 하나님께 대한 헌신, 혹은 하나님 사랑이라고 불러도 좋고, 그리스도를 향한 열정이라고 불러도 좋다. 어쨌든 마리아는 그 요리를 선택했다. 우리도 그것을 선택해야 한다. 하나님과의 교제는 의식적인 선택의 결과이다. 그것은 선택하지 않는 것은 곧 그것을 거부하는 것이다. 그리고 그것을 선택한 후에는 그의 우정이 우리가 선택하는 다른 요리들을 결정할 것이므로, 그것만이 유일하게 필요한 요리이다.

한 가지 더 말할 것이 있다. 예수님과의 교제는 인생의 잔칫상에서 우리에게서 빼앗아갈 수 없는 유일한 요리이다. 우리는 현세에서 배우자, 가족, 사랑하는 사람들, 재산, 건강 등을 잃을 수 있다. 그러나 예수님은 다른 모든 것을 버리고 예수님을 선택한 사람들과의 교제를 버리지 않으실 것이다.

선한 사람이지만 정말로 예수님의 친구가 아닌 사람은 하나님의 임재를 떠나서도 교회에 다니는 것, 다른 신자들과의 교제, 종교적인 일을 하면서 하나님을 섬기는 것 등을 행할 수 있다.

## 친구들끼리는 서로 통한다

하나님의 음성을 인식하는 것과 교제는 무슨 관계가 있는가? 그 이야기의 첫 부분을 보라. 마리아는 무엇을 하고 있는가? 비천한 위치인 예수님의 발 아래 앉아서 주님의 말을 듣고 있었다.

마리아는 예수님이 찾고 있던 친구이다. 그녀는 세상의 다른 일보다 예수님의 발 아래 앉아 말씀을 들으려 했다. 그녀는 예수님과 함께 있는 것 외에 다른 것은 예수님에게서 원하지 않았다. 어떤 사람들은 세상에서 성공하기 위해서 하나님의 음성을 들으려 한다. 어떤 사람은 사역에서의 성공을 위해서 하나님의 음성을 들으려 한다. 어떤 사람은 한층 더 순수한 동기에서, 즉 하나님의 뜻을 알고 그대로 행하기 위해서 하나님의 음성을 들으려 한다. 그들은 주님을 기쁘시게 하는 일이 무엇인지 찾으려 한다(엡 5:10). 그러나 마리아는 이러한 동기를 훨씬 초월하여 가장 순수한 동기를 가지고 있었다. 그녀는 "바위 틈 낭떠러지 은밀한 곳에 있는 나의 비둘기야 네 얼굴을 보게 하라 네 소리를 듣게 하라 네 소리는 부드럽고 네 얼굴을 아름답구나"(아 2:14)라고 말한 아가서의 연인처럼 된다.

마리아에게는 예수님의 음성이 세상에서 가장 부드러운 음성이었기 때문에 그 음성 듣기를 원했다. 예수님의 얼굴이 모든 얼굴들 중에서 가장 사랑스러운 얼굴이었기 때문에, 그녀는 그 얼굴 보기를 원했다. 마리아는 그저 예수님을 원했고, 예수님만으로 족했다. 예수님과 함께 있는 것으로 그녀가 경험한 모든 욕구와 욕망이 충족되었다. 마리아는 예수님의 친구였고, 예수님은 마리아의 친구였다. 예수님은 친구에게 비밀을 털어 놓으신다.

하나님과의 교제는 그 음성을 인식하기 위한 열쇠이다. 아브라함은 하나님의 친구였다.[7] 그러므로 하나님께서는 아브라함의 조카 롯이 사는 소돔을 멸하려 하셨을 때, "나의 하려는 것을 아브라함에게 숨기겠느냐"(창 18:17)고 말씀하셨다. 하나님은 자기의 친구 아브라함에게 소돔의 멸망에 대해 말씀하셨고, 아브라함은 롯을 구해달라고 간청할 수 있었다. 모세는 하나님의 친구였고, 하나님은 다른 사람들에게는 숨기신 것들을 모세에게는 보여 주셨다(출 33:11).

우리는 친구들의 음성을 구분한다. 나는 아내의 음성을 식별하는 복잡한 규칙들을 가지고 있지 않다. 하나님과의 교제가 우리의 가장 친밀한 교제보다 개인적이지 못할 것이라고 생각하는가? 하나님은 결코 하나님의 우정이 하나님의 음성을 식별하기 위한 일련의 공식이나 기계적인 법칙으로 전락하는 것을 허락하지 않으실 것이다.

예수님은 제자들에게 "이제부터는 너희를 종이라 하지 아니하리니 종은 주인의 하는 것을 알지 못함이라 너희를 친구라 하였노니 내가 내 아버지께 들은 것을 다 너희에게 알게 하였음이니라"고 말씀하셨다(요 15:15). 예수님과의 교제에 대한 상급은 그의 아버지의 일을 아는 것이다. 친구들은 서로 자기의 비밀과 계획을 털어놓을 수 있다. 물론 먼저 예수님의 종이 되지 않고서는 아무도 예수님의 친구가 되지 못한다. 그러나 예수님은 우리에게 봉사 이상의 것, 즉 우정을 원하신다.

대부분의 기독교인들은 자기들도 예수님과 친구가 되기를 원한다고 말한다. 그들은 예수님의 음성을 듣고 그 음성을 식별하기를 원한다. 그러나 우리는 예수만을 원하는 것이 아니라, 예수님, 그리고 또 다른 것을 원한다. 우리는 예수님과 훌륭한 결혼생활, 예수님과 순종하는 자녀, 예수님과 성공적인 경력, 예수님과 멋진 집, 예수님과 좋은 친구들을 원한다. 이러한 소원들 중에 나쁜 것은 하나도 없다. 그러나 예수님을 이러한 것들을 얻기 위한 수단으로 보기가 쉽다. 예수님 자신이 모든 것의 목표가 되셔야 하는데, 다른 목표에 이르는 수단으로 예수님을 간주하기가 쉽다. 이것이 하나님과의 교제를 방해한다. 하나님과의 교제를 방해하는 것은 하나님의 음성을 듣고 인식하는 우리의 능력을 방해한다.

증권 투자를 하는 사람들은 다음 해에 증권 시장이 어떻게 될 것인지 알기를 원한다. 지진이 발생하는 지역에 사는 사람들은 다음 번에 그 지역에서 언제 큰 지진이 발생할지 알려 한다. 때때로 하나님은 이러한 일들을 계시해 주신다. 그러나 하나님께서 주셔야 하는 가장 큰 계시는 자기 아들에 대한 계시이다.

예수님은 "나의 계명을 가지고 지키는 자라야 나를 사랑하는 자니 나를 사랑하는 자는 내 아버지께 사랑을 받을 것이요 나도 그를 사랑하여 그에게 나를 나타내리라"고 말씀하셨다(요 14:21). 이 약속의 마지막 부분 "그에게 나를 나타내리라"에 유의하라. 예수님은 친구들에게 단순히 진리의 계시, 성경의 진리들의 계시, 또는 자기 자신에 관한 진리의 계시를 약속하시는 것이 아니다. 예수님이 약속하신 것은 자기 자신의 계시, 가장 친한 친구들이나 연인들 사이에서만 가능한 형태의 계시이다. 마리아가 예수님의 발 아래서 들은 말을 듣고 싶지 않은 사람이 있을까? 우리가 인생의 잔치에서 가장 좋은 요리를 선택했으며 결코 그것을 빼앗기지 않을 것이라고 말씀하시는 예수님의 음성을 듣고 싶지 않은 사람이 있을까? 우리 중에 그러한 관계를 원하지 않은 사람이 있을까? 그리고 그러한 계시를 원하지 않는 사람이 있을까?

말씀과 성령

chapter 22
# 말씀의 능력과 성령의 능력

1965년에 진(Jean Raborg)은 물질적 번영과 성공을 꿈꾸는 시대에 살고 있었다. 그녀는 기독교 가정에서 성장했고 옳은 일을 행했다. 진의 어머니는 아리조나 주 피닉스에 있는 모닝사이드 장로교회의 반주자였다. 진은 아리조나 주립대학에서 만난 존과 결혼했다. 그들은 캘리포니아 주 샌디에고에서 살고 있었다. 그들에게는 9살 짜리 딸과 6살 짜리 아들이 있었다.

진은 커니메사 고등학교에서 가정경제를 가르치는 인기 있는 교사였다. 진은 교사직을 사랑했고, 학생들을 사랑했다. 학생들은 진의 사랑을 느낄 수 있었고, 종종 문제가 있으면 진을 찾아왔다. 진은 종종 학생들을 위해 기도하고, 때로 그들과 함께 기도했다. 1965년에는 공립학교 교사들이 학생들과 함께 기도해도 실직할 염려가 없었다.

진의 남편은 우수한 보험 회사 영업사원이었다. 그는 이미 몇 번 상을 탔으며, 그들은 이제 경제적으로 여유를 갖게 되었다. 맞벌이를 한 덕분에 그들은 샌디에고 교외 북부의 언덕에 있는 아름다운 집을 샀다. 그들은 새 가구도 사고, 실내 장식도 했다. 젊은 부부가 아름다운 집, 성공적인 직장생활, 완벽한 결혼생활, 사랑스러운 자녀들, 그리고 경제적인 안정 외에 또 무엇을 원할 수 있겠는가?

진의 삶에는 이런 것들 외에도 영적인 활력이 있었다. 그녀는 명목상의 기독교인이 아니었다. 그녀는 14살 때부터 마음을 다하여 예수님을 사랑해왔다. 진은 19살 때 하나님을 만난 후로 성령의 은사를 믿었다. 진은 하나님이 기적을 행하실 수 있다고 믿었다. 진과 남편은 초자연적 사역을 믿는 교회에 다니고 있었다. 그들은 바쁜 직장생활에도 불구하고 교회 일에 적극적으로 참여했다. 진에게는 부족한 것이 없었다. 진은 사랑하는 사람과 결혼했고, 하나님께서는 훌륭한 가정을 주셨다. 진은 슬픔이나 낙심이라는 것을 알지 못했다. 진은 성공했고, 하나님과 친밀하게 교제했다. 그녀의 삶은 완벽했다.

그런데 그녀의 완벽한 삶에 하나의 작은 문제가 있었다. 그것은 진이 완벽주의자라는 것이었다. 그녀는 완벽주의가 얼마나 나쁜 것인지 알지 못했다. 1965년 전까지는 그 때문에 큰 문제가 야기되지는 않았었다. 그러나 이제 진에게는 전보다 더 많은 책임이 주어졌다. 진은 매일 150명의 학생을 가르쳤다. 학생들을 사랑할수록 그만큼 많은 그들의 문제와 스트레스를 떠맡았다. 진은 전력을 다해 가르쳤다. 그리고 새로 산 집을 관리하는 것도 생각처럼 쉽지 않았다. 전에 작은 집에서 살 때보다 청소하는 데 더 많은 노력이 필요했다. 새 가구도 걱정을 더해 주었는데, 그것은 어린 딸과 아들이 덜어줄 수 없는 것이었다.

진은 오후가 되면 육체적으로나 정서적으로 녹초가 되어 집에 돌아왔다. 자녀들도 진에게 능력 이상의 것을 요구하기 시작했다. 아이들의 정서적 욕구를 충족시켜 주기 위해서는 집이 엉망이 되어도 내버려 두어야 했는데, 이것 때문에 진은 괴로웠다. 남편과 아이들을 위해서 식사를 준비한 후에 아이들이 널어놓은 것을 치워야 할 것 같았다. 남편도 직장 일을 집에 가져와서 밤늦게까지 해야 했다. 난생 처음으로 진은 잠을 제대로 자지 못하기 시작했다. 진은 완전히 지친 상태에서 잠자리에 들어도 쉽게 잠들지 못했고, 잠이 들어도 깊이 들지 못했다. 아침에 일어나도 피곤이 풀리지 않았다.

진은 주말이 기다려지기 시작했다. 주말이면 쉴 수 있기 때문이 아니라, 집을 완벽하게 정리할 수 있는 시간이 주어지기 때문이었다. 교회도 역시 진에게 스트레스를 주었다. 진과 존은 교회에서 헌신적으로 일했다. 그렇기 때문에 교회에 필요한 일이 있을 때 모른 체 하기가 어려웠다. 그래서 진은 주말에 원기를 회복하기는 커녕 월요일이 되면 금요일보다 더 기운을 차리지 못하기 시작했다.

진은 자신이 책임을 다 이행할 수 없다는 것을 깨닫기 시작했다. 하루에 150명의 학생을 가르치는 것, 새 집 관리, 두 자녀를 양육하는 것, 그리고 교회에서의 일 등이 진을 녹초로 만들고 있었다. 하지만 진은 자기의 스케줄에서 아무 것도 삭제할 수 없었다. 새 집에서 살려면 진의 수입을 포기할 수 없었다. 그리고 교사로 일하면서 학생들의 정서 생활을 모른 체 할 수도 없었다. 물론 어머니로서 자녀들을 등한히 할 수는 없는 일이었다. 그리고 어떻게 교회에서 하나님의 일을 등한히 할 수 있겠는가? 진에게는 무엇인가 잘못된 것이 있었다.

진은 자신이 느끼는 스트레스에 대해서 남편에게 말하려 했으나, '직장 일로 과로하고 있는 남편에게 또 걱정을 끼칠 수는 없다'고 생각했다. 진은 교인 중 한 사람에게 의논하는 것에 대해서도 생각해 보았다. 그러나 하나의 음성이 뇌리를 지나가면서 그녀가 정말로 일들을 다 처리할 수는 없다는 것을 아무도 알지 못할 것이며 지금처럼 계속하면 모든 일이 제대로 될 것이라고 속삭였다. 진은 이 느낌이 어디서 온 것인지 알지 못했지만, 그 음성에 순종하기로 결심했다. 진은 자신이 지쳐 있다는 것, 그리고 질식할 것 같은 스트레스의 증가에 대해서 아무에게도 말하지 않았다. 진은 전처럼 계속하기로 결심했다. 그러나 진은 무엇인가를 포기했다. 진은 항상 하나님의 말씀을 사랑했으며 날마다 성경을 묵상했었다. 그런데 이제 진에게는 힘도 없고 집중할 능력도 없었다. 신앙생활을 하면서 처음으로 진은 "예수님과 홀로 지내는 시간"을 포기했다.

## 정신 이상

1965년 2월이 되었다. 진은 절망적인 상태가 되었다. 진은 자신의 주치의를 찾아갔다. 간호원은 진을 진찰실로 인도했다. 잠시 후에 바우어즈 박사가 들어왔다. 그는 "무슨 일로 오셨습니까?"라고 물었다. 진은 흐느끼면서 이렇게 말했다.

"박사님, 나는 너무나 지쳐서 발걸음도 옮길 수가 없어요. 매주 월요일이 되면 나는 회전목마를 타고 학교에 가서 학생들을 보살피고 집에 돌아와서는 어린 두 아이를 보살피고, 금요일 밤이면 회전목마에서 내리는 것 같은 느낌이어요. 회전목마에서 내리면, 나는 주중에 하지 못한 일들을 모조리 하려고 노력하지요. 그러니까 다른 회전목마를 탄 셈이지요. 그리고 월요일 아침이 되면 나는 다시 큰 회전목마를 탄답니다. 이제 더 이상은 그렇게 할 수가 없어요."

"진, 당신은 지쳐 있어요. 스케줄을 좀 바꾸어야 해요. 학교가 끝나는 즉시 휴식을 취하세요. 당신은 하나님께서 주신 지혜를 사용하지 않고 있어요. 일의 우선순위를 정하고, 어떤 것은 내버려두는 법을 배워야 합니다." 바우어즈 박사는 진의 면역체계를 보호하는 데 도움이 되고 원기를 줄 약을 주었다. 진은 기분이 좋아지기 시작했다. 그렇지만 의사의 충고가 주는 의미를 이해하지 못했기 때문에 일의 우선순위를 정하라는 충고를 무시했다.

1995년 여름이 되었다. 진은 가정경제학 강의를 마쳤다. 존은 생명보험회사에서 비용을 전부 부담하여 샌프란시스코로 보내주는 휴가를 얻었다. 이것이 두 사람 모두에게 놀라운 휴식의 휴가가 될 것이었다. 그런데 밤에 여행 가방을 싸면서 진은 팔에 통증을 느꼈다. 왼쪽 팔 밑에 손을 넣어 보았더니 크고 단단한 덩어리가 만져졌다. 진은 펄썩 주저앉았다. 절망으로 앞이 캄캄해졌다. 진이 28살 때 어린 두 자녀를 남겨두고 암으로 세상을 떠난 친구 앤이 생각났다. 앤도 처음에 이런 덩어리를 발견했었다.

진을 휘감고 있는 어두움 속에서 속삭이는 음성이 있었다. "너는 체중이 줄었고 피곤하고, 팔 밑에 혹이 있어. 그 외에 앤에게 나타났던 다른 증세들도 있어. 너도 앤과 같은 병에 걸린 거야. 이제 앤을 다시 만나는 것은 시간 문제야." 진은 이제까지 한 번도 이런 두려움을 느낀 적이 없었다. 두려움 때문에 두 다리가 마비되는 것 같았다. 걸을 수가 없었다. 두려움이 그녀의 마음을 꽉 잡고 쥐어짜기 때문에 성령이 주는 희망은 그녀의 마음에서 흘러나와 바닥에 놓은 작은 그

릇에 떨어지고 있었다. 그러나 진에게는 그것을 다시 주워 담을 힘이 없었다.

그 음성은 그 사실을 아무에게도 말해서는 안된다고 말했다. 남편에게 그 사실을 털어놓아 앞으로 함께 지낼 수 있는 몇 달을 망칠 수는 없었다. 이 일을 하나님께 말한들 무슨 소용이 있겠는가? 결국 이 일을 허락하신 분은 하나님이 아닌가? 아마 이것은 진이 아내와 어머니와 교사와 기독교인으로서의 책임을 이행하지 못했기 때문에 임한 심판일지도 모른다. 모든 것이 끝나고 말았다. 앤처럼 조금씩 죽어가는 것 외에 다른 일은 남아 있지 않았다.

휴가는 재앙이었다. 진이 생각할 수 있는 것은 오직 '나는 죽을 것이다. 나는 사랑스런 두 자녀와 소중한 남편을 두고 떠날 것이다. 언덕 위에 있는 아름다운 집을 떠날 것이다. 그리고 이번 가을에는 학생들을 가르치지 못할 것이다'였다. 진은 계속 그 혹을 만져 보았는데, 그것은 날마다 자라는 것 같았다. 그것이 커지면서 진은 점점 더 야위었다. 휴가를 마치고 돌아온 진은 전혀 활동을 하지 못했다.

그 해 여름 어느날 진은 울기 시작했는데 그칠 수가 없었다. 남편은 그것을 이해하지 못했고, 진은 남편에게 자신의 병에 대해 말할 수 없었다. 진은 쇠약해지고 있었지만, 그런 일을 경험하지 못했기 때문에 자기에게 어떤 일이 일어나고 있는지 깨닫지 못했다.

진은 여름이 끝날 때까지 그럭저럭 지냈다. 그녀가 재직하는 학교의 교장은 진이 가정경제학과의 과장이 되었다고 말해 주었다. 그 소식을 듣고 진은 기뻐하기보다 신경질이 났다.

진은 다시 가르치기 시작했지만, 정서적으로는 표류하고 있었다.

학생들이 강의실을 떠날 때마다 진은 눈물을 흘렸다. 두 주일 동안 강의를 한 후에, 진은 다시 바우어즈 박사를 찾아갔다. 진찰실에서 진은 의사에게 말을 못하고 울기만 했다. 마침내 진은 팔을 들고 그 혹을 가리키면서 "이게 무엇일까요?"라고 물었다.

의사는 진찰을 할 후에 "진, 왜 이 혹을 발견한 즉시 병원에 오지 않았어요?"라고 말했다.

"너무나 무서웠어요."

"그 즉시 병원에 왔으면 두려움을 덜어줄 수 있었을 텐데요. 이 혹은 당신이 생각하는 것과 같은 것이 아닙니다. 정밀검사를 해보아야겠지만, 이 혹은 악성이 아닌 것은 분명해요."

정밀검사를 마친 후, 바우어즈 박사는 진과 남편을 불러서 결과를 말해 주었다. 그는 진이 암에 걸린 것이 아니라고 말했다. 진이 악성 종양이라고 생각한 것은 실상은 해열제를 잘못 사용했기 때문에 임파가 부은 것이었다. 그러나 진은 아프고 기운이 없었다. 진의 체중이 줄은 것은 자궁에 문제가 있기 때문이었다. 바우어즈 박사는 작은 수술로 그 문제가 해결될 수 있다고 말했다.

그 소식은 진에게 큰 안도감을 가져다 주었지만, 수술을 해야 한다는 말을 들었을 때, 진은 의사와 남편이 사실을 숨기고 있다고 생각했다. 진에게 속삭이는 음성은, 진이 매우 낙심하고 많이 울었기 때문에 의사와 남편이 공모하여 암이라는 사실을 숨기려 한다고 말했다. 의사가 사실을 말했지만, 진은 자신이 암에 걸렸으며 의사가 거짓말을 하고 있다고 믿었다.

진은 이제까지는 항상 자신만만하고 유능했기 때문에 한 번도 누구에게 도움을 청해본 적이 없었다. 진은 조금씩 무너지고 있었지만, 하나님이나 남편에게 도움을 청할 수 없었다. 그날 밤에 진은 침실 벽을 쾅쾅 치면서 히스테릭하게 울었다. 존은 한 번도 진이 이런 행동을 하는 것을 본 적이 없었다. 진을 도저히 진정시킬 수 없자, 존은 화가 나서 문을 쾅 닫고 사무실로 가버렸다.

진이 벽을 친 것은 도움을 구하는 애매한 외침이었다. 존은 진을 다시 의사에게 데려갔으며, 의사는 진에게 2주일 동안 학교를 쉬라고 권했다. 존과 의사는 진의 영혼에 퍼져 있으면서 진을 절망하게 만든 악한 거짓말을 이해하지 못했다. 진은 두 주일 동안 쉬었지만, 체중은 계속 줄었다.

진이 다시 교단에 섰을 때, 그녀의 학급 학생 하나가 분명한 원인이 무엇이냐고 물었다. 진은 잠시 공허한 표정으로 그 학생을 바라보았다. 진은 서서히 "모르겠구나"라고 말했다. 진의 내면에서 무엇인가 끊어지는 것 같았다. 진이 어른으로서 알고 있었던 모든 것이 떠나가는 것 같았고, 진은 어린 아이처럼 되었다. 진은 "나는 이 교실을 떠나서 다시는 돌아오지 않겠다"라고 중얼거렸다. 진은 갑자기 히스테릭하게 소리를 지르기 시작하더니 교실 밖으로 달려갔다.

복도 반대편에 있는 교사 하나가 진이 교실에서 뛰쳐나오는 것을 보고서 진을 제지하기 위해서 달려왔다. 그 선생은 진을 얼싸안았다. 진은 "모두 끝났어요"라고 흐느끼면서 말했다. 동료 교사인 제인은 진을 진정시킨 후에 차를 태워 바우어즈 박사에게 데려갔다. 의사는 즉시 정신과 의사에게 전화를 걸어 예약을 했다. 두 시간 후에 진의 남편 존이 정신과 진료실에 도착했는데, 그 때까지도 진은 말을 하지 못하고 그저 진료실에 앉아서 히스테릭하게 울고 있었다. 의사는 약으로 진을 진정시킬 수밖에 없다고 판단하여 진정제를 주었다.

　진은 거듭 난 기독교인인 자신이 진정제를 맞아야 한다는 것을 믿을 수 없었다. 진은 깊은 절망에 빠져 들어갔다. 진은 그 후 다시는 교단에 서지 않았다. 그녀는 진정제를 복용하면서 정규적으로 정신과 치료를 받았다. 진은 청소도 하지 못하고 요리도 하지 못하고, 아무 일도 제대로 할 수 없었다. 그녀에게 있어서 집은 아무런 의미가 없었다. 과거에 그녀가 원했던 모든 것이 이제는 무의미하게 되었다. 진은 거실에 앉아서 멍하니 앞을 바라보면서 세월을 보냈다. 진은 자기 머리도 빗지 못했다. 존은 아침에 일어나서 진의 옷을 입혀주고 머리를 빗겨 주었다. 그 다음에는 아이들이 학교에 갈 수 있도록 준비를 해주고 직장에 갔다.

　진은 자신이 죽는 편이 나을 것이라고 생각했다. 자기가 죽어야 가족들도 편할 것이라고 생각했다. 이처럼 자살하려는 생각이 증폭되면서, 진은 자살을 시도하기 시작했다. 한 번은 복잡한 샌디에고 고속도로에서 차에서 뛰어내리려 했는데, 존은 간신히 막을 수 있었다. 의사는 진에게 진정제를 주었다. 존은 진이 자해하는 것을 막기 위해서 아침에 함께 직장으로 출근했다. 그러나 진은 남편의 사랑을 느끼지 못했고, 약으로도 그녀의 아픔이 완화되지 않았다. 진은 자신이 온통 질식할 것 같은 어두움에 싸여 있다고 느꼈다. 진은 정신적으로나 정서적으로나 육체적으로 죽은 것처럼 느꼈고, 항상 자살을 생각했다.

　진의 부모님은 딸이 정신병에 걸린 것으로 인해 근심했다. 그들은 뜨거운 믿음을 가지고 있었으며 그리스도의 치유의 능력을 믿었다. 진의 아버지는 Full Gospel Businessmen's Fellowship의 국제 회계 담당자였다. 그는 회장인 데마스 쉐카리안과 함께 여행을 하면서 유명한 복음전도자들을 많이 만난 경험이 있었다. 진의 부모는 진의 치료를 위해 기도를 받기 위해서 기독교인들의 집회가 있는 곳을 찾아다니기 시작했다. 1960년대와 1960년대에 유명한 치유 사역자들 대부분에게서 기도를 받았지만 진의 병세는 계속 악화되었다.

존은 자녀들과 아내를 돌보아줄 가정부를 고용해야 했다. 진의 치료비 때문에 저축해 두었던 돈이 줄어들기 시작했다. 존이 모르게 진이 자기 부모에게 통화한 전화요금이 수십 만원에 달했다. 진이 교사로서 벌던 수입도 없는 상태였기 때문에, 그들은 파산할 지경이 되었다.

1966년 2월이 되었다. 진은 어른으로서 제구실을 하지 못하고 있었고, 존이 그녀를 위해 모든 일을 해주었다. 11살이 된 딸 쟈넬은 집에서 어머니의 역할을 했다. 존은 진의 정신과 의사와 예약을 한 후에 2월 22일 밤에 진의 생일축하 파티를 계획했었다. 존이 퇴근하여 진을 정신과에 데려가려고 집에 도착했을 때, 진은 다시는 정신과 치료를 받지 않고 진정제도 먹지 않겠다고 말했다. 존은 절망했다. 존은 진에게 정신과에 가자고 애원하면서 "여보, 친구들 모두가 우리를 버렸소. 목사님도 우리를 찾아오지 않아요. 우리에게는 찾아갈 사람도 없소. 모든 사람들이 당신을 위해서 기도했지만 아무 효과가 없었소. 의사만이 우리의 희망이오"라고 말했다. 결국 존은 진을 설득하여 의사에게 데려갔다. 주치의 딕슨은 진에게 그동안 약을 복용했느냐고 물었다. 진은 그동안 약을 복용하지 않았고, 앞으로도 복용하지 않겠다고 대답했다. 의사는 "그렇다면 당신을 정신병원에 입원시켜야겠습니다"라고 말했다. 진이 저항했지만, 진은 결국 36회 생일날에 메사 비스타 정신병원에 가게 되었다.

병원 건물을 진이 상상했던 것과는 전혀 달랐다. 그 건물의 외관은 아름다웠다. 진은 '이곳에서 어느 정도 쉴 수 있겠구나'라고 생각했다. 대기실도 마음에 들게 꾸며져 있었고, 직원들은 친절했다. 진과 존은 입원 서류에 서명을 했다. 간호원이 그들을 건물 안으로 데려갔다. 그들이 긴 복도를 걸어가는 동안, 대기실에서 느꼈던 따뜻함은 사라졌다. 그들은 조그만 창문이 있는 철문 앞에 도착했다. 그들은 그 문을 열고 들어갔는데, 그 문을 닫히는 순간 자동적으로 잠기게 되어 있었다. 진은 병동 안에 간호원과 함께 있으면서 작은 창문을 통해서 밖에 있는 남편을 바라보았다. 진이 입원한 곳은 중환자 병동이었다.

어떤 환자들은 한쪽 구석에 앉아서 텔레비전을 보고 있고, 어떤 환자들은 주위 환경에는 관심이 없이 왔다갔다 하고 있었다. 어떤 사람들은 움직이지 않고 허공을 쳐다보고 있었다. 그 때 진은 비명 소리를 들었다. 진은 들 것에 묶인 환자가 충격요법을 받으러 가는 것을 보았다. 진은 소리쳐 존을 불렀지만, 존은 그곳에 없었다. 진은 하나님께 소리를 쳤지만 하나님도 그곳에 계시지 않는 것 같았다. 간호사가 진에게 환자복을 가져다 주고는 성경을 제외한 개인 소지품을 모두 가져갔다. 그들은 진을 병실로 데려갔다. 진은 어리둥절하여 그곳에 서 있었다. 창문에는 온통 창살이 쳐져 있었다. 진은 완전히 혼자였다. 진은 한 구석에 서서 두 시간 동안 움직이지도 않고 소리쳐 울었다. 결국 그녀는 더 많은 진정제를 맞고 정신적 망각 상태에 빠졌다.

의사들이 별별 치료법을 다 사용했지만, 진은 반응이 없었다. 진은 깨어 있을 때는 멍한 상태로 시간을 보냈다. 진은 항상 잠을 자려 했다. 진은 오후 4시가 되면 침대에 태아와 같은 형태로 웅크리고 눕곤 했다. 아침에는 간호사가 침대에서 억지로 끌어 내야만 했다.

진이 어두움에서 빠져나와 상태가 호전되는 것처럼 보인 때가 몇 번 있었다. 이럴 때면 병원에서는 진이 잠시 집에 돌아가 있는 것을 허락했다. 그러나 집에 도착한 진은 잠을 자려고 이 침대에서 저 침대로 온 집을 배회하지만 잠을 자지 못했다. 진이 자살하려는 경향이 있었기 때문에 의사는 집에서는 수면제를 사용하는 것을 허락하지 않았다. 결국 진은 얼마 안되어 다시 정신병원으로 돌아갔다. 최소한 병원에서는 수면제를 복용할 수 있었다.

존은 진이 정신을 차릴 것이라는 희망을 버리지 않았지만, 다른 사람들은 모두 진이 다시는 집에 돌아오지 못할 것을 알고 있었다. 진의 자녀들도 희망을 버린 지 오래였고, 진의 부모도 희망을 버렸다. 진 자신도 이미 오래 전에 희망을 버렸었다.

진은 자신이 자기의 감옥을 다시는 떠나지 못할 것을 알았다. 어두움 속에서 음성이 그녀에게 임하여 다음과 같은 간단한 질문을 했다: '하나님을 사랑하며 그의 초자연적인 능력을 믿는 기독교인이 어찌 하나님에게서 멀리 떠나 정신병동에서 생을 마친단 말이냐?' 그리고 나서 그 어두운 음성은 그 대답으로서 '너는 용서받지 못할 죄를 범했다. 너는 성령을 모독했다. 너는 결코 용서 받을 수 없다. 이것이 너의 심판이다' 라고 속삭였다. 진은 그 음성을 믿었다.

## 성령의 능력

1968년 10월, 진의 부모님은 폴 카인이라는 치유 사역자의 메시지를 들으려고 샌 버나디노로 갔다. 집회의 마지막 날, 진의 모친은 일어나서 폴에게 정신병원에 입원해 있는 딸을 위해 기도해 달라고 부탁했다. 폴은 그 부탁을 받아들여 진을 위해 기도해 주었다. 집회가 끝난 후 폴은 진의 부모에게 진이 입원해 있는 병원의 위치를 물었다. 그들은 그 병원이 샌디에고 있다는 것 외에 병원 이름이나 정확한 위치는 모른다고 대답했다. 존이 그들에게 가르쳐 주지 않았기 때문이었다. 비록 진의 부모님과 존의 관계가 크게 비틀어져 있기는 했지만, 존이 병원에 대해서 가르쳐 주지 않은 것은 절망 때문이었다. 기독교인들이 진에게 행한 모든 사역은 도움이 되지 못한 데 그치는 것이 아니라 오히려 그녀의 상태를 악화시켜왔다. 진의 치유를 위해 드리는 기도는 약간의 희망을 주었지만 결국 실망만 주었다. 결국, 정신병원측과 존은 진을 철저히 격리하면 진의 병세가 호전될 것이라는 데 의견을 같이 했다. 존은 자기 외에는 아무도 진을 만나지 못하게 했다. 폴은 진의 부모님에게 자신이 진을 위해서 계속 기도하겠다고 말했다.

폴은 한 밤중에 밖에 나와서 자동차가 있는 곳으로 갔다. 두 주일 동안 연속적으로 집회를 인도했기 때문에 그는 녹초가 되어 있었다. 게다가 그의 누관은 심하게 감염되어 있었다. 폴은 주님이 지난 두 주일 동안 자기를 사용하여 많은 사람들의 병을 낫게 해주셨으면서도 자신은 병들어 있다는 것이 아이러니라고 생각했다. 폴은 시동을 걸려고 열쇠를 꽂았다. 열쇠를 돌리기 전에 그는 진을 위해서 다시 기도했다. 기도하는 동안, 폴은 진에 대한 예수님의 긍휼을 느끼기 시작했다. 처음에는 간단하게 시작한 기도가 변하여 진을 정신병에서 건져 주시기를 호소하는 간절한 기도가 되었다. 그는 진을 위하는 그리스도의 마음을 느끼고서 눈물을 흘렸다. 그는 울면서 하늘을 올려다 보았는데, 밤 하늘이 마치 거대한 텔레비전 화면처럼 변했다. 그 화면에서, 폴은 정신병원에 있는 진을 보았고, 또 병원에 입원하기 전의 진의 삶에 대한 것들을 보았다. 그 때 하나님께서 말씀하셨다. 그것은 귀로 들을 수 있는 것은 아니었지만 매우 분명한 말씀이었다: '네가 샌디에고로 가서 이 여인을 위해서 기도한다면, 그 여인이 즉시 회복되어 내게 영광이 될 것이다. 나는 그 여인이 죽을 때까지 이 증거를 사용하여 여인들에게 희망을 줄 것이다.'

다음날 아침 폴은 차를 몰아 샌디에고로 갔다. 고속도로를 달리다가 샌디에고에 있는 어느 출구에 이르렀을 때, 그는 그곳으로 빠져나가야 한다는 느낌을 받았다. 그는 진이 거기서 두 블럭 떨어진 곳에 있는 메사비스타 정신병원에 있다는 것을 알지 못한 채 공중전화가 있는 곳으로 갔다. 진의 부모는 존의 사무실과 집 전화 번호를 가르쳐 주었었다. 폴은 먼저 사무실로 전화를 걸었지만 존은 사무실에 없었다. 다음에 집으로 전화를 걸었는데, 12살이 된 딸 쟈넬이 전화를 받았다. 폴은 쟈넬에게 진이 입원한 병원 이름을 물었다. 쟈넬은 "죄송하지만, 병원 이름을 가르쳐 드릴 수 없어요. 아빠 외에는 아무도 엄마를 만날 수 없어요"라고 말했다.

폴은 "애야, 나는 네가 아빠의 말을 거역하는 것을 원치 않는단다. 그렇지만 전화를 끊지 말고 내 말을 들어보렴. 주님이 네 엄마를 도와주라고 나를 이곳에 보내셨단다. 나는 이제 기도를 하련다. 제발 전화를 끊지 말아라. 나는 주님이 네 엄마가 있는 곳을 찾을 수 있도록 도와주실 것이라고 믿는다." 이렇게 말하고 나서 폴은 기도를 시작했다. 잠시 후에 그는 커다란 텔레비전 화면을 다시 보았다. 이번에 그는 "메사비스타"라는 제목의 기사가 실린 샌디에고 신문을 보았다.

"애야, 내 생각에 주님은 네 엄마가 메사비스타에 계시다고 보여주시는 것 같다. 그것이 사실인지 확인해 주렴. 그 병원이 맞지?"

"맞아요. 메사비스타 정신병원이어요."

"고맙다. 오랫동안 너와 네 가족들이 고생해왔다는 것을 아는 알고 있다. 너는 엄마가 병든 동안에 강하게 살아야 했지. 이제 하나님께서 네 엄마를 낫게 해주셔서 사흘 후에는 엄마가 집으로 돌아 오실 거야. 엄마는 집에 돌아오면, 건강하고 아주 기뻐하실 거야. 잘 있어라."

쟈넬은 수화기를 내려 놓았다. 이제까지 엄마가 나을 것이라고 약속하는 사람들의 말을 많이 들었지만 그 약속들은 모두 물거품이 되고 말았었다. 그런데 이번에는 달랐다. 전화를 걸어온 사람의 음성에는 무엇인가 다른 것이 있었다. 그 사람이 어떻게 메사 비스타라는 이름을 알아냈을까?

폴은 메사비스타 정신병원의 아늑한 대기실을 가로질러 가서 접수계에 도착했다. "저는 폴 카인입니다. 저는 목사인데, 진을 면회하러 왔습니다." 접수계 직원은 진의 병실 번호를 찾으려고 돌아섰다. 진의 이름 옆에는 "남편 외 면회 금지"라는 지시가 쓰여 있었다. 그러나 그녀는 폴이 진을 면회하지 못하게 하지 않고, 그를 병동으로 안내하여 문을 열어 주었다. 폴은 곧바로 간호원실로 가서 진을 만나게 해달라고 요청했다. 진은 작업 요법을 받고 있었다. 작업요법이란 인쇄물을 접어 봉투에 넣는 것이었다. 이것이 진이 할 수 있는 유일한 일이었다. 그 일을 하지 않는 나머지 시간에는 진은 진정제에 취한 상태로 여기저기 돌아다녔다. 진은 스피커에서 자기의 이름을 부르는 소리를 듣고서 간호원실을 향해 걸어갔다. 모퉁이를 돌아선 진은 간호원실에서 약 2미터쯤 떨어진 곳에 서 있는 폴을 보았다. 진은 '하나님, 저 사람이 누구입니까? 마치 천사 같습니다. 저는 그 사람에게서 나오는 당신의 영광을 봅니다. 오, 저런 사람이 나를 찾아왔으면 좋겠어요.'라고 생각했다.

간호원은 "진, 이 분이 당신을 만나러 왔어요"라고 말했다. 두 사람은 진의 병실에 가서 앉았다.

"내 이름은 폴 카인입니다. 당신은 나를 모르겠지만, 나는 당신을 압니다. 이제부터 내가 하는 말을 당신은 이해하기 어려울 겁니다. 예수님은 당신을 사랑하시기 때문에, 그리고 당신을 치료해 주시려고 나를 이곳에 보내셨습니다. 오늘 나는 당신을 위해서 기도하겠습니다. 그러면 주님이 당신을 낫게 해주실 것이고 사흘 후에는 집으로 돌아가게 될 것입니다."

폴은 병원에 도착하기 전에 이미 진이 약에 취해 있다는 것을 보았으므로, 진과 이야기하는 동안 진에게 맑은 정신을 달라고 주님께 요청했었다. 폴이 진에게 병이 나을 것이라고 말할 때, 진은 이 약속에는 다른 약속들과는 다른 것이 있다고 느꼈다.

"당신을 위해서 기도하기 전에, 정말로 하나님께서 나를 당신에게 보내셨다는 것을 이해하는 데 도움이 될 말을 하고 싶습니다. 나는 이곳에 잠시 머문 후에 달라스로 가야 합니다. 예수님께서 당신에게 전하라고 하신 말씀 중 첫번째 말은, 당신은 결코 용서받지 못할 죄를 범하지 않았으며, 당신이 전심으로 예수님을 사랑하고 있다는 것을 예수님은 알고 계시다는 것입니다."

진은 "그래요. 나는 그 분을 사랑합니다. 나는 마음을 다해서 그분을 사랑해요!"라고 외쳤다.

"주님은 당신이 14살 때에 있었던 일을 상기시켜 주라고 말씀하셨습니다. 당신은 오레곤 주에서 여름 수양회에 참가하고 있었지요. 어느날 저녁 예배가 끝난 후에, 당신은 솔방울을 태우면서 주님께 당신의 마음에 와 달라고 요청했습니다. 그리고 당신을 선교사로 만들어 달라고 요청했지요."

"맞습니다. 어떻게 그것을 아셨지요?"

"진, 나는 그것을 알지 못했어요. 주님이 내게 그것을 보여 주셨으며, 이제 당신을 선교사로 만드시겠다고 말씀하십니다. 그렇지만 당신의 생각한 것과는 다른 방식으로 행하실 것입니다."

폴은 갑자기 말을 멈추고 잠시 눈을 감더니 "지금 나는 환상을 보고 있습니다. 나는 항공회사의 제복을 입은 사람을 봅니다. 그 사람은 조종사입니다. 그 사람은 당신의 친구요 이웃이고, 부인의 이름은 패트입니다. 그 사람의 이름이 무엇이지요?"

"앨런 린더만입니다. 그는 샌디에고 항공회사의 기장이지요. 그는 우리 집 건너편에 살고 있어요."

폴은 "이웃 중에 매리온이라는 사람도 있지요?"라고 물었다.

"그렇습니다."

"앞으로 당신은 패트와 매리온에게 주님이 당신을 위해 행하신 일을 말해줄 것이고, 그로 말미암아 그들의 삶이 변화될 것입니다. 나는 지금 조종사의 제복을 입은 앨런에게 당신이 증거하는 모습을 보고 있습니다. 당신의 증거를 통해서 그는 그리스도를 믿게 될 것입니다. 이제 당신을 위해서 기도하겠습니다."

폴이 진을 위해서 기도할 때에, 진은 마치 커다란 전기담요가 배꼽 위에 놓인 것 같은 느낌을 받았다. 그 다음에는 뜨거운 기름이 그녀에게 쏟아져서 온몸 구석구석으로 뚫고 들어가는 느낌을 받았다. 동시에 압박의 구름이 그녀에게서 떠나는 것을 느꼈다. 마치 주님이 그녀의 내면에서 기쁨의 수도꼭지를 틀어 놓으신 것 같았다. 진은 "나는 완전히 치유 되었습니다!"라고 외쳤다.

폴은 "아직은 아닙니다"라고 말했다. "내가 이 방을 떠나면 그 광기는 다시 돌아오려고 할 겁니다. 내가 이 병실에서 나갈 때에 하나님께서 당신의 마음에 성경 말씀을 주실 것입니다. 그 말씀이 당신이 치료되었음을 봉인해 줄 것입니다. 악한 음성이 당신에게 돌아와도 그 말에 귀를 기울이지 마세요. '성경에 기록되어 있다' 라고 말하고 나서 내가 떠날 때에 주님이 당신의 마음에 주신 성경을 인용하세요. 성령과 말씀이 당신을 치료해주시고 다시는 재발하지 않도록 지켜 주실 것입니다. 진, 당신은 사흘 후에는 집에 돌아갈 것이며, 기쁨이 넘칠 것입니다. 안녕히 계세요. 당신을 위해 기도하겠어요."

## 말씀의 능력

폴이 병실에서 나갈 때, 진은 성경을 폈다. 진은 성경을 읽으려 했지만 읽을 수 없었다. 아직 진정제에 취해 있었기 때문이다. 진의 정신이 다시 희미해지기 시작했다. 진은 머리에서부터 멍해지기 시작하는 것을 느낄 수 있었다. 진은 성경책을 내려놓고 병실에서 나와 환자들의 출입이 허용된 건물로 들어갔다. 걸어가는 동안 이사야 41:10, "두려워 말라 내가 너와 함께 함이니라 놀라지 말라 나는 네 하나님이 됨이니라 내가 너를 굳세게 하리라 참으로 너를 도와 주리라 참으로 나의 의로운 오른손으로 너를 붙들리라"는 말씀이 떠올랐다. 그 순간 진은 어두움 속에서 차가운 손이 나와서 그녀의 마음을 붙드는 것을 느꼈다. 진은 그 악한 음성이 다시 속삭이는 소리를 들었지만, 그 말에 귀를 기울이지 않고 "성경에 '두려워 말라 내가 너와 함께 함이니라 놀라지 말라 나는 네 하나님이 됨이니라 내가 너를 굳세게 하리라 참으로 너를 도와 주리라 참으로 나의 의로운 오른손으로 너를 붙들리라' 라고 기록되어 있다"고 소리쳤다. 그 차가운 손은 사라졌다. 악한 음성도 멈추었다. 진은 다시, 또다시 그 말씀을 인용했다. 그럴 때마다 진은 하나님의 힘이 자기의 몸 안에 부어지는 것을 느꼈다.

다음날 아침 주치의가 진찰하러 와서 "진, 당신에게 무슨 일이 있었지요? 왜 울지 않고 웃고 있지요? 나는 이제까지 하룻밤 사이에 우울증이 나은 환자를 본 적이 없어요"라고 말했다. 진은 그 전날 폴이 방문했을 때에 일어난 일을 이야기했다. 진의 말을 듣고 나서 의사는 "나는 교인이지만 이제까지 기적을 믿지 않았어요. 그러나 지금 내 눈으로 직접 보면서 생각이 바뀌고 있어요. 이틀쯤 더 지켜 보고 나서 다시 판단을 하겠습니다." 사흘째 되는 날, 1968년 10월에 진은 정신병원에서 퇴원했는데, 다시는 재발하지 않았다.

존은 진을 새로운 집, 작은 아파트로 데려갔다. 그들은 언덕 위에 있는 아름다운 집을 잃었다. 저금한 돈도 없었다. 그렇지만 그것은 문제가 되지 않았다. 물질은 그들에게 기쁨을 주지 못했고 악한 자에게서 보호해 주지 못했었다. 그러나 이제 그들은 하나님의 자비를 발견했다. 아니, 하나님의 자비가 그들을 발견했다. 하나님의 말씀과 성령께서 그들을 자유케 하시고, 진이 정신병에 걸리기 전에 상상했던 것보다 더 깊고 능력 있는 삶을 그들에게 주셨다. 그들은 이제 그 도시에서 가난한 사람들이 사는 지역에 살게 되었으므로 옛날의 이웃들을 만나지 않았다. 그러나 몇 달 후에, 진은 하나님께서 자신을 구해 주신 일을 간증하기 위해서 과거의 이웃들이 모이는 성경공부반으로 돌아갔다. 폴이 예언했던 대로 패트와 매리온은 깊은 감명을 받았다.

그러나 진은 앨런 린더만을 만나지 못했다.

병원에서 퇴원하고 나서 얼마 후, 진의 가족은 샌디에고를 떠나 피닉스로 이사했다. 퇴원한 후 13년이 지나서 진은 솔트레이크 시티에 있는 부인들의 모임에서 간증을 해달라는 요청을 받았다. 딸 쟈넬이 진과 함께 솔트레이크 시티로 가기로 했기 때문에, 진은 비행기를 타고 쟈넬이 있는 샌디에고로 갔다. 두 사람은 솔트레이크 시티로 가기 위해 PSA 항공회사의 비행기에 탑승했다.

쟈넬이 "혹시 엘런 린더만 아저씨기 이 비행기의 기장이 아닐까요?"라고 말했다.

"그 사람은 이제 은퇴했을 거야." 그러나 진은 딸의 호기심을 충족시켜 주려고 승무원에게 그 비행기의 기장이 누구냐고 물어보았다.

승무원은 "엘런 린더만 기장입니다"라고 대답했다.

믿을 수가 없었다. 진은 자기와 쟈넬이 그 비행기에 타고 있다는 메시지를 앨런에게 보냈다. 승무원이 엘런이 쓴 쪽지를 가져왔다. 엘런은 솔트레이크 시티에 도착한 후에 잠시 만날 수 있느냐고 물었다.

보통 앨런은 솔트레이크로 가는 비행기를 조종하지 않았다. 그는 주로 샌디에고에서 샌프란시스코로 가는 비행기를 조종했다. 그 날은 다른 조종사를 대신해서 그 비행기를 조종한 것이다. 이것이 1981년 12월에 앨런이 솔트레이크 시티에 가게 된 이유였다. 그러나 그가 솔트레이크 시티에 가게 된 진정한 이유는 이미 하나님에 의해서 선포되었으며 여러 해 전에 정신병원에서 알려져 있었다. 하나님은 진이 치유되던 때에 폴 카인이 본 환상을 성취하려 하셨다.

공항 식당에서 앨런은 진에게 무슨 일로 솔트레이크에 왔느냐고 물었다. 진은 "나의 정신병이 치료된 것에 대해 간증하려고 왔어요"라고 말했다.

"그래요. 당신이 회복되던 때에 그 예언자가 패트에 대한 환상을 보았다는 것이 기억나는군요."

"그래요. 그렇지만 그 사람은 환상에서 패트만 본 게 아니라 당신도 보았어요."

"정말이요?"

"그래요. 그 사람은 제복을 입고 있는 당신과 내가 이야기를 하고 있는 모습을 보았어요. 그렇기 때문에 그 사람은 당신이 비행기 조종사라는 것을 알았지요."

"놀라운 말이군요."

"놀랍지요? 그것은 하나님께서 당신을 얼마나 사랑하시는지, 그리고 하나님이 당신을 얼마나 잘 알고 계시는지를 보여줍니다."

진은 앨런에게 복음을 전하기 시작했다. 앨런의 눈에 눈물이 맺혔다. 난생 처음으로 앨런은 예수님이 자기의 죄 때문에 십자가에 달리셨다는 것을 이해했다. 그날 앨런 린더만은 자기를 죄에서 구하기 위해서 주 예수 그리스도를 의지했다. 그는 진 앞에서 거듭 났다. 진은 "앨런, 이것은 폴이 환상에서 당신에 대해 본 것과 똑 같아요. 당신은 제복을 입고 있고, 나의 간증과 주 예수의 복음을 듣고 거듭 났어요."

앨런은 계속해서 울었다. 마침내 그는 "진, 오늘이 내가 마지막으로 비행기를 조종하는 날이라는 것은 몰랐지요? 나는 오늘 은퇴합니다. 잠시 후에 비행기를 타고 샌디에고로 돌아가면 이 제복을 다시는 입지 못할 겁니다"라고 말했다.

말씀의 능력과 성령이 앨런 린더만을 구원하고 진을 정신병원에서 구했다.

## 값비싼 대가를 치러야 하는 이혼

신약시대 교회에서는 아무도 위의 이야기를 특별한 사건으로 간주하지 않았을 것이다. 그 시대의 신자들은 항상 말씀의 능력과 성령이 함께 일하는 것을 보면서 살았다. 그러나 언제부터인지 교회는 말씀과 성령을 조용히 이혼시키는 일을 장려했다. 이혼은 부모에게나 그 자녀에게나 고통스러운 일이다. 부모 중 한 사람이 자녀를 양육하며, 나머지 한 사람은 이따금 자녀를 만나게 된다. 그것은 부모의 마음을 아프게 하고, 자녀들은 보통 그 일로 인해 비뚤어지기 쉽다. 오늘날 많은 교인들은 부모 중 한 사람과 사는 데 만족한다. 그들은 말씀과 더불어 생활하며 성령은 제한적으로 방문할 뿐이다. 성령은 가끔씩 자녀를 만나고 접촉한다. 자녀들 중 일부는 이제 그 분을 알아보지도 못한다. 또 어떤 자녀들을 성령을 무서워한다. 그리고 어떤 사람들은 성령과 함께 살면서 말씀에게 간헐적인 방문만 허락한다. 성령은 말씀이 없이는 자녀 양육을 원하지 않는다. 성령은 그들이 얼마나 버릇이 없게 될 것인지 알지만, 그들이 진심으로 원해서 해야 할 일을 강요하여 억지로 시키지는 않는다.

그러므로 교회는 부부가 이혼한 결손가정이 된다. 어떤 자녀들은 자기들이 받은 교육을 뽐내며, 어떤 자녀들은 자유를 뽐낸다. 그리고 양측 모두 자기가 상대방보다 낫다고 생각한다.

부모들은 상심한다. 대부분의 이혼과는 달리, 이 이혼은 그들이 선택한 것이 아니라, 자녀들이 선택한 것이기 때문이다. 말씀과 성령은 어쩔 수 없이 자녀들의 선택을 참고 견뎌야 한다.

오늘날 자녀들이 부모를 다시 결합시켜 주기를 기다리면서 정신병원에서 쇠약해지는 진과 같은 사람들이 얼마나 많을까?

# 주

### 제1장

1) 롬 15:13 참조, "소망의 하나님이 모든 기쁨과 평강을 믿음 안에서 너희에게 충만케 하사 성령의 능력으로 소망이 넘치게 하시기를 원하노라."

### 제2장

1) 야고보가 처음에는 장로들이 병자들을 위해서 기도해야 한다고 말하지만, 마지막에서는 전체 교회에게 주는 권면으로 마치고 있음에 유의하라: "이러므로 너희 죄를 서로 고하며 병 낫기를 위하여 서로 기도하라"(약 15:16). 병자를 위한 기도에는 장로들만 아니라 전체 교회가 포함된다.
2) Dallas Willard, *In Search of Guidance*(San Francisco: Harper, 1984, rev. ed. 1993), 27.

### 제3장

1) 제임스 로빈슨의 삶과 사역에 대해서 자세히 알려면 그의 저서 *Thank God, I'm Free* (Thomas Nelson: Nashville, TN, 1988)을 보라.
2) 하나님은 다음과 같은 인물들이 탄생하기 전에 예언의 말씀을 주셨다: 이스마엘(창 16:7-15), 이삭(창 17:15 ff), 야곱과 에서(창 25:21-26), 삼손(삿 13:2ff), 요시아(왕상 13:2), 세례 요한(눅 1:11-20), 그리고 예수(마 1; 눅 1). 구약성경에서는 자녀의 이름 자체가 예언적인 말로 간주되기도 했다. 한 아이의 이름은 하나님의 행동, 또는 그 아이가 하나님의 나라에서 행할 역할을 상징하기도 했다. 예를 들어 "사울"이라는 이름은 "요청된 사람"이라는 의미이다. 사울은 이스라엘의 초대 임금, 백성들이 하나님의 왕권을 거부하고서 요청한 왕이었다.
3) 이 이야기들은 마태복음 1-2장과 누가복음 1-2장에서 발견된다.
4) 동정녀 탄생에 대한 언급(마 1:22; 사 7:14), 베들레헴에서의 탄생에 대한 언급(마 2:4-6; 미 5:2), 메시아의 박해에 대한 언급(시 22; 사 52:13-53:12), 그리고 이집트 여행에 대한 언급(마 2:15; 호 11:1).

5) 이 통찰은 프레데릭 부흐너에게서 참고한 것이다. 프레데릭은 하나님께서는 "우리가 항상 거부할 수 있는 방식으로 임하신다"고 기록한다(*The Hungering Dark*[San Francisco: Harper, 1969], 14).
6) 고향 사람들이 예수님을 "마리아의 아들"이라고 부른 데는(막 6:3), 그가 사생아라는 뜻이 함축되어 있을 것이다. 정상적인 관습에 따르면 그를 "요셉의 아들"이라고 불렀을 것이다. W. L. Lane, *The Gospel According to Mark* (Grand Rapids: Eerdmans, 1974), 202-03을 보라. 요한복음 8:41에서는 예루살렘의 종교 지도자들도 역시 예수님이 사생아라고 비방했다.
7) 일부 신학자들은 예수님의 인성과 신성의 관계를 설명하기 위해서 "*kenosis*" 이론을 사용한다. "*kenosis*"란 "비우다" 또는 "…을 벗기다"라는 의미를 지닌 그리스어 동사 kenoo에서 파생된 것이다. 바울은 빌립보서 2:7에서 그리스도의 성육신을 묘사하기 위해서 이 단어를 사용했다: "자기를 비어 종의 형체를 가져 사람들과 같이 되었고." 제라르 호톤 교수는 케노시스를 다음과 같이 설명한다:
"…하나님의 아들은 인간이 되실 때에 진정한 인간이 지닌 한계 안에서 살기 위해서 자신의 신적 능력, 속성, 특권 등을 발휘하지 않으셨다. 영원한 성자께서 인간이 되실 때에 전지, 전능, 편재 등을 포함한 신적 속성들을 포기한 것이라고 생각해서는 안된다. 그것들은 성육하신 분 안에 잠재하여 예수 안에 완전하게 현존하고 있지만 발휘되지는 않는다고 생각해야 한다. 예수님에게는 계시와 직관에 의해서 발달함에 따라 자기가 어떤 분이시며 사명이 무엇인지에 대한 지식이 주어졌다. 특히 삶의 위기에 처했을 때, 하늘 아버지와 교제하고 기도할 때에 주어졌다" (*The Presence and the Prayer*[Word: Dallas, 1991]. 2-8-9).
Roger Helland, "The Hypostatic Union: How Did Jesus Function?" *The Evangelical Quarterly* 65(1993): 311:27도 보라.
케노시스 이론을 설명한 초기의 일부 학자들은 실제로 예수님께서 자기의 신성 속성들을 포기하셨다고 주장했다. 이것은 그가 신적인 존재이기를 멈추었다는 것을 의미할 것이다. 이것은 예수 안에 "신성의 모든 충만이 육체로 거한다"(골 2:9)고 가르친 성경의 가르침에 어긋난다. 호톤이나 헬란드는 예수님이 자기의 신적 속성들을 포기했다고 말하는 것이 아니라 자발적으로 그것들을 사용하는 일을 포기하셨다고 말하고 있다.
웨인 그루뎀 교수는 모든 형태의 케노시스 이론을 거부한다. 그는 하나의 중요한 질문을 제기한다. 예수님께서 전능이라는 속성의 사용을 포기하셨으면서 어떻게 능력의 말씀에 의해서 이 모든 것을 그대로 가지고 계시거나(히 1:3), 자신의 능력에 의해서 우주를 유지하실 수 있다는 말인가(골 1:17)? 그루뎀은, 이 질문에 대한 대답은 그리스도의 신성과 인성의 관계에 대한 칼케돈 정의 안에 있다고 본다. 451년에 칼케돈에서 개최된 교회 지도자들의 공의회는 예수님이 완전한 하나님이시면서 완전한 인간이라는 주장—하나의 위격 안에 두 개의 본성이 혼합됨이 없이 존재한다는 주장을 발표했다. 그루뎀은 주장하기를, 예수님은 어린 아기였을 때에도 그의 인성에 의해서 신성이 제한되지 않았기 때문에 능력의 말씀에 의해서 모든 것을 가지고 계셨다고 한다. 다시 말해서, 하나님의 아들이 인간이 되기 위해서는 자신의 신적 속성들의 사용을 완전히 포기할 필요가 없었다는 말이다. 보다 완전한 설명을 알려면, Wayne Grudem, *Systematic Theology* (Grand Rapids: Zondervan, 1994), 549-63을 보라.

이 시점에서 성경 안에서 가장 거룩한 내용, 즉 하나님의 아들의 성육신에 대해 다루고 있음을 기억하는 것이 유익할 것이다. 그것은 우주 안에서 가장 놀라운 신비 중의 하나이다. 하나님께서 "덮다"(눅 1:35), "비우다"와 비유로 묘사하신 것은 신비한 일이다. 그러므로 우리는 이 위대한 사건의 상세한 내용을 모두 설명할 능력이 있다고 자만해서는 안된다.

한 가지 확실한 것이 있다. 예수께서는 인간이 되시면서 세상에 있는 동안 자기의 영광이 가려지는 것을 허락하셨고, 신적 상태에서는 경험하지 않았던 한계들에 굴복하셨다. 그루뎀과 호튼은 인성 안에 계신 예수는 우리의 도덕적인 삶과 사역을 위한 본보기가 된다고 주장한다. 두 사람 모두 인성 안에 계신 예수님은 하나님의 말씀을 듣고 기적을 행하기 위해서 성령의 능력을 의존했다는 데 동의한다.

8) 예수님이 행하신 기적들 중 일부는 그의 신성에서 비롯된 것이라고 주장할 수도 있다. 예를 들어서, 요한은 예수님이 물을 포도주로 변화시키실 때, 자기의 영광을 나타내셨다고 기록했다(요 2:11). 그렇다 하더라도, 예수님의 행하신 기적들은 대부분 성령의 능력, 또는 예수님의 인성을 통해서 역사하시는 아버지에게 귀속시켜야 한다. 이것이 예수님의 증언이며(요 5:19), 사도들의 증언이다(행 10:38).
9) 호튼 교수는 예수님의 기적 중에서 성령이 분명하게 언급되지 않은 상태에서 예수님의 권위와 능력에 대해 언급한 것은 예수님은 성령을 가지고 계시며 따라서 "성령의 환경"(Hawthorne, *The Presence and the Power*, 114) 안에서 생활하시는 예언자라고 신약성경 저자들이 확신했음을 보여준다.
10) Hawthorne, *The Presence and the Power*, 238.

## 제4장

1) 겔 37:9; 요 3:8.
2) 2:14에서 "알게 할 것이니"라고 번역된 그리스어 *apopneggomai*는 세속적으로는 신이 감동한 발언을 지적하기 위해서 사용된다. BAGD, 102를 보라.
3) 이 구절에 대한 논의를 위해서는 Gerald F. Hawthorne, *Philippians, Word Biblical Commentary* Volume 43(Waco, Texas: Word, 1983), 156-157를 보라. "계시하다"라는 동사의 의미에 관한 논의를 위해서는 Peter T. O'Brien, *The*

*Epistle to the Philippians, A Commentary on the Greek Text*(Grand Rapids: Eerdmans, 1991), 438-40을 보라.

4) 성령 충만에 대해서 누가복음과 사도행전에는 세 가지 표현이 있다. 사도행전 4:8에서 사용된 *pimplemi pneumatos agiou*는 두 책에서 8번 등장한다. 그것은 항상 성령께서 개인들에게 능력을 주시어 예수님에 대한 예언적 증거를 하게 하는 것을 언급한다. 종종 이 예언적 증거는 적대적인 청중들 앞에서도 행해진다. 예: 눅 1:15; 1:41-44; 1:67ff; 행 2:4ff; 4:8; 4:31; 9:17ff; 13:9.

5) 예를 들어서, 사도행전에서 누가는 한 번도 기도가 중요하다고 분명하게 말한 적이 없다. 그러나 그는 기도가 하나님의 능력이 임하는 데 있어서 중요한 열쇠가 된다는 이야기를 함으로써 기도의 중요성을 강조한다. 사도행전 전체 중에서 18개의 장에서 기도가 분명하게, 또는 암시적으로 언급된다. 10장에서는 3절의 기도 시간인 "제9시"까지 포함시킨다면 기도에 대한 언급이 6개이다. 기도에 관한 이러한 이야기들을 되풀이 한 것은 삶의 모든 경험 안에 있는 기도의 능력을 보여 주려는 것이다.

6) 요 14:26; 15:26; 16:13.

7) 행 2:14-21.

8) 행 11:16.

9) 행 4:8-12.

10) 행 5:1-11.

11) 스데반(6:8-9:60), 빌립(8:5-13, 26-40), 아가보(11:27-30; 21:11), 아나니아(9:10-19), 그리고 이름이 밝혀지지 않은 사람들(4:29-31; 13:2; 19:6).

12) 어떤 사람들은 복음서와 사도행전은 우리가 사는 방법에 대한 규정들이 아니라 과거에 발생한 사건들에 대한 묘사에 불과하다고 주장했다. 이러한 견해를 따르면, 신약성경의 역사서들은 영감된 신학적 저서라기보다 현대의 신문기사와 더 흡사하다. 성령이 신약성경 기자들을 인도하여 특정의 사건들을 기록하여 다른 사람들에게 완전히 넘겨주게 하신 이유를 생각해 보면 이 논거의 약점이 분명히 드러난다. 신약성경의 저자들은 우리의 호기심을 충족시키기 위해서, 또는 우리의 행위를 변화시키기 위해서 그러한 이야기들을 말해 주는가? 성경에는 단순히 묘사적인 구절은 하나도 없다. 성경에 제시된 모든 예들은 경건한 삶에 대해서 교훈해 주려는 의도를 가진다(고전 10:6; 딤후 3:16-17). 나는 『놀라운 성령의 능력』에서 이 반론에 대해서 보다 자세히 다루었다.

13) "비정상적"이라는 단어가 너무 강하게 느껴진다면, "유별난"이라는 단어도 대치할 수도 있다. 나의 주장은 여전히 같다. 즉 우리는 영감된 성경과 우리의 경험을 비교하고 있다.

14) 그들에 대한 이야기들은 사도행전 12장에 기록되어 있다.

## 제5장

1) 어떤 사람은 자기의 "실수"가 좋은 결과를 만들어 내지 못할 것이라고 주장할 것이다. 그러나 구약성경의 거짓 선지자들과는 달리, 나의 예언적 친구들은 자기의 실수를 공개적으로 인정하고, 자기로 말미암아 야기된 부당한 일에 대해 보상을 한다. 우리가 진심으로 회개할 때에 좋은 열매가 따른다.
2) 흔히 신명기 18:15-22은 모세에서부터 시작하여 잘못된 예언을 하지 않을 선지자들의 계보를 언급한다고 이해된다. 그러나 일부 문맥 상의 요소들이 이러한 해석을 반대한다. 첫째, 모세는 하나님께서 일련의 선지자들을 세우실 것이라고 말하지 않고 한 선지자라고 말했다(15절). 둘째, 모세는 이 장래의 선지자가 "나 같은" 선지자가 될 것이라고 말했다(15절). 모세는 단순히 장래에 대해 예언한 선지자가 아니었다. 그는 이스라엘 종교를 세운 사람이요 옛 언약의 중재자이다. "나 같은"이라는 수식어구는 우리로 하여금 언약을 중재해줄 사람을 기대하게 해준다. 셋째, 신명기의 에필로그에 해당하는 34장은 여호수아의 시대나 그 이후에 기록된 것으로서 다음과 같이 주장하고 있다:

"그 후에는 이스라엘에 모세와 같은 선지자가 일어나지 못하였나니 모세는 여호와께서 그를 애굽 땅과 바로와 그 모든 신하와 그 온 땅에 모든 이적과 기사와 모든 큰 권능과 위엄을 행하게 하시매 온 이스라엘 목전에서 그것을 행한 자더라"(신 34:10-12).

이것은 하나님께서 모세에게 함께 하셨던 것 같이 여호수아와 함께 하시겠다고 약속하셨지만, 여호수아는 모세와 비견할 만한 인물이 되지 못했다는 것을 의미한다. 패트릭 밀러의 주장에 의하면, 신명기 34:10-12의 의의는 "18:15-22을 이스라엘 역사에 있어서 선지자의 계보가 계속될 것이라는 의미로는 볼 수 없다. 18장과 34장 사이의 긴장을 해소하는 유일한 방법은 하나님께서 한 선지자를 일으킬 것이라는 선언을 미래의 것으로 보는 것이다…"(*Deuteronomy*[Louisville: John Knox Press, 1990]. 156-57). 넷째, 이것은 유대교에서는 그 구절을 어떻게 해석하는 지를 보여주었다(See Peter C. Craigie, *The Book of Deuteronomy*[Grand Rapids: Eerdmans, 1976], 263, n. 20). 다섯째, 신약성경에서 유대인과 사도들은 이 구절이 선지자들의 계보를 언급하는 것이 아니라 메시아를 언급하는 것으로 이해했다(요 1:21, 25; 6:14; 7:40; 행 3:22-26). 그러므로 그 문맥 및 후대의 해석은 신명기 18:15의 메시아적 해석을 선호한다.

그렇다면, 18:20-22에서 언급된 거짓 선지자들은 실수를 범하는 데 그치는 것이 아니라 모세의 자리나 메시아의 역할을 넘보는 사람들일 것이다. 어쨌든 크레이기는 18:20을 완고하게 적용하는 것에 대해서 경고해준다:

"이러한 기준들을 예언자가 입을 열 때마다 엄격하게 적용해야 할 규칙으로 여기는 것은 옳지 않을 것이다. 예언자가 다가올 하나님의 심판을 선포하며 회개를 요청할 때에, 먼저 그 심판이 정말로 이루어지는지를 기다려 본 후에 회개하는 것은 분명히 의미 없는 일이다. 그 기준은 예언자가 참된 예언자요 여호와의 대변인으로서의 명성을 얻는 데 사용되는 수단을 나타낸다. 예언자의 사역이 이루어지는 동안, 중요한 일과 그다지 중요치 않은 일에 있어서 하나님의 참된 대변인으로서의 예언자의 성품은 분명하게 대두되기 시작할 것이다. 거짓 선지자들은 수치를 당하며 율법에 따른 조처를 받을 것이다." (*Deuteronomy*, 263)

게다가 이스라엘의 역사에는 단지 잘못된 예언을 했다고 해서 선지자를 사형에 처했다는 증거가 없다. 예를 들어, 다윗이 여호와를 위해 성전을 건설하고 싶다고 말했을 때, 나단은 "여호와께서 왕과 함께 계시니 무릇 마음에 있는 바를 행하소서"라고 말했다(삼하 7:3). 그러나 나단의 예언은 맞지 않기 때문에, 그날 밤에 여호와께서 바로잡아 주셔야 했다(삼하 7:4ff). 혹시 나단의 예언이 "여호와께서 말씀하시기를…"이라는 말로 시작되지 않는다고 항의하는 사람이 있을지 모르지만, 나단은 분명히 여호와의 이름으로 예언했다. 왜냐하면 그는 "여호와께서 왕과 함께 계시다"라고 말했기 때문이다. 게다가 다윗이 단지 인간적인 견해를 얻기 위해서 그 선지자에게 말을 했겠는가? 하나님으로부터 말씀을 받기 위해서가 아니라면 왜 구약성경에서 사람들은 선지자들에게 의견을 구했는가? 나단의 말은 실현되지 않았지만, 다윗은 그를 죽이지 않았다. 실현되지 않은 예언이 자동적으로 주제넘은 말이나 거짓 신들의 이름으로 발언된 말로 분류된 것은 아니다(신 18:20-22).

3) 각 시대에 활동한 선지자들과 기적 사역자들의 예를 알려면, Paul Thigpen, "Did the Power of the Spirit Ever Leaver the Church?" *Charisma*, (Sept. 1992): 20-29을 보라.
4) John Knox, *History of the Reformation*, vol. 1, ed. William Croft Dickinson(New York: Philosopnical Library, 1950), 60.
5) *Dictionary of Scottish Church History and Theology*, ed. Niger M. de S. Cameron(Edinburgh: T. & T. Clark, 1993), 65-66.
6) *Scots Worthies*, John Howie, ed. William McGavin(Glasgow: W.R. McPhun, 1846; orig. ed. 1775)에는 낙스의 *History* 및 위샤트의 간략한 전기가 포함되어 있는데, 이 기사는 거기서 발췌한 것이다.
7) *Scots Worthies*, 28.
8) Jasper Ridley, *John Knox* (Oxford: Clarendon Press, 1968), 504. 리들리는 "낙스의 예언들이 어떻게 실현되었는지를 보여주는 바 낙스의 예언적 능력에 대한 이야기들은 그가 사망하고 나서 몇 년 안에 스메톤에 의해서 유포되었으며, 후일 제임스 멜빌 및 스코틀랜드의 여러 장로교 저술가들이 문장을 가다듬어 전했다."(ibid., 526).
9) *Scots Worthies*, 63; also *John Knox*, Jasper Ridley(Oxford: Clarendon Press, 1968), 517, 519.

10) Ridley, *John Knox*, 519.
11) Robert Fleming, *The Fulfilling of the Scripture* (Rotterdam: no pub., 1671; orig. ed. 1669), 424.
12) John Howie, *The Scots Worthies*, ed. W. H. Glasgow(Edinburgh: Olophant, Anderson and Ferrier, 1902; orig. ed. 1775), 120.
13) Ibid., 122.
14) Ibid., 121.
15) Ibid, 123, 131.
16) Ibid., 130.
17) Ibid., 124-25.
18) Ibid., 131.
19) Ibid., 132-33.
20) 스코틀랜드 종교개혁단원(Covenanter)이란 국가 계약(National Covenant, 1638)과 신성동맹과 계약(1643)을 지지한 사람들을 언급한다. 이 스코틀랜드 문서들은 개혁 신학 및 예수 그리스도의 유일한 지도 하에서의 교회의 영적 독립을 촉진시켰다. 일반적으로 종교개혁단원들은 장로교 신학 및 교회 정체와 동일시될 수 있다. 낙스, 하위, 플레밍 등에 의해서 이미 인용된 저서들 외에, Patrick Walker, *Six Saints of the Covenant*, 2 vols., ed., D. Hay Fleming(London: Hodder & Stoughton, 1901; orig. ed. 1724-32); and Alexander Smellie, *Men of the Covenant* (London: Banner of Truth Trust, 1960; orig. ed. 1903).
21) *Dictionary of Scottish Church History and Theology*, 104.
22) *Fleming*, 430.
23) Ibid., 431.
24) Ibid., 416, 418, 419, 432, 437-40.
25) Thomas Cameron, *Peden the Prophet* (Edinburgh: James A. Dickson, 1981 reprint), 5. 그의 이야기는 Alexander Smellie, *Men of the Covenant* (London: Andrew Melrose, 1905; orig. 1903), 377-89에도 언급되어 있다. 존 브라운에 대한 페덴의 예언에 대해서는 331-35에 기록되어 있다. *Scots Worthies*, 502-15에도 그의 생애에 대해 간단한 기사가 수록되어 있다. 완전한 기사를 보려면 Patrick Walker, *Six Saints of the Covenant*, 2 vols. (London: Hodder & Stoughton, 1901; orig. 1724-32), 1:45-178; 2:110-55를 보라.
26) *Scots Worthies*, McGavin ed., 507.
27) *Men of the Covenant*, 1905 ed., 332.
28) *Scots Worthies*, 443-46.
29) *Men of the Covenant*, 1905 ed., 334-35.

## 제6장

1) John Howie, *Scots Worthies*, ed. William McGavin(Glasgow: W. R. Mcphun, 1846), 27.
2) Ibid., p. 27, footnote.
3) Ibid.
4) 패트릭 워커(c. 1666-1745)도 스코틀랜드 종교개혁단원으로서 신앙 때문에 투옥되어 고문을 당했다. 1724년에 워커는 *Life of Alexander Peden*을 출판했다. 이 저서는 다섯 명의 다른 스코틀랜드 종교개혁단원의 전기와 합하여 *Six Saints of the Covenant*라는 제목으로 출판되었다. 내가 가지고 있는 것은 플레밍이 편집하여 1901년에 Hodder and Stoughton 출판사가 펴낸 것이다. 워커는 페덴의 전기를 저술하기 전, 1722년부터 1723년까지 스코틀랜드와 아일랜드 여행하면서 페덴의 삶에 대한 사실들을 수집했다. 문장과 문체에서 드러나듯이, 워커는 교육을 제대로 받은 사람이 아니었다. 그는 당대의 역사가인 로버트 워드로우(Robert Wodrow, 1679-1724)로부터 신랄한 비평을 받았다. 워커가 비난을 받은 것은 그의 저서에 있는 진정한 역사적 오류들 때문이라기보다 그의 보잘것없는 문체, 그리고 기성 교회에 대한 그의 폭탄 같은 비평 때문이었을 것이다. 워커의 역사적 정확성은 세월이 흐르면서 증명되었다. 1901년 판 저서의 서문을 써준 플레밍은 "많은 그의 놀라운 이야기들은 다른 저서들에 의해서 확인될 수 있다. 그의 인용문들은 매우 정확하며 연대도 매우 정확하다"고 했다(Ibid., xxix). 워커에 대해 긍정적인 평가를 한 D. C. Lachman, *Dictionary of Scottish Church and Theology*, ed. Nigel M. de S. Careron(Edinburgh: T. & T. Clark, 1993), 851-52을 보라.
5) C. S. Lewis, *Miracles* (New York: Macmillan, 1978; orig. ed., 1947), 3.
6) Robert Fleming, *The Fulling of the Scripture* (Rotterdam: no pub;, 1671; orig. ed. 1669), 422-3.
7) Ibid., 430, 473-74.
8) Ibid., 422-23, 452, 472-73.
9) Ibid., 474.
10) Ibid.
11) Ibid., 430.
12) Ibid., 423.
13) Ibid., 473-74.
14) Ibid., 474.
15) *Dictionary of Scottish Church History and Theology*, 325.
16) Sameul Rutherford, *A Survey of the Spiritual Antichrist. Opening the Secrets of Familisme and Antinomianinsme in the Antichristian Doctrine of John Salrmarsh*(London: no pub., 1648), 42. M. Ioh. Davidson이란 John Davidson

of Prestonpans을 말한다. 그는 1956년 3월 St. Giles의 사역자들에게 성령이 임하던 날에 설교한 인물로서 신앙부흥의 도화선이 되었다. 그는 존 낙스의 시대에 대학의 교사로서, 또는 평의원으로서 성 앤드류 대학에 재직했다. 그는 예언을 한 것으로 유명하다. R. Mogffat Gillon, (London: James Clarke & Cp., 1936)을 보라.
17) Ibid., 43ff.
18) 중국 교회에서 일어나고 있는 일들의 예를 보려면, Carl Lawrence, *The Church in Chin*a(Minneapolis, MN: Bethany House, 1985)을 보라.
19) Corrie ten Boom, (Toronto: Bantam Books, 1974); and *Tramp for the Lord* (Fort Washington, PA: Christian Literature Crusade, 1974).
20) Corrie ten Boom, *The Hiding Place*, 202.
21) Ibid., 203.
22) Charles Whiston, *Pray: A Study of Distinctive Christian Praying*(Grand Rapids: Eerdmans, 1972), 9-16.
23) C. H. Spurgeon: *Autobiography*, Vol. 25, The Full Harvest, compiled by Susannah Spurgeon and Joseph Harrald(Carlisle, PA: Banner of Truth Trust, 1973), 60.
24) F. Y. Fullerton, *Charles H. Spurgeon*(Chicago: Moody, 1966), 206.
25) Charles H. Spurgeon, *The Autobiography of Charles Spurgeon* (Curts & Jennings, 1899), Vol. II: 226-27.
26) Ibid.
27) Os Guinness, The Dust of Death(Downers Grove, ILL.: InterVarsity Press, 1973), 299.

## 제7장

1) 모니카의 꿈 및 암브로스와의 대화에 대한 이야기는 어거스틴의 『고백록』 III: 11, 12에서 발견된다. 어거스틴의 동산에서의 경험은 제7권에 기록되어 있고, 모니카의 죽음에 대한 것은 제9권에 기록되어 있다.
2) 카우퍼의 삶에 대해 상세히 알려면, John White, *The Masks of Melancholy* (Downers Grove, Ill.: IVP, 1982), 142-46; and also *The Oxford Dictionary of the Christian Church*, 2nd. ed., 355을 보라.
3) 고전 3:1-4; 히 5:11-14; 벧전 2:1-2에 나타나는 신령한 삶과 양식을 비교하라.
4) Daneil Goleman, *Emotional Intelligence*(New York: Bantam Books, 1995), 87-88.
5) C. S. Lewis, *Reflections on the Psalms* (New York: Harcourt, Brace & World, 1958), 114.

6) 베드후서 3:16에 따르면, 성경도 파괴적인 목적으로 사용될 수 있다.
7) 이 주장에는 예외가 있다. 역사적으로 여러 가지 이유 때문에 평신도가 규칙적으로 성경을 읽을 수 없었던 시대가 있었다. 오늘날 국가들이 성경을 금지할 때, 하나님께서는 한층 더 꿈, 환상, 느낌 및 다른 방법으로 자녀들에게 말하시는 듯하다.

## 제8장

1) C. S. Lewis, *The Problem of Pain* (London: Collins, 1940), 81.
2) Zondervan, 1996.
3) Ibid., 17.
4) 나는『놀라운 성령의 능력』에서 기적이 지닌 여러 가지 목적에 대해 자세히 논했다.
5) 나는 이 딜레마에 대해서『놀라운 성령의 능력』에서 다루었다.
6) 이 관찰을 정신병 의사들이나 우울증 치료제를 비판하는 것으로 보지 말기를 바란다. 나는 상담자나 우울증 치료제를 사용하여 유익을 얻는 기독교인들을 알고 있다. 내가 비판하는 것은 자신이 경험하지도 못하고 있으며 또 추종자들로 하여금 경험하도록 이끌지도 못하는 사람들이 제시하는 위선적인 약속이다.
7) 시 119:26, 27, 33, 34, 36, 66, 108, 124, 135.
8) Zondervan, 1989.
9) *Windows of the Soul*, 172-73.
10) Ibid., 175.

## 제9장

1) 이 이야기는 Edith Schaeffer, *The Tapestry* (Waco: Word Books, 1981), 384-85에 수록되어 있다. 유명한 장로교 목사인 피터 마샬 역시 젊었을 때 하나님의 분명한 음성을 듣고 목숨을 구했다. See Catherine Marshall, *A Man Called Peter*(New York: Avon Books 1971; orig. ed. 1951), 24.
2) 후일 쉐퍼는 다음과 같이 말했다: "프랜시스는 기도의 응답을 받았고, 이 집으로 돌아가라고 말씀하시는 주의 특별한 음성을 들었기 때문에, 내가 그곳에서의 생활이 어렵다고 아무리 불평을 해도 소용이 없었다"(ibid., 385).
3) 이 이야기는 사무엘상 3:1-18에 있다.
4) 비록 우리의 정신에게 들려온 말씀은 신적 권위를 갖지만, 성경과 동일한 권위를 갖지는 못한다.
5) 신학자들은 "초자연적"이라는 단어의 의미에 대해서 끝없이 쓸데없는 논의를 할 수 있다. 나는 그러한 토론에 개입할 생각이 전혀 없다. 대부분의 사람

들은 귀에 들리는 음성이나 천사의 방문 등을 언급하기 위해서 "초자연적"이라는 용어를 사용하는 데 어려움을 느끼지 않는다. 어떤 사람들은 본 장에서 묘사된 "분명한 내적인 음성"은 실제로 초자연적인 것이 아니라고 주장하기도 할 것이다. 그러나 만일 하나님에게서 온 음성이라면, 그것은 우리의 본성적인 통찰들을 초월하는 것이므로 초자연적인 것이라고 묘사되어야 한다. 진정한 문제는 우리 자신의 생각에서 비롯된 음성과 "분명한 내적 음성"을 구분하는 것이다.

6) 기독교적 관점에서 본 기사들은 다음과 같다: Thimothy Jones, "Rumors of Angels," *Chriatianity Today*, April 5, 1993, 18-12; Ann Spangler, *An Angel a Day*(Grand Rapids: Zondervan, 1994); and Larry Calvin, *No Fear! The Calling of Angels* (Fort Worth: Sweer Publishing, 1995). 세속적인 관점의 글은 다음과 같다: Nancy Gibbs, "Angels Among Us," *Time*, December 27, 1993, 56-65; and George Colt, "In Search of Angels," *Life*, December 1995, 62-79.

7) 예수님의 탄생에 대해서는 마 1:20, 24; 2:13, 19; 눅 1:11ff., 26ff.; 2:9-15를 보라. 시험 받으신 것에 대해서는 마 4:11과 막 1:13을 보라. 부활에 대해서는 마 28:2, 5; 눅 24:23; 요 20:12를 보라. 승천에 대해서는 행 1:10-11을 보라.

## 제10장

1) 어떤 사람들은 환상을 신적 교통의 자연적인 수단이라기보다 초자연적인 것으로 분류해야 한다고 생각한다. 나는 이 장에서 환상을 꿈, 몽환, 느낌, 단절된 문장, 간단한 단어들 등과 같은 부류로 취급했다. 왜냐하면 우리는 이것들은 완전히 자연적인 형태로 경험하기 때문이다. 꿈은 종종 우리의 무의식에서 비롯되며, 환상은 우리의 상상에서 비롯된다. 중요한 것은 그러한 일이 우리에게 발생할 때에 그 원천이 무엇인지를 규명하는 것이다.

성경에서 비롯된 것이나 경험에서 비롯된 것을 막론하고, 우리가 모든 형태의 신적 커뮤니케이션을 통해서 유익을 얻으려면 성령이 그것을 조명해 주셔야 한다. 성령의 조명을 받지 못한 성경은, 어두운 곳에서 연인에게 윙크하는 것처럼 아무 쓸모가 없다. 심지어 분명한 하나님의 음성도 성령의 조명하시는 사역이 없으면 이해할 수 없다(요 12:27-33). 꿈이든지 친구들과의 대화든지 간에 하나님으로부터 오는 커뮤니게이션이 하나님에 의해 조명되었을 때 그것을 초자연적인 것이라고 부르는 것이 정당하다.

2) 때로 성경은 이 두 가지 용어를 서로 혼용하여 사용한다. 그 예로 다니엘 7:1-2을 들 수 있다.
3) Cf. 행 10:9-16에 기록된 베드로의 경험.
4) Ken Gire, *Windows of the Soul*(Grand Rapids: Zondervan, 1996), 151-55.
5) 그리스어로는 *eidon*인데, 이것은 인간의 시각 및 영적인 지각을 지칭하는데 사용할 수 있다. BAGD, 220-21을 보라.

## 제11장

1) 오늘날 교회는 번영하고 있다. 이 장에 제시된 몇 가지 주장이 과거에 내가 시무했던 교회의 교인들의 기분을 상하게 할 수도 있다는 것을 안다. 나는 결코 그들의 기분을 상하게 하고 싶지 않다. 나는 그 교회가 선하고 도덕적이고 성실하며 성경을 믿는 기독교인들로 구성되어 있다고 과거에도 믿었으며 지금도 믿고 있다. 내가 말하고자 하는 두번째 요점은 하나님 나라의 가장 중요한 사역을 성경을 가르치는 것이라고 믿은 지도자는 나 자신이었다는 점이다. 나는 복음 전도나 상담이나 행정에서 중요한 일을 하지 않았다. 내가 진정으로 관심을 가진 분야는 가르치는 것이었다. 나는 교회의 유전 암호를 처리하는 데서 주요한 역할을 했는데, 그것이 나 자신의 인격과 개인적인 신학을 번식시키는 것에 불과한 것이었음을 이제 깨닫는다.
2) C. S. Lewis, *Screwtape Letters* (New York: MacMillan, 1961), 39.

## 제12장

1) 만일 당신이 철저한 회의주의자라면, 아마도 폴 카인이 내 어머니와 아버지가 태어난 장소인 텍사스 주와 미시시피 주에서 기록들 찾아보고서 그들이 태어났을 때 사용했던 이름을 입수했을 수도 있다고 생각할 것이다.
2) Richard B. Gaffin, Jr., *Perspectives on Pentecost*(Phillipsburg, New Jersey: Presbyterian and reformed Publication Co., 1979, 59에는 다음과 같은 내용이 있다: "'예언자'라는 명사는 그 은사를 빈번하게, 또는 어느 정도 규칙적으로 발휘하는 사람들에게 적용되며(예. 행 21:10; 고전 12:28), 반면에 특별한 경우에 다른 사람들 안에서 그 은사가 일시적으로 기능을 발휘할 수도 있다 (행 19:6; 행 21:9; 고전 11:4ff)."
3) 어떤 사람들은 아나니아와 삽비라가 재산을 판 돈을 다 바치지 않았기 때문에 심판을 받았다고 반박할 것이다. 그러나 베드로는 그들이 하나님께 거짓말을 했기 때문에 심판을 받았다고 분명히 말했다(행 5:4).
4) 출 14:31; 19:9; 수 3:7; 4:14; 대상 29:25.

## 제13장

1) 웨인 그루뎀은 이러한 가능성을 평가하고서 '다른 사람들"이란 선지자들의 말을 듣는 사람들 모두를 말한다고 결론 짓는다: Wayne Grudem, *The Gift of Prophecy in the New Testament and Today* (Westchester, Ill.: Crossway, 1988), 72-74.
2) 사랑, 증거, 영광 등 세 가지는 예수님께서 십자가에 달리시기 전에 제자들과 나누신 마지막 담화에서 진리의 성령이 언급되는 문맥에서 발견된다(요 14:17; 15:26; 16:13).

## 제14장

1) 하나님께서 목적을 이루기 위해서 악한 영을 사용하실 수도 있다는 것을 어떤 사람들은 기이하게 여길 것이다. 그러나 인간적인 것이든, 정치적인 것이든, 영적인 것이든 간에 모든 힘은 하나님에게 속해 있다. 하나님은 자기 백성들을 연단하시기 위해서 앗수르와 바벨론 같은 악한 민족들을 사용하셨다. 같은 목적으로 악한 영들을 사용하시지 않을 이유가 없지 않은가? 사울에게는 이러한 일이 여러 번 발생했다(삼하 16:14, 15, 23; 18:10; 19:9). 그리고 다윗에게와(삼하 24:1; 대상 21:1) 다른 사람들에게도 발생했다(삿 9:23; 왕상 22:19-23).
2) Terry Teykl, *Your Pastor: Preyed on Or Prayed For?* (Anderson, IN: Bristol Books, 1993).
3) *Windows of the Soul*, 216.

## 제15장

1) Cf. Robert Moss, "What Your Dreams Can Tell You," *Parade* (Jan. 30, 1994): 13-14.
2) 어떤 사람은 여기에서 요셉은 아마도 이 본문들의 의미를 이해하지 못했을 것이라고 말하면서 나의 추론 경향에 이의를 제기할 것이다. 또는 비록 요셉이 그 의미를 이해했다고 해도, 그는 그것들이 자기 아들과 아내에게 적용되리라는 것은 몰랐을 것이라고 주장할 것이다. 성령은 아무리 애매한 구절이라도 정확하게 이해하고 적용하게 해 주실 수 있다.
    이제 내가 의도하는 것의 예를 제시하겠다. 시편 69:25은 "저희 거처로 황폐하게 하시며 그 장막에 거하는 자게 없게 하소서"라고 말한다. 시편 109:8에서는 "그 직분을 타인이 취하게 하시며"라고 말한다. 궁극적으로 이 두 구절이 주님을 배반한 가룟 유다를 언급하는 것이라고 생각한 사람이 있었을까? 그러나 베드로는 120명의 제자들의 한 가운데 서서 이 두 구절이 유다를 언급하는 것이며, 따라서 이제 유다를 대신할 사도를 선택해야 한다고 선언했다(행 1:20-26). 하나님께서 원하시기만 하면 아무리 애매한 구절이라도 어려움 없이 사용하실 수 있으며, 그 구절을 사용하여 자기 백성들을 특정한 방향의 행동으로 인도하실 수 있다. 하나님께서 요셉에게 주신 꿈에 대해서 내가 인용한 두 구절에서, 마태는 그 꿈들이 예수님에 대한 구약성경의 예언, 즉 이사야 7:14와 호세아 11:1을 성취한 행동으로 이어졌음에 유의했다.
3) Cf. 호 12:10, "내가 여러 선지자에게 말하였고 이상을 많이 보였으며 선지자들을 빙자하여 비유를 베풀었노라"; 겔 7:26, "환난에 환난이 더하고 소문에 소문이 더할 때에 그들이 선지자에게 묵시를 구하나 헛될 것이며 제사장에게는 율법이 없어질 것이요 장로에게는 모략이 없어질 것이며." 꿈과 환상의

부재는 백성에게 임하는 하나님의 심판, 특히 그들의 타락한 지도자들에 대한 하나님의 언짢음을 나타내는 상징이기도 했다(삼상 3:1; 애 2:9; 미 3:6, 7).
4) 하나님의 섭리에 다른 사건들을 나타내는 두 가지 형태의 꿈이 창세기 37:5 이하에서 발견된다. 다니엘서 2장과 7장에 기록된 꿈들은 바벨론 왕궁에서부터 시작되는 세계 제국들의 발달을 나타내는 것이었다.
5) Robert Moss, "What Your Dreams Can Tell You," *Parade* (Jasn. 30, 1994); 13-14.
6) 창 40:8; 41:16, 25, 28, 39; 단 1:17; 2:28; 4:18.
7) 단 17:28; 8:27; 10:8-17.
8) 창 41:11-13, 37-40; 단 5:12.

## 제16장

1) Jonathan Edwards, "The Distinguishing Marks of a Work of the Spirit of God," in *Jonathan Edwards on Revival* (Carlisle, Penn.: The Banner of Truth Trust, 1984), 137.
2) C. S. Lewis, *Mere Christianity* (New York: Macmillan, 1952), 109.
3) Ibid., 111.
4) Goreon Fee, *The First Epistle to the Corintnian s*(Grand Rapids: Eerdmans, 1987), 146ff.에서는 이 구절의 문맥과 어법이 그러한 집합적인 해석을 요구한다고 주장한다.
5) BAGD, 857.
6) 시 13:1; 28:1; 39:12; 83:1; 89:46; 109:1.
7) C. S. Lewis, *Miracles* (New York: Macmillan, 1978; orig. ed. 1947), 81에서 인용함.

## 제17장

1) 그리스어는 *diermeneuo*이다. 행 9:36; 고전 12:30; 14:5, 13, 27; BAGD, 194를 보라.
2) 이 일이 있은 직후에, 예수님은 열한 제자에게 나타나셔서 "모세의 율법과 선지자의 글과 시편에 나를 가리켜 기록된 모든 것이 이루어져야 하리라"고 말씀하셨다(눅 24:44). 그러나 예수님은 성령의 초자연적인 접촉이 없이는 그들의 수중에서 성경이 성령의 검이 되지 못할 것을 아셨다. 그러므로 예수님은 "저희 마음을 열어 성경을 깨닫게 하셨다"(45절)., 보편적이고 자동적으로 모든 신자들에게 이처럼 마음을 여는 일이 이루어진다면, 왜 오늘날 많은 사람들이 그의 말씀을 제대로 이해하지 못하는 것일까? 그리스도의 몸이 그처

럼 여럿으로 분열되는 이유는 무엇일까? 기독교인들이 그처럼 통렬한 교리적 논쟁을 하는 이유는 무엇일까?

성경을 기록한 사람들은 성령의 조명하시는 사역이 없이는 성경을 이해할 수 없다고 믿었다. 그들은 하나님께서 그들의 마음과 그의 말씀을 비추어 주시고지 않는다면 어떤 방법으로도 성경 안에서 말씀하시는 하나님의 음성을 이해할 수 없다는 것을 알고 있었다. 시편 119은 기록된 하나님의 말씀의 가치에 대한 묵상으로서 성경 안에서 가장 위대한 것이라고 볼 수 있다. 시편 119의 저자는 성령의 감동하심 아래서 "내 눈을 열어서 주의 법의 기이한 것을 보게 하소서"라고 기도했다(18절). 성령의 감동이 임했기 때문에 그는 하나님의 말씀을 기록할 수 있었다. 그러나 그는 하나님의 성령이 눈을 열어 주시지 않는 한 감히 하나님의 말씀을 이해하려 하지 않았다. 그는 이 시편에서 거듭해서 성경을 이해할 수 있게 하며 가르쳐 달라고 호소한다(시 119:12, 26, 33, 64, 66, 108, 124, 135). 하나님께서 그에게 성경을 가르쳐 주셨기 때문에 그의 성경 지식은 하나님의 사역의 덕분으로 간주된다(시 119:102, 171).

바울은 디모데에게 보낸 두번째 편지에서, 자기가 쓰는 내용을 디모데가 제대로 이해하지 못할 수도 있다는 것을 깨닫고 "내 말하는 것을 생각하라 주께서 범사에 네게 총명을 주시리라"고 말했다(2:7). 디모데가 할 일은 생각하는 것이고, 주님이 하실 일은 총명을 주시는 것이다.

한편, 나는 이것을 모든 기독교인들에게 주는 총괄적인 약속이라고 생각하지는 않는다. 나는 어떤 성경 구절을 읽고서 올바르게 이해하지 못하고 올바르게 적용하지 못하는 사람들이 많다고 생각한다. 바울은 디모데의 마음을 알고 있었다. 디모데가 시간을 할애하여 성경을 깊이 묵상한다면, 주님은 그에게 말씀하실 것이었다.

3) William Law, *The Power of the Spirit* (Fort Washington, PA: Christian Literature Crusade, 1971), 61, cited by Dallas Willard, *In search of Guidance* (Ventura, CA: Regal Books, 1984), 198.
4) Reflections on the *Psalms*(New York: Harcourt, Brace & World, 1958), 57-58.
5) John Fletcher, *A Guide to Young Disciples* (Cheltenham: Richard Edwards, 1848), 1.

## 제18장

1) Donald Guthrie, *Introduction to the New Testament*, 3rd ed. (Downers Grove, Ill.: InterVarsity Press, 1970), 437, 558-59.
2) Fowler White, "Does God Speak Today Apart From the Bible?", in *The Coming Evangelical Crisis*, ed. John H. Armstrong (Chicago: Moody Press, 1996), 81.
3) Ibid., 87.
4) 화이트는 "그 말을 듣는다"라는 구절을 사용했지만, 실제로는 "그 말씀을 이

해한다"는 의미임이 분명하다. 문제는 분명한 음성을 듣거나 환상을 보거나 꿈을 꾸거나 느낌을 받느냐가 아니라, 그것이 우리 자신의 상상에서 비롯된 것이 아니라 하나님으로부터 온 것인지, 그리고 우리가 그 커뮤니케이션을 이해하는 지를 인식하는 데 있다.

5) Ibid., 83.
6) Ibid., 79.
7) Ibid., 78.
8) 위에서 언급한 화이트의 기사에는 잘못된 것이 많다. 그는 내가 쓰지도 않은 부록을 내가 썼다고 했다: Appendix 7: *The Sufficiency of Scripture and Distortion of What Scripture Teaches About Itself*, in *The Kingdom and the Power: Are Healing and the Spiritual Gigts Used by Jesus and the Early Church Meant for the Church Today?* ed. Gary S. Greig and Kevin N. Springer (Ventura, Calif.: Regal, 1993), 440.
또 화이트가 "그(디어)는 그것들[하나님께서 성경에서 말씀하시는 여러 가지 방법들]을 개인적이고 사역에 관한 용어로 정의하지 않은 채 하나님으로부터 오는 '지시의 말씀'과 연결짓는다"라고 쓴 것은 나의 견해를 잘못 표현한 것이다.
나는 성경에 있는 다양한 계시적인 현상들이 "항상 '지시의 말씀'과 연결된다"고 주장하지 않는다. 때때로 하나님께서는 우리에게 지시를 주시기보다는 우리와 교제하시기 위해서 그것을 말씀해 주시기도 한다.
화이트는 하나님께서 성경과 상관 없이 말씀하신다고 믿는 사람들은 성경으로부터 관심을 이탈시키고 성령의 소멸하는 사람이라고 비난한다. 성경적으로 나는 그가 어떻게 이 일을 할 수 있는지 의심스럽다. 왜냐하면 성령을 소멸하는 것은 비정경적 계시를 멸시하는 것과 연결되기 때문이다. 바울은 "성령을 소멸치 말고 예언을 멸시치 말라"고 했다(살전 5:19-20).
화이트는 이 본문이 과거에 주어진 거짓 예언들에 대한 "데살로니가 교인들의 과격한 반응을 바로잡아주는 것'이라고 인정했다. 과격한 반응이란 비정경적 예언의 유효성을 멸시하거나 부인하는 것이다. 그러나 어떻게 나에게 그러한 혐의를 씌울 수 있단 말인가? 나는 지극히 성경적인 예언을 믿으며, 그러한 예언의 유효성을 믿지 않는 사람들이 성령을 소멸하는 자들이다.
그리고 내가 "사람들의 관심을 성경에게서 이탈시키고 있다는 것"을 화이트가 어떻게 알았는지 의심스럽다. 내가 화이트보다 성경에 관심을 갖지 않는다는 말인가?
화이트가 완성되지 않은 정경에 토대를 둔 논거에 호소한 것 역시 잘못이다.
마지막으로 화이트는 하나님께서 성경과는 별도로 말씀하시는 것을 "새로운 견해"라고 언급하는 것은 놀라운 일이다. 그것은 성경 기자들에게는 전혀 새로운 것이 아니었고, 종교개혁자들이나 스코틀랜드 종교개혁단원들에게도 새로운 것이 아니었다. 또 그것은 오늘날 일상생활에서 하나님께서 정규적으로 말씀하시는 것을 듣는 수백만 명의 사람들에게도 새로운 것이 아니다. 화이트에게는 그것이 새로운 것일지 모르나, 그것이 그가 그의 글에서 "새로운"이라는 단어를 사용함으로써 역사적으로 순진한 독자들에게 교회가 최근까지 초-성경적 계시를 받지 못해왔다는 느낌을 주는 것을 정당화해주지는 못할 것이다. 내 생각에 역사는 그와 반대되는 것을 가르친다.

나의 마지막 저서의 결론 부분에서, 나는 이 책에 에베소서 2:20에 관한 논의를 포함시키겠다고 말한 바 있다. 그러나 샘 스톰즈가 *Are Miraclaous Gifts for Today?* Wayne Grudem, ed. (Grand Rapids: Zondervan, 1996)에서 그것에 대해 다루었기 때문에, 여기서는 그것에 대해서 다루지 않았다.

## 제20장

1) 이 구절은 Klaus Bockmeuhl, *Listening to the God Who Speaks* (Colorado Springs: Helmers and Howard, 1990), 53을 참고한 것이다.

## 제21장

1) 어떤 사람들은 하나님께서 아브라함에게 이삭을 제물로 바치라고 명령했다고 반박할 것이다(창 22장). 비록 어린아이를 제물로 드리는 것을 금지한 특별한 명령이 명기되지는 않았지만, 이삭을 죽이라는 명령은 분명히 지금까지 창세기에 계시된 하나님의 성품에 어긋나는 것이었다. 그러나 그 명령은 하나의 테스트였으며, 하나님께서는 아브라함이 아들을 제물로 바치지 못하도록 막으셨다. 우리는 하나님께서 성경적 계시의 참된 의미에 어긋나는 일을 하라고 명령하신 예를 찾아내야 한다고 생각할 수도 있을 것이다. 예수님께서는 계명 중에 지극히 작은 것 하나라도 범해서는 안된다고(마 5:19), 그리고 "성경을 폐하지 못한다"(요 10:35)고 말씀하셨다.
2) 그녀의 저서 *Chasing the Dragon* (Ann Arbor, MI: Servant Books, 1980)에서 그녀에 대한 흥미로운 이야기를 읽을 수 있다. 그녀의 다른 저서 *Crack in The Wall* (London: Hodder & Stoughton, 1989)도 보라.
3) 우리는 믿는 사람들 가운데서 열매를 맺는 진정한 예언 사역을 기대해야 한다. 예언자들이 불신자들이나 반역한 종교인들에게 사역할 때에는 사역의 열매가 거의 없을 수도 있다. 이런 경우 그들은 청중들의 마음의 완악함을 증명하고 하나님의 심판을 선포하는 기능을 할 수도 있다.
4) Ken Gire, *Windows of the Soul* (Grand Rapids: Zondervan, 1996), 218.
5) "준비하는 일이 많아"(40절)의 문자적인 의미는 "많은 봉사", 또는 "많은 사역"이라는 의미이다.
6) 눅 22:31; 행 9:4; 마 23: 37을 보라.
7) 대하 20:7; 사 41:8; 약 2:23.

# 참고문헌

Bockmeuhl, Klaus. *Listening to the God Who Speaks.* Colorado Springs: Helmers and Howard, 1990.
Beuchner, Frederick. *The Hungering Dark.* San Francisco: Harper, 1969.
Calvin, Larry. *No Fear!: The Calling of Angels.* Fort Worth: Sweet Publishing, 1995.
Colt, George. "In search of Angels." *Life,* December 1995.
Deere, Jack. *Surprised by the Power of the Spirit.* Grand Rapids: Zondervan, 1993.
de S. Cameron, Nigel M., ed. *Dictionary of Scottish Church History and Theology.* Edinburgh: T. & T. Clark, 1993.
Fee, Gordon. *The First Epistle to the Corinthians.* Grand Rapids: Eerdmans, 1987.
Fletcher, John. *A Guide to Young Disciples.* Cheltenham: Richard Edwards, 1848.
Fullerton, F. Y. *Charles H. Spurgeon.* Chicago: Moody Press, 1966.
Gaffin, Richard B. Jr. *Perspectives on Pentecost.* Phillipsburg, New Jersey: Presbyterian and Reformed Publication Co., 1979.
Gibbs, Nancy. "Angels Among Us." *Time,* 27 December, 1993.
Gillon, R. Moffat. *John Davidson of Prestonpans.* London: James Clarke & Co., 1936.
Gire, Ken. *Windows of the Soul.* Grand Rapids: Zondervan, 1996.
Goleman, Daniel. *emotional Intelligence.* New York: Bantam Books, 1995.
Grudem, Wayne. *Systematic Theology.* Grand Rapids: Zondervan, 1994.

Guinness, Os. *The Dust of Death.* Downers Grove, Ill.: InterVarsity Press, 1973.

Hawthorne Gerald F. *Phillippians.* Volume 43, *Word Biblical Commentary.*(Waco: Word, 1983).

___. *The Presence and the Power.* Word: Dallas, 1991.

Helland. Roger. "The Hypostatic Union: How Did Jesus Function?" *The Evangelical Quarterly* 65(1993).

Howie, John. *Scots Worthies.* Rev. ed. Glasgow: W. R. McPhun, 1846. (Orig. ed., 1775).

___. *The Scots Worthies.* Rev. ed. by W. H. Carslaw. Edinburgh: Oliphant, Anderson and Freeier, 1902.

___. *Scots Worthies.* Edited by William McGavin. Glasgow: W. R. Mcphun, 1846.

Jones, Timothy. "Rumors of Angels." *Christianity Today.* 5 April, 1993.

Knox, John. *History of the Reformation,* Vol. 1. Edited by William Croft Dickinson. New York: Philosophical Library, 1950.

Lane, W. L. *The Gospel According to Mark.* Grand Rapids: Eerdmans, 1974.

Law, William. *The Power of the Spirit.* Fort Washington, Penn.: Christian Literature Crusade, 1971.

Lawrence, Carl. *The Church in China.* Minneapolis, Minn.: Bethany House, 1985.

Lewis, C. S. *Mere Christianity.* New York: Macmillan, 1952.

___. *Miracles.* New York: Macmillan, 1978; orig. ed. 1947).

___. *The Problem of Pain.* London: Collins, 1940.

___. *Reflections on the Psalms.* New York: Harcourt, Brace & World, 1958.

Moss, Robert. "What your Dreams Can Tell You?' *Parade,* 30 January, 1994.

O'Brien, Peter. *The Epistle to the Philliphians: A Commentary on the Greek Text.* Grand Rapids: Eerdmans, 1991.

Pullinger, Kackie. *Chasing the Dragon.* Ann Arbor, MI: Servant Books, 1980.

\_\_\_. *Crack in the Wall.* London: Hodder & Stoughton, 1989.

Ridley, Jasper. *John Knox.* Oxford: Clarendon Press, 1968.

Robinson, James. *Thank God, I'm Free.* nashville, TN: Thomas Nelson, 1988.

Rutherford, Samuel. *A Survey of the Spirituall Antichrist. Opening the Secrets of Familisme and Antinomianisme in the Antichristian Doctrine of John Saltmarsh(et. al),* London: 1648.

Schaeffer, Edith. *The Tapestry.* Waco: Word, 1981.

Smellie, Alexander. *Men of the Covenant.* London: Andrew Melrose, 1905. (Orig. ed., 1899).

Spangler, Ann. *An Angel a Day.* Grand Rapids: Zondervan, 1994.

Spurgeon, Susannah and Joseph Harrald, comp. *The Full Harvest.* Vol. 25, *C. H. Spurgeon: Autobiography.* Carlilse, Penn: Banner of Truth, 1973.

ten Boom, Corrie. *The Hiding Place.* Toronto: Bantam Books, 1974.

\_\_\_. *Tramp for the Lord.* Fort Washington, PA: Christian Literature Crusade, 1974.

Teykl, Terry. *Your Pastor: Preyed on Or Prayed for?* Anderson, In.: Bristol Books, 1993.

Walker, Patrick. *Six Saints of the Covenant.* 2 vols. London: Hodder & Stoughton, 1901. (Orig. ed., 1724).

Whiston, Charles. *Pray: A Study of Distinctive Christian Praying.* Grand Rapids: Eerdmans, 1972.

White, Fowler. "Does God Speak Today Apart From the Bible?" In *The Coming Evangelical Crisis,* edited by John H. Armstrong. Chicago: Moody Press, 1996.

White, John. *The Masks of Melancholy.* Downers Grove, Ill.: IVP, 1982.

Willard, Dallas. *In Search of Guidance.* Ventura, Calif.: Regal Books, 1984.

\_\_\_. *In Search of Guidance.* Rev. ed. San Francisco: Harper, 1993.